한국 민주주의,
100년의 혁명 1919~2019

한국
민주주의
토대연구
총서 1

한국 민주주의 100년의 혁명

1919~2019

Korea Democracy, 100 Years of Revolution: 1919~2019

민주화운동기념사업회
한국민주주의연구소
엮음

김동택
김정인
서복경
신진욱
이관후
이나미
장석준
장숙경
정상호
지음

한울
아카데미

2019년은 3·1 운동 100년이 되는 해입니다. 3·1 운동을 계기로 임시정부가 수립되었고, "대한민국은 민주공화제로 함"을 제1조로 하는 「임시헌장」을 선포했습니다. 이는 제헌헌법의 모태가 되어 현재까지 이어져 오고 있습니다. 2016년 촛불집회에서처럼 100년 전 3·1 운동과 임시정부가 지향했던 것은 바로 민주공화국이었습니다. 촛불집회 이후 맞이한 3·1 운동과 임시정부수립 100년이 남다르게 다가오는 것은 단지 100년이기 때문만은 아니었던 것입니다.

한국 민주주의 100년의 역사를 살펴보면, 해방 후 서구식 민주주의 제도가 도입되기 이전에 민주공화국을 실현하기 위한 고민과 실천을 발견할 수 있습니다. 그리고 단지 독재에 대한 저항이 아니라 민주공화국을 실현하고자 하는 적극적이고 자발적인 실천들의 연속이 민주주의를 발전시켜 왔음을 알 수 있습니다. 3·1 운동부터 시작한 민주공화국 수립과 민주주의 발전을 위한 실천은 4·19 혁명과 5·18 항쟁, 6월 항쟁을 거쳐 촛불로 이어졌습니다.

'한국 민주주의의 기원은 무엇이며, 발전의 원동력이 무엇인가?'라는 물음은 촛불을 계기로 일국적 물음을 넘어 세계적 물음이 되고 있습니다. 이에 대한 해답을 찾고자 우리 민주화운동기념사업회 한국민주주의연구소에서는 2018년부터 '한국 민주주의 토대연구'라는 중장기 연구 계획을 수립해 전문 연구자분들을 모시고 심도 있는 연구를 진행해 왔습니다. 『한국 민주주의, 100년의 혁명 1919~2019』는 그 첫 번째 연구 결과입니다. 책 제목이 주는 의미대로 한국의 민주주의는 일회적 사건이나 항쟁이 아니라 100년간 지속된 실천들이 만들어낸 성취의 역사라는 것입니다.

이 책을 시작으로 한국 민주주의의 기원과 원동력을 규명하는 다양한 연구를 진행하고자 합니다. 한국 민주주의와 세계의 민주주의가 어떻게 연관되어 발전했는지, 구성원들의 심성이나 문화는 민주주의와 어떠한 관련이 있는지, 법·제도는 어떻게 도입되어 한국 민주주의 발전에 어떠한 영향을 주었는지 등 연구해야 할 많은 과제가 남아 있습니다. 이것은 향후 한국 민주주의 100년을 전망하는 작업이기도 할 것입니다.

첫걸음을 위해 기획위원이면서 연구에 함께 해주신 김정인, 신진욱, 이나미 선생님을 비롯하여 연구에 참여해 주신 김동택, 서복경, 이관후, 장석준, 장숙경, 정상호 선생님께 감사의 마음을 전합니다. 연구소장과 연구원들의 노고에도 감사드리고, 특히 기꺼이 출판에 응해주신 한울엠플러스(주)에도 감사한 마음 전합니다.

이 책이 한국 민주주의를 굳건히 하고, 미래 100년의 민주주의의 디딤돌이 되기를 바랍니다.

감사합니다.

2019년 6월
민주화운동기념사업회 이사장 지선 합장

차 례

2부 민주혁명의 전개

3부 민주화 30년의 성찰

한국 민주주의, 100년의 혁명

2019년은 3·1 운동 100주년이 되는 해로 많은 기념사업이 추진되고 있다. 이 책 역시 100주년을 기념해 준비한 연구 프로젝트의 첫 번째 결과물이다. 그런데 100주년 기념 축제에 참여하고 있는 언론매체의 주제 의식이 종전과는 다르다. 독립운동사와 독립운동가라는 익숙한 소재를 다룬 경우에도 영웅적이고 희생적인 측면에만 주목했던 예전과 달리, 민주주의 시각에서 접근하는 경우가 적지 않다. 2016년 가을부터 2017년 초봄까지 이어진 촛불 혁명이 과거 100년을 돌아보는 데 영향을 끼친 것으로 보인다.

최근에는 한국 근현대사를 바라보는 학계의 시각도 달라졌다. 민주주의 하면 으레 해방 이후 현대사에 주목하던 습속이 사라지고 있다. 해방 이전 시기를 주목하면서 멀리는 조선 후기까지 시간을 올려 살피고 있다. 무엇보다 1919년 4월 11일 상하이에서 대한민국임시정부가 공포한 「대한민국 임시헌장」의 원리인 민주주의가 새삼 주목받고 있다. 3·1 운동을 바라보는 시각도 역시 달라졌다. 3·1 운동에서 발표된 수많은 독립선언서들이 품고 있던 민주주의 원리와 전국에서 펼쳐진 비폭력 평화시위가 주목받고 있다. 1919년의 역사가 2019년에도 여전히 살아 숨 쉬고 있다는 시각이 투영되고 있다. 이제야말로 민주주의가 살아 있는 역사적 존재로서 해석되고 있는 것이다. 이 책 역시 3·1 운동으로부터 촛불 혁명까지의 민주주의 역사를 100년의 민주주의 혁명이라는 시각에서 접근하고 있다.

이 책은 민주화운동기념사업회가 한국 민주주의의 역사적 기원과 전개 과정, 국내적·세계적 의미에 대한 조명을 위해 마련한 '한국 민주주의 토대연구' 사업의 첫 번째 성과물이다. 이 사업은 3·1 운동에서 촛불 혁명에 이르는 100년간의 민주주의 혁명의 역사, 문화, 제도 발전을 종합적으로 연구해, 한국 민주주의의 토대를 규명하고 아시아와 세계 민주주의의 발전에 기여하고자 기획되었다. 3·1 운동과 임시정부 수립 100주년을 맞은 2019년에 3·1 운동, 4월 혁명, 6·10 항쟁, 촛불 혁명을 중심으로 지난 100년간 전개된 민주주의 혁명의 성과와 의미를 체계적으로 정리해 시리즈의 첫 번째 책으로 출간하게 된 것은 뜻깊은 일이라 하겠다.

1부에서는 한국 민주주의의 토대를 문화적 기원, 이념적 기원, 장기 혁명의 안목에서 살피고 있다. 무엇보다 1부를 구성하는 세 편의 글 모두 민주주의의 기원을 해방 이후가 아니라 해방 이전으로 끌어올려 조명하고 있다는 점이 새롭다.

김정인의 '한국 민주주의 기원의 재구성'은 먼저 한국 민주주의가 해방 이후 미군정에 의해 도입되었다고 보는 외삽론을 비판하고, 공노비가 해방된 1801년부터 반외세 저항운동인 3·1 운동이 일어나고 임시정부가 탄생해 민주공화정을 선포했던 1919년까지를 대상으로 민주주의 역사의 기원을 분석하고 있다. 이 시기에는 자유, 평등, 자주, 독립 등의 수평적 질서를 추구하는 민주주의가 충효 등의 수직적인 유교적 질서 규범을 넘어 개인, 집단 혹은 제도의 변화를 이끌어내며 문화로서 자리를 잡아갔다. 이를 통해 한국 민주주의는 만민 평등, 저항운동, 집단 민주주의라는 문화적 특질을 형성해 갔다. 1919년의 3·1 운동과 민주공화정 선포는 일회적이고 돌발적인 사건이 아니라 그와 같은 민주주의 문화의 축적이 있었기에 가능했던 혁명이다.

　이관후의 '한국 민주주의 이념의 형성: 헌정주의, 민주공화, 국민주권'은 한국 민주주의를 예외주의적 시각에서 조숙, 결핍, 이식으로 특징지었던 기존 연구 경향을 비판하고, 1919년에 이미 헌법, 민주공화정, 국민주권이라는 현대 민주주의에서 가장 중요한 세 가지 원리가 확고히 자리를 잡고 있었다는 점에 주목한다. 즉, 해방 이전부터 오랜 시간에 걸쳐 헌법과 정체에 대한 논의가 진전되었는바, 해방 이후에도 연속성을 유지하면서 결국 헌정주의와 민주공화정, 국민주권은 제도적 안착시키는 데 성공했다. 이러한 관점에서 보면, 한국의 민주주의는 조숙하거나 결핍된, 이식된 민주주의가 아니다. 또한 민주 바탕이 되었던 위민 정치와 민본의 가치가 헌법의 제정 과정에 미친 영향, 군주제에서 민주공화제로의 전환 과정에서 보여준 냉철한 자기비판과 시대 인식, 국권 상실 이후 민족을 통해 잃어버린 주권 개념을 되살려낸 노력 등은 우리 민주주의의 자양분이다.

　이나미의 '중단 없는 민주주의 혁명: 양상과 성과'는 3·1 운동, 4월 혁명, 6월 항쟁 등 과거 민주주의 혁명들과 촛불 혁명 간의 연속적 특질에 주목한다. 3·1 운동부터 촛불 혁명까지 혁명의 시작과 전개가 자발적이고 주체는 다양했으며 방식은 유연했다. 특히 주체를 보면, 학생, 지식인 등 엘리트보다는 기층 민중과 여성, 어린이, 노인 등 주변인이 많이 참여했다. 운동 방식은 다양했지만 평화적 방식이 더 유효했고, 현대로 올수록 더 효과를 발휘했다. 또한 한 혁명의 결과가 즉시 혹은 시차를 두고 국가와 시민사회에서 제도적 결실을 맺었고, 이후 또 다른 혁명의 원인이 되었다. 3·1 운동의 결과로 민주공화주의가 1919년 대한민국임시정부와 한국인의 정치적 가치가 되었을 뿐만 아니라 이후 한국 역사에서 확고한 규범이 되었고, 4월 혁명의 결과로 독재와 장기 집권의 시도가 어렵게 되었으며, 5·18 민주항쟁의 결과가 6월 항쟁에도 영향을 미쳤고, 6월 항쟁 성공의 기억이 촛불 혁명으로 이어졌다. 즉,

한국의 100년 민주주의 혁명은 '장기 혁명'이며 또한 '중단 없는 혁명'이었다.

2부에서는 한국 민주주의 100년사의 대표적 항쟁인 3·1 운동, 4월 혁명, 6월 항쟁을 구체적으로 살펴본다. 이 각각의 항쟁을 촛불 혁명을 겪은 현시점의 맥락뿐 아니라 한국 민주주의의 장기적 맥락에서 재조명하고 있다.

김동택의 '3·1 운동, 최초의 민주주의 혁명'은 3·1 운동을 한국 역사에서 민주주의를 불가역적 추세로 이끈 기원적 사건이라는 관점에서 접근한다. 3·1 운동은 19세기 후반부터 축적되어 온 근대 정치 구상들과 1910년 이후 등장하는 인민주권·민주공화제를 지향하는 정치체제 변혁 논의를 역사적 실체로 만든 사건이다. 또한 「대동단결선언」이 주장한 주권의 양도, 계승이라는 논리에서 더 나아가 새로운 주권, 인민이 스스로 주권체라는 것을 드러냈다. 대한민국임시정부는 3·1 운동의 정치적 구상을 제도화해 주권이 국민에게 있다는 것을 분명히 했다. 3·1 운동 이후 한반도에 등장한 어떠한 정치체제도 반드시 인민주권의 원리, 즉 민주 체제를 기반으로 하지 않고는 성립될 수 없었다. 그런 점에서 3·1 운동은 최초의 민주주의 혁명이다.

장숙경의 '4월 혁명, 주권재민의 첫 승리'는 4월 혁명을 대한민국 정부수립 이후 최초로 발생한 전국 규모의 민주주의 운동으로 정의하고 있다. 4월 혁명의 첫 시위를 촉발시킨 주체는 순수하고 이해타산이 없는 중고등학생들이었다. 이후 대학생들과 지식인들도 참여해 혁명의 극적 전환을 가져오지만 시위를 마침내 치열한 항쟁으로 이끈 것은 민중과 하위 계층이었다. 또한, 4월 혁명은 독재체제가 시위로 무너진 제2의 해방으로, 민주공화국에서 주권은 국민에게 있다는 것을 다시 한번 확인시켜 준 사건이었다. 나아가 역사상 처음으로 주권재민을 국민 스스로 획득한 승리의 역사라는 의의가 있다.

정상호의 '6월 항쟁, 5월 광주를 모태로 한 촛불 혁명의 서막'은 1987년 6월 항쟁을 1980년 5·18 민주화운동을 모태로 해 성공한 혁명이라고 규정한다. 6월 항쟁은 공정하고 자유로운 직접선거를 통해 군부독재로 정지되었던 민주주의를 회복할 것을 요구했다. 시민들은 단지 신군부에 대한 부정만이 아니라 1961년 5·16 쿠데타 이후의 권위주의 체제에 대한 저항과 정권교체의 열망을 드러냈다. 6월 항쟁은 3·1 운동과 4월 혁명을 이은 전국적 항쟁으로, 뒤이어 등장한 2017년 촛불 혁명을 예고한 혁명이다. 6월 항쟁의 성공 요인 중 하나인 국민운동본부의 활약은 3·1 운동이나 4월 혁명보다 더 계획적·조직적·체계적 항쟁이 가능하도록 했다. 또한 정당과 사회운동의 연대를 성공시켰고, 최소주의 강령과 비폭력 평화주의를 통해 최대의 역량을 동원해 냈다. 3·1 운동, 4월 혁명, 5·18 민주화운동과 더불어 6월 항쟁은 장기간의 다단계 시민혁명으로, 한국형 민주주의가 그 완성을 향해 진화해 가는 과정을 보여준다.

3부에서는 1987년에 민주주의가 도입된 후 30년 동안 진행된 한국의 정치제도와 정당정치, 시민사회의 변화를 다룬다. 이 시기에 와서 민주주의는 이념과 이상만이 아니라, 대한민국의 정치체제이자 정당·시민의 행동 규범으로 자리를 잡아갔다. 그러나 1987년 이후에도 한국의 민주주의는 추상적 원리가 아니라 변화무쌍한 행동과 사건, 정책과 제도로 그 내용과 형식을 채우며 역동적인 궤적을 만들어왔다.

신진욱의 '1987년 이후 30년, 한국 민주주의의 궤적과 시민정치의 변화'는 지난 30년 동안 한국 민주주의가 한편으로는 1987년 이행 이후 끈질기게 남은 권위주의 유산을, 다른 한편으론 1997년 금융위기 이후 심화된 경제적 불평등과 불안정을 극복해야 했던 이중적 문제 상황에 놓여 있었다는 데 주목한다. 한국에서 정치적 자유와 민주주의의 신장은 독재를 겪은 다른 많은 나라에 모범이 될 만큼 성공적이었지만, 김대중·노무현 정부는 국민의 경제적 고통과 불안을 해결하지 못함으로써 민주정치에 대한 기대를 무너뜨렸고 권위주의 정치의 귀환을 허용했다. 그런데 2000년대 촛불은 제도 정치에 실망한 시민들 스스로 정치의 주체로 등장한 사건이었으며, 특히 2016~2017년의 촛불은 민주주의의 퇴행을 저지했을 뿐만 아니라, 단순한 선거 다수결주의를 넘어 헌법·법치·시민 권력의 이념을 각인시켰다. 그럼에도 촛불과 탄핵 후에도 1987년 민주주의의 이중적 문제 중 경제적 불평등과 부정의에 대한 대안 제시라는 과제는 여전히 남아 있다.

서복경의 '2016~2017년 촛불 항쟁에서 돌아본 30년의 민주정치'는 1987년 이후 한국 민주주의의 궤적을 경제구조의 정치적 영향, 제도 정치의 내적 요인, 제도 정치와 시민정치의 상호작용이라는 시각에서 추적하고 있다. 박정희 군사정권의 제3공화국에서 시작된 국가주의·반공주의 체제의 깊은 유산 위에서 1987년 이후 지역주의 정치와 투표 행태 등 여러 한계가 나타나고, 1997년 이후에는 금융위기에 뒤따른 신자유주의적 재편이라는 경제구조적 요인과 민주당-열린우리당 갈등 등 정치적 요인이 중첩되면서 많은 시민이 민주주의에 대한 기대와 관심을 접게 되었다. 그런데 1997년 이후 제도 정치로부터 이탈했던 시민들이 2002년부터 촛불 집회라는 방식으로 온라인과 광장의 정치에 다시 등장했다. 나아가 그와 같은 시민의 정치참여가 2007~2008년에 치른 선거에서는 저점에 달했다가 2017년 대규모 촛불과 탄핵, 정권교체로 그 폭발적 힘을 드러냈다.

이 책의 마지막 장인 장석준의 '촛불 항쟁, 21세기 시민정치의 함의'는 2016~2017년 촛불 집회를 유럽·미국·남미 등 세계 여러 곳의 최근 정치사회적 변동과 비교하면서 한국 촛불 집회의 보편성과 특수성, 성취와 한계를 짚어보고 있다. 한국에서 독재가 종식된 1980년대는 전 세계적으로도 자유민주주의의 전성기였지만, 이후 30년 동안 신자유주의 세계화와 금융화가 진행되면서 경제·사회·정치 등 여러 측면에서 지배 질서에 대한 신뢰와 동의의 기초가 약화됐고, 그 긴장이 2008년 세계 금융위기를 결정적 계기로 해 폭발하면서 '특권층(엘리트)'과 '인민(서민)'을 극단적으로 대립시키는 좌우익 급진주의와 포퓰리즘 운동이 확산되었다. 한국의 촛불 집회 역시 그러한 세계사적 맥락을 공유하지만, 2016~2017년의 촛불은 압도적 다수의 동의 위에서 '박근혜 대 국민'의 실제적 대립 구도를 창출했을 뿐만 아니라 직접민주주의적 동력으로 대의민주주의를 급진화한 드문 사례이다.

이제껏 민주주의가 절대 신념 체계인 시대를 살면서도 한국 민주주의 역사는 화석화되어 있었다. 민주주의 역사의 성격에 대한 논의조차 없었다. 이 책은 거기에 민주주의 혁명이라는 성격을 부여했다. 앞으로 '한국 민주주의, 100년의 혁명'이 여러 각도에서 새롭게 해석되기를 기대하는 바이다.

한국 민주주의 토대연구 기획위원회

1부

한국 민주주의의 토대

1장 한국 민주주의 기원의 재구성

김정인 (춘천교육대학교 사회과교육과)

1 ㅣ 한국 민주주의의 기원을 보는 시각

'한국에서 민주주의는 언제 시작되었을까?' 이는 민주주의 역사의 기원에 대한 물음이다. 하지만, 이 질문은 오랫동안 방치되어 있었다. 대신에 이런 물음을 던지고 답을 구해왔다. '한국에서 민주주의는 어떻게 수용되었는가?' 여기에는 다음과 같은 두 가지 전제가 깔려 있다. 민주주의는 서구라는 타자에 의해 생산되고 유통된 이념이자 제도다. 한국은 서구제 민주주의의 수입국이다. 그래서 주로 민주주의의 자생적 기원이 아니라 수입 경로와 그것의 정착이 연구 대상이 되었다. 기성품을 어디서 수입해 어떻게 유통시켰는가? 그것이 한국 민주주의의 출발을 바라보는 주류적 관점이었다.

특히, 해방 직후 미국에 의해 민주주의 제도와 이념이 이식되었다는 민주주의 외삽론이 부상한 이유는 식민 권력이 전제적인 군사독재를 실시했던 일제 시기를 민주주의가 부재한 시기로 보기 때문이었다. 이 시각에는 논리적 함정이 존재한다. 해방 이후 독재 권력에 맞섰던 민주화운동을 상기한다면, 단지 지배권력이 외세라는 점만 다를 뿐인데 일제 시기에 민주주의가 부재했다고 단정할 수 있을까? 독립운동가인 김산은 일제 시기 모든 조선인이 독립과 함께 민주주의를 열망했다고 회고했다.

> 비록 달성하려는 방법은 달랐지만, 모든 조선인들은 오로지 두 가지를 열망하고 있었다. 독립과 민주주의. 실제로 그것은 오직 한 가지만을 원하는 것이었다. 자유. 자유라는 말은 자유를 알지 못하는 사람들한테는 금덩이처럼 생각되는 것이다. 어떤 종류의 자유든 조선인들에게는 신성한 것으로 보였던 것이다. 그들은 일제의 압제로부터의 자유, 결혼과 연애의 자유, 정상적이고 행복한 삶을 살아갈 자유, 자기 삶을 스스로 규정할 자유를 원했다. 무정부주의가 그토록 호소력을 가질 수 있었던 것은 이 때문이다. 광범위한 민주주의를 향한 충동은 조선에서는 그야말로 강렬한 것이었다. ……(중략)…… 우리들 사이에는 민주주의가 남아돌 정도로 많았다(웨일즈·김산, 2005: 190).

김산이 말하는 일제의 압제로부터의 자유는 곧 독립을 의미한다. 그런데 '결혼과 연애의 자유, 정상적이고 행복한 삶을 살아가기 위한 자유, 자기 삶을 스스로 규정할 자유'는 개인이 삶의 주체로서 마땅히 누려야 하는 자유를 의미한다. 개인의 눈높이에서 자유를 요구한다는 것은 이미 민주주의가 삶의 가치로서 내재화되어 있다는 것을 의미한다. 그렇다면 이와 같은 심리 구조의 형성에는 분명 기점과 과정의 역사가 존재했을 것이다. 이것이 한국 민주주의의 기원을 문화적 관점에서 다루어야 하는 이유이다.

문화적 관점에서 한국 민주주의의 기원을 탐구하기 위해서는 우선 세계사적 잣대로 민주주의 문화의 보편적 기원에 해당하는 신분 해방이 언제 나타났는지를 살펴야 한다. 신분 해방을 통해 자유와 평등을 획득한 이래 어떤 경로를 거쳐 민주주의 문화가 뿌리내렸고 그 시대적 특질은 무엇인지에 대해서도 살펴야 한다. 한국에서 민주주의 문화가 뿌리내리고 나아가 신념으로 내재화하는 과정은 곧 민주주의 문화가 저항 문화로서 자리를 잡는 과정이기도 했다. 전제군주제가 엄존한 조선 말기와 대한제국기에 민주주의는 반봉건적 저항 문화로 자리를 잡아갔다. 일제 시기에는 식민 독재 권력에 맞서는 반외세적 저항 문화로서 조선인의 신념 체계 안에 자리를 잡았다. 그것은 체제 안이 아니라 밖에 존재하는 대안적 저항 문화였다. 또한 이러한 저항 문화로서 자리를 잡은 민주주의는 집단, 특히 민족을 주체로 한 집단 민주주의적 성격을 띠었다. 앞서 김산의 개인 민주주의에 대한 갈망을 살펴보았지만, 그것은 독립이라는 전제가 충족되어야 실현 가능한 것이었다.

이 장에서는 먼저 민주주의 외삽론을 해방 직후 미국에 의해 민주주의 제도와 자유민주주의 이념이 이식되었다고 보는 민주주의 이식론과 19세기에 민주주의가 사상과 정체(政體)로서 수용되었다고 보는 민주주의 수용론으로 나누어 그 연구 경향을 살펴보고자 한다. 그리고 이와 같은 민주주의 외삽론에 대한 문제의식을 기반으로 문화적 관점에서 민주주의의 기원을 만민 평등의 문화, 저항운동의 문화, 집단 민주주의 문화라는 민주주의 문화 형성기의 특질을 중심으로 다루고자 한다.

2 | 민주주의 외삽론의 두 양상

민주주의 이식론: 미국에 의한 민주주의 제도와 자유민주주의 이념 이식

한국에서 민주주의는 언제 시작되었을까? 이 질문에 대한 답을 찾기 위해서는 우선 민주주의의 어떤 측면을 중시하고 있느냐를 따져야 한다. 그것에 따라 민주주의의 기원을 보는 눈이 달라지기 때문이다. 먼저, 민주주의의 제도적 측면을 강조하는 경우, 미군정기에 주목한다. 한국의 민주주의 제도는

"미군정을 통해 외부로부터"(최장집, 1996: 18) 도입된 것이라는 얘기다.

한국에서 민주주의는 냉전 시기 미국(과 소련)이 주도했던 분단국가 형성 과정
에서 하나의 제도적 세트로서 도입되었다. 즉, 민주주의는 분단국가의 제도적
틀이라고 할 수 있다. 그렇기 때문에 민주주의가 토착적 기반을 갖지 못한 상태
에서 그 제도적 형식만 들여온 필연적 결과, 그 내용을 채울 역사적·정신적·이
념적 면을 결여하게 되었다는 것이다. …… (중략) …… 국민적 통일성을 이루
지 못한 상태에서 가치와 신념을 결여한 채 민주주의가 도입되었다는 사실은
끊임없는 제도적 불안정과 실천 과정에서 문제점을 드러내는 원인이 아닐 수
없다(최장집, 2002: 71~72).

이와 같은 인식을 바탕으로 최장집은 한국에서는 해방 이전에 민주주의의
토착적 기반이 없었다고 주장한다.

한국은 그 이전에 어떤 근대적인 민주주의적 경쟁의 규칙이나 제도를 실천해
본 경험도 없었다. 전통 왕조인 조선조로부터 곧바로 일본 식민 통치로 들어갔
기 때문이다. 일본 식민 통치가 한국 민주주의 발전에 남겨놓은 것은 군국주의
적 권위주의 제도와 문화였다. 그뿐만 아니라 한국은 민주주의를 실천할 수 있
는 사회경제적 기반을 갖지 못했다. 자본주의 발전은 민주주의의 충분조건은
아니지만 의심의 여지없이 필요조건이다(최장집, 1996: 20).

그래서 해방 직후 제도적 형식으로서 민주주의가 이식되었을 뿐 역사적·
정신적·이념적인 내용으로서의 민주주의는 부재했다는 것이다. 그는 해방
직후 자본주의 산업화가 이루어지기 전에 들어온 민주주의를 '조숙한 민주주
의'라고 정의했다. 여기서 '조숙'의 의미는 한국에서 민주주의 제도의 최초의

도입이 국내 정치세력의 주도로 이루어진 것이 아니라는 점을 강조하는 데 있다. 그에 따르면 민주주의 제도 실현에서 가장 중요한 것은 보통선거권이다. 그것은 1948년의 5·10 선거를 통해 일시에 부여되었다.

> 한국 민주주의 발전에서 가장 중요한 요소는 해방 이후 미군정에 의한 민주주의적 개혁에 힘입어 보통교육제도의 도입과 더불어 보통선거권이 한국에 있어 최초의 근대적인 선거인 1948년 5·10 선거에서 일거에 주어졌다는 사실이다 …… (중략) …… 대부분의 서구 국가들이 경험한 투표권의 점진적인 확대를 내용으로 하는 '선거권 자격 제한 체제'를 거치지 않고 최초의 선거에서 곧바로 전면적 보통선거권을 실시한 경우이다(최장집, 1996: 20).

보통선거권의 전면적 도입과 함께 '조숙한 민주주의'를 상징하는 또 하나의 사건은 민주주의의 제도적 기초인 제헌헌법의 제정이었다. 최장집은 제헌헌법에 대해 "우리 헌법은 미국을 비롯한 서구의 자유주의 민주주의국가의 헌법에서 내용을 빌려왔다. 헌법이 밖으로부터 주어지고 한국 사회와 유리되었다"(최장집, 2002: 74)고 평가했다.

이러한 최장집의 민주주의 이식론은 이후 민주주의 흐름에 대한 인식에 영향을 미쳤다. 그는 '조숙한 민주주의'가 발전 템포 면에서는 긍정적 효과를 가져왔다고 보았다. 그것이 민주주의 이상과 규범·제도에 대한 요구 수준을 높였다는 것이다. 이를 바탕으로 민주주의가 짧은 시간 내에 강력한 정치적 규범이자 가치로서 뿌리내리면서 1960년에는 민주주의 원칙에 위배된다는 이유로 정권을 붕괴시키는 민주주의 혁명이 일어날 수 있었다는 것이다(최장집, 1996: 23).

이처럼 최장집은 '조숙한 민주주의'라는 정의로 상징되는 민주주의 외삽론을 주장했다. 정해구 역시 한국 민주주의는 일제로부터 해방된 이후 비로소 출범했다고 보았다. "해방 이후 남한에서 미군정이 실시되면서 자유민주주의의 제도와 형식이 위로부터 한꺼번에 주어졌는데 이것이 한국에서 자유민주주의가 발전할 수 있는 기본 틀을 제공했다"는 것이다(정해구, 2010).

민주주의 외삽론을 주장한 최장집의 견해에서 눈여겨 볼 것은 그가 한국의 민주화는 제도 정치권 밖에서 운동의 힘으로 이루어졌으며, 4·19가 "운동에 의한 민주화의 원형"이라고 주장한 점이다(최장집, 2012b). 즉, 한국의 민주화는 '운동에 의한 민주화'라는 특징을 갖고 있다는 것이다(최장집, 2012a). 그렇다면 전제 권력이 존재하던 조선·대한제국기에도, 식민 통치 권력이 존재하던 일제 시기에도 민주주의가 제도권 밖 운동 영역에서 존재했을 가능성을 검토해야 하지 않을까? 그의 논리대로라면 해방 이전에 민주주의가 어떤 형태로든 존재하지 않았다는 것 자체가 검증되어야 할 주장인 것이다.

한편 김영명은 해방 이후 미군정에 의해 자유민주주의 이념과 제도가 이식되었다고 주장했다. 그는 최장집과 달리 19세기 말부터 서구 민주주의를 도입하려는 움직임이 있었다고 보았다. 하지만 그것이 정치가들의 능력 부족과 한국인의 자질 부족으로 미완에 그치고 말았다는 것이다.

서구식 자유민주주의가 이상이 되기 시작한 것은 19세기 말 독립협회 등을 통한 개화파 운동에서부터였을 것이다. 그러나 그들의 구상은 결코 충분한 민주적 정치체제를 대상으로 했다고 할 수 없었고 그들에게는 이를 실현할 능력은 없었다. 당시 조선의 민족 지도자들은 임시정부가 공화제를 채택한 것에서 볼 수 있는 것처럼 서구의 민주주의 사상과 제도를 도입하려고 했으나, 그것은 미국이 한국에 강요한 것과 같은 정도의 시민 민주주의로까지 발전한 것은 아니었다. 3·1 운동 이후 재미 독립운동가들은 앞으로 조국에 탄생할 새 정부가 미국의 정체를 모방한 대통령제 민주공화 정부여야 한다고 생각했다. 그러나 동시에 한국인의 교육, 경제 등 수준이 당장에 완벽한 민주주의적 자치를 실현시키기에 미흡한 상태임을 감안하여 건국 후 10년간 강력한 통치 체제를 유지하면서 점진적으로 민권을 확대해 나가는 것이 바람직하다고 보았다(김영명, 2013: 62).

그리고 해방 이후에 우익 지도자들은 미국식 자유민주주의 제도를 도입하려 하고 좌익 지도자들은 소비에트 사회주의를 추종하는 가운데 결국 "민주주의 제도의 도입을 선도한 측은 역시 당시 최고의 정치권력을 장악하고 있던 미국"이었다고 주장했다. 미국 정부의 남한에 대한 민주주의 이식이 토지 개혁, 과도 입법 의원 창설, 보통선거제 도입, 법과 제도 개혁, 자유민주주의 이념 홍보 등을 통해 실현되었다는 것이다. 김영명은 특히 "선진적인 보통선거제의 도입은 신생 대한민국에 자유민주주의의 핵심적인 제도를 도입했다는 점에서 역사적인 의의를 지니고"(김영명, 2013: 67) 있다고 짚으면서 선거와 절차에 중점을 둔 자유민주주의 제도의 도입은 한국 민주주의의 첫 출발을 의미한다고 평가했다.

박찬표는 최장집이나 김영명과 같이 해방 직후 자유민주주의 체제 수립에서 미국의 역할을 중시했다. 해방 3년기를 "자유민주주의 체제라고 부르는 현재의 남한 정치 질서의 원형이 형성된 시기"(박찬표, 2010: 9)로 보았다.

미국은 외적 정통성은 유엔 개입을 통해, 내적 정통성은 단선에의 광범위한 국민 동원을 통해 확보하고자 했다. 이러한 시도가 자유민주주의 제도와 이념의 이식을 가져오는 계기가 된다. 미국은 반공 체제 구축과 동시에 점령의 최종 단계에서 자유민주주의적 정치 질서를 부과했다(박찬표, 2007: 423~424).

하지만 최장집이나 김영명과 달리 19세기 독립협회나 1919년에 탄생한 임시정부의 활동에서 남한 국가의 내생적 기원을 찾았다.

독립협회나 상해임시정부(임정) 또는 국내외 우파 민족주의 세력 등의 건국 구상을 보면 구한말 국권회복운동이나 일제하 독립운동을 거치면서 우파 민족주의 세력을 중심으로 근대적 입헌주의나 공화주의, 자유주의, 민주주의 등이 수용되고 독립국가의 미래상으로 정립되어 왔음을 알 수 있다. 자본주의와 자유민주주의를 양대 축으로 하는 남한 국가의 내생적 기원을 여기에서 찾을 수 있을 것이다(박찬표, 2007: 22~23).

이처럼 해방 직후 미국에 의해 민주주의 제도와 이념이 이식되었다는 민주주의 외삽론의 경우에도 해방 이전에 민주주의 토대가 없었다는 입장, 민주주의를 알고 이상화했으나 능력과 자질 부족으로 실현 불가능했다는 입장, 해방 이후 민주주의의 내생적 기원으로 파악하는 입장 등이 다양하게 존재한다.

민주주의 수용론: 19세기의 민주주의 사상과 정체(政體)의 수용

민주주의 외삽론에는 해방 이후 민주주의 역사에 초점을 맞춰 미국으로부터 민주주의가 이식되었다고 보는 민주주의 이식론과 함께 19세기 역사에 대한 분석을 근거로 당시 서구 민주주의가 수용되었다고 파악하는 민주주의 수용론이 존재한다.

한국 민주주의의 기원을 논하면서 한국 사회가 서구의 민주주의와 최초로 만나게 되는 과정에 주목하는 것은 너무나 자연스러운 현상이다. 한국 사회에서 초기에 서구의 민주주의라는 제도와 이념을 어떻게 수용했는가에 초점을 맞춘다. 민주주의 수용이라는 행위에 선행했던 것이 그것과의 만남인데 그 만남을 통해서 서구 민주주의에 대해서 어떤 형태로든 이해하고 인식했을 것이기 때문이다(윤순갑, 2008: 300~301).

이와 같은 윤순갑의 주장은 민주주의=서구 민주주의라는 도식을 전제로
하고 있다. 이와 같은 기준에 따르면 서구 민주주의를 제일 먼저 조선에 소
개한 사람은 최한기였다. 그는 1857년에 편집한 『지구전요』에서 서구 민주
주의 제도를 상세히 소개했다(윤순갑, 2008: 301). 강정인은 최한기를 조선에
서 민주주의 관념을 이해하고 이를 소개한 최초의 인물로 평가했다. 최한기
는 영국의 의원내각제와 미국의 대통령중심제를 긍정적으로 자세히 소개했
다. 그는 인민주권, 정치적 평등, 선거와 의회제도, 다수결, 언론과 결사의 자
유 등 민주주의의 기본 개념과 제도를 정확히 이해하고 있었다. 하지만 민주
주의 제도를 조선에 도입할 것을 주장하지는 않았다. 조선인이 아직 민주주
의를 받아들일 만큼 준비되지 않았다고 판단했기 때문이다(강정인, 2002: 23).

그다음으로 1880년대에는 개화 정책을 추진한 개화파가 민주주의를 탐색
했다. 그들은 1883년에 창간된 정부 기관지 ≪한성순보≫를 통해 인민주권
의 원리, 입헌정체, 권력분립의 원칙, 의회제도, 선거제도 등을 살폈다. 하지
만 결론은 역시 수용 불가였다. 각국의 정체는 토속과 인정에 따라 결정되는
데 조선에서는 전제군주제를 바꿀 수 없으며 인민주권 역시 인민의 무지로
인해 수용 불가하다는 태도를 보였다. 하지만 개화파의 일원인 박영효는
1888년에 고종에게 「건백서」를 제출하면서 군권을 제한하고 민권을 신장하
는 방향의 전제군주제 개혁을 주장했다. 특히 그는 천부인권설, 주권재민의
원칙, 인민의 저항권 등을 소개하며 민권 신장론을 펼쳤다. 윤순갑은 이를
민주주의 수용론이라 정의하고 "일본을 통해 전달받았던 서구 민주주의의
영향을 받았다"(윤순갑, 2008: 318)고 평가했다. 하지만 박영효 역시 민권 신
장을 주장하면서도 인민의 정치참여는 유보했다. 반면 박영효가 「건백서」를
작성할 무렵에 『서유견문』을 쓴 유길준은 직접적으로 군민공치의 입헌군주

제를 도입할 것을 주장하기도 했다. 입헌군주제가 인민의 권리와 국가의 독립을 보장하는 가장 현실적인 대안이라는 것이다(윤병희, 1998: 98). 또한 입헌군주제로의 전환을 위한 인민 훈련의 단계로 지방자치제를 제안했다(윤병희, 1998: 101~105).

한편 안외순은 개화파의 민주주의 수용론을 유가와 민주주의의 융합을 시도한 한국 최초의 지적 실험으로 평가했다. 즉, 당시 민주주의 수용론자들은 민주주의의 민치(民治) 관념을 수용하면서 위민(爲民)과 민본(民本)이 체(體)라면 민치는 이를 실현하는 데 매우 유용한 용(用)으로 이해했다. 자유와 법치 관념은 도덕·윤리 및 덕치 관념을 동반해야 한다는 시각에서 수용하고자 했다. 새로운 정치 주체로는 신분이나 재산과 관계없이 정치에 필요한 정치력과 도덕성을 겸비한 유가적 군자 시민을 설정했다(안외순, 2002).

강정인은 이처럼 개화파들이 민주주의를 신봉했으나 결국 망국의 위기로 인해 민주주의가 뿌리내리지 못했음에도 독립운동가들 역시 정체로서의 민주주의를 신봉했다고 보았다.

19세기 후반 개항 이후 서구 문명과 일본의 개화에 깊이 영향을 받은 독립협회를 비롯한 조선의 개화사상가들은 민주주의를 신봉했다. 그러나 여러 급진적 개혁들이 실패로 돌아가고 제국주의 열강의 침투로 조선의 사활 자체가 직접 문제시됨에 따라 민주주의 이념이 조선의 지적, 정치적 풍토에 깊이 뿌리내릴 수는 없었다. 일본 제국주의 강점하에서 한국의 독립운동가들은 독립 후에 수립될 정치체제로 민주주의를 신봉했다. 특히 조선왕조가 자체적으로 근대적 개혁을 단행하지 못하고 일본 제국주의에 변변한 저항을 보여주지도 못한 채 무력하게 일본 제국주의의 먹이가 됨에 따라 군주 체제는 심지어 일반 민중들 사이에서도 정통성을 상실했다(강정인, 2002: 24).

나아가 강정인은 19세기부터 민주주의가 수용되었으나, 결국 민주주의가 최초로 도입된 것은 해방 후 미군정과 보수 세력에 의해서라고 주장했다. 또한 선거권을 비롯한 자유민주주의 제도의 도입은 혁명적인 혹은 획기적인 사건이나, "전근대적인 사회정치적 제도를 혁파하기 위해 실시된 것이라기보다는 공산주의에 대항하고 이를 저지하기 위해 도입"(강정인, 2002: 46)되었다고 평가했다.

　　이처럼 19세기에 민주주의를 수용했다는 민주주의 수용론 역시 이후 일제강점기까지 민주주의가 실현되지 못했다는 전제하에 해방 이후 민주주의가 제도로서 이식되었다고 평가하는 경향을 보였다. 이상익은 민주주의와 유교의 원리는 충돌하지 않는다고 주장하면서도(이상익, 2006: 161) "1945년 광복 이후 미군정의 지도하에 헌법을 제정하고 대한민국을 건국하는 과정은 그 자체가 서구 민주주의의 이식 과정"(이상익, 2006: 133)이라고 이해했다.

　　이상에서 살펴본 것처럼 민주주의 외삽론의 요체는 민주주의 제도와 이념이 해방 직후 미국에 의해 이식되었다는 데 있다. 19세기에 민주주의가 대안적인 사상이나 정체로 수용되었다는 민주주의 수용론 역시 민주주의가 수용되었으나 정착하지 못했고 결국은 해방 이후 실현되었다는 인식에 기반하고 있다. 이처럼 민주주의가 '제도'로서 실현되어야만 민주주의 시대가 열린다는 프레임은 민족이라는 주체나 운동이라는 영역을 배제한 채 민주주의를 국가라는 틀을 전제로 바라보기에 가능한 것이 아닐까 돌아보게 된다.

3 ┃ 문화적 관점에서 본 민주주의 기원론

　　민주주의가 외적 계기에 의해 이식된 선진적인 제도와 이념이라는 민주주의 외삽론은 민주주의 제도의 실현에서 민주주의의 기원을 찾고자 하는 시각에 근거한다. 그것은 민주주의 제도와 이념의 수용-좌절-이식이라는 단절적인 역사 인식에 기반을 둔 것이기도 하다. 또한 민주주의의 주체로서의 인민, 시민, 국민, 민족 등에 대한 인식이 누락되어 있다. 선각자에 의한 수용과 좌절, 그리고 타자에 의한 이식에 초점을 맞추고 있다.

이와 달리 이 장에서는 '가치·신념과 행동 간을 매개하는 그물망, 즉 문화'(위브, 1999: 28)의 관점에서 19세기 이래 정치적 주체로서의 인민이 어떻게 민주주의의 뿌리를 형성해 갔는지를 살피고자 한다. 시기적으로는 공노비가 해방된 1801년부터 반외세 저항운동인 3·1 운동이 일어나고 임시정부가 탄생하면서 민주공화정을 선포했던 1919년까지를 다루고자 한다. 이 시기에 자유, 평등, 자주, 독립 등의 수평적 질서를 추구하는 민주주의가 충, 효 등의 수직적인 유교적 질서 규범을 넘어 개인, 집단 혹은 제도의 변화를 이끌어내며 문화로서 자리를 잡아갔던 궤적을 재구성함으로써 한국 민주주의의 기원을 살펴보고자 한다. 이를 통해 한국 민주주의가 만민 평등, 저항운동, 집단 민주주의라는 문화적 특질을 형성하며 시작되었다는 것을 밝히고자 한다. 또한 1919년의 3·1 운동과 민주공화정 선포가 일회적이고 돌발적인 사건이 아니라 100여 년의 민주주의 문화의 축적 위에 가능했다는 것을 되짚고자 한다. 1922년에 발간된 『현대신어석의』에 등장하는 민주주의에 대한 정의를 상기하면서 이 절을 시작하고자 한다.

인민의 권리와 자유를 극도로 존중하여 인민 전체가 국가의 주권을 장악하여 국가의 최고 지위를 차지하고자 하는 주의(한림과학원, 2010: 40)

만민 평등 문화로서의 민주주의 기원론

조선 말기에 들어 신분제가 해체되고 유교문화가 쇠퇴하는 가운데 만민평등 의식이 확산되어 갔다. 신분제가 무너지고 유교문화의 영향력이 감소한 다는 것은 신념과 행동의 기준이 수직적 위계질서에서 수평적인 평등 관계로 전환되고 있다는 것을 의미했다. 1801년 공노비 해방이라는 제도적 신분해방이 보여주듯이, 유교 질서 아래서 배제된 신분인 천민과 배제된 성(性)인 여성이 인민에 포용되는 변화가 일어났다.

먼저, 천민의 인민화 과정에서는 1894년에 일어난 동학농민전쟁이 결정적 영향을 끼쳤다. 상하 귀천의 차별이 없는 동학 농민군 안에는 노비 출신 지휘관들이 있었고 노비와 백정 출신 병사들도 적지 않았다. 남계천은 노비 출신으로서 대접주로 활약했다. 김개남이 이끄는 농민군에는 백정들로 구성된 주력 부대가 있었다. 이들은 동학 농민군이 전주화약 이후 전라도에 설치한 집강소에서 신분제 폐지에 앞장섰다(신용하, 2001: 126~128, 131~132). 1894년 봄에 동학 농민군이 봉기하며 요구한 천민 신분 철폐는 그해 여름에 단행된 갑오개혁에 의해 현실화되었다. 김홍집을 영의정으로 하는 갑오개혁 정부는 개혁 추진 기구인 군국기무처를 설립한 뒤 사흘 만에 천민 신분 해방에 관한 법령을 발표했다.

천민의 제도적 인민화에 이어 문화적인 인민화의 노력이 이어졌다. 1896년에 탄생한 독립협회는 노비제 잔재 청산에 나섰고 백정에 대한 차별을 없애는 일에 앞장섰다. 독립협회의 노력은 혁명적이었다. 1898년 10월 28일부터 독립협회가 주최한 관민공동회가 열렸다. 이틀째 관민공동회에는 역사상 처음으로 정부 관리들이 인민들과 함께 참석했다. 그런데 의정부 대신 박정양이 보고한 다음 놀라운 광경이 벌어졌다. 회원 대표로 백정 출신인 박성춘이 단상에 올라 "나는 대한의 가장 천한 사람이고 무지몰각합니다"로 시작되는 연설을 했다. 오늘날로 치면 국무총리에 해당하는 의정부 대신에 이어 천민 출신이 연설하는 장면은 그 자리에 모인 인민에게 신분 해방, 만민 평등의 시대의 도래를 체감하게 했을 것이다.

여성의 인민화는 서학과 동학이라는 종교운동으로부터 발원했다. 서학과 동학의 평등한 예배 의식과 의례가 여성을 집 밖의 종교 자치 공동체로 이끌어냈다. 19세기에 사회적으로 가장 파장이 컸던 여성문제는 과부의 재혼 허용 여부였다. 천주교구장이던 시메옹프랑수아 베르뇌(Siméon-François Berneux) 주교는 1856년에 과부라도 스스로 원한다면 관습에 구애받지 말고 재혼하라고 권했다. 1894년 동학 농민군은 폐정개혁안에서 과부의 재혼을 허용할 것을 요구했고, 갑오개혁 정부는 이에 화답하는 법령을 발표했다. 1898년 9월에는 서울 북촌의 양반 여성들이 여학교 설립을 호소하는 「여학교 설시(設始) 통문」을 발표했다(≪독립신문≫, 1896.9.9). 통문은 남녀 동권과 여성의 교육받을 권리를 주장했다. 이는 여성도 인민의 일원이라는 것을 선언하며 여성의 권리 보장을 주장한 혁명적 사건이었다. 통문을 발표한 여성들은 여학교 설립을 목적으로 하는 여학교설시찬양회를 조직했다. 여성이 주도한 최초의 자발적 결사체가 탄생한 것이다. 그해 10월에는 궁궐 앞에 100여 명의 찬양회 회원이 모여 관립 여학교를 세워달라는 상소를 올렸다. 여성 최초의 정치적 집단행동이었다. 찬양회는 관립 여학교 설립의 뜻을 이루지 못하게 되자, 스스로 순성여학교를 열었다. 찬양회는 독립협회 활동과 만민공동회에도 참가하는 등 정치개혁 운동에 가담했다. 독자적인 페미니즘 운동이 아니라, 정치참여를 통해 여성의 지위 향상을 도모하는 전략을 취했던 것이다. 여성들의 정치활동과 함께 여성 교육이 확산되면서 여성의 인민화는 남녀평등을 통해 참정의 권리를 확보하는 방향으로 진전되었다.

　　일정한 나이의 인민이면 누구나 직접 혹은 간접적으로 정치에 참여하도록 하는 권리를 참정권이라 한다. 1919년 4월 11일 상하이에서 탄생한 대한민국임시정부는 「대한민국 임시헌장」(이하 「임시헌장」) 제3조에 평등권을, 제5조에 참정권을 명시했다.

제3조 대한민국 인민은 남녀 귀천 및 빈부의 계급이 없고 일체 평등하다.

제5조 대한민국 인민으로 공민 자격이 있는 자는 선거권 및 피선거권을 가진다

(국회도서관, 1973: 3).

남녀가 평등한 인민으로서 동등하게 참정권을 갖는다고 규정한 「임시헌장」에 이어 4월 25일에 공포한 '대한민국임시의정원법'에서는 중등교육을 받은 만 23세 이상의 남녀 모두에게 피선거권을 부여했다. 당시 보통선거권이 제도화된 국가는 많지 않았다. 한국인들이 독립을 요구하며 만세 시위에 나선 1919년 3월 1일, 일본 도쿄에서는 보통선거권을 요구하며 1만여 명이 참가한 대규모 시위가 벌어졌다(마쓰오 다카요시, 2010: 126). 일본에서는 남성이 1925년에, 여성이 1945년에 선거권을 획득했다. 중국 헌법에 남녀평등 조항이 삽입되고 남성은 물론이고 여성에게 참정권을 부여한 것은 1921년이었다(김정인, 2013: 228).

조선 말기 이래 유교적 위계질서가 무너지고 만민 평등의 요구가 높아지면서 천민과 여성의 인민화가 이루어졌다. 그리고 1919년에 임시정부가 반포한 「임시헌장」 제3조에 귀천과 남녀를 불문하고 인민 모두가 평등하다는 점이 명시되었다. 이제 누구나 식민지 노예 상태에 있는 민족으로서 만민 평등이 실현되는 독립과 해방의 나라를 꿈꿀 수 있게 되었다.

저항운동 문화로서의 민주주의 기원론

일제 시기에는 독립운동과 같은 반외세 저항운동을 통해 민주주의 세상을 꿈꿨다면, 19세기에는 인민의 반봉건 저항운동을 통해 민주주의가 뿌리를 내리기 시작했다. "민주주의는 피를 먹고 자란다"는 서양의 격언은 한국 민주주의 역사에도 그대로 적용된다. 한국 민주주의 역사의 출발점에는 인민

의 반봉건·반외세 저항운동이 자리하고 있었다. 1894년에는 반봉건·반외세의 동학농민전쟁이 일어났다. 19세기 말 독립협회와 만민공동회는 반봉건 민주주의 운동을 펼쳤다. 1919년에는 반외세 민주주의 운동인 3·1 운동이 발발했다. 이렇게 권력과 외세에 저항하면서 민주주의 역사가 앞으로 나아갔다.

1894년 동학농민전쟁은 종래의 농민 항쟁과 마찬가지로 농촌을 기반으로 농민이 주체가 되어 일어났다. 하지만, 동학 농민군의 조직과 주장은 종전과 다른 변화를 보였다. 집강소와 도소, 그리고 폐정개혁안이 그것이다. 전봉준은 1894년 5월 전라부사 김학진과 전주화약을 체결하면서 전라도 일대에 치안유지 기능을 맡는 집강소를 설치했다. 집강소는 인민자치의 구현체로서 의결기관을 두고 민주적으로 운영되었다(김경순, 1997). 동학에는 또 하나의 자치 공동체인 도소가 있었다. 집강소는 권력과 동학을 잇는 자리에 위치한 준행정 기구였지만, 도소는 여전히 권력의 밖에 존재하는 동학의 자치 기구였다. 탐관오리를 쫓아내고 횡포한 부호를 응징하고 온갖 잡세와 빚을 없애고 인민의 억울한 사정을 듣고 해결하는 일은 집강소가 아니라 도소를 통해 이루어졌다(조경달, 2008: 205~216).

동학 농민군의 민주주의 개혁 방안은 폐정개혁안으로 집약되었다. 오지영이 동학 농민군이 내놓은 개혁안들을 집적해 하나의 완성된 강령으로 제시한「폐정개혁안 12개조」에는 노비제와 천민 차별의 철폐, 청춘과부의 재혼 허용, 지역과 문벌을 타파한 인재 등용 등의 사회정의에 관한 요구가 들어 있다. 즉, 신분제적 질서를 없애 인민에게 자유롭고 평등하게 살아갈 수 있는 권리를 부여할 것을 요구했다. 반면 탐관오리, 불량한 유림과 양반, 횡포한 부농에 대해서는 엄격한 징벌을 요구했다. 권력과 신분과 재산을 발판으로 인민의 자유와 권리를 억압했던 지배권력을 해체하고 인민주권의 자치를 실현하고자 하는 의지를 드러낸 것이라 할 수 있다. 이는 경제 관계의 평등적 재편을 요구하는 '토지의 평균 분작' 주장으로까지 이어졌다. 동학 농민군이 요구한 폐정개혁의 의미는 동학 농민군 지도자 전봉준이 남긴 법정 진술에 응축되어 있다.

> 동학은 과거 잘못된 세상을 고쳐 다시 좋은 세상을 만들려고 나선 것이다. 인민에 해독을 끼치는 탐관오리를 베고 일반 인민이 평등하게 대우받도록 정치를 바로잡는 것이 무엇이 잘못이며, 사복을 채우고 음탕하고 삿된 일에 소비하는 국세와 공금을 거두어 의거에 쓰는 것이 무엇이 잘못이며, 조상의 뼈다귀를 우려 행악을 하고 여러 사람의 피땀을 긁어 제 몸을 살찌우는 자를 없애버리는 것이 무엇이 잘못이냐? 사람으로서 사람을 매매하고 귀천이 있게 하고 공적 토지를 사사로운 토지로 만들어 빈부가 있게 하는 것은 인도상 원리에 위반이다. 이것을 고치자 함이 무엇이 잘못이며, 악한 정부를 고쳐 선한 정부를 만들고자 함이 무엇이 잘못이냐?(이이화, 2006: 225)

동학 농민군의 민주주의 개혁 요구는 갑오개혁이라는 정치개혁으로 이어졌다. 갑오개혁 정부는 아래로부터 요구받았던 사회적·경제적 개혁을 추진하는 한편, 전제군주정을 그대로 둔 채, 군민공치(君民共治)를 내세우며 왕에게 집중된 권력을 분점하는 개혁을 시도했다(왕현종, 2003: 435). 일본의 궁내부 제도를 참조해 왕실과 정부를 명확히 분별하고자 했다. 의정부와 대신만이 정책을 발의하도록 했고, 그 정책들은 의정부회의에서 검토하도록 했다. 실제 갑오개혁 정부는 의정부회의를 중심으로 국정을 운영했다. 의정부회의를 '의회'라 약칭하기도 했다. 이어 갑오개혁 정부는 일본 메이지 헌법의 규정을 참조한 '내각관제'를 반포했다. 당시 일본에서는 내각이 의회가 입법한 법률에 의거해 나라를 운영하고 있었다. 갑오개혁 정부는 의회가 없는 조선을 관료 중심의 내각회의를 통해 꾸려가고자 했다. 내각회의가 법률 제정 및 세입·세출의 예산과 결산을 비롯해 모든 국정 사무를 도맡도록 했다. 설령 왕이 직접 이행을 명령한 사안이라도 무조건 따르지 말고 반드시 내각회의에 올려 의결하는 절차를 거치도록 했다(정용화, 2004: 296~301). 이처럼 갑오개혁을 통해 군주권이 제약받는 상황을 지켜본 영국의 지리학자 이사벨라 비숍(Isabella Bishop)은 고종을 '월급 받는 자동인형'이라 불렀다(비숍, 1994: 261).

하지만 1897년에 수립된 대한제국은 전제군주정을 강화하는 방향으로 나아갔다. 이러한 정치 반동에 대한 인민의 비판과 저항을 대변한 것은 ≪독립신문≫과 독립협회였다. 1896년 4월 7일에 최초의 민간 신문인 ≪독립신문≫이 창간되었다. ≪독립신문≫은 "상하 귀천이 다 보게" 하고자 한글 전용으로 발간되었다. ≪독립신문≫은 논설과 기사 등을 통해 자율적이고 합리적인 민주적 인간형, 서로 신뢰하고 정직하게 대하며 차별하지 않는 민주적 관계, 인권을 존중하고 법과 규칙에 따르며 공정하게 운영되는 민주적 제도의 실천을 강조했다. 그중에 인권을 보호하기 위해 법치를 강조한 논설을 사례로 들어보면 다음과 같다.

법률이라는 것은 상하·귀천·빈부·유무세를 상관치 아니하고 '공평', 이 글자만 가지고 재판을 하는 까닭에 사람이 가난하고 세가 없고 지위가 낮더라도 법만 범하지 않고 옳은 일만 할 것 같으면 세상에 두려워할 사람이 없고 남에게 압제 받을 까닭도 없다(≪독립신문≫, 1896.7.14).

설령 사람이 죄가 있는 줄을 재판하기 전에 알더라도, 재판관이 살펴 죄가 있다고 선고하기 전에는 그 사람을 죄인으로 다스리는 것은 마땅치 않다(≪독립신문≫, 1896.9.29).

1896년에 발족한 독립협회는 자발적 결사체의 효시였다. 토론회나 만민 공동회와 같은 집회를 통해 공론을 모으고 정부에 개혁을 요구하는 자발적 결사체였다. 서울에 본부를 두고 지방에 지회를 설치해 전국적 조직으로서의 면모를 갖췄다. 독립협회는 안건마다 회원의 직접선거로 총대위원을 뽑아 검토하고 결정하는 직접민주주의 방식으로 운영되었다.

1898년에 독립협회는 그 위상을 놓고 고종과 논쟁을 벌였다. 먼저 고종이 "독립협회의 토론은 정치 문제 이외의 것에 한정하도록 하고, 독립관에서 하는 집회만 허가할 것이니 독립관을 떠나 집회를 열지 말라"는 내용의 조서를 보내왔다. 그 이유는 다음과 같다.

> 외국의 예를 보더라도 국회는 국가가 세우는 공립으로 국가와 국민의 이해를 의결하는 곳이고, 협회는 국민이 세운 사립으로 함께 모여 토론하는 곳이다. 우리나라에서도 국민이 세운 협회가 개명진보에 도움이 된 것은 사실이지만 정치를 평론하고 정부 관리의 진퇴를 논하는 것은 원래 협회의 규칙이 아닌데, 정해진 장소를 떠나 집회를 열고 상소를 바치면서 대궐 문을 막고 정부 관리를 협박하는 데 거리낌이 없다. 국회에도 이런 권리가 없는데 협회에 있을 수 없으니, 오늘 이후에는 각 관청에 명령하여 어느 협회를 불문하고 무리를 지어 치안을 방해하는 경우에는 엄벌에 처하도록 할 것이다. 정해진 장소에서 토론하는 것은 막지 않을 것이니, 인민의 지식 발달에 힘쓰도록 하라(≪독립신문≫, 1898. 10.22).

자발적 결사체인 협회의 역할을 인민 계몽에 국한해 이해하고 있다는 것을 알 수 있다. 독립협회는 다음과 같은 상소로 고종의 주장을 반박했다.

국민의 정치 문제 토론은 정부의 부정부패 때문에 반드시 필요하다. 관료로 하여금 황제와 국가를 위해 충실히 의무를 수행하도록 하는 방법은 공론의 자유로운 표현에 있다. 외국의 예에도 민회는 행정을 잘못하면 전국에 알려서 민중을 모아 질문하고 논핵해서 인민이 승복하는 바가 아니면 감히 물러가지 아니하는 곳이지 토론만 하는 곳은 아니다. 독립협회는 독립을 기초로 하고 충군애국을 목적으로 하여 공적으로 세워진 회다. 법을 문란하게 만드는 신하가 있으면 탄핵하고 성토하는 것이 인민의 권리이거늘, 민권이 강해지면 군주권이 약해진다는 것은 무식한 주장에 불과하다. 오늘날 민의가 없으면 정치와 법률이 무너져 어떠한 재앙이 어느 땅에서 일어날지 알 수 없다. 우리 집회는 사사로운 것이 아니라 서울과 시골에서 뭇 인민의 마음이 모두 하나가 되어 모인 것이다 (≪황성신문≫, 1898.10.25).

독립협회는 주장에 그치지 않고 시민불복종 운동을 벌였다. 독립협회 회원들은 고종의 조서를 읽고도 정치 문제를 토론하는 집회를 연 것은 고종의 뜻에 어긋난 것이라며 경무청으로 몰려가 처벌을 요구했다. 경무청이 이를 거부하자, "법을 지키지 않은 우리를 잡아가라"며 4일간 철야 시위를 벌였다. 결국 고종이 "특정한 거짓과 악을 교정하려 할 때 자기의 의견 표현의 권리를 행사하는 것은 신하의 의무"라는 논리를 내세우며 물러섰다. 독립협회는 이를 "대한 전국 2천만 동포를 대표한 우리 독립협회 회원들로 하여금 인민과 나라에 관계되는 일과 무릇 정부나 내외 관리들의 혹 정치 잘못하는 것이나 장정과 규칙과 법률을 위반하는 것은 보고 듣고 아는 대로 평론하여 교정하라 하신 말씀"이라 해석했다(≪독립신문≫, 1898.10.27). 이를 지켜본 외국 공사들은 본국에 독립협회가 언론의 자유를 쟁취했다고 보고했다(신용하, 2001: 418). 고종 황제와 자발적 결사체인 독립협회가 갑론을박하는 초유의 경험은, 인민에게 자발적 결사체를 만들어 공론을 형성하고 직접 행동에 나서는 시대가 왔다는 것을 깨닫게 했다.

독립협회는 민주주의의 제도화, 특히 의회 개설에 상당한 노력을 기울였다. 독립협회 지도자들은 일본에서 일어난 자유 민권운동과 입헌군주제로의 전환에 대해 잘 알고 있었다. 1898년에 들어와서는 청에서 입헌군주제 운동이 전개되는 걸 지켜보며 의회 개설 운동의 포문을 열었다. 독립협회는 자문 기구인 중추원을 상원으로 개편한다는 안을 내놓았다. 독립협회는 고종이 의회 개설 상소를 수용하지 않자, 집회와 시위에 나섰다. 10월 1일부터 12일 동안 고종이 거처하는 경운궁 앞에서 밤낮으로 시위했다. 마침내 독립협회는 10월 14일에 정부와 의회 설립에 합의했다. 열흘 후에는 독립협회가 중추원을 의회로 개편하는 내용을 골자로 하는 '중추원관제개편안'을 정부에 제출했다. 이에 따르면 의회 성격을 지닌 중추원에는 법률안과 칙령안은 물론, 의정부가 제출한 안건과 중추원의 건의안, 인민의 공론을 수용한 안 등을 심사하고 의논해 결정하는 권한이 주어졌다. 한국 최초의 의회 개설 가능성이 점점 높아지자, 외교가에서도 관심을 보였다. 미국 공사는 한국인이 선거로 입법부를 수립하는 방향, 즉 입헌군주제로 나아가는 데 성공했다고 본국에 보고했다.

독립협회는 정부로부터 의회 개설을 약속받자, 이를 인증한다는 의미에서 관료와 인민이 함께 참석하는 관민공동회를 개최했다. 독립협회는 이 자리에 모인 인민에게 민주주의와 공화주의를 지지하는 연설을 금지하도록 조치해 관민공동회 개최에 따른 정치적 역풍을 최소화하고자 했다(신용하, 2001: 436). 독립협회는 관민공동회를 정부 관료와 인민이 함께 정치개혁을 위해 힘을 모으는 공론장으로 만들고자 했다. 관민공동회에서는 의회의 조약 비준권, 재정 일원화, 예결산 제도 확립, 공개재판 제도와 증거주의, 법률 준수 등 민주주의 정치로의 진전을 담은 「헌의 6조」가 발표되었다. 「헌의 6조」는 인민의 의사를 존중해 인민과 함께 정치를 행해야 한다는 군민공치의 입헌 군주제적 지향을 담고 있었다(서희경, 2012: 44).

하지만 늘 혁명에는 반동의 공세가 따르듯이 의회 개설 운동에도 반동의 폭풍이 몰아쳤다. 11월 4일에 정부는 독립협회가 제출한 안을 기본으로 하는 '중추원신관제'를 공포했다. 독립협회는 즉시 다음 날 오전에 중추원 의원 선거를 실시한다고 공고했다. 반동의 공세는 그사이, 정확히는 11월 4일 밤에 시작되었다. 서울 시내 곳곳에 익명서가 나붙었다. 독립협회는 군주제를 폐하고 공화제를 세우려는 계획을 갖고 있는데 대통령에 박정양, 부통령에 윤치호, 내무대신에 이상재, 외무대신에 정교 등이 내정되어 있다는 내용의 익명서였다. 고종은 11월 5일 새벽, 군대와 경찰을 동원해 독립협회 지도자 17명을 체포하고 독립협회에 해산을 명령했다.

서울 시민들은 바로 만민공동회를 열어 강력히 항의했다. 만민공동회가 11월 5일부터 시작한 독립협회 지도자 석방 운동은 6일 만에 성공했다. 하지만 만민공동회는 익명서를 뿌린 인사들을 처벌하고 독립협회 설립 허가가 다시 날 때까지 시위와 집회를 계속하기로 결의했다. 보수 세력은 만민공동회를 무력으로 해산할 요량으로 황국협회에서 활동하는 보부상을 동원해 만민공동회를 습격했다. 하지만 그들의 기대와 달리 분노한 인민들이 보부상들을 몰아냈고 만민공동회의 규모는 더욱 커졌다. 결국 인민을 달래기 위해 황제가 직접 나섰다. 11월 26일 고종은 경운궁 문 밖 천막에서 만민공동회 대표를 직접 만나 그들의 요구 조건을 모두 승낙했다. 이 역사적 장면을 보기 위해 많은 인민이 몰려들었다. 고종은 칙어를 내려 자신의 잘못을 반성하면서 나라와 인민이 서로 소통하는 길을 열 것을 약속했다. 이 칙어는 한글로 번역되어 신문을 통해 전국에 퍼져갔다. 인민 누구나가 황제가 한 약속 내용을 직접 확인하는 순간이었다(정선태, 2007: 103~104).

하지만 고종은 약속을 지키지 않았다. 서울 시민들은 다시 만민공동회를 열어 정치개혁을 압박했다. 당시 서울 인구가 17만 명 정도였는데 만민공동회에는 매일 1~2만 명이 모였다. 학생, 상인, 여성을 비롯한 서울 시민이 연일 철야농성을 펼쳤다. 이 소식에 전국 방방곡곡에서 만민공동회에 지지를 표하며 성금을 보내왔다. 집 판 돈 일부를 보낸 이, 배를 보낸 과일 장수, 술을 보낸 술장수로부터 감옥의 죄수는 물론 걸인에 이르기까지 많은 사람이 성금이나 물품을 쾌척했다. 나무꾼들이 기부한 장작은 철야농성장의 밤하늘을 훤히 비췄다. 만민공동회를 엄호하던 200여 명의 군인이 지지를 표명하며 자진 해산하는 사태가 벌어지기도 했다(김정인, 2015: 261~263). 이처럼 만민공동회는 만민이 공동으로 모여 국정을 토론하는 공론장의 역할을 했다.

평범한 인물이 만민공동회의 상징으로 등장한 대표적인 사건으로 김덕구 사회장이 있었다. 구두 수선공이던 김덕구는 11월 21일 만민공동회 집회에 참가했다가 황국협회의 습격을 받아 사망했다. 만민공동회는 그가 평범한 시민으로서 애국과 충의를 실천하고 순국한 의사(義士)라고 추앙하며 12월 1일에 사회장을 추진했다. 장례식 당일 수많은 인파가 운집한 가운데 김덕구의 운구 행렬이 종로를 거쳐 남대문에 도착했다. 상여 뒤로는 수많은 만장과 수천 명의 인민이 따랐다. 많은 사람이 거리를 가득 메운 가운데, 오후 1시부터 노제가 시작되었다. 학생 대표, 여성 대표, 교사 대표가 제문을 읽고 학생들이 추모가를 합창했다(정선태, 2007: 111). 겨울의 초입에서 찬비와 추위를 무릅쓰고 철야농성을 불사하던 만민공동회는 결국 군대를 동원한 정부의 진압으로 해산되었다(김정인, 2015: 263).

이처럼, 만민공동회는 농촌을 기반으로 농민들이 운집했던 종래의 시위나 집회와 달리, 도시라는 공간에서 시민이 주도한 시위이자 집회였다. 또한 정부 관리가 배석한 관민공동회는 인민들이 안건을 결의해 관리들의 서명을 받은 후 황제에게 재가를 요청하는 등 직접민주주의를 구현했다. 만민공동회를 처음 개최한 것은 독립협회였다. 그러나 만민공동회가 연일 1만여 명을 헤아리는 인민이 참여하는 집회와 시위의 장이 된 것은 독립협회가 폐쇄되고 간부들이 죄다 체포되었을 때였다. 또렷한 지도부와 운영 방침 없이 자발적으로 인민들이 함께 머리를 맞대며 꾸려간 집회이자 시위가 바로 만민공동회였던 것이다. 또한 만민공동회는 비폭력시위이자 집회로서의 모범을 보였다. 해방 직후에 유자후가 저술한 『조선민주사상사』에 따르면, 만민공동회는 "근세에 와서 가장 큰 민회로서 비록 그 활동한 기간은 짧았었고 마침내 해산을 보았었으나 근대의 민권 신장과 언론 자유인 민주주의의 사상을 뿌리 깊게 심어놓고"(유자후, 1949: 142) 갔다.

이처럼 20세기를 목전에 두고 최초의 자발적 결사체인 독립협회가 출현했다. ≪독립신문≫은 공론장으로서 민주주의 문화를 확산하는 역할을 했다. 만민공동회는 비폭력시위의 장을 열었다. 비록 의회 개설 운동은 좌절되었지만, 갑오개혁 당시와는 달리 입헌군주제를 공론화한 것은 민주주의 역사에 있어 의미 있는 진전이었다.

1910년에 대한제국이 망했다. 량치차오(梁啓超)는 전제군주제를 고집해 망국에 이르렀다고 개탄했다.

조선 멸망의 최대 원인은 사실 궁정에 있다. 오늘날 세상의 입헌국들에서 군주는 정치적 책임이 없고 약정도 할 수 없다. 그러므로 어질고 어질지 못함은 한 나라의 정치와 큰 관계가 없다. 전제국가의 경우는 이와 다르다. 국가의 명운이 전부 궁정에 달려 있다(최형욱 편역, 2014: 87).

일본은 식민지 조선에 일본 헌법을 적용하지 않았다. 일본 군부는 식민지 조선의 통치권을 장악하고 전형적인 군사독재형 통치를 실시했다. 마침내 1919년 3월 1일 조선인이 민족의 독립, 즉 민족의 자유와 생존권을 요구하며 거리로 나섰다. 두 달이 넘게 계속된 3·1 운동은 전 민족적 항쟁이었다. 계급과 계층을 망라했고 도시와 농촌 가리지 않고 전국에서 일어났다. 신분은 물론 빈부·귀천·남녀를 불문하고 인민 모두가 독립을 요구했다. 자발적으로 모인 인민들은 태극기를 만들고 독립선언서를 인쇄하고 거리 시위, 봉화 시위 등을 조직했다.

이처럼 3·1 운동은 민족이라는 식민 권력 밖의 공간에서 전개되었으나, 인민이 주권 담지자로서 자신의 모습을 전면에 드러내며 독립의 정당성을 주장한 혁명적 사건이었다. 인민을 독립의 연대 의식으로 묶어준 내적 논리는 "구한국 전제와 일본 제국 전제 아래서 오래도록 사모해 온" 민주주의였다(≪신한민보≫, 1919.10.30). 3·1 운동의 도화선이 되었던 「2·8 독립선언서」는 일본이 무단전제(武斷專制)의 통치를 실시하며 참정권, 집회 결사의 자유, 언론 출판의 자유를 박탈하고 종교의 자유, 기업의 자유까지 구속하고 행정·사법·경찰 기구를 내세워 인권을 침해하고 있다고 비판했다. 「기미독립선언서」는 다음과 같이 시작된다.

> 우리는 이에 우리 조선이 독립국임과 조선인이 자주민임을 선언한다. 이로써 세계 만국에 알려 인류 평등의 큰 도의를 분명히 하는 바이며, 이로써 자손만대에 깨우쳐 일러 민족의 독자적 생존의 정당한 권리를 영원히 누려 가지게 하는 바이다(김삼웅 편저, 1997: 70).

독립과 자주, 평등의 가치를 강조하며 민족 생존의 권리인 독립을 주장하고 있다. 또한 「기미독립선언서」는 '영원히 한결같은 민족의 자유 발전'과 '전 인류의 공존동생권'을 내세우며 민족마다의 자유 발전과 인류로서 차별 없는 대접을 강조하고 있다. 이처럼 3·1 운동에서 민족 독립의 정당성을 주장하는 내적 논리는 민주주의였다.

전국적으로 만세 시위가 확산되어 가던 4월 11일에 상하이에서 수립된 임시정부가 공포한 「임시헌장」에는 이러한 인민의 열망이 담겨 있었다. 제1조 "대한민국은 민주공화제로 한다"에 등장하는 민주공화제는 신해혁명 이래 중국에서 등장한 많은 헌법안에서도 유례가 없는 독창적인 것이었다. 중국에서는 1925년에 만든 '중화민국헌법' 초안에 처음으로 민주공화제가 등장한다. 다만 여기서 공화국은 미국처럼 연방의 의미를 갖는 것이었다(여치헌, 2012: 271~272). 1941년에 발표된 「대한민국 건국강령」은 이 「임시헌장」에 대해 "다른 민족(일본)의 전제를 뒤집고 군주정치의 낡은 관습을 파괴하고 새로운 민주 제도를 건립하여 사회 계급을 소멸하는 첫걸음을 내딛었다"라고 높이 평가했다(국회도서관, 1973: 21). 이렇게 임시정부가 민주공화정을 선포하자, 인민은 "미친 듯 취한 듯 기뻐했다"라고 한다(≪신한민보≫, 1919.10.30). 민주공화제를 선언한 「임시헌장」의 요체가 해방 이후 '제헌헌법'에 반영되면서 오늘날에도 생명력을 갖고 있는 것은 주지의 사실이다.

이처럼 민주주의 역사의 출발점에서 민주주의는 반봉건·반외세의 저항운동의 문화 속에 자리했다. 동학농민전쟁, 독립협회와 만민공동회, 3·1 운동에서 인민은 민주주의를 요구했다. 이러한 흐름 속에 민주주의는 반봉건·반외세 저항운동의 내재적 원리·신념 체계로서 뿌리를 내렸다.

집단 민주주의 문화로서의 민주주의 기원론

민주주의 사회에서는 자유로운 개인들이 민주적인 공동체를 만들고 민주적인 공동체는 자유로운 개인을 지탱해 준다. 이를 인민자치라 일컫는다. 개인 민주주의와 집단 민주주의가 인민자치를 매개로 공존하는 것이다. 개인 민주주의 문화 혹은 집단 민주주의 문화 중 어떤 전통이 더 강한지는 나라와 사회마다의 역사적 경험에 따라 다르다.

조선의 유교 사회에서 인민은 통치와 교화의 대상이었다. 민본주의가 존재했지만, 그것은 인민에게 주권이 주어지지 않는다는 점에서 민주주의는 아니었다. 또한 유교문화에서 민주주의 문화로의 전환 과정에서는 집합적 주체인 인민은 개별 주체인 개인으로 해체되어야 하고, 그 개인의 자유와 권리는 마땅히 보장받아야만 했다. 개화파 관료이자 지식인인 유길준은 개인의 자유는 "무슨 일이든지 자기 마음 가는 대로 좇아 하도록 하는, 인생에서 빼앗을 수도 없고 흔들거나 굽힐 수 없는 권리"를 뜻한다고 주장했다. 여기에는 신체의 자유, 재산의 자유, 영업의 자유, 집회의 자유, 종교의 자유, 언론의 자유 등이 포함되었다(유길준, 2004: 131, 136, 139~141). 또한 유길준은 자유를 얻은 개인은 사회에서 평등한 대접을 받아야 마땅하다고 보았다. 개인이 사람답게 살 수 있는 권리는 가장 공평하고 올바른 권리이므로 똑똑함과 우둔함, 귀함과 천함, 부유함과 가난함, 강함과 약함에 따라 구별을 지으면 안 된다는 것이다(유길준, 2004: 137). ≪독립신문≫에는 종종 미국식의 개인 민주주의 문화를 문명적 삶의 모델로 제시하는 논설들이 게재되었다. "가난하든 부유하든 똑같이 일할 의무가 있고 또한 자신이 하는 노동을 스스로 결정한 권리가 있는" 나라가 바로 미국인 것이다(≪독립신문≫, 1897.10.9).

이와 같은 개인 민주주의는 민권론의 이름으로 국권론과 논쟁을 할 만큼 힘을 얻어갔다. 하지만 망국으로 개인 민주주의는 더 이상 설 땅을 잃고 말았다. 그리고 국가 혹은 민족이라는 집합적 주체의 독립의 권리를 내세우는 집단 민주주의의 실현이 개인 민주주의 신장의 선결과제로 부상했다. 국권 회복이 곧 민권 확립에 선행한다는 것이었다.

세계상에 제일 귀중한 것은 독립이 아닌가? 나라에 독립이 있으면 인민의 권리가 있고, 독립이 완전하면 인민의 생애가 완전하지만, 독립이 없어지면 인민의 권리가 없어지고 독립이 완전치 못하면 인민의 생애도 완전치 못하노니 ……(≪대한 매일신보≫, 1907.10.3)

결국 망국으로 개인은 자유와 권리, 평등을 누릴 기회를 박탈당했다. 개인

민주주의를 누리기 위해서는 우선 독립을 이루어야 했다. 이제 자주와 독립이 민족의 자유와 평등을 확보하려는 집단 민주주의의 가치가 되었다.

3·1 운동 당시 등장한 독립선언서들은 앞서 「2·8 독립선언서」에서 살펴보았듯이 식민 권력에 의한 민주주의 탄압을 비판했다. 1919년 3월 13일에 만주 지린에서 독립운동가들이 발표한 「대한독립선언서」는 일본의 전제정치를 비판하면서 "대한민주의 자립"을 선포했다.

아 대한은 완전한 자주 독립과 신성한 평등 복리로 아 자손과 인민에게 대대로 전해지도록 하기 위하여 이에 다른 민족의 전제의 가혹한 억압에서 대한민주의 자립을 선포하노라(이윤상, 2009: 203).

1919년 3월 17일 연해주에서 대한국민의회가 발표한 「조선독립선언서」는 일본을 민주주의의 공적이라 비판하며, 민주주의라는 보편적 가치로 볼 때 세계의 모든 민주주의자는 독립 투쟁에 나선 '우리 편'이라고 선언했다.

일본의 군국주의의 발전은 세계의 평화, 세계적 민주주의의 대이상의 확립, 정의 및 민족의 자유로운 문명적 발전의 이름으로 용인할 수 없는 바이며 세계 민주주의도 이 문제에 대하여는 반드시 그 정대하고 엄숙한 한 마디를 밝혀야 할 것이다. …… (중략) …… 우리는 자유를 위하여, 정의를 위하여, 일반적 평화를 위하여, 또 인류 최선의 이상을 위하여, 압제자 및 폭학자에 대해 용감히 분투하고자 한다. 세계의 모든 민주주의자는 다 우리 편이다(이윤상, 2009: 195~196).

이처럼 3·1 운동 당시 민족 독립의 정당성은 민주주의로부터 찾았다. 민족의 자유와 평등을 실현하는 것은 정당한 권리이므로 마땅히 독립해야만 한다는 주장은 민주주의의 원리에 따라 민족 독립이 이루어져야 한다는 것을 의미한다(김정인, 2017: 222). 3·1 운동 당시 감옥에서 작성한 「조선 독립의 서」에서 한용운은 2000만 명의 자유를 되찾기 위해서는 반드시 독립이 필요하다고 주장했다.

인생의 목적을 철학적으로 해석하려면 각 설이 분분하여 일정한 정의를 내리기가 어려우나 인생 생활의 목적은 참된 자유에 있으니 자유가 없는 생활이 무슨 의미가 있으며, 무슨 쾌락이 있으리오. 자유를 얻기 위해서는 어떠한 대가도 애석히 생각지 아니하나니 뭇 생명을 걸어도 사양치 아니할 것이다. 일본이 조선을 합병한 후로 압박에 압박, 일동일정과 한 마디 말, 한 마디 침묵에까지 압박을 가하여 자유로운 생기란 털끝만큼도 없는즉, 혈성(血性)이 없는 타력물(惰力物)이 아닌 바에야 어찌 이를 참고 받을 것인가. 한 사람이 자유를 잃어도 천지의 화기를 손상시킬 것인데, 어찌 2천만 명의 자유를 말살함이 이와 같을 수가 있으리오. 조선의 독립을 가히 늦추지 못하리라(한용운, 1973: 358).

이후에도 식민지 조선에서 자유와 평등의 가치는 1922년에 출간된 『현대 신어석의』의 정의처럼 민족을 전제로 이해되었다.

자유주의: 국민의 자유를 확장하고자 하는 정치상의 주의.
평등주의: 협의로는 한 나라의 민족, 광의로는 세계의 민족이 누구를 막론하고 즉 귀천상하 남녀의 구별 없이 인류가 되어 각각 동일하게 권리와 의무를 가질 뿐 아니라 계급의 차등 없이 모두 동등하다는 주의(한림과학원, 2010: 67, 78).

이처럼 집합적 주체로서의 민족의 독립과 자치를 표방하는 집단 민주주의를 집약한 개념이 바로 민족자결주의였다.

세계 속에 존립하는 크고 작고 강하고 약한 여러 민족은 모두 각각 자유 자결을 행할 권리를 가진 자이므로 강대민족이 단지 약소민족의 자유와 독립을 속박하는 것은 세계평화상 허용되지 못하는 일이다. 그러므로 영원한 세계평화를 위하며 또 각 민족의 행복을 위하여 각자의 존립은 각자의 자결로 행한다는 주의(한림과학원, 2010: 41)

당시에는 민족자결주의를 국제적 데모크라시라 정의하기도 했다(고영환, 1920). 조소앙은 1942년에 쓴 「임시정부의 목적과 임무」라는 글에서 「기미독립선언서」를 민족자결주의의 시선에서 다음과 같이 높게 평가했다.

한국 독립선언에 의하면 '한국은 독립국임과 한국민족은 자유인임을 선언하노라'고 선언 벽두에 대문자로 제목을 달았다. 실로 한국민족이 자결권을 실행한 최초의 장엄한 행동이 아닐 수 없다. 민족자결 원칙은 세 가지 결정할 권리를 지니는데, 첫째 소속된 국가로부터 자유로운 결정에 의해 떠날 수 있는 권리, 둘째 이탈자가 자유로운 결정에 의하여 나라를 세울 권리, 셋째 이탈자가 자유로운 결정에 의하여 정치, 외교, 군사 등 건국강령을 세우며 재차 타국에 부속되지 아니할 권리를 의미한다. 무릇 이 세 종류의 자유 결정과 자유 행사를 실행할 수 있는 권리는 실로 민족자결주의의 본질적인 뜻이다. 선언서 가운데 '한국은 독립국'이라는 것은 첫째, 둘째의 권리를 포함하는 것이니 즉 일본으로부터 벗어나서 대한민국을 건립하는 권리이며, '한국민족은 자유민'이라는 것은 셋째 권리를 포함하는 것이니, 즉 한국의 전체 민중이 자유민족의 자격으로 정치, 군사, 외교 등 국가 건립 공작에 관하여 충실히 집행하고 아울러 건국강령을 자유로이 결정하여 다시 악랄한 타국에 부속 의지하지 않을 것을 맹세하는 것이다. 따라서 독립선언서는 실로 민족자결의 대의를 선언한 문서이다(강만길, 1982: 170~171).

조소앙에 따르면 민족의 독립과 자유가 민족자결주의의 요체였다.

민주주의 문화가 정착하는 과정에서 식민지로 전락하면서 개인이 주체가 되는 민주주의가 설 땅을 잃고 말았다. 개인 주체의 민주주의를 보장하기 위해서는 민족 주체의 민주주의를 우선 실현해야 한다는 주장이 더 설득력 있는 상황이었다. 이렇게 망국으로 인한 식민의 현실은 한국 민주주의 역사의 출발점에서 집단 민주주의 문화가 강고하게 뿌리내리는 요인으로 작용했다.

4 ┆ 민주주의는 역사적 존재이다

앞에서 살펴보았듯이, 한국 민주주의의 기원에 관한 입장은 타자에 의한 외삽론과 인민 주도의 자생론으로 구분될 수 있기도 하다. 이와 같은 차이는 오늘날 민주주의상을 준거로 과거의 원형을 찾아가는 연역적 접근 방식과 과거로부터 현재까지 민주주의의 발생과 변화를 추적하는 귀납적 접근 방식의 차이에 따른 것이기도 하다.

민주주의는 조선 시대에 성리학이 그랬듯이 오늘날에는 절대적 신념 체계이다. 정치, 경제, 사회, 문화 등 모든 면에서 판단의 잣대는 민주/반민주이다. 그와 같은 민주주의의 출발점에는 민주주의의 보편적 기원으로서의 신분 해방이 자리한다. 이처럼 민주주의가 발원하면서 형성된 만민 평등, 저항운동, 집단 민주주의를 품은 문화로서의 민주주의는 여전히 유효하다. 그것은 한국에는 직접민주주의의 강한 전통이 자리하고 있다는 것을 의미한다.

해방 이후 미국에 의해 민주주의가 이식되었다는 외삽론은 산업화를 설명하는 방식처럼 민주주의 발전을 '급속한 민주화'로 규정하는 것 이외에 다른 논리를 제시하기가 쉽지 않다. 하지만 4·19에 등장한 "민주주의 사수하자"라는 구호는 해방 이후 급속한 민주주의 학습의 결과가 아니라 19세기 이래 인민 주도의 저항운동 문화로 축적된 민주주의가 발현한 것으로 보아야 한다. 해방 직후만 해도 인민민주주의, 진보적 민주주의, 자유민주주의, 연합성 신민주주의, 조선식 신형민주주의 등 다채로운 민주주의론들이 등장했고, 정당과 사회단체들이 민주주의 강좌를 열었고 언론은 앞다투어 민주주의를 다뤘다. 조선과학자동맹은 ≪민주주의≫라는 주간지를 발간했다. 그럼에도 해방 직후 미국에 의해 민주주의가 이식되었다는 주장이 여전한 것은 그만큼 제도로서의 민주주의에 대한 강박적 인식을 갖고 있다는 것을 의미한다. ≪민주주의≫에 실린 「민주주의에 대하여」라는 글에 나오는 문구로 글을 마치고자 한다.

민주주의는 시대에 따라 사회에 따라 시시각각으로 피어나고 발전하는 역사적 존재이다(조선과학자동맹, 1947: 17).

2장 한국 민주주의 이념의 형성:
헌정주의, 민주공화, 국민주권

·
·
·

이관후 (전 서강대학교 사회과학연구소)

1 ㅣ 한국 민주주의 연구 경향에 대한 비판적 검토

한국 예외주의[1]

　최장집은 『한국민주주의의 조건과 전망』에서 약 50년간의 한국 현대 정치사를 종합적으로 검토하고, 한국의 근대화와 민주화가 대단히 예외적이며 결손적이라는 평가를 내렸다. 그는 이 책에서 한국의 민주주의는 "발육 부진

---

[1] 이 용어는 '미국 예외주의(American exceptionalism)'에서 차용한 것이다. 미국 예외주의는 1835년 알렉시스 드 토크빌이 『미국 민주주의』에서 미국이라는 국가의 국민성이 유럽에서 찾아볼 수 없는 독특성을 가졌다는 뜻으로 "예외적(exceptional)"이라는 표현을 쓴 데서 비롯되었다. 이후 1927년에는 스탈린이 미국만이 왜 마르크스의 일반 법칙에서 벗어났는지를 설명하면서 "미국 예외주의"라는 표현을 사용했고, 이후 20세기 동안에는 주로 봉건주의의 부재, 청교도적 속성, 공화주의, 자유우선주의 등의 성격을 가리키는 데 사용되었다. 이 용어는 미국에 대한 찬미의 용어이기도 하지만, 동시에 사회주의적 정당의 부재, 자유에 비교해 약한 평등 관념 등을 지적하는 부정적인 의미도 있다. 그런데 미국 예외주의가 이처럼 이중적인 의미를 내포한 사회과학적 관념인 반면, 국내 학자들이 사용하는 "한국 예외주의"라는 표현은 서구에 비교할 때 결핍되었다고 간주되는 한국적 특성을 부정적 측면에서 강조하는 편의적인 도구로 이용되곤 했다. 이 장에서 사용하고 있는 한국 예외주의는 이러한 맥락을 지칭하는 개념이다.

의 민주주의(creeping democracy)"이며, 한국의 분단과 권위주의적 산업화, 엘리트 중심의 정치사회라는 여러 제약 때문에 민주화의 전망이 밝지 못하다고 결론을 지었다(최장집, 1996). 요컨대 남한은 여러 가지 특수한 사정에도 불구하고 민주주의의 이행까지는 어떻게든 도달했지만, 공고화의 단계에 접어들면서 과거의 여러 유산에 발목을 잡힐 가능성이 높다는 것이다.

그 원인은 이러하다. 첫째, 한국은 후후발 산업화 국가(late-late industrializers)로서 국민국가 형성, 산업화, 민주주의를 동시에 추진하면서 허약한 자유주의와 민주주의의 실패를 겪었고 이에 대한 파시즘적 대응이라는 결과를 맞았다. 둘째, 세계적 패권 질서에 따라 외세, 특히 미국의 압도적 영향력 속에 있다. 셋째, 이 모든 과정이 대단히 짧은 시기에 일어나는 비정상적인 '압축 근대'를 경험했다는 것이다(최장집, 1996: 17~20).

좀 더 구체적으로 보면, 한국은 식민 치하에서 급작스레 맞이한 제2차 세계대전의 종결로 민주주의를 실천할 사회경제적 기반과 계급적 분화가 부재한 가운데 산업화 이전에 먼저 민주적 제도가 도입되는 '조숙한 민주주의(premature democracy)'에 진입했으며, 이는 결국 한국의 민주주의가 중요한 국면마다 미국이 정해놓은 한계(American boundary)를 벗어나지 못하는 문제를 야기했다. 또한 한국의 자본주의는 국가 주도의 계획경제와 정치적 권위주의의 결합이라는 내적 조건, 그리고 분단체제 속에서 미국이 주도하는 세계 노동 분업 구조의 참여를 바탕으로 수출 주도형 산업화라는 외적 결합 속에서, 관료적 권위주의, 발전주의, 노동 통제, 재벌 체제라는 결과를 낳았다. 이러한 권위주의적 산업화의 유산은 '한국의 민주화가 왜 빠른 제도화에도 불구하고 실질적 민주주의로 진전하지 못하는가?'라는 질문에 대한 답을 제공하는데, 그 원인은 조숙한 민주주의의 결과로 나타난 협소한 이데올로기적 공간 속에서 보수적 엘리트 중심의 정치, 그 결과로서의 보수적 근대화에서 찾을 수 있다(최장집, 1996: 21~35).

이러한 분석은 이후에도 이어진다. 2002년 최장집은 『민주화 이후의 민주주의』에서 한국 사회가 민주화 이후 질적으로 나빠졌다고 비판하며 그 근원적 원인으로, 민중 동원, 이념적 양극화, 권력의 중앙집중화, 관료 국가, 이념적으로 협애한 정당 체제, 조숙한 민주주의, 냉전 반공 민주주의 등을 들었다(최장집, 2002). 비단 최장집뿐만 아니라 한국의 많은 (비교)정치학자들이 묘사하는[2] 한국의 민주주의는 늘 '예외적'이고 '조숙'하며 '결손된' '발육 부진'의 민주주의이고, 그 배경에는 '압축 근대', '압축 성장', '외세의 압도적 규정성', '과대 성장 국가', '불구화된 이데올로기 지형' 등이 자리하고 있다. 이 수식어들은 너무도 오래 한국 정치에 대한 묘사들로 자리 잡고 있어서 그에 대한 의심조차 어렵게 만든다.

그런데 여기에 몇 가지 질문을 던져보고자 한다. '조숙'하면서 동시에 '발육 부진'인 아이가 가능한가? 근대화와 성장, 민주주의에서 뒤처진 국가가 '압축'을 선택하지 않고 그것을 따라잡는 것은 가능한가? 경제와 민주주의는 늘 같은 속도로 발전하는가, 혹은 반드시 그래야 하는가? 압축 그 자체가 문제인가, 혹은 좋은 압축과 나쁜 압축이 있는 것인가? 좋은 압축은 가능한가, 혹은 어떻게 가능한가? 국민국가의 성립과 근대화의 과정에서 국민의 동원과 중앙집중화, 관료제의 발전을 피할 수 있는가? '외세의 압도적 규정성'으로부터 자유로운 국가가 전 세계에 몇 나라나 되는가? 남미, 아시아, 아프리카는 물론, 심지어 다수의 유럽 국가들조차 이러한 조건이나 변수의 제약 속에 있었던 것은 아닌가? 지구상 대부분의 국가들이 제2차 세계대전 이후의 신생독립국이라고 한다면, 제국주의 모국이 세운 억압적 식민지 정부가 시민사회를 압

---

2 이 장에서는 종종 '묘사'라는 단어를 사용할 것인데, 그것은 비판적인 의미를 담고 있다. 한국 정치에 대한 많은 서술이 서구의 모델을 기준으로 한 비교정치적 기준에 따른 것으로 이론적 정합성과 객관성을 갖춘 평가로 받아들여지지만, 실은 거기서 사용되는 많은 표현이 본문의 문장에 나오는 바와 같이 비유를 통한 모호한 문학적 용법에 가깝기 때문이다.

도하는 '과대성장 국가'가 아니었던 나라가 얼마나 되는가? 1945년대 이후 냉전 체제에서 미국이나 소련, 중국과 같은 핵심 국가들은 물론, 자유 진영과 공산 진영 중 택일을 강요받았던 많은 나라 중에서 좌우로 폭넓은 이데올로기 정당 체제와 정치 지형을 사회적 갈등이나 충격적인 정치 변동 없이 유지할 수 있었던 나라들은 얼마나 되는가? 한국은 과연 예외적인가?

이러한 질문들을 던질 수밖에 없는 것은, 최장집의 비관적 전망이 나타난 앞의 책이 출간된 지 1년 뒤인 1997년에, 한국은 비교적 성공적인 첫 수평적 정권교체에 성공했기 때문이다. 외환위기라는 미증유의 사건이 상당한 영향을 미쳤다고 하더라도 당시에 김대중 후보의 당선은 여러 정치학자들의 예측과 크게 어긋나는 것이었다. 5년 뒤에는 보수적 엘리트 중심의 정치를 깨뜨리고 상고 출신의 노무현 후보가 대선에 당선되었다. 2008년에는 대규모의 시민들이 1987년과는 전혀 다른 양상으로 거리에서 촛불 시위에 참여했고, 2016~2017년에는 1987년 민주화에 버금가는 시민들의 민주화에 대한 열망이 재확인되었으며, 실질적으로 그것이 헌정 체제 내에서 작동해 대통령이 탄핵당했다.

이렇게 보면, 촛불 이후 여전히 심각한 사회경제적 양극화와 정당 및 정당 체제의 미발전 등 여러 문제를 안고 있지만, 그럼에도 불구하고 한국이 이루어낸 정치적·경제적 성과, 특히 민주주의의 발전 과정은 제2차 세계대전 이후에 나타난 여러 신생독립국들과 비교할 때, 결코 미흡하다고 보기 어렵다. 어떻게 보면 한국의 민주주의는 무수한 장애요인에도 불구하고 모종의 역사적 전통과 힘이 발휘되어 이루어낸 성취인 것이다.

결국 지금까지의 많은 연구는 한국 예외주의의 부정적 속성에는 많은 관심을 기울였지만, 그것은 절반의 설명, 절반의 이론에 그쳤다고 볼 수 있다. 왜 한국의 민주화와 민주주의가 현대사에서 많은 고난과 역경을 맞닥뜨리게 되었는지에 대한 설명은 많지만, 어떻게 그것을 이겨냈는지에 대한 한국 예외주의에 대해서는 설명이 부족하기 때문이다. 이런 분석들이 나타나게 된 원인은 무엇일까?

프로크루스테스의 침대

사실 한국 민주주의에 대한 비판적 묘사는 민주화 이후 한국의 민주주의에 대한 비관보다는 애정 어린 염려 때문일 것이다. 우리가 배운 민주주의와 민주화의 '모델'에 비교해 한국의 민주주의에서 미숙한 점을 찾아낸 후 그에 대한 해결책을 제시하고자 했던 것이다. 즉, 그 '모델'에 비교해 볼 때, 한국이 정상적인 민주주의의 발전이나 보편적인 민주화 이론에서 벗어난 예외적이고, 결손적이며, 조숙한, 비정상적인 민주주의의 길을 걷고 있고, 앞으로도 그럴 가능성이 적지 않으므로, 민주주의의 여러 조건을 '정상화'해야 한다는 주장이었다.

여기서 평가의 준거가 된 모델은 '공고화 이론'이다. 린츠, 스테판, 셰보르스키, 오도넬, 화이트헤드 등 미국의 많은 비교정치학자들은 남유럽과 남미에 대한 분석을 토대로 민주화 과정을 4단계로 구분했는데, ① 권위주의 정권의 위기, ② 권위주의 정권의 자유화 추진, ③ 권위주의 정권의 붕괴와 민주주의 이행(transition), ④ 민주주의의 공고화(consolidation)이다. 이 가운데 공고화는 권위주의 정권으로의 회귀가 불가능하고 제도화된 민주주의가 질적으로 발전하는 단계로 이해된다. 이 공고화 이론은 1987년 이후 한국 민주주의를 평가하고 미래를 예측하는 준거로 가감 없이 받아들여졌는데, 특히 정당과 선거제도 등 대의제도의 발전은 법치의 안정화, 시민사회의 활성화와 더불어 민주주의 공고화론의 구조적 조건으로 이해되었고, 이 기준에서 볼 때 한국은 공고화 단계에 진입했다고 평가받았던 것이다. 예를 들어, 1997년 세계정치학회(IPSA)에서 많은 국내외의 학자들은 "한국은 이제 민주화의 공고화 단계에 진입했고, 넘어야 할 장애요인이 적지 않으나 결코 권위주의에로 역행할 수 없는 수준이라는 데 광범한 합의"가 있다고 평가했다(최상룡, 1997). 이러한 경향은 2000년대에도 지속되었는데, 김용철(2007)은 한국의 민주주의를 이렇게 평가한다.

> 1987년의 민주화 이행 이후 한국 정치가 5차례의 대통령 선거와 국회의원 선거를 거치면서, 문민 우위의 원칙을 확립하고, 선거 경쟁을 제도화하였으며, 평화적 정권교체를 이룩하였다. 그리고 결과, 한국 사회는 이제 권위주의로의 역류 가능성이 매우 낮은 이른바 '민주주의의 공고화' 단계에 진입한 것으로 평가되고 있다(김용철, 2007: 99).

물론 권위주의로의 퇴행 가능성의 최소화 자체가 민주주의의 공고화를 의미하지는 않는다. 민주주의 공고화는 '소극적 공고화(negative consolidation)'와 '적극적 공고화(positive consolidation)'로 구분될 수 있는데, 전자는 권위주의로의 회귀 가능성을 효과적으로 제거하는 과정이며, 후자는 민주적 절차와 규범을 정착시키고 구성원의 신뢰 획득을 통해 민주주의를 제도화하는 과정이다. 그러나 이러한 의미에서도 한국 사회는 소극적 공고화를 달성하고 적극적 공고화의 단계에 접어들고 있다고 김용철은 평가했다(김용철, 2007: 99).

그런데 최장집이 한국 민주화에 대한 비관적 전망을 내놓은 이듬해에 정부수립 이후 처음으로 평화적인 정권교체가 일어난 것처럼, 김용철의 긍정적 평가가 있었던 바로 그해에 한국은 법치의 붕괴와 권위주의로의 회귀를 시작했다. 공고화 이론은 다시 한번 예측에 실패한 것이다. 비단 한국뿐만 아니라 세계적으로 공고화 이론은 현실적 설명력을 점차 상실했다. 민주주의로의 이행을 경험한 국가들의 역사는 민주화 이후의 민주주의가 공고화라는 단선적 발전이 아니라 복잡한 진전과 퇴행을 거듭하는 장기적 과정을 보여주었다. 한국에서도 2007년 이후 여러 학자들은 특히 선거나 정당에 초점을 맞추어 정당 간 경쟁과 2회 이상의 정권교체를 공고화의 기준으로 삼는 것이 지나치게 좁은 이해라는 비판적 견해를 내놓았다(장훈, 2013: 12~17; 신명순, 2016: 55~56). 민주주의의 공고화라는 것이 실제로 존재한다고 해도, 막 이행이 이루어진 신(新)민주주의와 공고화된 민주주의 사이에 광범위한 회색 지대가 존재한다는 것이 분명해 보였다. 그리고 이 회색 지대에서는 권위주의적 산업화 세력과 민주화 세력 간에 지루하고 고통스러운 참호전이 벌어졌다(김종엽, 2009; 장훈, 2013: 17).

최장집과 김용철의 사례에서 보듯이 한국 정치에 대한 비교정치적 분석은 '과거'의 이론을 토대로 '현재를' 해석하는 데서는 효과적이었지만, '현재'에 기반을 두고 '미래'를 내다보는 데에는 어려움을 겪었다. 과거의 민주화를 기반으로 한 공고화 이론은 민주화의 현재는 설명했지만 미래를 예측하지는 못했던 것이다. 달리 말하면, 그 이론은 과거의 역사에서 태어난 모델이었지만 그것이 현재의 역사에서 검증되지는 않은 것이었다. 그런데 우리는 왜 역사적으로 검증되지 않은 공고화 이론을 진리적 법칙으로 받아들였을까?

그것은 서구 이론에 우리의 현실을 끼워 맞추는, 말하자면 학문적 '프로크루스테스 침대(Procrustean bed)' 현상이 일어났기 때문인 것으로 보인다. 그리스 신화에서 프로크루스테스는 아티카(Attica) 지역의 강도로 아테네 교외의 언덕에 집을 짓고 살면서 지나가는 행인을 붙잡아 자신의 침대에 누이고, 행인의 키가 침대보다 크면 그만큼 잘라내고 행인의 키가 침대보다 작으면 억지로 침대 길이에 맞추어 늘려서 죽였다고 한다. 한국 민주주의에 대한 이론 적용도 이와 비슷했다. 서구에서 창안한 평균치 '모델'에 비교해 많으면 과잉이고 부족하면 결손이며, 빠르면 조숙과 압축이고 느리면 발육 부진이며, 그와 꼭 맞지 않으면 불구화·협애화였던 것이다.[3]

이러한 문제의식을 갖고 한국정치에 대한 이론적 논쟁이 본격화된 1980년 대 이후의 논의 경과를 살펴보자. 1980년대 군부독재 시기에는 민주주의로 의 이행 전략을 고민하면서 그 필수적 전제로서 한국 사회에 대한 분석이 분 단 모순과 계급 모순을 중심으로 한 사회구성체 논쟁으로 나타났다. 1990년 대에는 앞에서 살펴본 대로 민주주의의 공고화 개념을 중심으로 형식적 (formal) 민주주의와 실질적(substantial) 민주주의 사이의 간극을 둘러싼 논쟁 들이 벌어졌다. 1990년대 후반 이후로는 수평적 정권교체와 재집권, 그리고 보수 정당 일방 우위에서 '보수 대 중도·진보' 간의 균형이 형성되는 국회 권 력의 느리지만 분명한 변화 양상, 그러한 정치적 변화 가운데서 나타난 신자 유주의 정책의 지속에 따라 민주화 이후의 민주주의의 성격에 대한 논의가 활발했다. 이후 보수가 두 번에 걸쳐 재집권한 동안에는 근대화, 산업화의 유산이 신자유주의와 만나 어떻게 재부상했고 어떤 정치·사회·경제적 영향 을 미쳤는지에 주목했다. 촛불 이후에는 시민이 주도하는 민주주의로서 직 접·참여·숙의 민주주의를 강화해야 한다는 주장과, 오히려 정당을 중심으로 한 대의민주주의를 더욱 굳건하게 해야 한다는 주장을 둘러싸고 일정한 논 쟁이 진행되고 있다.

---

3   이러한 프로크루스테스 침대 현상이 비단 비교정치학 분야에서만 일어나는 것은 아니다. 이론 이나 사상 연구에서도 이러한 경향을 적지 않게 찾아볼 수 있다. 하나의 예만 들자면, 곽준혁 (2005)의 『민주주의와 공화주의: 헌정체제의 두 가지 원칙』에서는 서론에서 한국 '헌법' 1조에 명시된 민주공화국의 의미를 탐구해 보겠다고 하면서도, 그 내용에서는 유럽과 미국에서 나타난 자유주의적 헌정주의와 공화주의적 헌정주의의 구분, 시민적 공화주의와 자유주의적 공화주의 의 차이, 그리스적 민주주의와 로마적 공화주의 간의 긴장에 대해서만 서술하고 있다. 그리고 다 시 결론에서는 이를 통해 "대한민국 헌법 1조 1항의 민주공화국의 현재적 의미를 이론적으로 조 망했다"라고 주장하고 있다(곽준혁, 2005: 51). 그러나 이 연구는 실제로 대한민국에서 민주공화 국이라는 개념이 어떤 의미를 갖는지에 대해서는 전혀 서술하지 않고 있다. 한국어 '민주공화'라 는 단어가 'democratic republic'의 번역어로서 서구에서와 동일한 의미를 갖는다는 것을 무조건 전제함으로써 해당 주제에 대한 연구 방법에서 역사적 맥락을 완전히 빗겨나간 것이다. 이러한 연구 관행은 지금도 종종 찾아볼 수 있다.

이러한 논쟁들은 각각의 국면에서 유의미한 시사점을 제공했으며 실제 한국 정치에서 나타난 많은 정치 변동과 개혁, 발전에 기여한 바도 적지 않았다. 분단이라는 압도적인 외세적 규정력의 조건, 즉자적 계급에 머물러 대자적 계급으로 성장하지 못한 노동자, 이데올로기적 제약으로 비정상적인 정당 체제, 권위주의 정권과 산업화 및 민주화의 불균형, 정치와 운동, 제도적 민주주의와 사회경제적 민주주의의 갈등 등이 이러한 논쟁에서 다루어진 중요한 개념들이었다.

그런데도 전체적으로는 최장집(1996)이 표방했던 근본적인 질문, 곧 '비정상적인 한국 정치가 어떻게 정상화될 것인가?'라는 제한된 문제의식 속에서 민주화의 이론적 모델에 한국을 끼워 맞추는 방식으로 논쟁들이 촉발되고 진행되었다는 아쉬움을 지우기 어렵다. 특히 아무도 예측하지 못했던, 전 세계적으로 민주주의가 후퇴하던 시기에 나타난 2016~2017년 촛불 이후에도 여전히 이러한 정치학이 가능한가라는 질문은 한국 정치학에서 그냥 지나칠 수 없는 문제다. 행인들을 붙잡아 침대에 눕히던 프로크루스테스가 결국 테세우스에게 똑같은 방법으로 죽임을 당했던 것이다.

한국 정치의 시간적 연구 범위 문제

해답의 실마리는, 전통적인 비교정치학적 접근법을 통한 한국 민주화 연구들이 도달한 결론에서 찾을 수 있을 것 같다. 1960년의 4·19, 1980년의 서울의 봄과 광주항쟁, 1987년의 6월 항쟁을 기존의 여러 비교정치적 방법론들, 곧 구조적 접근법, 전략적 선택 접근법, 사회운동론 접근법, 정치경제적 접근법, 국제적 맥락 접근법 등으로 분석한 김용철은 결론에서 이러한 접근법들이 모두 한국의 민주화를 설명하는 데 한계가 있다고 지적하면서 다음과 같이 말한다.

이는 신생 민주주의의 등장 과정을 제대로 이해하려면, 단순히 제한된 짧은 기간의 민주화 과정만을 분석하는 비역사적 접근보다는 긴 역사적 관점에서 민주화 과정을 파악하려는 '질적·분석적 역사 서술'이 좀 더 유용하다는 것을 시사한다"(김용철, 2016: 519).

여기서 우리가 새삼스럽게 주목해 보아야 할 것은 연구방법론이나 이론의 적실성에 앞서 '긴 역사적 관점'이라는 용어가 지칭하는 것, 곧 연구 범위 설정의 타당성 문제다. 당장 한국 정치에 대해 주요한 분석을 남긴 최장집(1996), 손호철(1991), 김동춘(2000a, 2000b) 등의 연구를 보면 모두 1945년을 기점으로 한국 정치에 대한 분석을 시작하고 있다. 그동안의 한국 정치 연구는 남한 정부의 수립과 그 전사(前史)로서 해방기에 대한 탐구로 시작한다는 연대기적 기원을 자연스럽게 상식화·내재화하고 있는 것이다. 한편으로 '한국 정치'에 대한 연구를 '한국(대한민국)'이라는 나라의 성립 시점부터 출발하는 것은 지극히 자연스러운 것처럼 보이기도 한다. 그러나 다른 한편으로 '국가'로서의 한국이 아니라 우리의 현재로서의 '한국' 정치라는 것이 과연 그러한 시점에서 편의적으로 출발해 제대로 이해될 수 있는 것인지에 대한 질문을 우리가 한 번도 제대로 던져보지 않았다는 것에도 고개를 돌려볼 필요가 있다.

예를 들어, 1945년 이후라는 연구 범위의 한계가 직접적으로 야기한 대표적인 문제적 테제 중 하나는 '민주주의 이식론'이다. 한국 민주주의 이론이 예외론이나 기형아론으로 귀결되는 가장 대표적인 근거가 바로 이식론이기 때문이다. 이 이론은 한국에서는 선거권의 지속적인 확대를 통해 민주주의가 발전한 것이 아니라 위로부터 갑자기 보통선거권이 주어졌기 때문에 근본적 한계를 태생부터 내재하고 있었다는 '상식'을 제공한다. 그리고 이 이식론 테제는 한국 민주주의 이론을 연구하는 여러 학자들을 통해 지속적으로 반복 생산되었다. 또한 다른 연구가 이 테제를 보완하는 역할을 하기도 하는데, 예를 들어 남한이라는 국가의 성립 과정에 대해 대단히 면밀한 추적을 하고 있는 박찬표(1997)의 『한국의 국가 형성과 민주주의』는, 의도하지는 않았지만 한국에서 자유민주주의 체제가 미군정 시기에 이식되거나 발명되었다는 결론을 이끌어낸다. 그 외에도 해방기에서 국가수립기, 곧 1945~1948년에 대한 여러 연구 역시 해당 기간에 나타난 사실에 집중하는 것을 넘어 그 전사(前史)를 마치 없는 것처럼 서술하는 우를 범한다.[4] 그 이전의 시기를 의도적으로 무시했다고 볼 수는 없으나, 해방기를 하나의 기점으로 보기 때문에 거기서 나타난 모든 사상과 제도가 바로 그곳에서 탄생하거나 이식되든가 둘 중 하나로 해석될 수밖에 없는 서술이 나타나는 것이다.

결국 이러한 한국의 민주주의는, 비유적으로 묘사하자면 인공수정과 유전자조작을 거쳐 해당 개체의 의지와 무관하게 태어난 만큼 성장 과정에서 여러 부작용을 거칠 수밖에 없고, 그 개체를 탄생하게 한 후견인과 구조의 규정 속에서 왜곡된 삶을 살아갈 수밖에 없다. 어떠한 연구방법론을 사용하더라도 연구 범위가 특정 시점으로 고정되면 근본적으로 벗어날 수 없는 한계가 여기에는 존재하는 것이다.

그러나 헤겔이 말했듯이, 역사의 모든 단계는 이전의 단계를 포괄한다. 어떤 새로운 시대조차도 이전의 세계를 완전히 대체하지는 않는다. '완전히 새로운 사회'란 존재하지 않는 것이다(Crick, 1987: 26~29). 물론 현대 한국 정치를 연구하기 위해 조선 시대나 고려 시대에 대한 연구가 항상 필수적이라는 뜻은 아니다. 그러나 적어도, 근현대의 한국 정치를 연구하는 과정에서 19세

---

4   예를 들어 「한국에서의 헌정주의와 민주주의의 갈등 양상 분석」이라는 신영란(2007)의 연구는 거의 아무런 설명도 없이 너무도 당연하게 '한국 민주주의의 지형 및 구조적 조건의 출발점'으로 분단을, '헌정 체제의 역사적 기원'을 해방 공간으로 설정한다.

기 말 이후 한국이 '근대화' 시기에 접어든 과정을 완전히 생략하는 것은 생각해 볼 문제다.

이것은 그동안의 한국 정치 연구가 '연구 범위'에 대해 가진 근본적인 선입견에 대한 문제의 제기다. 과연 헌법, 민주주의, 공화주의, 국민주권, 선거 등은 한국인들에게 1948년에 갑자기 낯선 외부인(alien)으로부터 이식된, 듣도보도 못한 그런 제도와 가치였을까? 그러한 제도와 가치가 완전히 이식에 의존한 것이었다면 어떻게 그렇게 빨리 뿌리를 내리고, 전쟁이 끝나고 불과 7년만에 아래로부터의 힘에 의해 대통령을 하야시킬 수 있었을까? 해방기 국가형태와 헌법의 제정 과정에서 19세기 이후 헌법에 대한 여러 논의와 임시정부의 헌법은 어떤 영향을 미쳤을까? 우리는 왜 제헌헌법에서부터 지금의 헌법에까지 지속적으로 대한민국 정부의 시원이라고 언급되는 임시정부를 한국 민주주의 연구에서 완전히 제외하는가? 오늘날 한국 정치에 대한 여러 분석이 민주화의 '모델'에 집착해 한국의 민주주의를 비정상아 취급하는 것은, 한국 정치를 1948년이나 1945년 이전까지 확장해 긴 시각으로 보지 못하기 때문은 아닌가?

이어지는 절에서는 질문에 대한 답을 크게 세 가지 주제를 통해 살펴보고자 한다. 헌정주의, 민주공화정, 국민주권이다. 그리고 그 정치적 시야를 1945년이 아닌 정부수립 이전, 곧 구한말에서 3·1 운동 전후, 임시정부 등으로 넓히고자 한다. '헌법', '헌정주의', '민주', '공화', '주권' 등 현재 한국 정치의 핵심적인 가치들이 1945년에 갑자기 등장한 것이 아니라는 점에 주목하고자 하는 것이다. 그것은 이 시기에 논의되었던 국가와 정부 형태에 대한 논의를 포함할 때, 비로소 오늘날 한국에서 나타나는 민주주의에 대한 역사적 시각을 확보할 수 있다는 가정 때문이다.

2 | 헌정주의

헌정주의와 한국 민주주의

헌법을 인간 사회에서 구체적 사안에 대한 규칙으로서의 일반법이 아니라 추상적인 수준에서 옳고 그름에 대한 정의를 다룬 원리적 규칙으로 본다면, 그 기원은 아마도 수메르 문명의 우르남무 법전이나 바빌론의 함무라비 법전 등이 나타난 기원전 2000년까지 거슬러 올라갈 수 있다. 또한 국가의 통치 체제나 원리에 대한 규정으로서의 헌법은 서양의 경우 아마도 솔론의 개혁 이후 아테네의 법에서 출발해 '로마법'에서 완성을 보았고, 동양에서는 법가와 유가를 통치의 원리로 받아들인 진(秦)나라나 한(漢)나라에서 기원을 찾을 수 있을 것이다.

그런데 헌법이 단순한 통치의 원리, 곧 공권력을 행사할 수 있는 권위의 원천을 넘어 그 통치를 제한하는 원리로 작동하는 근대적 헌정주의의 개념으로 드러난 것은 중세 이후다. 이론적으로는 사회계약론에서 그 내용이 형성되었고, 역사적으로는 영국에서 1215년 '대헌장'에 대한 해석을 둘러싸고 15세기부터 17세기 사이에 의회에서 벌어진 논쟁이 하나의 중요한 변곡점을 이룬다. 이 논쟁을 통해서 17세기 이전까지 다소 그 의미가 불명확했던 '컨스티튜션(constitution)'이라는 용어가 '통치자의 권리와 신민의 자유 사이에 지켜져야 할 균형'에 대한 관념으로 굳어진다. 이 관념은 '고대로부터 내려왔고, 관습적으로 구축되었으며, 과거의 법률에 산발적으로 나타나 있지만 문서화된 어떤 것보다 더 오래된 것'으로 개념화되었다. 이 개념은 명예혁명 이후 국가의 근본법(fundamental law)으로 확정되었으며, 미국 독립 과정에서 근대적 성문헌법의 형태로 등장하게 된다(이관후, 2015: 101~103).

그런데 헌법의 존재와 그 내용의 타당성만으로는 헌정주의가 완성되지 않는다. 가령 헌법전의 명문 규정들을 위배하고 강권에 의해 통치가 지속되는 경우에는, 헌법이 있지만 지켜지지 않는 상황이 아니라 이미 헌법이 존재하지 않는 상황이다. 문자로 적혀 있고 제목이 '헌법'인 어떠한 문서가 있는 것이지 헌법이 존재하는 것은 아닌 것이다(박동천, 2003: 21~23). 즉, 합법성(legality)은 원칙적으로 공적 강제에 대해 정당화(justification)를 제공하지만, 그것이 곧바로 정당성(legitimacy)이 되지는 않는 것이다.

이러한 근대적 헌정주의의 본질은 우리가 법치주의의 의미를 제대로 이해할 때 잘 드러난다. 법치란 자의적인 통치의 제한을 의미하지만, 그때의 의미는 법적 강제를 통한 통치가 아니라 법에 의해 자의적 통치가 제한됨으로써 인민의 권리가 보장되는 원리를 가리킨다. 따라서 인민이 법을 제정하는 과정에 얼마나 참여하고, 통치자와 피치자가 동의와 합의를 통해 법을 제정했는지가 헌법적 정당성을 구성한다. 그리고 이것이야말로 문서나 관례로서 정해진 헌법의 존재 여부를 넘어 통치의 원리로서 헌정주의가 작동하는가의 핵심 변수가 된다. 헌정주의와 법치주의가 확립된 상황에서의 헌법이야말로 권력의 행사가 정당화될 수 있는 원천일 뿐만 아니라, 그 권력의 자의적 행사를 항구적으로 제한할 수 있는 힘을 갖게 하는 것이기도 하다. 즉, 헌정주의라는 이념 속에서 헌법은 권력의 부당성을 재는 규칙일 뿐 아니라, 그 규칙을 어겼을 때 인민이 저항할 수 있는 저항권의 근거가 된다.

요컨대, 특정한 법적 문서나 사건이 통치의 정당성을 확보하기 위해서는 단지 그 법의 존재뿐만 아니라 그 법에 복종해야 할 필연성과 당위성이 존재해야 한다. 또한 이때의 복종은 경험적으로 증명되어야 할 뿐만 아니라 규범적 근거를 필요로 한다. 이처럼 헌정주의는 한 정치체제가 헌법을 기반으로 존재하고 유지되어야 한다는 믿음과 그것의 실천에 의해 완성되는 것이다. 이러한 요소들이 현대 민주주의의 출발점이 되며, 바로 이 지점에서 민주주의와 헌법이 만난다(이관후, 2015: 103~106). 현대 정치에서 "법의 통치는 민주주의, 곧 주장할 자유와 권리를 표현하고, 다른 사람들과 동등하게 대우받을 것을 요구할 수 있는 개별적 시민의 권력을 필요"로 하는 것이다(Bellamy, 2007: 141).

그런데 2000년대 이전 많은 한국 정치 연구들은 민주주의, 정치 이념, 선거, 정당, 기본권, 노동 등의 주제를 다루면서도 헌정주의라는 요소에는 별로 주목하지 않았다. 헌법을 다룬 연구는 주로 역사학자나 헌법학자들에게만 맡겨졌는데, 여기에는 반공주의나 자유민주주의 같은 이념, 독재와 권위주의 같은 실제적 권력의 작동에 비해 헌법이 '형식적'인 레토릭에 불과하다는 인식과 더불어, 그것이 정치학이나 사회과학의 주요 연구 대상이 아니라는 잘못된 선입견도 작용한 것으로 보인다. 그러나 분명히 헌법의 수립과 그에 기반을 두고 작동하는 헌정주의는 민주화와 민주주의 발전의 가장 중요한 구성 요소이자 정치적 변수다. 특히 한 국가에서 근대적 민주주의의 기원을 찾는다면 헌법의 수립 과정에서 헌정주의가 어떻게 정착하게 되는지의 측면을 반드시 살펴야 한다.

실제로 헌정주의의 역사적 맥락을 살펴보는 것은 한국의 민주화와 민주주의를 이해하는 데 필수적이다. 한국의 민주주의 역사를 헌정주의의 관점에서 살펴보면, 주요한 사건들이 모두 헌법의 제정과 개정, 헌법의 수호 여부와 관련되어 있다는 것을 금방 알아차릴 수 있다. 예를 들어, 1948년 남한 단독정부의 수립 과정은 동시에 남한의 정치적 비전을 어떠한 헌법에 담을 것인가의 과정이었다. 또한 4·19와 이승만의 하야, 부마항쟁과 박정희의 죽음, 전두환의 호헌 조치와 1987년 민주화운동, 2016년 촛불의 시작은 모두 국가원수가 헌법에 명시된 헌법 수호의 의무를 저버린 데 대한 아래로부터의 저항과 그 결과였다. 그러한 역사적 격변을 둘러싼 2공화국, 3공화국, 유신 독재, 5공화국의 탄생은 모두 헌법의 개정과 뗄 수 없는 관계에 있었다. 한국의 민주화 과정은 헌법의 수립과 제정, 개정, 해석을 둘러싼 투쟁과 타협의 연속이었던 것이다.

여기서 우리가 헌정주의에 주목해야 하는 이유는 통치행위가 헌법에 의해 규정되고, 그 규정에 따라 통치되어야 하며, 그것이 지켜지지 않을 때는 그 통치가 중단될 수 있다는 점에 대해 한국의 정치공동체 구성원 모두가 합의하고 있었다는 사실 때문이다. 즉, 독재자와 민주주의자, 통치자와 피치자 모두 헌법이 통치 행위의 기본 규범이자 정치적 정당성의 핵심적 원천이라는 점을 충분히 인지하고 있었던 것이다. 가장 자의적인 통치를 자행했던 독재자라고 하더라도 일단 그것이 합헌의 범위에 있다는 것을 가장하려고 노력했으며, 반면 국민들은 특정한 자의적 통치가 헌법의 범위를 넘어섰는지에 관심을 가졌다. 국민 다수는 통치행위가 헌법의 범위를 넘어선 위헌적 행위라고 판단될 때 그 정권은 더 이상 유지될 수 없다는 신념을 가졌으며, 실제로 실천을 통해 이를 구현하려고 여러 차례 행동에 나섰던 것이다. 이것은 한국에서 헌법이라는 정치적 가치를 담은 문서가 존재한다는 것을 넘어서, 정치공동체 구성원들이 모두 '헌정주의'라는 정치 이념을 깊숙이 내재화하고 있다는 것을 의미한다.

그런데 우리가 흔히 생각하는 대로 1948년에 일부 엘리트 정치인들 몇몇이 미군정의 지도와 감독 아래서 국가에 필요하다는 명분하에 하루아침에 갑자기 '헌법'이라는 것을 만들었다면, 과연 국민들이 그 개념을 이해하고, 그에 따라 통치가 이루어져야 하며, 그것을 위반하는 것이 얼마나 중대한 것인가를 체감할 수 있었을까? 그렇게 갑자기 출현한 헌법이라는 것이 실은 대단히 중요한 것이어서, 불과 2년 뒤에 시작된 전쟁 중에도 국가의 우두머리가 그것을 반드시 수호해야 한다는 생각을 많은 국민들이 공유할 수 있었을까? 그리고 그것이 만들어진 지 12년 뒤에, 그것을 명분으로 수많은 사람들이 목숨을 걸고 거리에 나와 대통령의 하야를 요구할 수 있었을까?

이러한 질문들에 답하는 것은 한국 민주주의의 시원을 찾는 것에 그치지 않고, 정부수립 이후 지난 70년 동안 한국의 민주화는 어떠한 역사적 동력에 의해 가능했는가에 대한 답을 찾는 데 반드시 필요하다. 가령, 지금까지 우리가 해왔던 것처럼, '1960년 부정선거에 분노한 시민들은 민주주의와 헌법을 훼손한 이승만 정권에 대해 분연히 일어났다'는 식의 설명을 뛰어넘어야 하는 것이다. 또한 헌법과 헌정주의에 대한 이해는 한국의 민주화와 민주주의를 이해하는 데도 중요할 뿐만 아니라, 한국이 어째서 세계사적으로 하나의 민주주의 모델이 될 수 있는지의 가능성을 판단하는 데도 매우 중요한 요소라고 할 수 있다. 헌정주의는 17세기 이래로 서구에서 정치적 근대성의 중요한 지표일 뿐만 아니라, 현대 민주주의를 가능하게 한 법치주의의 기초이기 때문이다.

한국 헌정주의의 기원과 전개

오랫동안 한국의 헌법은 외부로부터 주어진 것, 이식된 것, 정부수립 이전 단기간에 급조된 것, 장기적인 국가 비전과 철학 없이 기술적으로 만들어 진 것이라는 평가를 받아왔다. 대한민국의 헌법은 1948년에 처음 제정되었는데, 이는 해방 이후 몇 년간, 혹은 남한 단독정부 수립이 결정된 이후 대단히 짧은 기간에 급조된 결과라는 것이다. 특히 해방 후 남한에 진주한 미군정의 압도적인 영향력 속에서 유진오와 같은 극소수의 헌법 기초자들이나 이승만의 영향력에 의해 헌법의 주요 내용이 결정되었다는 견해가 일반적이었다 (서희경, 2012: 19).

그러나 최근의 여러 연구 결과, 근대 한국의 헌법은 1919년 대한민국임시정부의 「임시헌장」[5]뿐만 아니라, 그 이전 구한말부터 근대적인 법치국가를

5 　이 장에서는 '대한민국 임시헌장'을 앞에 수식어가 나올 경우를 제외하고는 공식적인 명칭을 지

수립하고자 했던 여러 시도가 큰 영향을 주었다는 것이 밝혀지고 있다. 1948년 만들어진 헌법이 국민 다수에게 '근본법'으로서 인지되고 심지어 전쟁 중에도 반드시 수호되어야 하는 정치적 규범으로 받아들여진 것은, 그 이전 약 50년에 걸려 수립된 헌법 제정의 역사, 곧 헌법 수립 이전의 전사(前史)가 있었기 때문이라는 주장이 설득력 있게 제기되고 있는 것이다. 따라서 1948년을 기점으로 보면 한국 헌법사는 70년 정도지만, 만약 앞의 주장을 받아들인다면 한국 헌정주의의 역사는 120년 혹은 그 이상으로 확대된다.

우선 우리 헌법과 헌정주의의 전사로 간주될 수 있는 문서들로는 갑신정변의 「혁신정강 14조」(1884), 동학농민운동의 「폐정개혁안 12조」(1894), 갑오개혁의 「홍범 14조」(1895), 만민공동회의 「헌의 6조」(1898), 대한제국의 「대한국국제」(1899) 등을 들 수 있다(서희경, 2012: 19). 이 외에 헌법 조문의 성격을 갖지는 않았지만, 근대 한국 헌법의 형성에 큰 영향을 준 것으로 ≪독립신문≫의 여러 논설(1896~1899), 헌정연구회의 「헌정요의」(1905), 신민회 창립 관련 문서(1907), 조소앙이 기초한 신한혁명당의 「대동단결선언」(1917), 상하이임시정부의 「대한민국 임시헌장」(1919) 등을 들 수 있다.

그런데 헌법이 공권력의 유일한 공식적 원천이자, 그 규칙이 만들어지는 과정에서 아래로부터의 참여와 동의가 필수적인 것이라고 한다면, 한국에서 헌법과 헌정주의의 기원은 ≪독립신문≫과 「헌의 6조」에서 찾을 수 있을 것이다. 그 전후에 있었던 여러 법적 문서와 논의, 곧 갑신정변의 「혁신정강 14조」, 동학농민운동의 「폐정개혁안 12조」, 갑오개혁의 「홍범 14조」, 대한제국의 「대한국국제」 등은 모두 참여와 동의, 합의의 과정에서 일방적 측면이 있기 때문이다. 반면, ≪독립신문≫ 논설들과 만민공동회에서의 「헌의 6조」

___

칭할 경우에 「대한민국 임시헌장」이라고 쓰고, 반복되어 나올 경우에는 종종 「임시헌장」이라고 표기했다.

는 정부와 민간이 서로 긴밀히 교류하거나 보조를 맞추면서 합의한 측면이 있다. ≪독립신문≫은 조선을 근대 국민국가로 만들고자 하는 목표를 위해 단순히 통치자들만이 아니라 일반 백성들의 계몽은 물론이고, 그들이 함께 참여하는 공론의 장을 만들어야 한다는 국민 통합의 취지를 분명히 하고 있었다(이동수, 2007: 13~21). 또한 만민공동회 역시 아래로부터의 자발적 의사를 공개된 인민의 집회를 통해 「헌의 6조」라는 문서로 합의해 냈고 이를 고종이 「조칙 5조」라는 형태로 받아들였다(서희경, 2012: 40~44).

그러나 이 두 문서를 곧바로 근대 헌법의 기초로 보기에는 다소 한계가 있다. 헌법은 국가권력을 조직하는 측면보다는 국가권력을 제한하는 측면에 더욱 중점을 두면서 국민주권의 원칙, 기본권 보장의 원칙, 권력분립의 원칙을 내용으로 해야 한다(김철수, 2009: 10). 근대적 의미의 헌정주의와 법치는 단지 법에 의한 통치(rule by law)가 아니라 인민을 자의적 통치로부터 보호하는 법의 통치(rule of law)로 이해되는 것이다. 그런데 ≪독립신문≫의 경우 공권력의 근거로서의 법치와 인민의 권리를 보호하는 법치의 구분이 모호하거나(이동수, 2007: 24~27), '법치'와 '법의 준수'를 매우 강조하면서도 상대적으로 군주권을 법으로 제한하는 내용은 거의 등장하지 않았다(최선, 2012: 299). 따라서 ≪독립신문≫의 입장은 헌정주의적 속성을 충분히 담고 있지 못하다고 볼 수 있다.

「헌의 6조」의 경우에는 두 가지 한계가 있는데, 하나는 내용이 너무 소략해서 헌법의 기초로 보기 어렵다는 점이다.

헌의 6조[6]

1. 외국 사람에게 의지하여 붙지 아니하고 관원과 백성이 마음을 함께하며 힘을

---

6   ≪독립신문≫, 178호(1898.11.1). 원문과 여러 문헌을 참조해 현대어로 일부 수정했다.

합하여 전제 황권을 튼튼히 굳게 할 것

2. 광산, 철도, 석탄, 산림, 빚을 얻는 일(차관), 군사를 빌려오는 일과 무릇 정부
   에서 외국 사람과 약조하는 일(조약)은 각부의 대신들과 중추원 의장이 합동
   으로 서명 날인한 것이 아니면 시행하지 못할 것

3. 전국 재정은 어떠한 세금을 막론하고 모두 탁지부(度支部)에서 맡아 다스리
   되 정부의 다른 부처(府部)나 민간회사(私會社)는 간섭할 수 없도록 하고, 예
   산과 결산은 인민에게 공표할 것

4. 지금부터는 무릇 중대한 죄인을 별도로 공개하여 공변되이 심판하되 피고가
   도저히 설명하여 필경에 자복한 후에야 시행할 것

5. 황제가 칙임관(1~2품의 최고 관직)을 임명할 때는 정부에 물어서 다수의 뜻
   에 따라 할 것

6. 이상의 규정을 실천할 것

「헌의 6조」의 내용은 전제 황권을 인정하되 조약, 재정, 재판에서 일부 제한을 가할 수 있거나 일반에 공개될 필요가 있다는 것이다. 고종이 이 내용을 협의하기 위해 직접 백성들을 친견한 것은 대단히 근대적인 사건이지만,[7] 그 문서의 내용은 외세가 왕실에 미치는 영향력을 제한하거나 공정한 세금과 재판을 받기 위한 것이지 통치 원리 자체를 규정한 것은 아니었다. 즉, 사건사적으로 군민 합의의 성격이 있고 제한 정부(limited government)의 원리를 일부 도입하려는 정치적 개혁의 내용이 포함되어 있으나 구체적인 신민의 권리나 저항권을 규정한 헌법으로서의 기능은 약한 것이다. 그리고 이 기능이 약했다

---

7   김홍우는 이를 근거로 「헌의 6조」가 "조선조 역사상 최초로 군민이 직접 체결한 계약이라는 점
     에서 한국 최초의 근대적 헌법"으로 평가하고(김홍우, 2004: 57), 서희경(2012) 역시 이를 받아
     들이고 있으나, '군민이 직접 체결한 계약'이라는 측면만으로 '헌법'이라고 부르기는 어렵다고
     생각한다.

는 사실이 곧바로 두 번째 문제를 야기하는데, 이 합의가 1년 뒤 곧바로 전제
적인 내용을 담고 있는 「대한국국제」에서 완전히 뒤집혀 무제한적인 전제 황
권이 헌법적 문서에 명시되었던 것이다.[8]

  결국 ≪독립신문≫과 만민공동회의 역할은 헌법적 문제의식은 없었으나
그와 유사한 법률적 형태의 원형(原形) 정도로 볼 수 있다. 반면, 헌정연구회
의 「헌정요의」와 신한혁명당의 「대동단결선언」은 그 목표와 내용에서 분명
히 새로운 나라의 근대적 헌법을 기초한 예비 작업이라고 평가할 수 있다.
우선 1905년 발표된 「헌정요의」는 '헌법'과 '헌정'을 추구한다는 목표를 밝힌
가운데, 국가와 군주의 구분, 정부와 군주의 구분, 국민이 가지는 천부인권,
입헌군주제 등을 주장했다. 또한 신한혁명당이 1917년에 발표한 「대동단결
선언」은 당시 한국의 주권이 누구에게 있는지를 구체적으로 명시하고, 이 주
권을 실현할 정부와 국가 수립 방안을 내놓았다는 점에서 실질적인 헌법의
자원이 되었다고 볼 수 있다.

  그리고 좀 더 분명하게, 한국의 헌법과 헌정주의는 1919년 4월 상하이임
시정부에서 제정된 「대한민국 임시헌장」에서 시작한다고 보아야 할 것이다.

대한민국 임시헌장[9]

제1조 대한민국은 민주공화제로 함.

제2조 대한민국은 임시정부가 임시의정원의 결의에 따라 통치함.

제3조 대한민국의 인민은 남녀 귀천 및 빈부의 계급이 없고 일체 평등임.

제4조 대한민국의 인민은 종교·언론·저작·출판·결사·집회·신서(新書)·주소

---

8   「대한국국제」의 주요 내용은 ① 입법·사법·행정의 모든 권리가 황제에게 있음을 선언, ② 내각
     중심의 정치 폐기, ③ 의회 개설 반대 등이다(서희경, 2012: 46~48).
9   원문을 참고해 현대어로 일부 수정했다.

이전·신체 및 소유의 자유를 향유함.

제5조 대한민국의 인민으로 공민 자격이 있는 자는 선거권 및 피선거권이 있음.

제6조 대한민국의 인민은 교육 납세 및 병역의 의무가 있음.

제7조 대한민국은 신의 의사에 의하여 건국한 정신을 세계에 발휘하며 나아가
인류의 문화 및 평화에 공헌하기 위해 국제연맹에 가입함.

제8조 대한민국은 구황실을 우대함.

제9조 생명형·신체형·공창제를 일체 폐지함.

제10조 임시정부는 국토 회복 후 만 일 년 내에 국회를 소집함.

「임시헌장」은 첫째, 그 내용의 규정이 정체의 규정, 정부의 운영 원리, 국민의 주권과 기본권 등을 모두 포괄하고 있어서 현대적 헌법의 주요한 내용을 담고 있다고 볼 수 있다. 둘째, 「임시헌장」의 핵심적인 1, 2조의 내용이 이후 수정과 보완을 거쳐 1941년 「건국강령」과 1944년 5차 헌장에 이르기까지 크게 바뀌지 않았고, 1948년 제헌헌법을 통해서도 이 내용이 유지되었다 (서희경, 2012: 110~119). 셋째, 대한민국임시정부의 헌법은 체계 및 내용에서 제헌헌법과 매우 유사하다. 「대한민국 임시헌장」과 건국 헌법은 전문, 총강, 국민(인민)의 권리와 의무, 입법부, 행정부, 사법부, 경제, 회계, 재정, 헌법 개정 및 부칙 등 두 헌법이 체계 면에서 거의 동일하다(서희경, 2006: 161). 또한 체계만이 아니라 기본 이념과 내용의 측면에서도 유사하다. 제헌헌법 제1조 "대한민국은 민주공화국이다"와 제2조 "대한민국의 주권은 국민에게 있고 모든 권력은 국민으로부터 나온다"는 조항은 「임시헌장」의 제1조와 제4조를 계승한 것이었다. 또 제2장 '국민의 권리와 의무' 부분도 대체로 「임시헌장」에 실린 국민의 기본권의 내용을 계승해 발전시킨 것이다(박찬승, 2012). 특히 대한민국임시정부 헌법의 3·1 운동 정신, 민주공화제, 국민(인민)주권, 기본권 보장, 권력분립 등 기본 원칙들은 모두 건국 헌법에 수용되

었다(서희경, 2006: 161). 넷째, 이 헌장의 내용이 단지 제헌헌법에 머물지 않고 현행 헌법에 이르기까지 약 100년에 걸쳐 지속성이 유지되어 왔다. 다섯째, 「임시헌장」은 제정된 이후 1948년 헌법 제정 이전에도 임시정부에서 약 30여 년의 긴 시간에 걸쳐 여러 번 개정되었다는 점이다.

헌정주의와 관련해서는 특히 이 다섯 번째 이유가 중요한 의미를 갖는다. 독립운동의 방식과 독립된 국가에 대한 비전이 서로 달랐던 독립운동가들은 각자의 주장을 관철시키기 위해 「임시헌장」을 자신들이 원하는 방향으로 개정하고자 했다. 바로 그러한 경험을 통해, 주요한 독립운동가들은 독립국가의 비전을 자기들이 선호하는 방향으로 만들기 위해서는 '헌법'의 내용을 바꾸어야 한다는 것을 체득했다. 그 결과 해방 이후 국가 건설의 시기가 되자 시민사회의 여러 단체가 경쟁적으로 헌법을 기초했는데, 그 구상들은 모두 기본적으로 19세기 말부터 오랫동안 형성되어 온 것들이었다. 특히, 해방 정국에서 제헌헌법의 기초가 되었다고 알려진 유진오의 헌법 사상이 실제로는 임시정부 헌법의 이념에 가깝다는 사실도 밝혀지고 있다(신우철, 2008; 서희경, 2012: 193~197).

이처럼 한국의 헌정사는 1945년이 아니라 적어도 19세기 말에 시작되어 1919년의 「임시헌장」에 이르러 하나의 완성태를 구성했고, 이후 임시정부에서 여러 차례 개헌의 과정을 거쳤다. 또한 임시정부에서의 헌법에 대한 개정 논의와 운용의 경험은 해방 이후 미군정기의 헌법 구상과 제헌국회의 헌법 제정 과정에 영향을 미쳤고, 그 결과 현행 헌법의 권력 구조 역시 이러한 헌정사적 흐름 속에 있게 되었다(진영재, 2009). 즉, 근대 한국의 헌법은 1948년에 만들어졌지만, 헌정주의라는 정치적 개념은 100년 이상의 역사가 있다고 할 수 있는 것이다.

바로 이러한 맥락 속에서 1948년 헌법이 가진 의미와 위상, 역할 등을 제대로 이해할 수 있다. 1948년 제헌헌법은 단순히 그것이 국가 수립 당시의 헌법이기 때문에 이후 70년 동안 지속적으로 계승되고 발전된 것이 아니다. 그 헌법의 초안인 「임시헌장」이 19세기 말부터 제기된 여러 정치체제에 대한 검토를 거쳐 3·1 운동이라는 거국적 독립운동의 결과로서 제정되었고, '임시정부'라는 국가적 기구를 통해 발표되었으며, 그 헌장을 중심으로 이후의 임시정부가 운영되고 독립국가의 비전이 논의되었기 때문에, 오랫동안 헌법의 모체로서 훼손할 수 없는 정치적 규범의 원리로서 존중받을 수 있었던 것이다.

3 | 민주공화국과 국민주권[10]

근대 민주주의에서 가장 보편적으로 받아들여지고 있는 원칙은 정치공동체에 속한 모든 인민이 주권의 담지자라는 국민주권의 원리일 것이다. 또한 국가의 정치체제는 인민주권에 기반을 둔 민주정과 선거를 통해 선출되고 위임을 받은 입법부와 정부를 통해 통치하는 공화제의 결합 형태인 민주공화정이 일반적이다. 우리 헌법에서는 바로 이 두 가지 원리를 제1조에서 분명하게 명시하고 있다.

---

10   여기서 민주공화와 국민주권에 대한 검토는 사상이나 이념(idea)이 아니라 개념(concept)으로서의 분석이다. 사상이나 이념으로서의 분석은 민주, 공화, 국민, 주권과 같은 관념이나 용어는 없었지만 그것과 관련이 있다고 보이거나 그에 준하는 일련의 체계화된 생각들을 연구하는 것이며, 이것은 주로 당대의 유교 정치사상이나 한국적 사상과 서양 사상과의 비교 및 수용의 과정에 대한 분석을 통해 가능할 것이다. 이러한 연구에는 유교의 민본 사상을 한국에서 근대적 민주나 국민주권의 사상적 연속성에서 이해할 수 있는가 등이 포함될 것이며, 예를 들어 강정인 외 (2002) 등이 여기에 해당한다. 반면 이 장은 현대에 우리가 사용하고 있는 이러한 용어와 관념들이 어느 정도 존재하는 상황에서 그 개념의 변화 양상을 추적하는 하는 것을 목적으로 한다.

대한민국 헌법 제1조

제1항 대한민국은 민주공화국이다.

제2항 대한민국의 주권은 국민에게 있고, 모든 권력은 국민으로부터 나온다.

우리는 이 두 가지 가장 중요한 통치 원리가 모두 해방 이후 미군정을 통해 거의 자동적으로 주어진 것으로 이해해 왔다. 이른바 '외삽국가론'이 그것이다. 이에 따르면 일제 강점으로 왕정이 소멸되고, 일본이 패망하면서 해방이 도래했으며, 미군정 치하에서 근대국가가 형성되는 과정에서 수동적으로 '민주공화' 체제가 이식되었다. 이러한 설명을 따르면, 민주공화적인 우리의 정치적 전통과 관련이 없는 서구적 개념의 이식일 뿐이며(이영재, 2015: 239), 이러한 정치적 기본 질서와 반공적 자유주의는 미군의 진주에 따른 '축복'이거나 '저주'인 셈이다.

그러나 외삽국가론과 이식론은 객관적인 사실을 분석했지만 1945년에서 1948년에 이르는 기간에만 초점을 맞추다 보니 그 변수의 역할과 의미를 과장하게 된 측면이 있다. 국제관계와 미군정의 압도적 규정력을 강조하다 보니, 그 부작용으로 구한말에서 해방에 이르는 과정에서 있었던 역사적 사실들을 무시하는 현상까지 함께 나타난 것이다. 그런데 우리가 시야를 더 넓혀서 보면, 헌법과 헌정에 대한 논의가 19세기 말부터 해방기까지 지속적으로 진행되었던 것처럼, 민주공화와 국민주권의 원리 역시 그 헌법에 들어갈 내용을 논의하는 과정에서 오랜 시간에 걸쳐 치밀한 논쟁을 통해 구성된 결과라는 점을 확인할 수 있다.

민주공화의 한국적 기원과 의미

"민주공화"라는 표현을 헌법적 문서에 포함시킨 것은 아시아에서는 물론이고, 전 세계적으로도 한국이 가장 앞선다. 1919년에 제정된 「대한민국 임시헌장」 제1조는 '대한민국은 민주공화제로 함'인데, 이 민주공화라는 표현은 중국의 경우 1925년 「중화민국헌법초안」에서 처음 쓰였다(박찬승, 2013: 139~140). 유럽에서도 '민주공화국(democratische Republik)'이 헌법에 사용된 것은 1920년 2월 체코슬로바키아와 10월 오스트리아 헌법에서가 처음이었다(이영록, 2010: 58; 이영재, 2015: 240).

그런데 1919년 「임시헌장」을 기초한 조소앙은 1조에 민주공화라는 용어를 쓰면서 별도의 해제를 달지 않았다(최정욱, 2013: 135). 그것은 아마도 민주공화라는 용어가 이미 상당 기간 사용되고 있었기 때문이라고 볼 수 있을 것이다.[11] 1907년 일본 유학생들의 잡지였던 ≪대한유학생회보≫에서는 미국을 "민주공화국"이라고 표현했고, 1909년 서북학회의 ≪서북학회보≫에서도 귀족공화제에 대비한 용어로 민주공화제라는 용어를 사용했는데, 그 의미는 '전 인민의 의지가 직접 또는 간접으로 독립 고유의 최고권이 되는 경우'였다. 1910년 신민회 기관지 ≪대한매일신보≫에도 "민주공화"의 나라를 군주전제의 나라, 군민공치의 나라와 비교한 대목이 나오고(최정욱, 2013: 134), 1914년 하와이에서 발간된 ≪국민보≫에는 "민주공화 정부", "민주공화 제도"라는 표현이 등장한다(박찬승, 2013: 140).[12] '민주공화'라는 용어 자체는

---

11   이영재(2015)는 민주·공화라는 기표는 외부로부터 수용한 것일 수 있지만, 그것은 우리 내부에 그 기표와 조응할 수 있는 사상적 토대가 이미 배태되어 있을 가능성이 높다고 주장한다. 그러나 이러한 사상사적 측면은 개념적 연구를 목표로 하는 이 장의 범주를 넘어서는 것이므로 여기서는 다루지 않는다.

12   이와 관련해 최정욱은 '민주공화'가 1898년 『조선왕조실록』에 등장하면서 군주전제의 반대 의미로 사용되었다는 것을 첫 전거로 들고 있다(최정욱, 2013: 134). 그런데 『고종실록』과 『순종실록』이 일제강점기인 1927년 이후 경성제국대학 오다 쇼고(小田省吾) 교수의 책임 아래 편찬된 점을 감안하면, 이 시기의 실록에는 조선이나 대한제국에서 사용했던 한자어가 아닌 일본식 번역어가 상당수 사용되었을 가능성이 높다. 예를 들어 '대표'라는 개념이 『고종실록』 이전에는 전혀 보이지 않다가 갑자기 등장하는 것도 이 때문인 것으로 보인다.

20세기 초부터 지식인들 사이에서 종종 사용되었고, 1910년대가 되면 그 용례를 대중적 신문에서 찾아볼 수 있는 정도였던 것이다.

그런데 「임시헌장」 1조에 등장하는 '민주공화'의 의미에 대해서는 여전히 몇 가지 해석이 엇갈린다. 우선 한인섭(2009)은 조소앙이 「임시헌장」을 기초했다는 사실에 크게 주목하고, 그 의미가 조소앙이 이후 주장한 삼균주의와 관련이 있는 '균등'이나 '평등'의 의미를 담고 있었을 것이라고 해석한다. 조소앙의 삼균주의가 1910년대부터 이미 나타나 있고, 「임시헌장」과 동시에 선포한 임시정부의 「정강」이 "민족 평등, 국가 평등, 인류 평등의 대의를 선전함"으로 시작한다는 점에서 그 맥락이 유지되고 있다는 것이다(한인섭, 2009: 186). 다만 이 해석은 그렇게 볼 여지가 없는 것은 아니지만 뚜렷한 근거 없이 추론에만 의존하고 있다는 점에서 한계가 있다.

박찬승(2013)은 '민주'와 '공화'가 각각 뚜렷하게 구분되는 의미가 있었다고 주장한다. 그는 근대적 한국이 지향해야 할 정체(政體)에 대한 논쟁의 구도가 1905년 이전에는 입헌군주와 전제군주 사이에서 벌어진 반면, 사실상 일본의 보호국으로 전락한 1905년 이후에는 「헌정요의」가 보여주듯 전제군주제에 대한 논의가 무의미해졌다고 본다. 그리고 이때부터의 논의는 주로 몽테스키외가 일본에 받아들여진 전통을 따라 귀족공화제와 민주공화제를 중심으로 이루어졌다고 해석하는 것이다. 특히 ≪서북학회월보≫에 실린 선우순의 글을 볼 때, 군주제와 공화제가 근본적인 분류이고, 귀족제와 민주제는 공화제에 속한 부차적인 분류라는 구분이 존재했다고 본다(박찬승, 2013: 77~91). 다만 박찬승은 이때의 민주가 구체적으로 어떤 정치체제를 가리키는 것인지에 대해서는 별도로 설명하지 않고 있다.

최정욱(2009, 2013)은 두 가지 가능성이 모두 있다고 본다. 먼저 이 당시 민주가 'democracy'가 아니라 'republic'을 칭하는 말로 사용되었기 때문에, 민주공화에서 '민주'와 '공화'가 군주제가 아닌 체제를 의미하는 무차별적인 동의어로 사용되었을 가능성을 주장한다. 그 근거로 우선 유길준이 『서유견문』에서 서양의 정치체제를 설명하는 부분에서 '민주'가 보이지 않고 대신 군주가 없는 상태의 입헌정체를 '공화'라고 분류한 것과, ≪한성순보≫에서도 대체로 군주전치, 군민동치, 합중공화로 분류하고 있다는 점을 들 수 있다. ≪한성순보≫ 1884년 1월 30일 자 기사에서 '군주국'의 반대로 '민주국'을 쓴 경우가 있지만, 이때의 뜻은 국민이 통치하는 뜻이 아니라 단순히 왕이 없는 상태를 의미하는 '공화'의 의미로 볼 수 있는 것이다(최정욱, 2013: 127~137).[13] 두 번째는 박찬승의 해석과 유사하게 민주와 공화가 구분되며, 귀족공화제에 반대하는 민주정으로서 민주공화제의 의미를 가졌을 가능성이다. 여기서의 민주정은 대의정치와 자유, 공정한 재판을 내용으로 하는 다수정으로 이해할 수 있다는 것이다(최정욱, 2013: 137~138).

이러한 여러 해석의 적실성 여부는 「임시헌장」의 주요 항목에 대한 논의를 통해 어느 정도 확인할 수 있다. 우선 '민주공화'에서 '공화'가 왕이 없는 체제를 의미하며, 입헌군주제를 고려하지 않는다는 의미를 분명히 한 것이라는 점에 대해서는 다수 학자들 간에 이견이 없다. 1907년 고종의 퇴위 이후 황제권이 사실상 붕괴되었고 국권 상실에 대한 책임이 상당 부분 고종과 순종에게 있다고 보는 견해들이 있었기 때문에, 입헌군주제가 1910년 이후로는 완전히 의미를 상실했고 이후에는 공화제로의 자연스러운 이행이 일어났다고 보는 것이다.

다음으로는 민주의 의미를 확인해 보자. 제1조에서 밝힌 바와 같이 왕이 아닌 체제인 공화제에서 어떤 방식으로 통치가 이루어질 것인지를 규정한 것은 제2조다. 제2조는 임시 국가의 운영 방식에 대해 설명하고 있는데, "대

---

13   서희경(2012)은 민주와 공화를 엄밀히 구분하고 있지 않은데, 전체적인 맥락은 최정욱의 첫 번째 해석과 같이 민주공화를 '왕이 없는 정체'인 공화로 보는 듯하다.

한민국은 임시정부가 임시의정원의 결의에 의하여 이를 통치함"이라고 되어 있다. 요즈음의 말로 하면, 국회의 결의에 의해 정부가 통치한다는 의미로 이해될 수 있는 이 표현에는 대표를 통한 국가 운영의 비전이 들어 있으며, 실제로 제10조에 "임시정부는 국토 회복 후 만 1년 이내에 국회를 소집"한다는 별도의 조항을 규정하고 있다. 그리고 제5조에서는 이 국회의 구성원을 선출할 선거권과 피선거권이 대한민국 성인 국민 모두에게 있다는 것을 천명하고 있다. 제3조에서는 선거권은 물론이고, 법 앞의 평등을 포함한 모든 권리에서 남녀나 신분, 빈부의 차별이 없는 일체의 평등을 규정하고 있다. 제4조는 종교, 언론, 창작, 출판, 집회 등의 자유를 보장하고 있다. 이러한 내용들을 종합해 보면, 「임시헌장」에서 민주공화제의 의미는 다음과 같이 해석될 수 있을 것이다.

국체로서 대한민국은 왕이 없는 체제를 지향하고, 그 국가를 운영하는 정체는 민주주의로 이는 국민 전체의 평등, 자유의 바탕 위에 보통선거권을 통한 대표 제로 운영된다.

이와 같은 「임시헌장」 1조의 의미는 이후 '헌법' 1조 1항으로 계속 남았고, 바로 이 연속성 때문에 '헌법' 1조 1항은 법학계와 정치학계에서 모두 헌법 개정 절차를 따르더라도 개정할 수 없는 헌법의 핵심 원리로, 헌정 질서 전반에 걸친 기본적인 지도 원리이자 근본 규범으로, 국민주권 이념을 표현한 구조적 원리로, 그리고 국가의 구조와 체계에 관한 국민적 합의의 결과로 해석된다(이동수, 2007: 5~6).[14]

---

14   바로 이러한 합의와 해석 때문에 유신헌법조차 1조 1항에서 '민주공화국'을 폐지하지 못했고, 2항에서 국민이 '대표자나 국민투표'에 의해서만 주권을 행사한다고 제한하고 35조에서 주권적 수

이러한 해석은 결코 우연히 나타난 것이 아니다. 19세기 말부터 논의되어
온 여러 정치체제가 역사적 부침 속에서 여러 논쟁을 거치면서 탄생한 것이
다. 민주공화를 규정한 조항은 1948년이 아니라, 1919년 4월 11일에 탄생했
고, 이후에도 어미가 바뀌는 정도의 변화를 제외하고는 달라지지 않았다. 특
히 제헌헌법 제정 과정에서 자칫 첨예한 논쟁이 될 수 있었던 1조에 대해 별
다른 이견 없이 합의될 수 있었던 것은 이미 30여 년간(1919~1948) 축적된
헌정사의 경험을 제외하고는 설명하기 어렵다(한인섭, 2009: 177). 또한 이 헌
정사의 경험은 비단 1919년에만 머무는 것은 아니다. '민주공화' 체제와 이념
에 대한 광범위한 사회적 합의는「임시헌장」이전 1898년의 만민공동회 이
래 성장해 1919년 3·1 운동 발생과 대한민국임시정부가 수립되는 기간을 전
후해 이미 이루어졌다고도 볼 수 있다(서희경·박명림, 2007: 80). 따라서 우리
헌법 1조의 기원은 100년을 넘어서고, 이에 따라 한국 민주주의에 대한 인식
과 연구의 범위도 재확정되어야 할 것이다.

국민주권의 한국적 기원과 의미

주권은 국민, 영토와 함께 근대국가의 가장 핵심적인 구성 요소이며, 대내
적인 절대성과 대외적인 평등성을 그 성격으로 한다. 이러한 주권의 성격은
서구 근대에서 베스트팔렌조약에서 유럽 국가들 간의 평화를 유지하기 위한
근거로 확립되면서 그 실체가 공인되었다. 주권 개념의 확립 과정 자체가 근
대 국민국가와 근대 국제질서가 탄생하는 과정이었던 셈이다. 이 과정에서
나타난 주권 개념의 성격 변화는 처음에는 정치를 종교로부터 독립시켰고,

임 기관을 '통일주체국민회의'라는 정체불명의 단체로 규정했을 때, 국민들은 이를 납득할 수 없
었다.

나중에는 국가와 정부를 구분함으로써 주권의 최종적 원천이 인민에게 있다는 점을 확인시켰다. 바로 이러한 '주권의 이중성', 곧 종교 권력에서 세속 권력으로의 주권 이양의 논리가 왕에게서 인민으로의 주권 이양의 논리로 재형성되는 과정은 그 자체로 중요한 정치적 발전으로 이해된다.

반면 한국의 경우에는 스스로 주권 개념을 발전시키지 못하고 서구에서 '완성'된 주권이 이식된 것으로 이해되는 것이 일반적이었다. 국민주권 개념이 해방 이후 대한민국이라는 근대국가 수립 과정에서 처음 나타난 것으로 보는 것이다. 그러나 앞에서 헌정주의나 민주공화국 개념의 기원을 살펴본 결과와 마찬가지로, 최근의 연구 성과들은 국민주권 개념 역시 오랜 시간에 걸쳐 여러 역사적 사건과 논쟁을 거쳐 확립된 것이라는 것을 말해주고 있다. 특히 서구에서 주권 개념의 이중적 성격이 근대 국민국가를 탄생시켰던 것처럼, 우리의 경우에도 이러한 이중성이 국민주권이라는 관념을 형성하는데 대단히 중요한 역할을 했다는 점이 확인되고 있다. 차이점은 서구의 경우 그 첫 단계가 종교와 정치의 구분에서 나타난다는 것이고, 우리의 경우에는 '독립'이 주요한 변수가 되었다는 점이다. 이러한 개념적 발전을 비교를 통해 살펴보기 위해 먼저 서구에서의 주권 개념 변화를 살펴보자.

서구에서 근대적 주권 개념은 먼저 종교에 대항해 세속 권력이 자신의 권리를 주장하기 위해 만들어낸 발명품이었다. 근대국가가 탄생하기 이전의 중세 유럽은 일종의 느슨한 교구들의 연합 개념으로서 단일한 하나의 기독교 세계인 '에클레시아(ecclesia)'로 이해되었고, 세속적 통치 지역인 '레그나(regna)'들이 그것을 나누어 구성하고 있었다. 일상적으로 독립된 소유권과 재판권을 가진 가장 강력한 왕이라 할지라도 형식적으로는 교황 아래에 있는 영주들 중 으뜸인 자에 불과했고, 오늘날의 주권과 같은 절대성이나 평등성은 갖지 못했다. 그러나 14세기 파도바의 마르실리우스는 교회의 세속적 권리는 성서에 대한 오해라고 주장하면서 레그나를 종교적 권위에서 분리시

컸다. 이후 루터의 신학이 의도치 않게 '올바르게 보좌되는 신성한 군주'에게 신이 부여한 주권이 존재한다는 것을 천명하자, 독일의 영주들은 종교전쟁을 통해 기존의 '에클레시아-레그나' 체제를 붕괴시키고자 했다. 영국에서는 헨리 8세가 이혼 문제에서 교황의 허가권을 부정하면서 "왕은 자신의 영토에서 절대권을 갖는 최고 통치자이며 상위적 존재가 없다"고 선언했다. 프랑스 왕에게 교황의 세속 권력에 대한 반대 근거를 요청받은 장 보댕(Jean Bodin)은 "국가 내에서 인민 위에 존재하는 가장 높고 절대적이며 항구적인 권력인 주권을 신민이나 외국인에게 부여할 수 없으며, 왕이 자신의 영토에서 최고의 권위를 갖는다"는 결론을 내려주었다(Skinner, 2004: 115~121; Jackson, 2016: 61~94).

교황을 물리치고 권력을 획득한 왕들이 부딪힌 문제는 주권 개념의 변화가 여기서 멈추지 않았다는 것이었다. '주권'을 통해 세속 권력은 종교 권력에 승리를 거둘 수 있었지만, 동시에 이 개념은 국가와 통치자를 분리해 냈다. 루터가 "올바르게 보좌되는 신성한 군주가 왕국의 종교를 보호할 책임과 권리를 갖는다"는 것이라고 말했을 때, 이는 유일한 절대 권력은 신의 권력이며 교황이 아니라 왕이 직접 신의 대리인이라는 뜻으로 해석되었다. 문제는 이 명제가 곧바로 '대리인이 신의 뜻을 거역한다면 그것은 누가 판단하는 것인가?'라는 질문을 던지게 했다. 그리고 이 질문에 대한 답은 실제로 16세기 네덜란드의 스페인에 대한 독립전쟁의 명분이 되었다. 군주는 신민을 보호하기 위해 신으로부터 권력을 하사받은 것이며, 만약 군주가 신민을 보호하는 것이 아니라 학대하기만 한다면, 신민은 다른 군주를 선택할 수 있다는 논리가 성립했던 것이다(Jackson, 2016: 107~113). 결과적으로 보면, 왕은 영토 내의 사실적 최고 권위인 주권 개념을 통해 에클레시아를 떠받드는 레그나를 국가(state)로 변화시킬 수 있었지만, 그 주권이 어떻게 구성되는가라는 질문이 이제는 도리어 왕의 목을 겨누게 되었다.

그런데 19세기 말 이후 한국에서도 이와 같은 주권의 이중성이 나타난다. 그것은 외세의 개입에 대한 국권의 강화와, 국권을 강화하는 수단으로서 왕권과 민권 사이에서 나타난 갈등이었다. 먼저 동학농민운동(1894)까지는 국민주권 개념이 아직 나타나지 않는다고 볼 수 있다. 18세기 이후 조선에서 민(民)은 그 이전과는 달리 상언과 격쟁 등을 통해 공공성을 표출하는 적극적 주체로 등장하지만, 여전히 민란이나 동학농민전쟁에서도 「무장포고문」 등의 주장은 유교적 논리를 크게 벗어나지 않았다. 이들은 민본의 중요성을 역설하고 근대적 신분 해방의 요구를 표출하지만, 동시에 성군에 대한 기대와 충군 사상을 분명하게 보여주었다(이영재, 2015: 92~102). 이후 「헌의 6조」에서도 여전히 '전제 황권의 견고'함은 지속되고 있다. 또한 1899년 대한제국의 성립과 함께 반포된 「대한국국제」는 일체의 모든 권리가 황제에게 있다는 것을 선언함으로써 전제 황권을 더욱 강화했다.

그런데 「헌의 6조」나 「대한국국제」가 황제의 주권을 강조한 이유는 외세의 간섭으로부터 독립을 유지하기 위한 것이었다. 조선과 대한제국에서 통치 영역 내의 최고의 정치적 권리가 절대적으로 왕과 황제에게 있다고 천명한 것은, 곧 주권이 후견국가를 자처하는 청이나 일본, 러시아, 미국 등이 아니라 스스로에게 있다는 점을 강조한 것이다. 그리고 외세의 힘에 위협을 느낀 황제가 '전제(專制)'의 주권을 더욱 강조하면서, 독립의 유지와 국가의 부강을 위한 정치개혁 과제로서 공화제를 주장한 민권파는 반란자로 전락하게 되었다.

바로 이 과정에서 주권의 이중적 속성이 드러났다. 왕권을 무력화하거나 약화시키고자 했던 공화정 옹호자들은, 왕의 입장에서 볼 때는 외세와 마찬가지로 주권을 약화시키는 세력이었던 것이다. 독립국 지위의 유지라는 목표에서는 주권의 내재성을 강조함으로써 '국권'을 강화시켜야 한다는 데 동의하지만, 그 국권이 민권이냐 왕권이냐에 따라 왕과 민권파의 입장이 갈라졌다.[15] 근대적 독립국에 필수적인 대내적 절대성으로서의 주권은, 그것이 조선과 대한제국에서 천명되는 순간에 이미 그 안에 내재된 이중성을 여실히 드러낸 것이다.

이러한 상황에서 분기점이 된 것은 1907년 고종의 퇴위였다. 서희경의 표현대로라면 이때 한국인들은 딜레마에 빠진다. 우리는 흔히 고종의 퇴위가 일본에 대한 적대감과 황제에 대한 동정론만을 불러일으켰을 것으로 생각하지만, 입헌군주제를 강력히 거부했던 황제의 퇴위는 민권이 강화될 수 있는 계기이기도 했다. 1907년 8월 3일 자 ≪대한매일신보≫는 고종의 퇴위에 대해 "이번 일이 만일 황제의 성의로 된 일이면 백성이 다 춤을 추고 경축할 터인데, 이제 이같이 백성의 뜻이 분격하고 효상이 참담한 것은 이번 일이 외국 사람의 억제와 내각대신이 강제로 청하여 된 일"이라며 이중적 심경을 드러낸다. 특히 "강제만 아니라면 황제의 퇴위는 명정리순(明正理順)", 곧 매우 바르고 이치에 맞는 일이라고 논평한 것은 당시의 분위기를 잘 말해준다(서희경, 2012: 50~51). 바로 이러한 분위기 속에서 당시 신민회는 1907년 처음으로 입헌군주제를 넘어 군주제 폐지를 공식 목표로 정한다. 그리고 이후 ≪대한매일신보≫는 군주제는 인민을 정부의 노예로 삼으며, 압제의 근원으로서 민권에 의해 타도되어야 하는 대상이라는 것을 지속적으로 강조한다. 그리고 이런 가운데 '주권'이 핵심적 개념으로 등장한다.

---

15   우리말에서 사용하는 '주권(主權)'이라는 용어는 헨리 휘턴(Henry Wheaton)의 저서 *Elements of international law with a Sketch of the History of the Science*를 1864년에 중국에 와 있던 미국인 선교사 윌리엄 마틴(William A. P. Martin)이 『만국공법』으로 번역하면서 처음 등장했다. 이 책은 메이지유신이 있던 1868년에 일본에서 번역되었고, 한국에는 1880년대에 지식인들 사이에서 읽힌 것으로 보인다. 그러나 19세기 말까지도 '주권' 개념은 대중화되지 않았는데, 예를 들어 ≪독립신문≫에서는 주권이라는 단어가 사용되지 않았고, 같은 맥락의 '국권'이라는 단어가 17회 사용되면서 이를 대신했다(박상섭, 2008: 223~235).

천하에 인민이 없는 국가도 없으며 정부가 없는 국가도 없나니 …… 정부와 인
민 위에 특별한 인격이 있어서 국가의 유일무이한 주권을 잡고, 정부와 인민은
그 아래에서 살아간다(≪대한매일신보≫, 1910.7.19; 서희경, 2012: 61~62).

신민회의 주역이었던 안창호가 영향을 미친 미주 한인 사회의 '공립협회'
역시 이 시기 국민주권론을 강력히 주장했다. 이 당시 공립협회의 기관지 ≪공
립신보≫의 논설은 "평민이 권리는 없고 의무만 있으니 이는 노예와 같고,
백성이 나라의 근본이며 주인임에도 이를 깨닫지 못했기 때문에 외세의 침
입을 받게 되었다"면서 대한제국이 망한 원인이 국민주권을 부정한 군주와
군주제에 있다는 점을 강조했다. 또한 1910년 '공립협회'가 '대한인국민회'로
통합된 후 발행한 ≪신한민보≫에서는 고종과 순종을 '망국노'라고 규정하면
서 맹렬히 비판했는데, 이는 설사 국권이 회복된다고 하더라도 대한제국 황
실이 재건되기 어려운 분위기였다는 것을 잘 보여준다(박찬승, 2013: 107~113).
　그런데 1910년 국권이 완전히 강탈되고 한국인들이 나라가 완전히 사라져
버린 이후, 국가 상실의 책임이 왕에게 있다고 하더라도 한국인들이 독립적
인 국가를 수립할 수 있는 논리적 근거는 여전히 모호했다. 이러한 상황에서
그 명분을 제시한 것은 역시 '주권' 개념이었다. 조소앙이 기초한 것으로 알려
진 1917년의 「대동단결선언」은 후일 「3·1 독립선언서」와 「임시헌장」, 이후
제헌헌법 그리고 현재까지 우리 헌법에서 가장 중요한 원리로 확정되는 국민
주권을 다음과 같이 설명한다.

한국은 한국인의 한국이고, 한국인들만이 서로 주권을 주고받는 것은 역사상의
불문법인 국헌이다. (따라서) 한국 사람이 아닌 사람에게 주권을 양도하는 것은
근본적으로 무효다. 경술년(1910년 8월 29일)에 융희황제(순종)가 국가의 삼보
(三寶)인 토지와 국민과 주권을 포기한 것은 이를 우리 국민 동지들에 묵시적으

로 물려준 것이니, 우리 국민 동지는 이를 계승하여 통치할 특권이 있고 대통을 상속할 의무가 있다.[16]

이전에 나온 민권론, 국민주권론이 천부인권론에만 의존하고 있었던 반면, 「대동단결선언」은 주권이 왕에게서 민족 전체에게로 이양된 것으로 설명하고 있다(서희경, 2012: 68). 좀 더 먼 후대의 역사적 관점에서 보면, 일제가 국권을 강탈한 순간 주권의 소재를 둘러싸고 왕과 인민 사이에 존재했던 갈등 역시 자연적으로 소멸하고 인민주권이 탄생한 것이다. 그리고 이렇게 탄생한 인민주권은 일제 강점이 끝나고 새로운 독립국가를 수립할 때까지 지연되거나 연기되었을 뿐이다.

기실 이러한 주권 개념의 전환은 서구에서도 다양한 형태로 나타났다. 영국에서는 의회가 왕위계승권을 갖게 된 시점, 미국에서는 식민지 모국의 지배를 받지 않기로 결정한 시점, 프랑스에서는 왕의 목을 자르고 공화국을 선포한 시점에 주권의 소재지가 바뀌었다. 우리의 경우에는 그 과정에서 외세의 개입과 식민지 강점이라는 변수가 더해졌을 뿐이다.

그런데 「대동단결선언」에서 어떻게 이러한 발상이 나오게 되었는지에 대해서는 아직 만족할 만한 설명이 존재하지 않는다. 다만 두 가지 추측을 해볼 수 있다. 먼저 하나는 조소앙이 서구의 주권 개념을 응용해 주권 이양의 발상을 생각해 냈을 가능성이다. 주권이 한국인들에게만 상속 가능하고 외국인에게는 불가능하다는 논리는, 앞에서 살펴본 것처럼 교황권에 대항하던 프랑스의 왕권에 장 보댕이 제공한 주장의 핵심 근거였다. 조소앙은 여기서 거의 동일한 논리를 폈다.

다른 하나는 1907년 이후 급속히 전파된 민족 관념에서 조소앙이 주권 이

---

16   이 번역은 서희경(2012)과 박찬승(2013)의 번역을 참고해 재구성한 것이다.

양의 근거를 창안했을 가능성이다. 한국에서는 1907년 이전 '민족'이라는 개념은 일부 지식인들에게는 알려져 있었으나 보편화되지는 못했는데, 《황성신문》이 량치차오의 『음빙실문집』에 나타난 민족 개념을 번역해 소개하면서 알려졌다. 예를 들면 1907년에는 "우리 2천만 민족이 전날에는 바로 이 나라의 주인이었으나"(《황성신문》, 1907.5.6)라는 식으로, 그 이전에는 '백성'과 '인민'이라고 지칭되던 천부인권적 개념의 원천이 '민족'으로 전환되는 변화를 보였다. 또한 1908년의 논설에서는 우리 민족이 모두 단군과 기자의 후예라는 주장 등이 보이고, 1910년대에는 이광수, 박은식, 최남선 등이 김유신, 강감찬, 이순신 등 영웅 서사를 통해 이를 확대함으로써 단군의 후예라는 민족 관념이 널리 확산되었다(박찬승, 2016: 72~80). 이러한 과정을 통해 1907년까지만 해도 낯설었던 민족이라는 개념이 불과 10여 년 만에 1919년 3·1 운동 「독립선언서」에 "조선 민족 대표"라는 문구로 등장하는 과정에 있었고, 조소앙이 이러한 변화를 포착해 「대동단결선언」에서 '민족'을 주권 상속의 주체로 삼았을 가능성이 있다.[17]

결과적으로 보면, '주권' 개념은 처음에는 국가를 수호하기 위한 국권으로서 왕과 황제의 권리로 주창되었지만, 황제가 국권을 지켜내지 못할 것처럼 보이는 순간에 인민주권을 주장할 수 있는 이중성을 드러냈으며, 황제의 존재와 함께 상실되었다가, 같은 민족 전체에게 묵시적으로 상속되었다는 발상을 통해 재현되었다. 그런데 이러한 과정은 한국에서 일어난 비정상적이며 예외적인 역사가 아니라, 주권 개념의 이중성이 빚어낸 보편적이며 일반적인 역사가 한국에서 보여준 하나의 사례로 이해될 수 있다.

---

17 이러한 추론이 사실과 어느 정도 부합하는지와 관계없이, 국가가 완전히 사라진 상황에서 독립 국가의 수립에 필요한 주권 개념이 '민족'이라는 또 다른 개념을 매개로 필요로 했다는 점은 분명해 보인다.

이렇게 확립된 한국의 국민주권은 1919년 9월 임시정부가 「임시헌장」을 기초로 재구성한 '대한민국 임시헌법' 제2조에 "대한민국의 주권은 대한인민 전체에 있음"이라는 원리로 명시된다. 또한 이 조항은 1944년의 「임시헌장」에서 제4조로, 1948년의 제헌헌법에서는 제2조로, 1987년의 현행 헌법에서는 제1조 2항으로 그대로 살아남아 계승된다. 이렇게 보면, 지난 촛불에서 가장 강력한 구호로 활용되었던 '국민주권'이라는 원리는 사실 1948년 제헌헌법이 아니라, 실질적으로는 19세기 말 이래로 여러 논쟁을 거쳐 1907년의 「대동단결선언」에서 실체성을 구성했고, 다시 1919년 '임시헌법'에서 이미 거의 완전한 형태로 확정되었다는 것을 알 수 있다. 1948년 제헌헌법은 이를 다시 재확인하고 추인하는 과정이었던 셈이다. 달리 말하면, 국민주권은 이와 같이 역사성을 가진 개념이었기 때문에 제헌헌법에서 별다른 논쟁 없이 수용되었을 뿐만 아니라, 무려 100여 년이 지난 2016~2017년에도 그 실체적 힘을 발휘할 수 있었다고 보아야 할 것이다.

4 ı 결론

근대 국민국가의 성립과 민주주의는 선진국의 경우 서로가 자연스럽게 연관되어 인식된 반면, 한국과 같은 국가에서는 민족주의, 식민지화, 독립 등과 예외적으로 결합된 현상인 것처럼 분석해 온 경향이 있다. 그러나 좀 더 상대적인 이론적 시각에서 볼 때, 서구 선진국의 산업화와 민주화가 제국주의 및 세계대전으로 귀결된 사실은 민주주의 이론에서 별로 언급되지 않는다. 반대로 서구의 산업화와 민주화가 제국주의와 결합한 과정을 우연적이고 특수한 현상으로 본다면, 지구상 대다수의 인류가 경험한 식민지화, 독립운동, 독립, 제도적 민주주의의 이식, 독재와 민주화 등의 과정이야말로 오히려 보편적 민주주의의 발전 모델일 수도 있다.

실로 '한국'이라는 나라 혹은 사회는 지난 100여 년 동안 지구상에서 벌어진 거의 모든 변화, 곧 식민화, 세계대전, 내전, 민족과 국가를 둘러싼 다양한 이데올로기적 변동, 자본주의적 경제발전과 이에 다른 사회계층의 재구성 등을 경험했으며, 이 와중에도 정치적·경제적·사회문화적으로 전 세계와 비교할 때 상당히 높은 수준의 문명적 성취를 이루었다. 정치적으로는 여러 격변을 거치면서도 민주주의에 대해 강고한 신념을 가진 국민의 희생과 노력으로 민주화를 성취하고, 경제적으로는 제2차 세계대전 이후 전 세계적으로 최하위권에 있었던 GDP가 현재는 10위권에 육박하는 일정한 성취를 이루었다. 사회문화적으로는 오랜 식민 경험에도 불구하고 역사적 전통과 가치를 상당 부분 유지·복원했고, 방송·예술 분야에서는 한류가 성행하고 있으며, IT 기술에 기반을 둔 네트워크 사회의 문명도 선도하고 있다. 이처럼 한국 사회는 '민족국가 수립', '민주주의의 형성', '사회경제적 근대화'라는 근대의 핵심 의제를 일정하게 달성했다.

그런데도 한국 정치에 대한 평가는 한국 예외주의에 기반을 둔 비관적 평가가 주를 이루었는데, 필자는 그 주요한 원인이 서구 이론에 한국 현실의 끼워 맞추기와 시간적 연구 범위 설정의 오류에 있다고 보았다. 그리고 서구적 민주화 '모델'이라는 프로크루스테스 침대를 넘어서서 한국 민주주의에 대한 이해의 문을 열기 위해 그 연구 범위를 일반적인 수준에서 1945년이 아니라 19세기 말, 최소한 1919년 정도로 확장하지 않으면 안 된다는 점을 강조했다. 그리고 이러한 주장을 뒷받침하는 근거로서 헌법, 민주공화정, 국민주권이라는 현대 민주주의에서 가장 중요한 세 가지 원리가 모두 당시에 확고히 자리 잡았다는 점을 제시했다.

이러한 관점에서 보면, 한국의 민주주의는 조숙하거나 결핍된, 이식된 민주주의가 아니다. 1945년 해방 이후 급작스럽게 분단이라는 비극을 마주하고, 미군정에 의해 국가가 형성되는 과정에서 헌법과 보통선거권이 위로부터 주어졌는데, 그것이 무엇인지도 제대로 모르고 허둥대기에 급급하면서 시작한 그런 민주주의는 아니다. 우선 해방 당시에도, 이미 오랜 시간에 걸쳐 국권 회복 이후의 헌법과 정체에 대한 논의가 이론적·실제적으로 상당히 이루어져 있는 상태였다. 또한 해방 이후에도 그 연속성을 유지하면서 헌정주의와 민주공화정, 국민주권을 통해 민주주의를 제도적으로 안착시키는 데 성공했던 것이다.[18]

한국은 건국 이후에 비록 여러 어려움을 겪기는 했으나 민주주의 선진국들이 17세부터 19세기 사이에 겪었던 혼란과 내전, 제국주의적 침략을 감안해 보면 비교적 짧은 기간에 식민지와 권위주의를 극복하고 민주화에 성공했다. 민주화에 성공한 이후에도 음침한 회색 지대를 통과하기는 했으나, 다시 시민들의 대규모 직접행동으로 위기를 벗어났다. 그것은 처음부터 발육 부진이거나 불구화된, 비정상적인 민주주의로서는 감당하기 어려운 장애물이었을 것이다.

이를 통해 이 장이 궁극적으로 지향한 바는, 민주주의 이론의 측면에서 극히 일부의 서구 선진국의 사례를 '모범' 혹은 '정상'으로 놓고 후발 산업국이나 후후발 산업국의 민주주의를 '결손'과 '예외'로 보는 견해를 벗어나는 것이

---

18   이는 선거에서도 마찬가지다. 재일 조선인들은 거주 요건에 의해 투표권은 제한받았지만 일본에서 보통선거권이 적용된 1925년 이래로 1927년 부·현 의회 선거, 1928년 중의원 선거부터 '선거'라는 제도에 익숙했고, 친일파 박춘금은 일본인들의 지지에 힘입어 중의원에 당선되기도 했다(동선희, 2011). 식민지 조선에서도 1930년대에는 비록 자문 기구로서 명예직이기는 하나 부회의원·도회의원 선거가 시행되었고, 이는 지역에서 유력자가 된다는 것을 의미했기 때문에 선거에 대한 관심과 참여가 높아졌다(김동명, 2002; 이행선, 2012). 예를 들어 1939년에 이효석은 부회의원 선거를 소재로 「일표(一票)의 공능(功能)」이라는 단편소설을 발표했는데, 이는 선거가 대중에게 익숙하지 않았다면 불가능한 일이다. 따라서 일제강점기에 식민지 조선인들의 입장에서 볼 때 실질적인 선거가 치러진 것은 아니지만, 적어도 해방 공간에서 선거가 치러질 때 그것이 무엇인지도 몰랐을 것이라는 일반의 상식은 크게 잘못된 것이다.

다. 이를 통해 오히려 외세의 침략과 식민지, 냉전을 경험한 한국이 오히려 수적으로나 질적으로 가장 보편적인 민주화의 모델이나 경로로 이해될 가능성에 대해 제시해 보고자 했다. 이는 지난 30년간 전 세계적으로 1세계에서는 민주주의에 대한 신뢰가 급격히 하락하고 있는 반면, 한국을 포함해 제2차 세계대전 이후의 신생독립국, 혹은 최근 30년 사이에 민주화와 권위주의의 뒤엉킴을 경험한 국가들에서 민주주의에 대한 열망이 오히려 지속적으로 나타나고 있는 것을 설명하기 위한 것이기도 하다.

촛불 이후에 한국이 사회적 양극화의 심화, 다문화사회로의 진입으로 야기된 국민(민족) 정체성의 문제, 민주화 이후 불거진 민주주의의 위기, 4차 산업혁명에 따른 노동시장의 변동, 기후변화에 따른 생태적 변화 등 다양한 도전과 위기에 새롭게 직면하고 있는 것도 사실이다. 그러나 이러한 위기는 일정한 성취를 이룬 사회가 더 나은 사회로 나아가기 위한 성장통으로 이해할 수 있으며, 그 해결의 방법이나 방향 역시 지난 촛불 집회에서 보듯 이른바 서구 선진국과는 다른 방식의 새로운 유형과 전범이 될 가능성이 있다.

물론 위기를 극복하는 방법은 밖에서 새로운 모델과 사례들을 찾고 이해함으로써 가능할 수도 있다. 그러나 3·1 운동 100주년을 맞은 지금, 과연 현재의 우리를 가능하게 한 원동력이 어디에 있는지를 되돌아보는 것 역시 중요한 하나의 방편일 것이다. 특히 민주의 바탕이 되었던 위민 정치와 민본의 가치가 헌법의 제정 과정에 미친 영향, 군주제에서 민주공화제로의 전환 과정에서 보여준 냉철한 자기비판과 시대 인식, 국권 상실 이후 민족을 통해 잃어버린 주권 개념을 되살려 낸 선각자들의 기지 등은 분명히 우리 민주주의의 근간이었으며, 앞으로도 민주주의의 위기마다 우리가 되돌아보아야 할 자양분이 될 수 있을 것이다.

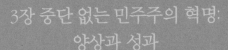

3장 중단 없는 민주주의 혁명: 양상과 성과

이나미 (한서대학교 동양고전연구소)

1 | 서론

이 장의 목적은 첫째, 2016년 촛불 혁명이 과거의 혁명들의 어떤 유산을
이어받았는지, 둘째, 과거의 혁명들은 어떤 의미에서 '성공적'이었는지 살펴
보려는 것이다. 2010년, 민주화운동기념사업회에서 4월 혁명 50주년을 기념
해 쓰인 글들은 당시 암울한 한국 사회의 모습을 반영하듯, 과거 민주화운동
에 대한 반성이 주를 이루었다(한국정치연구회 엮음, 2010; 안병욱 엮음, 2010).
구심점 내지 지도자가 없었던 점, 계급의식이 약했던 점, 역사의식이 없었다
는 점, 대안 세력의 부재 등이 문제로 지적되었다. 그러나 2016년 촛불 혁명
의 성공은 과거의 민주화운동에 대해 다른 인식을 갖게 한다. 구심점, 계급
의식, 대안 세력의 부재가 오히려 시민사회의 풀뿌리 역량을 강화시켜 온 것
은 아니었을까? 이 장은 이러한 인식과 함께, 과거의 혁명의 유산이 오늘날
까지 이어져 촛불 혁명이 성공할 수 있었다고 주장하고자 한다.

우선 혁명의 양상에서 과거의 혁명들과 촛불 혁명 간의 연속성이 보인다.
실패의 원인으로만 보였던 중심 세력과 중심 이념의 부재가 사실상 장기 혁

명의 성공 열쇠로 여겨진다. 3·1 운동부터 현재까지 혁명의 시작과 전개가 자발적이고 주체는 다양했으며 방식은 유연했다. 특히 주체를 보면, 학생, 지식인 등 엘리트보다는 기층 민중과 여성, 어린이, 노인 등 주변인이 많이 참여했다. 운동 방식은 다양했지만 평화적 방식이 더 유효했고 현대로 올수록 더 효과를 발휘했다.

또한 한 혁명의 결과가 즉시 또는 시차를 두고 국가와 시민사회의 제도로 결실을 맺었고 이후 또 다른 혁명의 원인이 되었다는 점에서, 과거의 혁명은 성공한 혁명이었음을 주장하고자 한다. 예컨대 3·1 운동의 결과 민주공화주의가 1919년 대한민국임시정부와 조선 시민사회의 정치적 가치가 되었을 뿐만 아니라 이후 한국 역사에서 확고한 규범이 되었고, 4월 혁명의 결과로 독재와 장기 집권의 시도가 어려워졌다. 광주항쟁의 결과가 6월 항쟁에 영향을 미쳤고, 6월 항쟁에서 성공한 기억이 촛불 항쟁으로 이어진 것 등을 들 수 있다. 즉, 한국의 혁명은 '장기 혁명'이며 또한 '중단 없는 혁명'이었다.

이러한 현상은 '민주주의의 지속과 간헐적 분출'로 설명될 수 있다. 혁명은 치솟은 용암처럼 밖으로 나와 제도적 성과로 굳어지지만 여전히 지층 아래에 마그마와 같은 정치적 열정이 남아 계속 끓고 있다가 더 이상 참을 수 없는 지경에 이르면 다시 폭발하는 간헐적 분출을 보여준다. 리카르도 블라우그는 이러한 현대 민주주의의 분출의 간헐적 성격을 강조한다. 정치적 열정의 시기에 인민들이 집회로 모여든다는 것이다(스위프트, 2007: 74).

위기, 체제 붕괴, 무능한 리더십은 공히 민주주의 확산의 좋은 기회가 된다. 민주주의 분출 사례는 종교전쟁, 농민반란, 노동운동, 분리주의 반란의 역사에서 언제든 발견할 수 있다. 그러한 도전은 예측할 수 없으며 극적인 성격을 갖는다. 블라우그는 이를 다음과 같이 설명한다. "통치자와 성직자들에 의한 수세대에 걸친 훈련으로 정치 엘리트, 문화 엘리트에만 관심을 집중함으로써, 민주주의의의 분출이라는 정치 행위를 인식할 수 없었던 것뿐이다"(스위프트, 2007: 74).

민주주의의 분출은 반전운동, 자유 노조 결성, 원자력 발전소 사고 등 다양한 이유와 명분으로 촉발된다(스위프트, 2007: 75). 우리의 경우도, 일제의 강점, 독재, 부정선거, 쿠데타, 고문, 미선·효순의 사망, 광우병, 밀양 송전탑, 사드 배치, 세월호 사건, 국정 농단 등으로 인해 시민들의 분노가 분출되었고 광장으로 모여들었다. 스위프트는 "이러한 민주적 분출은 독재나 약한 민주주의를 더 심화된 민주주의로 전환시키기 위한 중요한 자원이 된다"고 보았다. 또한 "대중적인 압력 채널이 있는 더 강한 민주주의에서는 성공을 위한 더 나은 기회가 제공된다"(스위프트, 2007: 76)는 언급은 우리의 혁명이 성공적으로 이어져 온 이유를 설명해 준다.

2 | 혁명의 양상

전개의 자발성

한국 혁명들의 특징 중 하나는 특별히 지도하는 인물이나 집단이 없었다는 것이다. 3·1 운동, 4월 혁명, 5·18 민주화 운동, 6월 항쟁 등 한국은 변화를 이끈 큰 혁명을 여러 번 겪었지만, 인도의 간디, 베트남의 호찌민, 중국의 마오쩌둥, 쿠바의 카스트로, 러시아의 레닌과 같은 인물이 있어 민중이나 시민을 이끈 것이 아니었다. 지도자나 지도 집단이 있더라도 이들은 전면에 나서는 것이 아니라 계획, 연락, 준비, 진행 등 조력자 역할에 힘썼다. 즉, 이들은 '전위'가 아니라 '도우미' 역할을 했고, 또한 그렇게 했기에 참여자들의 자발성과 열성을 끌어낼 수 있었다. 혁명은 대개, 일반인들 다수가 서로 의견을 나누며 불만을 토로하다 봉기하기로 결의하면서 조직화되고 규모가 커졌다. 그리고 그 시작을 보면 대체로 무고한 이의 비극적 죽음이 계기가 되었다. 김주열 시신의 발견은 4월 혁명을, 전태일의 분신은 1970년대 민주화운동을, 박종철의 고문사는 6월 항쟁을, 미선·효순의 죽음은 첫 촛불 집회를 열었다. 특별히 활동가가 아닌 보통 사람들마저 의분으로 일어서게 만드는 충격적 사건이 죄 없는 이의 억울한 죽음일 것이다. 2016년 촛불 혁명도 최순실 국정 농단이 결정타였지만, 그 전에 이미 세월호 사건 때 사람들은 큰 충격을 받았고 울분을 삼키고 있었다.

100년의 민주주의를 이끈 첫 신호탄 3·1 운동의 경우에도, 1919년 1월 22일 고종이 서거하고 독살설이 퍼지면서 혁명의 분위기가 조성되었다. 1919년 3월 3일로 고종 인산일이 정해지자 사람들은 그날 대대적 시위가 일어날 것을 감지했고, 이에 지방에서도 많은 사람들이 서울로 올라왔다. 그리고 바로 이들이 「독립선언서」를 갖고 귀향해 지방에서도 만세 운동을 일으켰다. 3월 1일 서울 이외에 평양·진남포·안주·의주·선천·원산 등지에서 동시에 일어났고, 계속해서 평안도·함경도·황해도의 주요 도시로 확대되었다. 3월 10일경에는 경상도·전라도·강원도·충청도로 확대되어 전국적 규모로 확산된다. 농촌에서도 만세 시위가 일상화되었다. 3월 6일에는 만주의 서간도, 13일에는 북간도에서 시베리아 연해주, 미주 지역까지 파급되었다(강대민, 2010: 48).

한국의 민주화를 이끈 대표적 운동 세력인 학생들이 대거 참여하기 시작한 것도 3·1 운동 때부터이다. 이들의 참여도 자생적이다. 1919년 1월 27일 관수동의 한 중국 음식점에서 중앙 YMCA 회원 모집을 위해 학생 10명이 모이면서 그 움직임이 시작된다. 이들은 대체로 지역 학생 친목회에서 활동하는 학생들이었고 출신 학교는 다양했다. 이들은 세계정세, 파리강화회의, 도쿄 유학생들의 독립운동 움직임에 대해 얘기를 나누다가 현시점이 독립의 좋은 기회라는 데 의견을 같이했다. 이후 연희전문학교, 보성법률상업학교,

세브란스의학전문학교, 경성의학전문학교, 경성공업전문학교, 경성전수학교 등에서 각각 대표자들이 선정되었다. 이 학생들이 선언서를 작성하는 등 운동을 준비하다가 종교계에서도 같은 움직임이 있다는 것을 알고 이들과 함께 하기로 결정한다. 3월 1일까지는 종교계가, 그 이후에는 학생들이 진행하는 것으로 역할을 나눈다(박종린, 2018: 7~10).

학생들은 3월 이후 시위, 선전 활동, 졸업장 거부, 입학시험 거부, 동맹휴학 등의 활동을 지속했다. 일제는 학생들에게 언제든 졸업시험만 보면 졸업장을 준다고 했으나 학생들은 응하지 않았다. 일본 국경일에는 일본 천황을 모독하는 시위를 하고 개천절에는 태극기를 높이 달고 시위했다. 200개 학교, 1만 3000명의 학생들이 참여했으며 2000명이 넘는 학생이 검거되었고 이들 중 거의 모두가 처벌받았다(강대민, 2010: 49). 지방의 경우에도 많은 경우 학교를 통해 선언문이 전달되고 시위가 계획되었다. 선언문이 교사에게 전달되면, 교사가 학생들에게 또는 졸업한 선배가 후배에게 전달하기도 했다(강대민, 2010: 63).

그 외에 지방에서 만세 운동이 일어나는 경우 그 과정을 보면 대체로 서울에 갔다 온 이의 말을 지방 주민들이 듣고 반응하면서 시작된다. 화성 지역의 경우 구장 집에 호세(戶稅)를 납부하기 위해 주민 120명이 모였는데 그 자리에서 고종 국상에 참여하고 돌아온 이가 독립운동을 하자고 제안하자 주민들이 호응하면서 운동이 시작된다(이계형, 2018: 486). 농촌에서는 주로 장날을 이용해 사람이 많은 곳에서 누군가 연설을 하거나 「독립선언서」를 낭독하면 사람들이 만세를 부르고 시위했다(강대민, 2010: 48~49).

1960년 4월 혁명도 마찬가지로 평범한 고등학생들의 자발적 시위로 시작되었다. 1960년 2월 28일, 일요일이었지만 장면의 대구 유세 참가를 막기 위해 대구 시내 고등학교는 학생들을 등교시켰고, 제일모직, 대한방직 등 공장들도 노동자들을 전원 출근시켰다. 다른 학교의 경우 27일에 그 지시가 내려졌는데 마침 경북고등학교는 25일에 지시가 내려져 학생들은 미리 모여 회의를 하고 일요 등교에 항의하는 데모를 하기로 결의한다. 28일 경북고 학생위원회 부위원장 이대우가 운동장 조회단에서 결의문을 읽고 학생들 800여 명이 학원 자유화 등의 구호를 외치며 대구 시내로 몰려 나갔다. 뒤이어 대구고, 경북여고, 경북대 사대부고 학생들이 참여해 대구 시내에서 1200명의 고등학생이 불법 선거에 항의하는 시위를 했다. 서울에서도 장면 후보 연설회가 끝나면 학생들이 거리 시위를 벌였다. 3월 14일 화신백화점 앞에서 대동상고 학생 300여 명이 시위를 시작하자 두어 시간 사이에 학생들 수가 1000명으로 늘었다. 균명고, 강문고, 중동고, 대동상고, 배재고, 수송고, 선린상고, 경기고, 보인고, 조양고, 중앙고, 대신고, 경동고 등의 학생들이 참여했는데 이는 우연히 이루어진 연합 시위였다(민주화운동기념사업회 연구소, 2008: 110).

1980년 5·18 민주화운동 역시 광주의 보통 시민들의 자발적 참여로 시작되었고, 5월 22일 오전까지도 지휘부가 없는 상태였다(정해구, 2011: 66~67). 1987년 6월 항쟁은 이러한 5월 혁명을 이은 것이다. 1980년 광주 시민을 학살하고 등장한 군부 정권을 7년 뒤 모든 시민이 응징하고자 한 것이다. 그것을 상징하듯이, 6월 항쟁 폭발의 계기가 되었던 박종철 고문치사 사건 진상이 5·18을 추모하는 미사에서 폭로되었다. 5월 27일 야당과 재야 단체가 모여 '민주헌법쟁취국민운동본부'가 꾸려졌으나 이들의 지도 없이 이루어지는 시위가 많았다. 학생들은 그 이전부터 이미 거리로 나왔고 그동안 소극적이었던 소상공인, 사무직 노동자 등 중산층도 적극 참여했다. 명동성당 부근 회사의 직원들은 농성대가 성당 언덕에 오르면 사무실 창문을 열어 박수와 환호를 보냈다. 점심식사 후에는 농성자들과 함께 구호를 외치기도 했다. 시민들은 명동으로 모여들어 농성자들을 박수와 환호로 격려하면서 빵, 돈 봉투, 의약품, 속옷, 양말, 우유 등을 농성장에 던져 넣었다. 이들이 지지의 뜻으로 화장지를 던져 명동 일대가 하얗게 변하기도 했다(민주화운동기념사업회 연구소, 2010: 319~321). 상인들은 시위 때 자리를 뜨지 않고 학생들이 연행되는 것을 몸으로 막으며 보호했다(민주화운동기념사업회 연구소, 2010: 288).

한국 역사에서 혁명의 자발성은 오랜 뿌리를 가진 것이다. 각종 민란, 동학농민혁명, 만민공동회 시위 등에서부터 민의 자발적 참여는 자연스러운 것이었다. 그러한 자발성이 3·1 운동 때 더욱 빛을 발했으며, 그 전통은 2016년 촛불 혁명에까지 이어졌다.

주체의 다양성

100년 민주주의를 이끈 혁명에 있어 두 번째 특징은 운동의 주체가 다양하다는 것이다. 즉, 특정 단일 세력이나 집단이 아닌, 모든 계층의 사람이 참여했다. 3·1 운동 당시 학생들이 적극 가담하고 농민이 다수를 이루었으나 그들 외에 노동자, 광부, 전차종업원, 기생, 어린이, 승려 등 다양한 계층이 참여했다(황민호, 2006: 187). 3월 20일 서울에서 노동자들과 학생들은 노동자의 궐기를 호소하는 ≪노동화보≫를 배포했고, 3월 22일 '노동자 대회'의 개최를 알렸다. 곡물상, 잡화상, 어물상, 음식업자 등도 시위를 확산하고 조직화하는 데 앞장섰다(강대민, 2010: 48~49). 기층 민중도 대거 동참했다. 화성 지역 송산면의 경우 문맹자가 많았고, 종교도 무교인 사람이 대다수였다(이계형, 2018: 485).

여성의 활약도 두드러졌다. 양반집 규수로부터 기생에 이르기까지 다양한 계층의 여성이 참여했다. 진주, 수원, 해주에서 특히 기생들이 적극 참여했다. 그러나 누구보다 여학생들이 적극적이었으며 전국적으로 참여했다(김태완, 2016: 91~92). 3월 11일 부산에서 경남 최초의 3·1 운동이 일신여학교 학생들을 중심으로 시작되었고(강대민, 2010: 69), 3월 17일 경성여자고등보통학교의 재학생 240명 중 167명이 동참했다. 개성에서는 호수돈여학교 학생 35명이 시작해 시민 1000여 명이 합세해 대대적인 만세 운동이 이루어졌다(김태완, 2016: 91~92). 남대문 정거장 앞에서 "여학생이 무수히 결박되어" 갔다는 목격담이 전해지기도 했다(박종린, 2018: 11).

4월 혁명 때도 여성, 노인 등 남녀노소를 가릴 것 없이 모든 사람들이 참여했다. 마산 시위에서 소요죄로 입건된 사람들은 실업자, 노동자, 학생, 상인, 성매매 여성, 회사원, 이발사, 간호사, 요리사, 가사도우미, 세탁업자 등이었고, 사망자들은 중학생, 고등학생, 구두닦이, 상인들이었다. 4월 혁명에서 대학생과 지식인이 중심이 되었다고 알려졌으나 사실상 이들은 뒤늦게 합류했고, 구호도 소극적이었다. 고등학생들이 이들의 미진한 태도를 비난할 정도였다(김은경, 2010: 79). 당시 대학생은 기득권층에 속했다. 1950년대 대학생의 이미지는 "입지 안정만을 꾀하여 미국 유학 아니면 하루의 향락을 위해 이성과의 교제로 세월을 보내"는 것이었다(≪대학신문≫, 1955.9.5; 김미란, 2010: 119).

대학생들은 4·18 고려대생 피습 사건 이후 적극적으로 나서게 되고(조대엽, 2010: 86), 4월 혁명이 4·19 혁명으로 불리는 것도 이 때문이다. 그런데 고대생들이 시위에 나서게 된 것은 특수한 학내 상황 때문이기도 했다. 당시 정경대 학생회장이었던 이세기에 따르면, 우선 고대생이 독자적 시위를 하게 된 것은, 이승만 정권이 만든 어용단체인 구국학생총연맹에 고려대가 참여하지 않았기 때문이다. 1960년에 이승만 정권은 서울대, 연세대, 동국대 등 거의 대부분 대학의 총학생회장들을 모아 구국학생총연맹을 출범시켰는데 고려대는 총학생회가 아닌 단과대학 회장단의 집단협의체로 운영되었기 때문에 이 조직에 참여하지 않았다. 따라서 고려대가 다른 대학 학생회와 연대해 시위를 할 수 있는 상황이 아니어서 독자적 시위를 하게 된 것이다. 또한 지방에서 상경한 저학년 학생들이 선배들에게 왜 데모를 하지 않느냐고 다그친 것도 한 이유가 되었다. 마지막으로는 학생회의 변상 문제도 원인이 되었다. 학생회장단이 졸업생 기념품 제작 비용과 학생회 운영 비용 등을 당시 현승종 학생처장에게 보고했는데, 지출에 문제가 있어 처장이 화를 내고 학생회에게 변상하라고 지시했다. 그러나 변상 능력이 없는 학생회는 시위라도 해 탈출구를 마련하고자 한 것이다(이세기, 2010: 2~3). 즉, 사실상 이러 저러한 우연이 겹치면서 고대생들은 4·19의 신호탄이 된 4·18 의거의 주인공이 되었다.

이 사건 이후 시위는 전국적으로 격렬하게 전개되었고, 참여 주체는 더욱 확대되었다. 심지어 어린이도 참여했다. 소년들은 계엄군의 탱크나 트럭에 거침없이 올라갔고 "국군은 우리 편이다"라고 구호를 외쳐 계엄군을 당황하게 만들었다. 이승만 하야 성명 후 탑골공원의 이승만 동상을 쓰러뜨리고 새끼줄에 묶어 거리로 끌고 다닌 이들도 10대 소년들이었다. 총탄에 급우를 잃은 수송국민학교 어린이 100여 명은 "국군 아저씨들, 부모형제한테 총부리를 대지 마세요"라는 플래카드를 들고 시위했다. 26일 부산 시위에서는 초등학생들이 선두에 서기도 했다. 4월 혁명의 희생자들 중 초등학생과 중학생의 비율이 10%를 넘었다(민주화운동기념사업회 연구소, 2008: 142~145). 노인들도 시위에 나섰다. 4월 24일 마산에서 할아버지 70~80명이 "책임 지고 물러가라 가라치울 때는 왔다"라는 플래카드를 들고 시위를 했다. 다음 날에는 할머니 200~300명이 "죽은 학생 책임 지고 리대통령은 물러가라"는 플래카드를 들고 시위했다. 26일 부산에서는 94세, 87세 노인을 선두에 세운 300여 명의 노인들이 "이승만 대통령 물러가라"라는 구호를 내걸고 시위했다. '부정선거 반대'에서 더 나아간 '대통령 퇴진' 요구는 매우 위험한 구호였고, 그렇기 때문에 노인들이 젊은이들을 위해 이러한 구호를 내세웠다(홍석률, 2017). 오늘날 노인들이 주로 보수 집회에 참여하는 것과 대조를 보인다. 1950년 4월 혁명의 노인들은 1919년 3·1 운동을 체험했을 세대이다. 3·1 운동의 청년들이 4월 혁명에 노인으로 참여했을 것이라 추정해 볼 수 있다.

이러한 다양한 계층의 참여에도 불구하고 당시 언론은 학생들에게 유독 주목했다. 4월 혁명 당시 사망자 186명을 살펴보면 노동자, 무직자가 50%를 넘었는데(고원, 2010: 69), ≪동아일보≫는 4월 21일 자에, 사망자 중 중고생을 포함한 학생이 20명, 소년 11명, 노동자와 무직자 청년 39명, 중장년 12명이라고 하면서도 희생자 대다수가 학생이라고 해, "실제 명단과 해석의 불일치가 바로 드러나지만 학생들을 혁명의 전면에 부각"시켰다. 그리고 이런 기사는 계속 이어졌다(김미란, 2010: 123).

이는 유달리 학벌과 학력을 중시하는 우리 사회의 풍토 때문일 것이다. 실로 우리의 민주화운동사에서 학벌은 적잖이 영향을 끼쳤다. 앞서 보았듯이 4월 혁명에서의 고대생 피습 사건과 교수단 시위는 4월 혁명의 성공을 가르는 중요한 원인이 되었다. 6월 항쟁의 도화선이 된 박종철의 고문사는 담당 검사 최환이 박종철 시신의 화장을 막아 세상에 알려진 것인데, 그는 당시 박종철이 자신의 '서울대' 후배로서 '아까운 인물'이 희생되었던 것에 분노했다고 회고했다(공혜림, 2018).

4월 혁명 희생자 중 고등학생 김주열만 기억되고, 구두닦이 소년 오성원은 전혀 주목받지 못했다(김미란, 2010: 120). 1980년대 민중론이 우세해지면서 이들이 뒤늦게 조명되었지만 여전히 잘 알려지지 않은 존재로 남아 있다. 그러나 4월 혁명 희생자 중 고등학생과 대학생이 30%였고 하층 노동자와 무직자의 비율이 50%로(민주화운동기념사업회 연구소, 2008: 146), 4월 혁명은 기층 민중을 포함한 모두의 혁명이었지만, 학생과 지식인 중심의 혁명으로 알려졌다. 다음의 기사는 목숨을 걸고 참여한 구두닦이의 활약과 그들을 대하는 정권의 무자비함을 보여준다.

4·19가 터지자 누구보다도 그들이 용감하였다. 다방 골목에서, 빌딩 그늘 밑에

서 벌떼같이 쏟아져 나와 혁명 전선 선봉에 섰다. 저녁거리고 뭐고 다 집어치우고 맨주먹으로 총부리와 맞붙어 싸웠다. 그리하여 피를 쏟고 쓰러졌다. 그 생명 무려 수백(≪경향신문≫, 1960.9.3).

여성들은 4월 혁명 때도 적극적이었다. 시위에 나섰을 뿐만 아니라 시위대에게 물을 날라주었고 치마에 돌을 담아 전해주기도 했다(민주화운동기념사업회 연구소, 2008: 130). 그 계층도 다양했다. 소요죄로 입건된 사람들 중에는 성매매 여성, 간호사, 가사도우미 등이 있었다. 또한 3·1 운동 때처럼 여학생들이 적극적이었다. 1960년 2월 28일 최초 시위 때 남학생뿐만 아니라 경북여고 학생들도 참여했다. 4월 19일에는 부산 데레사여고 학생들이 경찰서 여러 곳에 돌을 던지고 방화해 경찰 발포로 사망자가 발생했다. 시위가 있기 전 이미 데레사여고는 '가장 봉기의 우려가 큰' 학교로 여겨져 형사들이 학교를 둘러싸고 철통같이 경비했으나, 여고생들이 거리로 나왔고 경찰 지프차를 탈취해 시위의 선도 역할을 했다. 시위에 참여한 광주여고 학생들은 경찰에 의해 머리채가 잡히기도 했으나 어떤 여학생은 소방차에 돌을 던져 차체 일부를 부수기도 했다. 매매춘 여성들도 시위에 적극 가담했으나 언론의 주목을 받지 못했다(김미란, 2010: 147~149). 김주열이 시신으로 발견된 후 여성들은 더 열성적으로 참여했다. 어머니들은 "죽은 자식을 내놓아라", "나도 죽여달라"고 하면서 울분을 터뜨렸다(서중석, 2007; 민주화운동기념사업회 연구소, 2008: 118). 4월 25일 마산에서는 할머니 200~300명이 "죽은 학생 책임 지고 리대통령은 물러가라"는 플래카드를 들고 시위했는데(홍석률, 2017), 이는 그 전날 모인 할아버지들 수보다 3~4배 많은 수였다. 이 할머니들은 3·1 운동에도 열성적으로 참여했을 것이다.

기층 민중은 3·1 운동, 4월 혁명 이후에도 지속적으로 참여했다. 1980년 5·18 민주화운동에서 이들이 시민군의 대다수를 구성했다. 생산직 노동자,

서비스직 노동자, 농민이 전체 76.7%를 차지했다(손호철, 1995: 96). 6월 항쟁에서도 마찬가지였다. 6월 10일 명동성당에서 천막 농성을 벌인 상계동 철거민들은 천주교도시빈민사목협의회와 함께 시위자에게 식사를 제공하기도 했다. 더불어, '넥타이 부대'로 알려진 은행, 증권, 보험회사 직원 등 사무직 노동자들과 소상공인들도 6월 항쟁의 주된 참여자였다(민주화운동기념사업회 연구소, 2010: 316~320).

6월 항쟁에서는 3·1 운동 때처럼 종교인들이 적극 참여했다. 천주교계가 고 박종철 군 국민추도회를 열고 명동성당을 구심점으로 삼는 등 가장 앞장 섰다. 사제들이 끝까지 동참했고, 천주교가 공식적으로 이들을 지지했다(민 주화운동기념사업회 연구소, 2010: 319). 또한 불교계도 박종철의 부모가 불교 신자여서 더욱 적극적이었다. 심지어 보수 기독교인들도 동참했다(민주화운 동기념사업회 연구소, 2010: 297).

기독교계는 3·1 운동 때는 적극적이었으나 4월 혁명 때는 크게 두각을 나 타내지 못했다. 또한 이승만이 기독교도여서 시민사회 내에 기독교에 대한 불신이 커졌다. 당시 결정적 타격을 입힌 교수단 데모는 유교계 지식인들이 주도했다(이황직, 2014: 117). 기독교계 특히 그중에서도 보수 기독교인들의 활동은 정권의 종교적 성향과 다소 연관이 있다. 이승만 정권 시기에는 서북 청년회 등 극우 단체가 보수 교회와 깊은 관련을 맺었다. 이승만의 친기독교 적 성향과 더불어 4월 혁명 전후로 반기독교적 정서가 사회에 널리 퍼졌다. 기독교계는 박정희 정권 특히 1970년대 때부터 진보적 교단을 중심으로 반 체제 활동을 적극적으로 개진한다. 그러나 보수 교회는 소극적이었고, 김대 중 정부 때부터는 정부와 각을 세워 각종 보수 집회를 주도했다. 기독교 신 자 이명박 집권 시기에 정권과 매우 밀착된 관계를 유지했다.

6월 항쟁에서는 문화 예술인들도 대거 참여했다. 민중미술협의회 등 6개 문화단체, 문인, 연극인, 화가, 미술 평론가, 조소 공예가, 사진작가, 만화가 등 미술인, 영화인, 연예인 등이 호헌 반대 성명서를 발표했다. 또한 법조인, 민가협, 서대문구치소 양심수, 해직 교사, 전·현직 의원, 의사, 약사, 한의사, 간호사들도 호헌 반대 성명을 발표했다. 노동계는 한국노총이 호헌 지지 성명을 발표했으나 전국금융노조연맹 산하 13개 노조가 한국노총 성명을 반대하는 성명을 발표했다(민주화운동기념사업회 연구소, 2010: 297). 노동자들은 인천과 성남 등 노동자들이 많은 도시에서 집단적으로 참여했다. 농민은 전주 등 일부에서만 참여했다(민주화운동기념사업회 연구소, 2010: 347).

여성들은 이전과 마찬가지로 적극적으로 참여했다. 우선 박종철의 사망은 자식을 둔 어머니들에게 큰 충격을 주었다. 이들은 '내 자식도 그렇게 될 수 있다'고 생각했다. 이 사건이 1월 신문에 보도될 때부터 신문사에 어머니들의 전화가 빗발쳤고 남영동 대공분실 앞에서 50여 명의 여성들이 시위행진을 했다. 박종철의 하숙집 아주머니도 경찰의 위협에 굴하지 않고 끝까지 소신 있게 증언했다(민주화운동기념사업회 연구소, 2010: 280~284). 명동성당 시위 때는 계성여고 학생들이 점심 도시락을 모아 "훌륭한 오빠, 언니들이 자랑스럽다"는 쪽지와 함께 담 너머로 보냈다. 성금도 5일 동안 2000여만 원을 모아 전달했다. 이들의 동참으로 경찰이 당황해 계성초등학교와 계성여중고 수업을 가정학습이나 야외 학습으로 대체하도록 했다. 또한 수녀들이 적극 참여했다. 이들은 저지선을 뚫고 들어와 침묵시위를 벌였다. 한국교회여성연합회, KNCC여성위원회 등 여성단체가 중심이 되어 최루탄 추방 공청회를 열어 국민운동본부가 18일을 최루탄 추방의 날로 정하는 계기를 제공했다. 특히 이한열의 사망으로 어머니들이 최루탄 추방 운동에 앞장섰다. 이들은 학생들의 화염병 사용도 자제하도록 설득했다. 6월 18일 여성단체 회원들과 구속자 가족 300여 명이 "최루탄을 쏘지 마세요"라는 어깨띠를 두르고 "내가 낸 세금이 우리 자녀 죽인다" 등의 피켓을 들고 노상 공청회를 열었다(민주화운동기념사업회 연구소, 2010: 320~327). 6·26 평화 대행진 때는 대전기독여성

모임 회원들이 "지랄탄 1발 쌀가마 7가마"라고 쓰인 피켓을 들고 시위했다 (민주화운동기념사업회 연구소, 2010: 339).

여성들은 촛불 혁명에서도 눈에 띄는 주체였다. 특히 '유모차 부대'가 등장해 과거 항쟁마다 등장했던 '어머니의 힘'을 여지없이 보여주었다. 앞서 보았듯이 여성들은 3·1 운동 때부터 적극적인 주체로 등장한다. 그 이전에도 나서지 않은 것은 아니었다. 이소사라는 여성은 동학농민군을 지휘하기도 했다. 그러나 민란 등 저항운동의 주요 주체는 농민 남성들이었다. 3·1 운동 이후 여성을 비롯해 각계각층의 참여가 활발해졌다. 기층 민중, 어린이, 노인, 여성 등 그동안 주변인이라 여겨졌던 집단의 참여가 두드러졌다. 그러나 그동안 언론은 이들보다는 학생과 지식인들에게 초점을 맞추었다. 2016년 촛불 혁명에 역시 다양한 계층이 참여했고, 이러한 특징은 우리의 과거 혁명의 주체들을 다시 돌아보게 한다.

방법의 유연성

이번 촛불 혁명에서는 문화 축제 등의 방식이 주를 이루었다. 문화 축제의 분위기는 더 많은 시민들이 참가하도록 했다. 오늘날에는 활동가들의 방식이 '분노와 증오에서 재미'로 옮겨가는 추세라고 한다(이지호·이현우·서복경, 2017: 9). 그런데 한국의 과거의 시위에서도 유사한 방법이 많이 활용되었다. 단지 투쟁적 방식이 이목을 끄는 바람에 조명받지 못했을 뿐이다. 우선 3·1 운동에서 장날이 주로 활용된 것을 들 수 있다. 농촌에서의 대표적 '행사'를 들자면 장이 열리는 것이다. 장날에 먹을거리뿐만 아니라 온갖 볼거리, 즐길거리가 풍성해지므로 장이 서는 것은 일종의 축제가 시작되는 것이다. 농촌에서 3·1 운동은 주로 장날에 벌어졌다. 장날에 사람이 많은 곳에서 누군가 독립 연설을 하거나 「독립선언서」를 낭독하고 만세를 부른 뒤 태극기를 들고 시위했다(강대민, 2010: 48~49). 촛불 집회 당시 사람들이 연단에 서서 즉석 연설을 하고 구호를 외친 다음 거리 행진을 하는 것과 유사한 과정이다. 차량 위에 올라 구호를 외치는 것과 마찬가지로 일부 학생들은 군중이 모인 곳에 인력거를 세우고 그 위에 서서 "조선 독립"이라고 쓴 기를 꺼내어 높이 들면서 "조선 독립 만세"를 외쳤다. 그러면 군중이 그를 앞세우고 같이 만세를 불렀다. 여학생들은 감격의 울음을 터뜨렸고 중학생은 껑충껑충 뛰며 독립 만세를 외쳤다고 한다. 몇몇 학생들은 큰 태극기를 들고 지휘했고 수백 명의 학생들은 작은 태극기를 들었다. 어떤 학생은 독립운동의 표시로 빨간 띠를 머리에 두르거나 손에 들고 휘두르며 만세를 불렀다(박종린, 2018: 11). 그러는 가운데 전문적 '만세꾼'이 생기기도 했다. 그 밖에 사람들은 봉화를 올리기도 하고, '산호' 즉 달밤에 수십 명이 산 위에 올라 만세나 구호를 연이어 부르는 행동을 하기도 했다(강대민, 2010: 49). 촛불 집회 때 사람들이 촛불의 파도, 함성의 파도를 타는 것과 유사하다.

시위할 때 사람들은 지금처럼 노래도 많이 불렀는데 4월 혁명 때만 해도 운동가요가 없어 「애국가」나 「전우의 시체를 넘고 넘어」 등 군가를 불렀다. 학생들은 교가를 부르기도 했다(민주화운동기념사업회 연구소, 2008: 133~134). 촛불 집회 때 시그널곡인 「대한민국은 민주공화국이다」는 4월 혁명 당시에도 슬로건이었다. 1960년 3월 14일 밤 9시 화신백화점 앞에서 대동상고 학생 300여 명이 "대한민국은 민주공화국이다"라고 적힌 삐라를 뿌리며 데모를 했는데 순식간에 서울시 고등학생들이 몰려와 1000명으로 늘었다(민주화운동기념사업회 연구소, 2008: 110). 교수단 시위가 벌어지던 날 밤에도 「애국가」가 울렸다. 군인과 탱크가 군중에게 다가오자 누군가 "국군 만세"를 외치며 「애국가」를 불렀다. 군인들은 최루탄을 쏘았으나 사병들 일부는 시위대에 공감해 울음을 터뜨리기도 했다. 소년들은 탱크 위에 올라가 "국군 만세"를 외쳤다. 시위대가 이기붕 집에 몰려갔을 때도 이를 진압하러 온 계엄군은 시위대의 박수를 받았고, 이에 군인들은 당황해했다(민주화운동기념사업회 연구소, 2008: 139~141). 이때는 시민들이 쿠데타, 군사독재, 광주 학살을 경험하지 않았으므로 군을 크게 증오하지 않았다. 군은 강압적이고 부패한 경찰에 비해 개혁적으로 인식되기도 했다.

6월 항쟁 역시 박종철 추모제라는 형식을 빌려 운동이 시작되었다. 2월 7일 명동성당에서 추도회를 개최함과 동시에 모든 국민은 각자 추도 묵념을 올리고 검은색 또는 흰색 리본을 달기로 했다. 또한 모든 자동차는 추모 경적을 울리고 모든 교회, 사찰 등 종교 기관은 동시에 추모 타종을 하기로 했다. 이 계획에 즉각 2만 명이 준비위원으로 신청했고, 당일 정부의 강압적 제재에도 불구하고 전국적으로 행사와 시위가 진행되었다. 불교계도 49재 천도재의 형식을 빌려 시위를 했다. 당일 쓰인 시위 도구는 작은 태극기로 시민들과 학생들은 태극기를 흔들며 가두시위를 했다(민주화운동기념사업회 연구소, 2010: 285~291). 6월 항쟁 때도 「애국가」가 불렸고 또는 학생들이 「우리의 소원은 민주」라는 노래를 부르기도 했다(민주화운동기념사업회 연구소, 2010: 310).

둘째, 이번 촛불 집회의 또 다른 특징은 매우 평화적이었다는 것이다. 총 누적 인원 1600만 명이 넘었던 20차례의 집회에서 단 한 명도 위법행위로 체포된 사례가 없었는데 이는 전 세계 어디에서도 유례를 찾기 힘들다. 그런데 과거의 시위 역시 기본적으로 평화적이었고, 폭력은 강압적 진압에 대응하면서 사용되었다. 그런데도 과거 시위의 평화적 방식은 소극적이거나 타협적인 것으로 여겨져 크게 주목받지 못했다. 사실상 이번 촛불 집회 때도 적극적인 참여층의 일부는 시위가 평화 일변도인 것에 불만을 품었고, 좀 더 '투쟁적'이지 못하다고 비판했다. 그러나 세계적 추세를 보더라도 지난 50년간 비폭력적 투쟁이 더 성공 확률이 높고 효율적인 것으로 나타났다. 비폭력 집회일 때 더 많은 사람들이 참여한다는 것이다. 인구의 3.5% 이상이 참여하면 그 집회는 목적을 달성할 수 있는데, 그러한 집회는 모두 평화 집회였다고 한다. 또한 평화 집회가 민주주의 확립에 기여하며 내전 재발 가능성을 낮춘다고 한다(이지호·이현우·서복경, 2017: 5~8).

3·1 운동을 이끈 손병희는 일찍이 도덕적인 전쟁, 즉 "도전(道戰)"을 주장했다. 이는 하늘을 모시고 생명을 섬기는 천도(天道)와 천덕(天德)을 통해서 천하를 평화롭게 하는 것을 말한다. 도덕으로 평화를 이룩한다는 '도덕 평화 사상'은 3·1 운동으로 이어졌다(조성환, 2018). 안창호 역시 3·1 운동을 "평화적 전쟁"으로 묘사했다. 3·1 운동의 민족 대표들은 비폭력을 원칙으로 했다. 천도교, 기독교, 불교계는 수차례 회합을 거치며 운동의 3원칙으로 대중화, 일원화, 비폭력 노선을 정했다(강대민, 2010: 47). 학생 지도부도 3·1 운동을 준비하면서 "중등학교 학생들이 폭력으로 나오지 않도록 주의할 것" 등 비폭력을 강조했다(박종린, 2018: 10).

「독립선언서」에는 "일체의 행동은 가장 질서를 존중하여, 오인의 주장과 태도로 하여금 어디까지든지 광명정대하게 하라"는 문구가 있다. 이 중 "질서 존중"이라는 표현이 소극적이라 여겨질 수 있으나 사실상 방점은 뒤에 있다고 여겨진다. 즉, '오인의 주장과 태도를 광명정대하게' 하기 위해, 즉 독립의 주장을 펴는 데 다른 빌미를 잡히지 않아야 된다는 의미로 읽는다. 이는 민족 대표들이 왜 독립선언을 사람들이 많이 모인 광장에서 하지 않고 요릿집에서 했는지 설명해 주는 것이기도 하다. 손병희에 대한 재판 기록을 보면 당시 지도자들이 왜 비폭력을 강조했는지, 또한 왜 공공장소에서 선언서를 낭독하지 않았는지 그 이유를 알 수 있다. 동학혁명 때 일본군에 의한 수많은 이들의 무참한 희생을 보았던 손병희는 무엇보다 고귀한 인명이 희생되지 않기를 바랐을 것이고, 또한 독립선언의 내용과 행위에 대해 조선, 일본뿐만 아니라 모든 인류가 공감하기를 희망했다. 따라서 비폭력, 합법성, 정당성을 부각시키고자 했고 일제가 어떤 다른 법적인 트집을 잡아 그 뜻을 깎

아내리지 못하도록 했다고 판단된다.

1920년대 초 이전까지는 한국에서의 재판도 일본 내지법에 의거했으므로 "국가의 독립을 위해 일어나는 시위행진이나 독립운동은 정당한 행위로서 구속받지 않는다"는 내용이 들어 있어 독립운동이 불법이 아니었다. 그러나 이후 독립운동을 억제할 수 없는 상황에 이르자 사안별로 죄를 인정하는 제령(制令), 즉 조선총독부가 법령을 대신해 발포한 명령을 적용해 독립운동을 탄압하기 시작했다(김승일, 2011: 149~150). 이것이 3·1 운동이 비폭력을 기본으로 하게 된 원인 중 하나이다. 비폭력시위를 통해 법을 어기지 않고도 저항을 표현할 수 있었기 때문이다. 또한 이들의 독립 청원의 형식이 타협적으로 여겨질 수 있지만 이는 집단행동과 더불어 필요한 절차를 모두 거치겠다는 의사로도 보인다.

사실상 항일운동의 과정에서 친일과 반일의 경계에 서 있는 애매한 인물이 많다. 범어사 주지 김용곡은 친일 성향이 강했다고 알려졌으나 범어사 및 그와 관련된 명정학교, 지방 학림에서 항일 인물이 다수 배출되었다. 그중 오성월은 거액의 자금을 상하이임시정부에 전달한 애국자이다. 이에 김용곡이 친일을 가장한 것일 수 있다는 설이 있다. 범어사의 정신적 지주인 오성월이 일제의 감시를 받으므로 김용곡을 대신 내세워 친일 활동을 하게 하고, 이를 방패 삼아 오성월의 활동을 돕는 방법을 택했다는 것이다(강대민, 2010: 71~72). 따라서 저항과 타협, 무력과 비폭력, 둘 중 하나만이 답이 아니며, 두 가지가 사실상 서로를 돕는 역할을 할 수 있다. 과거의 역사 해석에서는 전봉준을 기릴 경우 최시형을 비판하고, 무장론을 기릴 경우 준비론을 비판했다. 그러나 각 세력은 각자의 역할을 하면서 서로 도울 수 있었다. 예를 들면 흥사단의 경우 미주와 원동 지역이 서로 역할을 분담했다. 즉, 미주 지역은 자금을 대고 원동 지역은 무장 훈련을 했다. 무장투쟁을 하려고 해도 누군가는 돈을 대야 한다.

4월 혁명에서도 대체로 평화적 가두시위가 주된 방법이었다. 당시 '순수'라는 말이 많이 사용됐는데, 이는 '순수한 정의감의 발로'라는 것이 강조된 것이다. 이는 북한과 무관하거나 비폭력, 질서 있는 시위를 추구했다는 것을 강조한 담론이다(김미란, 2011: 201). 4·18 때 고려대생들도 깡패들에게 일방적으로 당했기 때문에 이것이 여론의 큰 반향을 일으켰다. 이어진 교수들 시위도 4월 혁명의 평화적 성격을 가중시켰다. 대학생들은 이승만 하야 직후 계엄사령부에 협조해 치안유지와 거리 청소를 하기도 했다. 이러한 행동은 대학생들이 '폭도들과 자신들을 구분'한 것으로 볼 수도 있으나(김미란, 2011: 184), 다른 한편으로 생각하면 당시 사회적 분위기에서 계몽주의가 당연시되고 있었고 대학생들이 신생활운동 등 계몽운동을 주로 해왔던 것을 고려하면 이들에게 그러한 사고를 벗어날 것을 기대하는 것이 쉽지 않다고 생각된다. 또한 촛불 집회 후 시위자들이 자발적으로 거리 청소를 하고 질서를 지킨 것이 우리와 세계인의 찬탄의 대상이 된 것을 생각하면 이들이 좋은 전통을 시작했다고 평가할 만하다.

6월 항쟁에서도 평화적 시위가 기본이 되었다. 2·7 박종철 추도 대회는 평화적 방식으로 준비되었으며, 이후에도 시위 주최 측이 3월 3일 평화적 행진을 하겠다고 하는 등 평화가 강조되었다(민주화운동기념사업회 연구소, 2010: 289~290). 민주헌법쟁취국민운동본부도 시위를 평화적으로 하려고 노력했다. 특히 6월 18일 최루탄 추방 결의 대회, 6월 26일 국민 평화 대행진과 같은 행사를 통해 평화를 강조했다. 시민들의 차량 경적 울리기도 대표적인 평화적 시위 방식이었다. 그간 과격 시위를 주로 해왔다고 알려진 학생들도 결정적 국면에서 평화적 방법을 써서 큰 효과를 봤다. 그 대표적 사례가 '눕기 투쟁'이다. 학생들은 5월 23일 종로의 비 내리는 길바닥에 단체로 드러눕는 투쟁을 했는데 이 같은 장면은 시민들의 관심을 크게 불러일으켰고, 이들을 경찰이 체포하려 하자 시민들이 항의하는 상황이 벌어졌다. 이것은 4·18 고

대생 피습 사건에 비교될 만한 반향을 일으켰다고도 평가된다. 이후 '드러눕기'는 시위 때 자주 사용되는 방법이 되었다.

또한 국민운동본부가 비교적 온건한 주장을 편 것도 성공 요인이 되었다. 국민운동본부는 운동 세력 간 분열을 막기 위해 호헌 철폐와 직선제 개헌이라는 큰 틀에만 합의를 했는데, 이것이 원활한 시위를 이끈 원인이 되었다. 서울지역대학생대표자협의회가 반미 등을 외치긴 했으나 그 효과가 미약했고 평소 그들이 장담한 대로 야당이나 재야 세력을 견인해 내지 못했다. 또한 완화된 구호는 보수 기독교도들도 같이 시위할 수 있게 했다(민주화운동기념사업회 연구소, 2010: 349).

셋째, 혁명의 진행 과정에서 마지막으로 언급할 방법은 물리력의 사용이다. 대체로 물리력이 행사되는 것은 불가피한 상황에 처하거나 방어의 필요가 있을 때거나 '응징'을 가할 때이다. 우리말 '응징'은 '잘못을 저지른 상대방을 깨우친다'는 의미도 포함한 개념으로, '복수'와 다르다. 슈라이버 2세는 복수와 관련이 있는 행위로 테러, 보복(vindictiveness, retaliation), 처벌(punishment), 보상(restitution) 또는 회복적 정의(restorative justice), 저항(protest), 수동성(passivity)을 구분한다. 테러는 "우리의 눈 하나가 피해를 입으면 우리는 상대의 모든 눈에 피해를 준다"는 것, vindictiveness는 "우리의 눈 하나가 피해를 입으면 상대의 두 눈에 피해를 준다"는 것, retaliation은 "눈에는 눈, 이에는 이, 그리고 그만", 처벌은 "우리가 피해를 입으면 우리도 이에 응답하지만 반드시 상대가 했던 방식으로 하는 것은 아니며, 오히려 상대가 파기한 기준을 다시 주장"하는 것, 보상 또는 회복적 정의는 "잃어버린 것을 회복하라"는 것, 저항은 "잃어버린 채로 살지만 불의는 소리 높여 고발하자는 것 이외는 다른 수단이 없는 사람들의 행위"이다. 마지막으로 수동성은 '도망갈 곳이 없다'라는 좌우명을 가진 것으로, 테러와 마찬가지로 무질서와 무법성이 특징이다. 테러가 권력자의 무질서라면 수동성은 권력이 없는 자들의 무질서이다(슈라이버 2세,

2001: 73~74).

'응징'은, 상대가 저지른 행위가 어떠한 것인지 깨닫게 해준다는 측면에서 '처벌'과 가깝다. 또한 아무것도 하지 않는 '수동성'은 테러와 같은 범주, 즉 무법성과 무질서라는 것을 우리는 주목해야 한다. 즉, 잘못을 저지른 이들에 게 아무것도 하지 않는 것은 테러만큼이나 무법적 행위인 것이다. 따라서 혁 명 과정에서 응징의 행위는 무법적 행위가 아니며 오히려 무법적 행위를 벗 어나는 행위인 것이다. 3·1 운동은 일제가 우리를 강점했다 해서 우리도 일 본을 강점하자고 한 것이 아니므로 보복이 아니며, 과거 우리가 가졌던 독립 을 되찾겠다고 한 것이므로 회복적 정의를 구현하고자 한 것이다.

응징의 대상, 즉 파괴된 것은 주로 일제의 압제에 앞장선 주재소, 관공서 등이었다. 3월 1일부터 5월 20일까지 경찰관서 87개소, 헌병대 72개소, 군청 과 면사무소 77개소 등 278개 관공서가 파괴되었는데(박찬승, 2014: 214~215), 이는 무차별적인 것이 아니고 응징과 정의 구현의 행위였다. 그 증거로, 투 쟁이 치열한 지역일수록 억울한 주민이 많았다는 것이다. 격렬하기로 유명 했던 함안 지역은 다른 지역에 비해 많은 토지가 일본인들에 넘어갔다. 1914년 을 전후로 일본인들이 함안군의 토지를 대규모로 집적했는데 그러는 가운데 함안 군민들과 상당한 마찰을 일으켰다(김도형, 2010: 1049). 3·1 운동 당시 함안에서 경찰 주재소 등 식민 통치기관이 주요 공격 목표가 되었다. 또한 시위자들은 군수에게 선두에서 태극기 들고 만세 부르며 행진할 것을 강요 했으나 거부하자 그를 구타했다(김도형, 2010: 2018). 일제강점기 신문지상에 서 종종 화제가 되었던 '시국표명강도'도 일종의 응징자이다. 그 시대에 일부 강도는 부잣집에 들어가서는 반드시 주인에게 시국에 관한 일장 연설을 한 다음에 주인에게 금품을 가져오라고 명령했고, 그러면 혼이 나간 주인들은 강도가 하라는 대로 했다.

5월 항쟁에서 광주 시민들이 행정기관을 접수하고 시민군이 치안을 유지해 이 기간 중 방화, 강도 같은 사건이 전무한 것은 물리력을 적절히 잘 사용한 것으로 평가할 수 있다. 이러한 이유로 5·18 민주화운동은 파리코뮌에 비유되기도 한다(Katsiaficas, 2002). 5월 21일부터 27일까지 광주에서 높은 수준의 민중 자치가 이루어졌다. 그 기간 중 항쟁의 목표는 유혈 사태에 대한 당국의 공개 사과, 사후 보복 금지, 계엄령 즉각 해제, 살인마 전두환 공개 처단, 민주 인사들로 구성된 구국 과도정부 수립, 진정한 민주정부 수립 등이었다(김형철, 2010: 107~109).

1980년대의 항쟁은 학생들의 화염병 투척 등 치열한 투쟁이 특징이지만 이는 강압적인 진압에 대응한 것이며 점차 이 방법도 사라진다. 6월 항쟁에서는 평화적 방법이 선호되었고 마침내 촛불 혁명에서는 폭력이 거의 사라졌다. 이렇듯 우리의 혁명의 방법은 문화 축제, 평화적 방법이 주된 것이었으며, 물리력이 행사되는 것은 방어나 응징의 이유에서였다.

3 | 혁명의 성과

3·1 운동이 세운 '1919년 대한민국'

2019년은 3·1 운동 100주년이자 대한민국임시정부 설립 100주년이기도 하다. 임시정부는 그동안 좌우파 모두로부터 백안시되어 그 실제 위상과 역할에 비해 정당한 평가를 받지 못한 측면이 있다. 다른 나라와 비교하자면, 프랑스 역사에서 프랑스 임시정부(이하 프랑스 임정)는 대한민국임시정부보다 그 위상이 더 확고하다. 프랑스 임정은 프랑스 제4공화국이 성립되기까지 헌법 제정과 프랑스 통치에 임한 것으로 인정되고 있다. 대한민국임시정부도 1919년부터 1945년까지 한국 시민사회를 통치했다고 해석해 볼 여지가 있다. 또한 프랑스 임정의 존재는 프랑스의 주권이 끊어지지 않게 했다는 것에 의미가 있다. 우리의 경우 비록 미군정이 임시정부를 인정하지 않았지만 대한민국 헌법 전문에 대한민국임시정부를 이었다고 했으므로 한국에서 주권은 끊어지지 않고 계속된 것이고, 임시정부도 1948년까지 중단된 것이 아니라고 볼 수도 있다. 그렇다면 우리 역사의 시기 구분은 대한제국 이후 일제강점기와 미군정기로 이어진 것이 아니라 대한제국에서 대한민국으로 이어진 것이 된다. 즉, '조선-대한제국-일제강점기-미군정기-제1공화국'이 아니라 '조선-대한제국-대한민국임시정부-제1공화국'으로 시기를 구분할 것을 제안한다. 이렇게 되면 외국의 점령으로 점철된 굴욕의 역사가 아니라, 우리가 주체가 된 역사로 시기를 구분하게 되는 것이다(이나미, 2019).

프랑스 역사 설명을 보면 나치의 괴뢰정부인 비시 정부보다 더 비중 있게 다루어지는 것이 드골 임시정부이다. 그러나 우리는 조선총독부 지배 시기를 일제강점기라고 해 일제의 통치에 비중을 두고 대한민국임시정부는 그저 하나의 독립운동 단체처럼 다룬다. 또한 프랑스 임정은 그 명칭에 지명을 붙이지 않는데 우리의 경우 '상하이임시정부'라는 표현이 당연한 것으로 쓰인다. 이 역시 통합된 임시정부의 정통성을 약화시키는 표현이다. 마치 다른 여러 임시정부 가운데 하나처럼 들리게 만든다. 무엇보다 프랑스는 비시정부의 정통성을 부인하고 모든 법령, 행정을 무효화한 반면, 우리의 경우 일제 법령이 미군정, 심지어 1공화국에서 여전히 통용됐다. 1공화국 시기 계엄법도 일제의 법이 효력을 발휘한 결과다(이나미, 2019).

대한민국임정은 여러 개의 임시정부가 하나로 통합된 것이므로 정통성을 부여하지 못할 이유가 없다. 임시정부는 1919년 4월 11일 선포된 10개조의 임시헌장을 기본으로 하여 같은 해 9월 11일 8장 58개조의 임시헌장을 공포함으로써 임시정부 간의 통합을 완료했다. 특히 「임시헌장」의 전문의 주어가 4월 임시 헌법에서는 '임시정부'였는데 9월 「임시헌장」에서는 '대한인민'

으로 변경되었다. 이는 통합된 임시정부가 새로운 국가로 탄생했다는 것을 보여주는 것이다(이승택, 2013: 145). 강만길은 임시정부의 정신은 '좌우합작'이라고 했다(≪경향신문≫, 2019.1.1). 즉, 임시정부는 좌파와 우파의 통합도 이루어냈다.

1919년 대한민국임시정부를 정식 국가로 인정하면, 한국인들의 개별적 또는 집단적 독립운동은 개인이 아닌 대한민국 국가가 일본과 전쟁을 한 것이 된다. 그렇게 되면 1945년 8월 15일에 대한민국은 다른 연합국과 함께 싸워 승리한 것이 되는 것이므로 우리의 독립은 미국이나 연합국이 해준 것이 아니라 우리도 함께 싸워 쟁취한 것이 된다(이나미, 2019).

국가는, 베버적 의미에서는 '일정 영토 내에서 정당한 물리적 폭력 행사의 독점을 요구하는 공동체'인데, 이는 좁은 의미로서의 국가이다. 넓은 의미의 국가는 시민사회를 포괄한다. 그람시는, 국가는 강제뿐만 아니라 동의도 필요로 하며, 단지 지배의 도구만은 아니고 정치사회와 시민사회의 결합체라고 주장한다. 따라서 국가를 규정하고자 할 때, 정치사회, 시민사회의 형성과 이들이 지지하는 공적 기구를 주목할 필요가 있다. 이는 그람시가 부르주아 국가의 견고함을 설명하려 한 것이지만 오랜 중앙집권 국가의 역사를 가진 한국에도 마찬가지로 적용할 수 있는 주장이다. 1910년 순종의 주권 포기는 국민에 대한 주권 양도라고 주장한 「대동단결선언」은 한국의 주권이 끊어지지 않았다는 것을 표현한 것이고, 해외 한인들을 중심으로 제기된 무형국가론은 한국인이 수립한 임시정부가 한국의 국가라는 논리이다. 3·1 운동은 이러한 뜻을 가진 한국 시민사회의 건재함을 알린 것이고, 이 같은 시민사회가 지지하고 동의한 국가는 1919년 대한민국임시정부이다. 임시정부는 초기에 여럿이었지만 정치사회, 시민사회의 결합체로서의 국가를 생각한다면 대한민국은 처음부터 하나인 것으로 파악될 수 있다. 정부도 점차 상하이 임정으로 통일되어 가면서 대한민국의 국가기구 역할을 했다(이나미, 2019).

1919년 대한민국이 국가라는 점과, 조선인이 주권을 가진 대한민국 국민이라는 점은 안창호의 다음과 같은 언급을 통해 확인할 수 있다(안창호, 2015).

3월 1일에는 전 국민이 일어나지 않았습니까?

2천만 국민이 다 황제 …… 여러분이 다 주권자이외다. …… 대통령이나, 국무총리나, 모두 여러분의 노복이외다.

일반 국민으로 하여금 적에게 납세를 거절하고 대한민국 정부에게 납세할 것, 일본의 기장을 사용치 않고 대한민국의 기장을 사용할 것, 가급적 일화(日貨)를 배척할 것, 일본 관청에 송사, 기타의 교섭을 단절할 것. 이런 것도 다 평화적 전쟁이요, 이것도 힘 있는 전쟁이 아니겠습니까. …… 이것도 독립전쟁이외다.

이때일수록 더욱더 우리의 법에 복종해야 한다고 생각합니다. …… 우리가 국가를 신건(新建)할 때에, 대한의 법률을 신성하고 최고인 것으로 알아 전 국민이 이에 복종해야 합니다. …… 독립운동에 특수한 공로가 있는 개인에게는 국가가 사의를 표할 의무가 있습니다. …… 또 상(賞)할 때 상함은 국가의 의무입니다. …… 우리 국민 헌법에 사형이 없지만 무슨 법을 임시로 정하여서라도 죽일 자는 죽여야 합니다. …… 무릇 대한민국의 국민 된 자는 대한민국의 법에 복종해야 합니다. 이러므로 사법 제도의 확립이 필요한 것입니다.

정부가 발행하는 공채, 인구세, 소득세, 동포들의 애국 열성으로 내는 원납금, 혹은 외국에 대한 차관 등이 우리의 재원이 될 것입니다. …… 내가 말하는 중에 제일의 요지는 국민개병주의와 국민개납주의입니다.

우리 임시정부와 의정원이 이미 성립된 지 3년이란 시간을 지냈고, 대내적으로 말하더라도 압록강, 두만강으로부터 저 부산까지 제주도까지 가면서 한국 사람 보고 묻기를 너의 정부와 의정원이 있느냐 하면, "네 우리 정부와 의정원은 상해에 있습니다"고 대답합니다. 또는 중국령이나 러시아령이나 미국령을 물론하고 해외에 있는 교민이 다 우리의 의정원과 정부가 상해에 있다고 합니다. 그러므로 현존한 우리의 의정원과 정부를 전체 국민이 인정하는 것은 사실입니다. 또는 열국으로 말하여도 프랑스, 영국, 미국, 러시아, 중국 및 기타 여러 나라들이 아직 우리의 정부와 의정원을 정식으로 승인하지는 아니하였으나, 현존한 우리의 의정원과 임시정부의 존재를 인정합니다.

안창호가 말하는 국가란 대한민국을 의미하고, 국민은 대한민국에 속한 국민을 의미했다. 임정은 사실상 '임시성'을 많이 넘었다. 따라서 임시정부에서 '임시'보다는 '정부'가 더 강조되어야 한다. 이 언급에서 볼 수 있듯이 실제로 안창호가 임시정부를 언급할 때 '임시'를 빼고 '정부'라는 호칭을 자주 사용했다. 또한 식민지 조선 전국에서 임시정부를 알았고 많은 조선인들이 그 정부를 자신의 정부로 생각했다. 즉, 조선 시민사회의 구성원은 일본이나 조선총독부가 아닌 대한민국의 국민으로 존재했다. 뉴라이트 역사학자들은 당시 조선인들이 임시정부를 인지하지 못했기 때문에 1919년 대한민국을 국가로 인정할 수 없다고 주장한다. 또는 헌법의 규범력을 수호할 근원적 힘으로서 헌법의 주체인 시민과 분리된 채 건설된 임시정부는 지속적으로 정당성을 확인받을 수 없었을 뿐만 아니라 동시에 시민의 감시와 견제도 불가능했다고 주장되기도 한다(이승택, 2013). 그러나 이는 사실이 아니다.

예를 들어 임시정부가 세운 대한적십자사의 위상과 역할을 보면 '임시정부의 국가성'과 '임시정부에 대한 조선 사회의 시민사회성'이 드러난다. 일제 강점기 적십자사는 두 갈래, 즉 일제 식민지 적십자사인 '일본적십자 조선본부'와 임시정부가 설립한 대한적십자회가 있다. 일본적십자 조선본부는 고위층이나 지역 유지들이 주로 참여했다. 대한적십자회는 1919년 대한민국임시정부의 수립과 더불어 1919년 7월 13일 임시정부 '내무부령' 제62호에 의해 설립된다. 대한적십자회는 항일 무력투쟁을 인도적 측면에서 지원하기위한 태세를 갖추고 독립군과 재외 거주 동포를 위한 인도적 활동을 전개했다. 대한적십자회는 간도에 세워졌으나 조선 내부에서도 회원을 모집하고자금을 제공받았다. 다음의 재판 관련 기사가 그것을 말해준다.

피고 두 명은 작년 10월경 독립운동을 목적하고 간도에 설치된 대한적십자회에 가입하여 전경욱의 부하에서 의연금을 모집하고 회원을 권유하다가 동년 12월에 다수한 불온문서를 가지고 원산에 돌아와서 동월 15일에 원산부 중리 삼동 31번지 김병제에게 적십자회에 가입하기를 권유하다가 발각 체포된 것이라더라(≪동아일보≫, 1921.4.13).

적십자회가 포함한 대한애국부인단과 대한청년외교단의 인물들이 임정을도왔다는 이유로 함께 잡힌 공판이 1920년 6월 7일 대구지방법원에서 있었는데 방청석이 모자라 문 밖에서 사람들이 심문 소리를 들으려고 애쓰는 등일반 대중이 뜨거운 관심을 보였다. 또한 항일 활동에서 적십자사 선언서 등이 중요한 증거자료가 되는 등, 적십자회는 임시정부에 적극 협조했다(≪동아일보≫, 1920.6.11). 적십자회는 여성운동가들의 무대가 되기도 했다. 일제당국이 임순남을 심문할 때 그는 "'상해로 건너가 적십자 간호부가 되어 힘쓰고자 하든지 또는 미국으로 가서 공부를 하고자 한 일도 있다'고 대답하매 판사가 다시 '피고가 수원지청 예심정에서 성대하게 기염을 토하여 미국 갔다온 후에 조선이 독립되거든 여자참정권을 운동하겠다 한 일이 있느냐' 물으매 '그런 일이 있다'고 대답"(≪동아일보≫, 1921.4.26)했다. 이 사실에서 적십자 활동이 여성운동가들의 관심도 받았다는 것을 알 수 있다. 조선 여성을 포함해 대한민국임시정부의 적십자회에 대한 조선인들의 뜨거운 관심과 참여만 놓고 봐도 당시 대한민국임시정부의 '대한민국'이 독립을 바라는 많은 조선인들에게 '국가'로 인정되고 있었다는 것을 보여준다(이나미, 2017).

또한 임시정부는 군정기의 시작과 더불어 형식적으로는 끝났지만, 실질적·정신적으로는 끝난 것이 아니었다. 민족의 정신을 지배한 측면에서는 1948년 1공화국 이전까지 임정의 권위와 영향력이 존재했다. 헌법 제정 전에 우선되어야 하는 것이 선거권자의 범위를 정하는 것인데 남녀 차별 없이 보통선거를 치른 것은 1919년 임시 헌법에서 남녀평등을 선언한 전통에 따른 것이라고 할 수 있다(이승택, 2013: 170). 또 다른 사례로 1947년의 한 재판을 들 수 있다. 이 당시 미군정의 법도 아니고 일제의 법도 아닌 미래의 한국의 이념에 비추어 판결이 이루어졌는데, 그 근거는 '1919년 대한민국'의 이념이라고밖에 달리 설명할 도리가 없다. 게다가 「임시헌장」의 남녀평등 조항에 딱 맞아떨어지는 판결이었다. 그 판결은 1947년 군정기 사법재판소에서 처의 무능력을 규정한 '의용민법' 제14조 제1항의 적용 배제인데, 그 이유는 "우리는 민주주의를 기초 삼아 국가를 건설할 것이고 법률, 정치, 경제, 문화 등 모든 제도를 민주주의 이념으로써 건설할 것은 현하의 우리의 국시"라는 것, 또한 그러므로 "만민은 모름지기 평등할 것이고 성의 구별로 인하여 생한 차별적 제도는 이미 민주주의 자세에 적용할 변화를 본바"라고 제시해 여성에 차별적인 '의용민법' 제14조 제1항의 적용을 배제한다는 것이었다. 즉, 헌법이 존재하지 않은 상황에서 앞으로 국시가 될 민주주의 이념을 근거로 특정 법률의 효력을 상실시킨 것이다(양창수, 1999; 이승택, 2013: 169). 이는 앞으로 국시가 될 민주주의 이념이 실질적 의미의 헌법 역할을 했다는 것이고, 그것은 한국인의 공동체가 계속 형성해 온 건국이념이라는 것을 의미한다. 따라서 "임시정부를 통해 형성해 온 건국의 이념과 헌법적 정신은 해방 이후 생성 중인 국가로서 한반도의 정치적 공동체의 헌법 인식의 원칙이었다고 할 수 있다"(이승택, 2013: 170).

즉, 미군정 시기에 미군정이 남한을 지배했고 또한 폐지되지 않은 일제의 법이 적용되기도 했지만 동시에 앞으로 생성될 국가의 이념도 법적 권위를 가진 기준이 된 것이다. 이는 미군정이 임정을 인정하지 않았지만 그동안 한국인들이 자신의 정부로 인정해 온 임정의 민주주의 이념이 앞으로 건설될 국가 이념으로 판결의 기준이 되기도 했다는 것을 의미한다. 또한 무엇보다도, 미군정이 임정을 인정했느냐 아니냐가 임정의 정통성과 연속성을 판단하는 기준이 되는 것이 결코 아니라는 점을 다시 강조할 필요가 있다. 더구나 이후 제정된 제헌헌법 전문에 "유구한 역사와 전통에 빛나는 우리들 대한국민은 기미삼일운동으로 대한민국을 건립하여 세계에 선포한 위대한 독립정신을 계승하여 이제 민주독립국가를 재건함에 있어서"라고 해, 3·1 운동으로 대한민국이 건립되었다는 것을 명시했다. 즉, 임시정부 헌법들의 전통이 이어진 연장선에서 헌법이 출현한 것이다(이영록, 2017: 6). 따라서 제헌헌법이 임정의 헌법을 계승했고 미군정 시기에 법 적용이 앞으로 만들어질 헌법 이념에 기반했으므로, 미군정기에 임정의 헌법 정신이 이어져 온 것으로 판단할 수 있다.

4월 혁명의 제도적 성과

3·1 운동과 그것이 낳은 1919년 대한민국의 민주주의는 한국 시민사회의 지배적 이념이 되었다. 그러나 미군정은 일단 공식적으로 임시정부를 인정하지 않았고, 한국 사회에 적용한 법과 관행 중 일부는 일제의 것을 그대로 계승했다. 1공화국도 마찬가지였다. 따라서 4월 혁명을 통해 민주주의가 다시 '간헐적으로 분출'되기 전까지 시민의 정치적 열정과 분노는 지면 아래 꿈

틀거리고 있을 수밖에 없었다.

미군정의 통치는 민주주의를 활성화하거나 시민권을 존중하기보다는 억압과 통제에 급급했다. 한국에서의 선거 가능성을 타진하고 이를 감시하러 온 유엔한국임시위원단의 권고로 비로소 시민권을 인정하는 법·제도가 구성되기 시작한다. 제헌헌법은 시민권을 보장하고 있으나 법률로 유보함으로써 그 적용을 어렵게 했다. 한국전쟁은 민주주의 구현을 더욱 어렵게 했다. 강고한 반공주의를 내세워 정부는 자율성 제고보다는 통제에 주력했다. 권력은 시민사회 통제를 위해 경찰력에 의지해 이 시기 경찰은 탄압의 상징이 되었다. 언론·출판 관련 제도는 시민의 자유를 증진시키기 위한 것이 아니라 여론 단속을 위한 것이었다. 4월 혁명 후에야 개정되어 허가 및 검열이 금지된다. 계엄법은 법이 제정되기 전부터 일제강점기 법을 적용해 실시되었으며 무고한 양민을 함부로 죽일 수 있는 제도로 인식되었다(이나미, 2017).

이 중 한 국가의 민주주의 척도를 보여주는 언론·출판 관련 제도를 보자. 해방이 되었어도 언론과 출판의 자유는 보장되지 않았다. 심지어 1907년 친일 내각이 만든 '광무신문지법'이 1952년 3월 19일 제2대 국회가 폐기할 때까지 효력을 가졌다. '광무신문지법'은 1907년(광무 11년) 7월 일제가 조선인 민족운동을 억압하기 위해 통감부, 이완용 친일 내각을 통해 법률 제1호(1908년 법률 제8호로 일부 개정)로 공포한 언론 탄압법으로 미군정 시기와 이승만 정부 초기에 통제법으로 계속 적용됐다. 미군정이 ≪조선인민보≫를 폐간시킬 때 이 법을 적용했고, 정부수립 후에는 ≪국제신문≫, ≪국민신문≫, ≪세계일보≫ 등이 이 법에 의해 폐간되었으며, 1951년 11월 9일 부산지방검찰청이 ≪동아일보≫ 필화 사건을 공보처장의 고발에 의해 수사 기소하면서 이 법을 적용했다(≪동아일보≫, 1952.3.20). 미군정 법령도 1948년 정부수립 후 국회에서 강하게 문제가 제기되거나 대체 법안이 있을 때만 폐기됐다. 시국사범과 언론 출판인 처벌을 광범위하게 할 수 있게 만들어 악명을 떨친 미군정의

포고 2호는 정부수립 2년 후인 1950년 4월 21일에 폐지됐다. 이승만 정부는 미군정보다 언론에 대해 더 엄격한 조치를 취했다. '광무신문지법', 미군정 법령 88호를 통해서도 언론 자유를 억압했다. 이 법들에 의해 정간물의 발행을 허가제로 운용했으며 사전 검열을 할 수 있도록 했는데 이 역시 사전 제한 금지 원칙에 반하는 위헌적 규정이다. 이승만 정권은 1952년 3월 출판물의 단속을 목적으로 하는 출판물 법안을 국회에 제출했으나 언론계의 반대와 국회의 거부에 부딪혔다(이희훈, 2010: 356~358; 이나미, 2017).

이러한 정치적 상황에서 이승만 정권은 최악의 선거 부정을 행했고 이에 한국민의 민주적 열정은 분출될 수밖에 없었다. 그것이 4월 혁명이다. 1960년 4월 26일 국회의사당에 집결한 시민들의 긴급 국민대회에서 나온 결의안은 첫째, 이승만의 즉시 하야, 둘째, 정·부통령 선거의 실시, 셋째, 내각책임제로의 조속한 개헌, 넷째, 부정선거 원흉에 대한 처벌, 다섯째, 내각책임제 개헌 후 민의원 총사퇴 등이었다. 이 요구가 수용되어 시국 수습 결의안이 국회에서 만장일치로 통과되고 이승만은 하야한다.

1960년 6월 헌법 개정이 이루어져, 의회 우위의 의원내각제가 구현되고 대통령은 형식적·의례적 권한을 갖는 국가의 대표로 규정된다. 행정권은 국무총리와 국무위원으로 구성된 국무원에 속하게 되어 어느 1인이 국정 전반을 좌우하지 못하도록 했다. 대법원은 선거인단을 통해 구성하기로 했고, 헌법재판소 구성 권한의 분배 등도 국가의 어느 한 기관이 다른 기관에 비해 우위를 갖지 못하도록 했다(이승택, 2013: 201). 이승만에 저항하는 정당이 너무 쉽게 해산되어 버린 경험이 있으므로, 당 해산 절차를 엄격히 하는 정당 보호 규정도 추가되었다. 1960년 헌법이 가장 중시한 것은 반독재를 제도적으로 구현하는 것이어서 권력의 분산과 균형에 초점이 맞춰졌다.

4월 혁명은 언론·출판에 대한 제재도 완화시켰다. 1960년 3차 개정 헌법 13조는 "모든 국민은 언론, 출판의 자유와 집회, 결사의 자유를 제한받지 아니한다"라고 개정되어 법률 유보 조항이 삭제됐다. 28조 2항도 "국민의 모든 자유와 권리는 질서 유지와 공공복리를 위하여 필요한 경우에 한하여 법률로써 제한할 수 있다. 단, 그 제한은 자유와 권리의 본질적인 내용을 훼손하여서는 아니 되며, 언론, 출판에 대한 허가나 검열과 집회, 결사에 대한 허가를 규정할 수 없다"고 개정됐다. 언론, 출판에 대한 허가나 검열을 금지하는 규정을 두었다는 점에서 제헌헌법보다 진일보했다고 할 수 있다. 이 개정 헌법에 따라 1960년 7월 1일 법률 제553호 '신문 및 정당 등의 등록에 관한 법률'이 제정·공포됐다. 핵심적 내용은 신문, 잡지에 대한 허가제가 아닌 등록제를 규정했으며 이로써 미군정 법령 88호는 사실상 폐기됐다. 정간물에 대한 허가제도 폐지됐다(이희훈, 2010: 351, 358). 미군정 법령 88호가 정식 폐지된 것은 1961년 12월 법률 제903호를 통해서이다. '국가보안법'에서도 언론 조항이 삭제된다. 1960년 4월 혁명으로 수립된 과도정부는 '국가보안법'을 개정했다. 언론 관계 독소 조항을 거의 삭제했으며 반국가 단체의 구성원이나 그 지령을 받은 자 이외에 반국가 행위를 하는 자는 처벌할 수 없게 했다. 그러나 불고지죄와 자진지원, 금품수수죄가 새로이 규정됐다.

4월 혁명의 또 다른 성과는 노조의 활성화이다. 교사, 은행원, 기자 등 사무직 노동자들이 노조 결성을 시도했다. 그중 가장 주목받은 것 중 하나가 교사들이 전개한 교원 노조 운동이다. 교원 노조 운동은 1960년 4월 29일 대구에서 '대구시 교원노동조합 결성준비위원회'가 구성되면서 시작되었다. 5월 1일 서울에서도 '서울시 교원노동조합 준비위원회'를 결성하면서 교원 노조 운동이 빠르게 확산되었다. 당국의 불허 방침에도 불구하고 7월 말까지 교원 노조는 전체 교원의 25%인 2만여 명의 회원들을 확보했다. 교원 노조 운동은 "한국 교육사상 최초이자 최대의 교사들의 집단적인 저항운동이었으며 교육 실천 운동"이었다. 교원 노조 운동은 경제주의적 노동조합주의를 극복하고 노동운동의 영역을 정신노동자에까지 확대했으며, 노동운동이 학생운동, 혁신운동과 연대해 투쟁하는 모범을 만듦으로써 노동운동을 한 단계 발전시켰다(임영태, 2008: 281~282).

4월 혁명의 성과는 정치적 민주주의뿐만 아니라 사회·경제적 민주주의도 분출시켰다는 점이다. 예를 들어 복지 관련 담론이 꽃피게 된다. 이태영은 "4월 혁명이 단순히 독재정권의 타도라는 정치적 이유에서 출발했느냐 그렇지 않으면 사회적·경제적으로 병들어 가는 '자유민주주의의 왜곡적 이식' 자체에 대한 수정적 요구로부터 출발되었느냐 하는 문제"가 있다고 했다. 또한 "자유권적 기본권의 보장 문제가 복지국가 건설 이념에 의해 제한된다는 현실적 추세가 이(李) 정권에 의해 정당하게 운용되었을 경우 우리는 우리의 무정부주의적 자유권, 즉 제4권으로서의 반항권의 행사를 포기 내지 유보했을 지도 모른다"고 했다(이태영, 1961). 이 말은 이승만 정권이 복지국가 이념은 고사하고 최소한 국민의 자유권적 기본권이라도 제대로 보장했으면 4월 혁명은 일어나지 않았을 수도 있다는 뜻이다. 그러나 강조점은, 복지국가 이념은 사회적·경제적으로 병든 자유민주주의의 수정이며, 자유방임적 자유권이 제한될 수 있다는 것이다.

복지국가 개념은 1960년 4월 혁명 후 2공화국 시대에 접어들면서 빈번하게 등장한다. 학생들은 총선 "입후보자들에게 한국에서의 복지국가를 요구하였고 입후보자들은 적당한 이상형을 제시함으로써 이에 순응하였다"(≪동아일보≫, 1960.8.12)고 한다. 한국사회사업연합회는 1960년 9월 24일 '사회복지국가'를 이루기 위해 정부는 과감한 행정을 하라고 성명을 냈다. 성명서에 따르면 "민주당 내각은 못사는 사람들의 아우성을 귀로 듣고 눈으로 보라. 보건사회부 장관직은 의업계의 부면(部面)이익을 대표하는 직이 아니요 국민의 어려움을 알고 처리하는 공직임을 알아야 한다. 환과(鰥寡), 고독한 양로자, 무의무탁한 전재고아, 전재 미망인 등은 구호 양곡 3홉의 잡곡과 30환 미만의 부식만으로는 살 수 없다"고 지적하고 "생활보호법, 아동복지법, 신체장해복지법 등 사회복지 관계 법령을 하루바삐 제정 공포하라고 요망"했다(≪동아일보≫, 1960.9.25). 재무장관은 예산 관련 제안 설명에서 "정부의 시정방침에서 천명된 바와 같이 신공화국의 사명은 정치면에서 법치주의를 관철하고 온갖 부정과 부패를 제거하여 새로운 사회질서를 확립해 놓고 그 터전 위에 경제의 급속한 발전을 이룩함으로써 마침내 복지국가를 건설하는 데 있는 것"이라고 했다(≪경향신문≫, 1960.9.30). 장면 총리는 시정연설에서 "경제 부문 행정에 있어서는 사회복지의 증진을 대목표로 하여 급속한 경제성장을 도모하는 경제 제일주의를 실천"하면서 "과거 부패 정권이 취해온 관권 경제와 불균형한 산업구조 등을 지양"하겠다고 했다(≪경향신문≫, 1960.9.30).

교육제도 개선도 요구되었다. "학교교육의 목적, 제도, 내용 등등은 국가기구가 결정할 것이 아니라 그 나라의 문화와 국민의 유기적 조직에 의한 국민의 구체적 요구와 상황에 알맞게 마련되어야" 하며 "이러한 의미에서 우리나라의 현행 교육제도 및 교육 내용은 전면적으로 혁신 개편되어야 한다"고 강조되었다. 이어 "제2공화국은 그 정치적 이념에 있어서 부르주아 시대의 개인주의 또는 꿀벌통 같은 전체주의, 집합주의를 배격하며 인격의 권리를 기초로 한 사회적 갈망과 인간의 자유에 대한 열망의 요구를 충족시켜 줄 인격주의적이며 공동체적인 문명사회를 지향"하고 있으므로 "우리나라의 교육은 인간 속에 자유의 감각과 책임의 감각, 인간적 권리와 인간적 의무, 공동복지를 위하여" 위험을 무릅쓰는 용기와 각 개인의 인간성에 대한 존경을 발전시켜 시대적 요청을 채워주어야 한다고 했다(김창수, 1960). 즉, 개인주의와 전체주의 모두를 배격하면서 공동체적 사회를 위한 교육을 지향한다는 점을 보여주고 있다.

4월 혁명 후 시도된 여러 개혁은 5·16 군사 쿠데타로 인해 무산되지만 시민의 요구에 국가가 호응해 제도적 개선을 이룰 수 있는 민주주의의 가능성을 보여준 것이었다.

1980년대 민주항쟁의 결과

4월 혁명과 2공화국의 수립은 군사 쿠데타로 인해 허망하게 허사로 돌아간 듯했다. 그러나 장기독재의 폐해와 4월 혁명의 승리를 경험한 국민들은 박정희 독재에 쉽사리 굴복하지 않았다. 지금까지도 그 부작용으로 고통을 받고 있는 1964년 한일협정을 박정희 정권이 추진하자 학생, 야당, 재야 세력은 일제히 저항했다. 오늘날 일본이 보여주고 있는 망언과 부당한 행태를 그때 이미 예견했던 것이다. 박정희 정권은 4월 혁명을 부정하는 세력으로 규정됐다. 쿠데타 초기 사회가 조용했던 것은 쿠데타 세력이 4월 혁명 정신을 계승하겠다고 선언했기 때문이다. 4월 혁명 정신의 계승은 민주주의 구현 의지의 증거였다.

한일협정 반대 시위에서 부상을 당한 동국대생 김중배가 사망하자 시위는 더욱 격화되었다. 학생, 야당뿐만 아니라 교수, 목사, 예비역 장성, 법조인, 여성계 인사들도 동참했다. 4월 혁명 때 굼떴던 대학생과 지식인들은 4월 혁명 이후부터는 눈부신 활약을 보인다. 이들은 이승만 정권 시기처럼 계몽주의적 자세로 민중을 가르치겠다는 자세를 더 이상 취하지 않았다. 1970년 노동자 전태일의 분신은 많은 이들의 양심을 깨웠고 지식인의 오만함을 꾸짖었다. 문익환은 "전태일이 아닌 것들은 다 물러가라"고 했다. 이 시기 등장한 지식인 담론과 민중론은 엘리트 스스로의 반성의 산물이다. 이들은 민중의 위에서가 아니라 민중의 옆에서 그리고 민중 가운데서 사고하고 실천할 것을 촉구했다. 또한 1970년대에 개별적으로 실천되던 민주화운동은 1980년대에 거대한 집단을 이루어 조직적 형태로 발전한다.

1980년대의 격렬한 민주항쟁은 5·18 민주화운동으로 그 서막을 알린다. 5·18은 군의 무참한 학살로 끝났지만 광주 시민의 고귀한 희생은 결실을 맺었다. 기만적이기는 하나 전두환 정권의 7년 단임제 약속은 4월 혁명과 광주항쟁의 성과이다. 단임제는 전두환이 시민들을 달래기 위해 내건 공약으로, 그것을 민주주의로 인식했고 "단임 정신"이라고 부를 정도로 강조했다. 또한 전두환은 광주 학살로 인해 전 국민의 증오를 받았기 때문에 어느 것이든 성과를 내어 최소한의 지지라도 얻어야만 했다. 따라서 대북 관계의 개선 노력과 교육개혁 조치, 즉 과외 전면 금지와 대학 입학 본고사 폐지를 통해 국민 달래기에 나섰다. 과외 금지와 본고사 폐지는 저소득층의 소외감을 줄여 자신의 지지층을 확대해 보려는 것이었다. 1982년부터 개방대학 설치, 방송통신대학의 확대 등을 통해 평준화를 시도했고 1983년 중고생의 교복, 두발 자유화도 실시했다.

또한 무엇보다 광주항쟁이 있었기에 6월 항쟁이 승리로 끝났다. 첫 시작부터 6월 항쟁은 광주항쟁과 인연을 맺는다. 6월 항쟁의 도화선이 된 박종철 고문 축소 은폐 사건은 정의구현사제단 김승훈 신부가 5·18 민주화운동 7주기 추모 미사에서 폭로했다. 또한 군대는 광주 학살의 경험과 후유증으로 6월 항쟁 때는 비상조치 실시에 적극적이지 않았고, 미국 역시 광주 학살의 묵인의 결과가 어떠했는지를 알았기에 전두환 정권을 설득했다(민주화운동기념사업회 연구소, 2010). 즉, 6월 항쟁의 승리는 5월 광주 시민의 희생 덕분에 이루어진 것이다.

6월 항쟁의 요구는 대통령직선제였다. 국민들은 국회도 불신했기 때문에 오직 국민이 직접 선거하는 것 외에 방도가 없다고 판단했다. 장기 집권도 막아야 했으므로 7년 임기를 5년으로 줄였다. 국민들의 중요한 관심사는 민주주의의 내용보다 일단 장기독재를 막는 것이었다. 국민운동본부도 최대 연합을 추구했으므로 호헌 철폐와 직선제 개헌이라는 큰 틀에만 합의했다. 구체적 헌법안을 제시하는 것은 각 주체 사이에 이견이 존재했기 때문에 불가능했고, 따라서 개헌을 주도할 수는 없었다. 그러나 그렇게 했기 때문에 연합을 지속할 수 있었다.

1987년 8월 4일 국민운동본부 전국 총회에서 발표된 개헌 요강은 첫째, 전문에 갑오농민혁명, 3·1 운동, 4·19 혁명, 5·18 광주항쟁, 6월 민주항쟁으로 이어진 국민의 민주주의 실현을 위한 혁명 과정을 구체적으로 명문화할 것을 강조, 둘째, 총강에서는 국민의 저항권과 통일 논의권을 규정하고 군인, 검찰, 경찰의 정치적 중립 의무를 규정, 셋째, 기본권의 영역에서는 자유권의 확대와 사회권의 보장, 넷째, 국회의 국정감사권 부활 및 평등선거 원칙의 실질화, 대통령의 국가원수 지위 삭제 및 군인에 대한 피선거권 5년 제한, 국가긴급권의 축소, 국회해산권 폐지, 다섯째, 지방자치 강조였다. 또한 교육과 경제를 별도의 장으로 구성해 민주교육을 교육 이념으로 제시하면서 의무교육 및 교사의 신분보장, 교육자치제 등을 요구했다. 경제에 대해서는 자주적이고 자립적인 국민경제를 기본 질서로 해 독과점의 규제, 농어민의 단결권 보장, 소작제 금지, 토지 공개념, 농업 보호 등의 규정을 주장했다(민주헌법쟁취국민운동본부, 1987). 이 주장은 통일 지향, 민주주의와 기본권의 보장, 균등사회의 구현이며, 1948년 헌법 복원의 성격을 갖는다(이승택, 2013: 220).

　그러나 1987년 헌법은 이러한 의지를 외면하고 대선 일정에 맞추어 급박하게 개정된다. 그리하여 개정된 헌법은 여전히 군사 쿠데타 산물인 1962년 헌법 체제를 바탕으로 독재체제의 독소적 조항을 유지했다. 그나마 대통령의 긴급조치권, 일방적인 의회해산권 등이 삭제되고 평화통일이 규정된 것은 부분적인 성과로 볼 수 있다. 박근혜 정부하에 대통령의 긴급조치권과 의회해산권이 여전히 있었다고 상상해 본다면 그러한 개정은 결코 작지 않은 성과이다. 또한 무엇보다 6월 항쟁의 승리 경험은 다시금 촛불 혁명 성공의 희망이 되었다.

4 ┃ 결론: 민주주의 혁명의 한국적 토양

한국의 100년 민주주의 혁명은 그 성과 중 어떤 것은 지속되었고 다른 어떤 것은 잠복해 있다가 간헐적으로 분출되었다는 점에서 중단 없는 혁명이며 성공한 혁명이다. 각 혁명은 국가 건설과 정권교체, 법의 제정과 개정, 제도의 설립과 개혁을 이루었다. 3·1 운동은 시민사회 내 주체들의 평등성과 단체들의 민주성을 점차 확대시켰고 민주공화국으로서의 대한민국을 건설했다. 1919년 대한민국임시정부는 일제강점기 우리 주권의 공백을 허용치 않았고, 미군정기에도 그 권위와 영향력을 잃지 않았다. 그리하여 1919년 대한민국임시정부는 1948년 1공화국으로 이어졌고, 현재의 정부로 이어져 오고 있다.

『혁명의 탄생』의 저자 데이비드 파커(David Parker)는 혁명에서 일단 중요한 것은 구질서를 파괴하는 것과 권력의 소재가 이동하는 것이라 했다(파커, 2009). 3·1 운동의 결과로 탄생한 대한민국이 국민에게 권력이 있다는 것을 선포했다는 면에서 3·1 운동은 운동이 아니라 혁명으로 불려야 마땅하다. 더구나 3·1 운동은 서양 국가만의 민족자결권을 주장한 윌슨의 민족자결주의를 넘어 모든 피압박 민족의 근본적인 해방과 독립을 선언했다는 점에서도 혁명적이다.

3·1 운동은 현상적인 면에서 이전의 시위와 중요한 차이를 보인다. 이전에 시위라고 하면 동학도의 광화문 복합상소에서 볼 수 있듯이 국왕에게 집단적으로 상소를 올리는 형식이 일반적이었다. 현대의 시위와 가장 유사한 형태의 첫 시위는 만민공동회이다. 1898년 3월 10일 첫 만민공동회는 독립협회가 개최했고 러시아의 간섭과 압박을 비판하는 것이 주된 내용이었으나 3월 12일에 열린 만민공동회는 서울 남촌 평민들의 자발적 참여로 이루어졌고, 그들의 주장은 모든 외국의 간섭 배제로까지 확대되었다. 만민공동회의

요구 중 많은 것을 정부가 받아들였다. 그러므로 만민공동회를 3·1 운동을 포함한 오늘날 시위의 출발로 볼 수 있으나, 3·1 운동처럼 전국적이거나 지속적이지는 않았다. 또한 3·1 운동은 주장의 대상이 국왕이 아닌 조선 사회, 일본, 세계였으며, 참여자도 남녀노소를 막론한 모든 한국인이었다. 이렇듯 평등한 참여를 통한 집단행동의 경험은 이후 임시정부의 민주공화제 채택뿐만 아니라 한국 시민사회 내에 평등이 확대되는 데도 기여했다. 3·1 운동을 전후해 생긴 사회 내 각종 단체의 규칙이 민주적이고 평등했다. 원불교 창시자 박중빈은 1920년에 "남녀 권리 동일"을 선언했고(장지혜, 2018: 21), 1927년 설립된 신간회는 민족 예속의 탈피뿐만 아니라 언론·집회·결사·출판의 자유를 주장했으며 청소년과 여성의 형평 운동을 지원했다. 1913년에 설립된 흥사단은 3·1 운동 이전부터 이미 민주공화제 원리로 조직을 운영했다. 즉, 의사, 이사, 심사의 삼권분립 체제를 두었고 임원은 단우의 직접 투표로 선출했다(김영재, 2011: 147).

그렇다면 한국인의 민주주의에 대한 강한 지향과 실천은 어디에서 비롯된 것일까. 알렉산더 우드사이드(Alexander Woodside)는, 동아시아 3국 중에서 유독 한국에서 민주혁명이 자주 일어났던 이유에 대해, 한국이 중국과 일본에 비해 더 유교적이었기 때문이라고 설명한다. 18세기 무렵 인구가 700만~800만이던 조선에 600개가 넘는 서원이 있었는데, 이는 인구 대비 서원의 밀도라는 면에서 같은 시기 중국에 비해 10배가 높은 것이었다(배항섭, 2013: 258~259). 일반 백성들의 교육열도 매우 강했다. 평민들을 위한 교육 공간으로 사랑채, 문간방, 재실, 행랑 등이 곧 서당이 되었으며 19세기에 서당의 수는 매우 많았다. 1860년대 전라도 임자도와 지도에도 각각 10여 개에 달하는 서당이 있었고, 어부나 수군의 자제들도 시문에 대한 단순한 이해의 차원을 넘어서고 있었다. 이 같은 서당의 수와 양반 되기의 열풍으로 1879년의 과거 응시자 수가 21만 명을 넘어섰다(정진영, 2015: 160).

한문은 공부하기에 어려웠지만, 한글은 통합과 소통의 강력한 수단으로 민을 결속시키는 훌륭한 무기가 되었을 것이다. 대체로 문자가 어려운 지역일수록 민주주의가 어렵다. 중국과 일본이 한국보다 '덜 민주적'이라면 그것은 아마도 한글과 같은 쉬운 문자의 부재가 큰 이유라고 추측해 볼 수 있다. SNS 시대에는 더욱 그렇다. 난에 일반 평민들이 대거 동참하는 것은 그 명분에 공감하기 때문인데, 그것이 가능했던 것은 한글 덕분이었다. 민란에서 국문 가사가 지어지고 널리 외어졌다는 기록이 드물지 않다(최미정, 1993: 5). 민란을 다룬 『신미록』, 즉 『홍경래전』의 독자들이 바로 민중 봉기의 주역이 된다. 『신미록』 간행 다음 해에 진주민란이 발발했고, 19세기는 민란의 시대 자체가 되었다. 한글로 인해 지식과 정보가 하층 계급에로까지 퍼져나갔고 공간적으로도 전국으로 흘러갔다(정병설, 2008: 157).

민주화의 동력은 결국 사람들 간의 관계에서 봐야 한다. 경제적 구조, 계급관계도 매우 중요하지만 이를 포함해 또는 이것이 영향을 끼친 사회 내 사람들 간 관계의 문화, 소통의 구조와 과정, 그것을 뒷받침하는 하드웨어와 소프트웨어, 즉 기술, 인터넷, 한글 등이 중요한 수단이 된다. 천주교와 동학의 급속한 성장도 한글로 된 경전 덕분이다(정병설, 2008: 155). 그리피스는 천주교가 빨리 전파된 이유가 조선인들의 소통 능력 때문이라고 생각한다.

조선의 가옥을 보면, 어느 집이건 간에 거리를 향해 앉은 방이 있고 그 방 안에서는 친구든 손님이든, 구면이든 초면이든 간에 모여 앉아 세상 소식을 말하고 듣고 또 논의한다. 이 자리에서는 비밀이 없다. 또 조선은 남의 얘기를 잘하고 빈들거리는 사람이 많은 나라여서 어떤 사건에 관한 소식이나 새로운 사상이 나타나면 초원의 불길처럼 퍼져나간다. 천주교와 같이 그토록 놀라우리만큼 새로운 교리가 더구나 이미 학식이 높기로 이름난 사람들의 입으로 설교되자 이 교리는 즉시 민중들의 호기심을 불러일으켜 많은 사람들의 혀를 바쁘게 만드는 동시에 가슴에 불을 질러놓았다(그리피스, 1999: 452).

샤를 달레(Charles Dallet)는 『한국천주교회사』에서 "조선 사람들은 천성이 돌아다니기와 이야기하기를 좋아한다"고 했다(정병설, 2008: 159). 호머 헐버트(Homer Hulbert)는 중국인은 경제에, 일본인은 군사에, 한국인은 문화에 관심이 많다고 했다. 한국인은 이야기, 문화, 소통에 능했으며 이것이 민란과 혁명을 일으키는 데 유리한 토양이 되었을 것이다. 그뿐만 아니라 오늘날 드라마, 영화, 노래, 춤 등 세계인이 열광하는 한류 역시 이러한 문화의 힘에서 비롯된 것일 것이다.

소통과 문화의 힘으로 일어난 민란은 폭동이 아닌 민의 자치, 즉 민주주의가 된다. 민란은 어지러운 것, 소요, 혼란이며 폭동을 유발하는 것으로 인식되지만, 사실상 '난(亂)'은 다스림(治)을 의미하기도 한다. "백성의 다스림은 옥사의 양사(兩辭)를 알맞게 듣지 않음이 없으니(民之亂 罔不中聽獄之兩辭)"라는 『서경』의 구절이 그 예다. '양사'는 '양쪽의 말'로서, 쌍방의 말을 모두 들어서 치우침이 없으면 다스려진다는 맥락에서 나온 말이다. 반면 '단사(單辭)'란 '한쪽의 말'로서 '증거가 없는 말'이며, 따라서 단사만 들으면 다스리기 어렵다. 채침(蔡沈)은 "난치야(亂治也)"라고 해 '난은 다스림이다'라고 해석하고 있다(『서경집전』). 그렇다면 '홍경래의 난'은 '홍경래의 다스림'이며 민란은 '민의 다스림', 민치 즉 데모크라시인 것이다. 데모크라시(democracy)는 일본에 의해 '민주주의'로 번역되었지만, 본래는 '민주정', '민주제'를 뜻하는 것으로, '민의 지배'라는 면에서 '민치'라는 개념이 더 정확한 번역어이다(이나미, 2018).

민란은 현대 한국 사회의 민주혁명과 마찬가지로 대체로 규율과 질서를 가지고 진행되었다. 박맹수에 따르면 민란의 전개 양상은, 대체로 머리에 흰 수건을 쓰고 무장을 한 수십에서 수천 명의 농민들이 읍성을 습격해 동헌을 점령한 다음, 해당 수령을 쫓아내고 인부(印符)와 향권(鄕權) 등을 탈취하는 한편, 감옥을 부수어 갇혀 있던 사람들을 풀어주고, 삼정 즉 세금 장부를 불태웠으며, 수탈을 일삼던 향리(鄕吏)들을 구타하거나 잡아 죽이고, 해당 향리의 집을 부수거나 불태우며 재물을 빼앗는 행동으로 나타났다. 또한 그들은 조정이나 상급 고을의 우두머리에게 해당 고을의 악정을 고쳐달라고 상소하는 것이 일반적이었다. 민란에서는 지방 수령을 내쫓는 일은 있어도 죽이는 일은 거의 없었다(박맹수, 2015: 136). 즉 민란에서 폭력이 사용되었지만 그것은 대체로 가해자와 범죄자에 대한 처벌, 응징의 성격을 가졌다.

그러나 아무리 그렇다고 해도 난은 결국 '소요'라고 주장한다면, 서구의 데모크라시 역시 '다수파가 소수파에게 행하는 잔인한 압제', '민중이 자행하는 박해'로 인식되었다는 점을 지적하고 싶다. 고대 그리스에서 데모크라시는 저급한 정체로 여겨졌으며 보수주의자 에드먼드 버크(Edmund Burke)는 그것을 민중의 압제로 보았다. 현재까지도 프리드리히 하이에크(Friedrich Hayek) 등 신자유주의자들은 민주주의가 법치를 위협한다고 주장한다. 이런 점에서도 데모크라시의 오명은 민란이 받아온 오명과 흡사하다(이나미, 2018).

스위프트는 "각 사회는 약한 민주주의의 서구식 모델을 수입하는 것보다 자신의 전통 속에서 그 힘을 발견하고 스스로의 필요에" 따르라고 했다(스위프트, 2007: 156). 우리는 소통과 문화를 기반으로 한 우리의 '강한 민주주의' 전통 속에서 우리의 힘을 발견하고 이로 인해 성공적이고도 장기적인 민주혁명을 이어왔다는 것을 자부해도 좋을 듯하다. 3·1 운동에서 민주주의의 존재 여부는, 장터에서 만세 부르는 농민들이 과연 서구의 근대 민주주의를 알았느냐의 문제가 아니다. 한 농민은 "나는 조선이 독립하면 조선인 모두가 정치를 하므로 좋은 일로 생각하여 만세를 부른 것"(정용욱, 1989: 93)이라고 했는데, 바로 '조선인 모두가 정치를 하므로 좋은 일' 한다고 생각한 것이 민주주의를 지향한 것이라고 할 수 있다.

4장 3·1 운동, 최초의 민주주의 혁명

·
·
·

김동택 (서강대학교 국제한국학과)

1 | 서론

사건은 구조적 변동의 결과물이자 구조적 변동을 만드는 계기이기도 하다. 특정한 사회적 추세는 일상 속에서 오랜 시간 반복·축적되면서 구조화된다. 또한 그 구조에 반하는 사회적 추세 또한 오랜 시간 반복·축적되면서 기존 구조와 대립하는 경향을 보이다 결정적인 하나의 사건으로 표출되면서 새로운 구조의 탄생을 예고한다. 한국 근대사를 구성해 온 다양한 사건 가운데서 민주주의 혁명과 관련해 가장 적합한 사례는 3·1 운동이라고 생각한다. 민주주의와 관련해서 볼 때, 3·1 운동은 한국 근대사에서 기존에 완강하게 지속되어 오던 군주권 중심의 정치체제를 인민주권의 정치체제로 획기적으로 전환시킨 결정적인 사건, 민주주의 혁명으로 규정될 수 있다. 즉, 3·1 운동은 과거와의 급격하고도 근본적인 단절을 의미하는 혁명적 사건으로 규정될 수 있다.

이 장은 한국 민주주의에서 3·1 운동이 갖는 의미를 3·1을 기점으로 해 한국 민주주의가 불가역적인 추세를 갖게 되었다는 점에서 한국 민주주의의 기원적 사건으로 규정하는 데 그 목적이 있다. 한국에서 민주주의는 실로 오랜 그리고 다양한 역사를 갖고 있다. 가장 최근의 사건으로 촛불 시위와 탄핵으로 표현된 바 있으며, 좀 더 시간을 멀리 보면 1987년과 1980년의 민주화 항쟁, 그리고 1970년대 내내 진행되어 온 유신 반대 투쟁으로서의 민주화운동이 있다. 여기서 좀 더 나아가면 4월 혁명이 존재한다. 그런데 대부분의 정치학 교과서들은 한국의 민주화운동을 서술할 때 바로 이 언저리 어디에선가 멈추고 만다. 좀 더 시간을 확장해 해방 정국의 다양한 항쟁을 민주화운동의 범주에 포함시켜 민주주의의 역사를 4·19보다 15년쯤 앞당기자는 주장도 있다. 그리고 그 근거로서 이 무렵에야 민주주의가 비로소 정부 형태로 제도화되었기 때문이라고 설명되고 있다.

그러나 이 장은 한국 민주주의의 역사적 기원은 해방을 전후한 시기가 아니라 1919년 3월 1일에 발생했던 3·1 운동에서 찾아야 한다고 강조한다. 그리고 그 근거로서 앞서 지적했던 것처럼, 하나의 사건으로서의 3·1 운동은 1919년 3월 1일을 기점으로 발생했지만 이는 그 자체가 하나의 역사적 연원을 갖는 사건으로서, 즉 개항 이후 지속된 일련의 근대국가 건설 운동과 근대 담론이 만들어낸 축적된 경험의 결과물이었다는 것을 지적할 것이다. 또한 3·1 운동 이후 확립된 인민주권이라는 개념과 임시정부라는 제도는 이후 한국의 정치체제 구상에서 결코 되돌릴 수 없는 것으로서, 민주주의의 불가역적 제도화를 만들어낸 결정적 국면이기도 했다는 것을 지적할 것이다. 그러므로 이 장에서 1919년 '3·1'의 의미는 근현대 정치사에서 하나의 사회적 추세가 응축·폭발하고 그럼으로써 그러한 추세의 불가역성이 확인된 사건 혹은 계기로 정의된다.

이러한 언명은 3·1 운동에 대한 기존 관념과는 관점을 달리한다. 근현대사 연구에서 그리고 대중적으로 널리 받아들여지고 있는 역사 서술에서는 3·1 운동을 한국 민족주의의 출발점으로 삼고 있다. 기존의 연구들 대부분은 3·1 운동을 설명할 때 한국 민족주의 운동 혹은 민족해방운동의 결정적 전기로 설명해 왔다(한국역사연구회, 1989; 한국근현대사연구회, 2007; 신용하, 2001). 물론 3·1 운동을 민족주의 운동으로만 보지 말고 인류의 보편적 자유, 발전을 지향하는 문명주의의 관점에서 해석할 것을 요구하는 입장도 있다. 3·1 운동은 일본에 대해 한국의 독립을 요구하는 운동이었을 뿐만 아니라 인류의 보편적 가치, 해방, 인권, 자유와 같은 것을 추구하려 했다는 것이다(미야지마 히로시, 2009). 또 19세기 조선 사회가 한국 민주주의의 기원이라는 추세를 보이고 있다고 설명하는 경우도 있다(김정인, 2015). 이러한 지적들은 3·1 운동을 전후한 역사적 맥락을 다루거나 현재적 관점에서 그것의 의미를 확대하는 데 그 강조점이 맞춰져 있다.

이에 비해 이 장은 당시 사람들의 목소리를 통해 그들 스스로가 무엇을 추구하려 했는지에 좀 더 주목하고 그 내용이 바로 혁명적 변화였음을 강조하려 한다. 이를 위해서는 당시 전개되었던 역사적 사건 자체와 더불어 역사적 개념의 형성에도 주의를 기울일 필요가 있다. 특히 민주주의를 오늘날의 관점에서 넓게 해석해 아래로부터의 운동이나 사상을 모두 민주주의의 범주에 넣고 해석하는 것은 과잉 해석의 위험성이 있다고 본다. 예를 들어 19세기의 농민운동이나 갑오농민전쟁을 민의 등장이라고 개념화할 수는 있겠지만 이를 인민주권을 의미하는 민주주의와 동일한 것으로 규정하는 경우가 그러한 사례라고 생각된다. 과연 19세기 농민들이 혹은 만민공동회의 시민들이 자신들이 하고 있는 행위가 인민주권을 달성하려는 운동이라고 스스로 주장했는지, 혹은 사후에 그렇게 규정될 수 있을 만한 주장을 했는지는 의문스럽다.

따라서 민주주의와 같은 특정한 개념을 다룰 때 당시 사람들이 스스로의 행동을 어떤 개념으로 정의했고 정당화했는지를 검토하고 그런 다음 그 시간대에 적합한 개념을 근거로 그들의 행위를 분석하는 방식으로, 즉 하나의 사건이나 개념을 주어진 시간과 공간 속에서 적절하게 위치시키는 것이 중요하다고 생각한다. 행위자들의 특정한 의도는 이후 그 의도가 어떻게 제도화되는지에 중요한 영향을 미친다. 물론 특정한 행위가 의도하지 않은 결과를 초래할 경우도 있다. 하지만 특정한 역사적 국면에서는 의도한 행위가 불가역적이고 지속적인 결과를 초래할 경우 그것은 정치 혹은 사회적 제도화로 구조화될 개연성이 매우 높다고 판단된다.

이 장은 최근 논란이 되고 있는 것처럼 1948년 남한 정부수립을 대한민국의 정통성을 의미하는 날로 기념해야 한다는 주장과 3·1 운동에서 한국 민주주의의 정통성을 찾아야 한다는 주장이 대립하면서 3·1 운동에 대한 논의가 대한민국의 정체성과 관련된 논쟁으로 확대되는 데 영향을 받았다. 이 장은 이와 관련한 논란에 직접적으로 답하기보다는 3·1 운동을 일제에 항거하는 민족운동·독립운동으로만 해석하는 데 익숙한 나머지, 그것이 민주주의 혁명이기도 했다는 중요한 의미가 축소되어 해석되고 있다는 점을 지적하고 그것을 강조하려 한다. 3·1 운동은 인민주권이 한국인들 사이에서 전면적으로 표출된, 민주주의국가로서 대한민국의 뿌리를 이루는 사건이다. 더구나 그것은 1919년 3월 1일을 맞이해 우연히 촉발된 것은 아니라 오랜 기간 다양한 논의와 움직임이 만들어낸 것이며, 지속적이고 반복된 노력의 제도적 결과였다는 점을 강조하려 한다.

이런 맥락에서 이 장은 1919년 3월 1일에 발생했고 이후 한반도와 전 세계로 퍼져나갔던 그 사건이 한국의 역사적 맥락에서는 민족해방과 민족주의 운동이면서 동시에 오랫동안 진행되어 온 특정한 역사적 운동, 움직임, 그리고 불가역적 추세였음을 강조할 것이다. 1919년 3월 1일에 발생했던 사건과 그 결과는 한반도에 오랫동안 존재했던 왕권 국가적 전통 그리고 일본 제국이라는 시대착오적 체제를 확실하게 부정하고 인민주권에 의한 국가 건설을 마찬가지로 확실하게 선포했던, 배링턴 무어(Barrington Moore)의 표현을 빌리자면 과거와의 급진적 단절을 낳았던, 민주주의 혁명으로 규정될 수 있다고 본

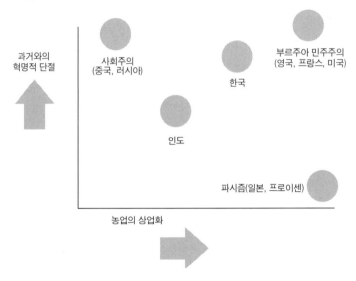

〈그림 4-1〉 근대로의 이행에서 나타난 다양한 경로

다. 그 과정에서 그 전에는 없었던 민주주의라는 용어가 언제 출현했는지, 어떻게 인식되었는지, 어떻게 수용되고 활용되었는지를 검토해 3·1 운동이 한국 민주주의 발전에서 하나의 기원적 사건이었다는 것을 밝히고자 한다.

근대 세계에서 민주주의와 독재라는 정치체제들의 기원에 대해 연구한 배링턴 무어는 과거와의 급진적 단절, 즉 혁명의 존재 여부와 상업화된 농업의 매트릭스로 어떤 사회는 민주주의 체제를, 어떤 체제는 독재체제를 경험하게 되었는지 설명했다(〈그림 4-1〉 참조). 상업적 농업의 발전에 의해 형성된 부르주아가 과거와의 급진적 단절을 추구하면 서구의 민주주의 체제들과 유사한 형태의 경로를 겪게 된다. 이와 대조적으로 과거와의 급격한 단절이 없는 상태에서 상업적 농업이 발전한 결과 형성된 계급, 구체제의 보수적 지배계급이 계속 지배하면 파시즘적 경로를 겪게 된다. 또 과거와의 급격한 단절은 이루었지만 상업적 농업이 지체되면 급속한 사회주의적 경로를 겪게 된다(무어, 1990). 한국의 사례를 무어의 사례에 대입해 보면 다음과 같은 경로로 설명할 수 있을 것이다.

무어는 다양한 근대의 정치체제, 즉 파시즘, 사회주의, 민주주의가 모두 근대로의 이행 과정에서 나타났으며, 이 가운데 어느 것이 더 우월하다고 할 수 없고, 모든 체제가 상당한 인간 희생을 치르고 나타났다는 점을 강조하고자 했다. 그리고 이러한 점을 전제로 한 뒤, 다양한 정치 형태가 나타났던 원인을 과거와의 단절과 상업적 농업 혹은 자본주의와의 관계가 만들어내는 변수들의 결합으로 설명하고자 했던 것이다. 경로들은 두 개의 변인, 즉 농업의 상업화와 급진적 단절이라는 변수의 결합으로 발생한다. 그리고 '과거와의 급진적 단절'이라는 사건은 민주주의적 경로를 만드는 변인이자 기원으로 설명되고 있다.

이 가운데서 일본 제국주의의 가혹한 지배로 인해 한반도 내에서 유의미한 형태의 독립국가를 만드는 데 실패했지만, 과거와의 급격한 단절을 시도했던 한국의 역사적 경험은 식민지, 즉 제국의 규정력하에서 과거와의 단절을 통해 나름의 자치적 민주제를 유지하고 있었던 인도의 사례와 함께 식민지 체제하에서 민주주의를 확립시킨 하나의 근대적 유형으로 고려될 수 있다. 무어의 설명에서 인도는 상업적 농업이 민주주의 혁명을 초래했던 서구만큼은 아니지만 민주주의 전통이 식민지 시대에서 기원한다는 언급을 하고 있다. 한국의 경험에 비추어보면, 어느 정도의 농업의 상업화가 이루어지고 있었고 정치적으로는 3월 1일을 경과하면서 민족해방, 독립, 인류 평화라는 구호와 더불어 민주주의와 인민주권이라는 구호와 행동 그리고 민주공화국이라는 제도가 역사의 전면에 나타났다는 것을 알 수 있다.

3월 1일을 전후로 한국의 역사에서 이전 역사와는 분명히 구분되는 인민주권 개념, 그것을 요구하는 주체로서의 민족, 제도로서의 국가에 대한 요구가 불가역적 추세로 등장하며, 이는 분명히 과거와의 급진적 단절을 초래했다고 규정할 수 있다. 비록 그에 적합한 새로운 형태의 정치체제가 식민지라는 상황에 의해 불가피하게 한반도 바깥에 출현할 수밖에 없는 상황이었지만, 그것이 과거로의 회귀 즉 복벽 운동이 아니라 완전히 새로운 민주공화제를 지향했다는 점에서 혁명적이었다. 왕이 주권을 가진 국가에서 인민이 주권을 가진 국가, 어떠한 입법도 없이 통치되던 나라에서 의회가 만든 헌법을 가진 나라로의 전환, 즉 과거와의 급격한 단절은 도대체 어떻게 가능했던 것인가? 대체로 "한국에서 근대적 지식체계로서의 정치학은 해방 후부터 진행되어 왔다"(민준기 외, 1982)고 언급되거나 이 책의 다른 장에서 지적한 것처럼 미국의 영향력에 의해 민주주의 체제가 성립되었다는 주장들이 있지만, 이는 사실과 다르다. 2000년 이후 근대 사회과학의 주요 개념들이 한반도에서 어떻게 수용되고 변형되어 왔는지에 대해 이미 많은 연구가 수행되어 왔다(이화여자대학교 한국문화연구원, 2006, 2007; 하영선 외, 2009). 이러한 과정에서 수많은 근대적 개념들이 수용되고 그 과정에서 당시의 요구를 반영한 사회운동으로 표현되어 왔다는 점이 분명해졌다. 3·1 운동 또한 이러한 역사적 맥락에서 발생한 것이다.

3·1 운동은 19세기 후반부터 시도되어 왔던 근대 정치 구상들과 밀접하게 연결되어 있는데, 더욱 중요하게는 그러한 정치 구상들이 하나의 정치적 사건들로 표현되었다는 점이다. 이와 관련해 민주주의는 3·1 운동보다 더 이른 시점인, 19세기 말 활동했던 독립협회나 독립협회가 개최한 관민공동회가 이른바 부르주아 민주주의 혹은 시민 민주주의의 전범이었으며, 따라서 이를 한국 민주주의의 출발점으로 삼을 수 있다는 견해도 제기되고 있다(서희경, 2006). 그러나 이 글은 3·1 운동이 주권과 관련한 이전의 논의나 운동과는 확실히 구분되며, 그 이유는 바로 인민주권을 전면에 내세운 운동이었다는 의미에서 그러하다고 강조할 것이다. 또한 그러한 의미에서 3·1 운동은 한편으로 과거와의 맥락 속에서 이해될 수 있는 것이지만 동시에 다른 한편으로 과거와 확연히 다른, 구체제를 완전히 부정했다는 의미에서 혁명적인

사건으로 이해되어야 하는 것이다.

3·1 운동은 그 이전 시기에 대해서는 하나의 반대급부로서 그 이후에 대해서는 중요한 역사적 기원으로서 역사적 위상이 있다. 3·1 운동은 구체제를 완전히 부정했다는 의미에서, 그리고 오늘과 같은 정치체제를 주창했다는 의미에서 현재의 역사와 직접 맞닿아 있다. 특히 3·1 운동은 한국이 근대 국민의 형성, 혹은 주권을 가진 국민의 형성에서 결정적으로 다른 사례들과 구분되게끔 하는 데 기여했다. 근대 민족주의 연구에서 드러난 것처럼 관 주도 민족주의는 주권국가들의 시대에 흔히 나타났던, 정치적 정통성을 국민에게서 찾고자 했던, 근대국가가 만들어낸 민족 또는 민족주의로서, 국가의 발명품이었다(앤드슨, 2004). 이때 민족은 국가가 만들어낸 발명품으로서 철저히 국가에 종속된 역할을 수행하게 된다. 독일과 일본이 그러한 사례라고 할 수 있을 것이다. 그러나 3·1 운동에서 출현했던 민족은 정반대로 기존에 존재하거나 존재했던 국가를 거부하면서 스스로를 국가를 만드는 주체로 규정했던 아래로부터의 운동, 즉 혁명적 운동의 결과물이었다. 그런 의미에서 3·1 운동은 동시대의 다른 민족들과는 다른, 주체적인 모습을 보여준다. 이는 19세기 절대주의의 하나인 차르 체제에서 만들어진 러시아 민족과도 다르고(엔더슨, 1990), 20세기 파시즘으로 발전하던 일본 천왕의 국민과도 다르며, 마찬가지로 민족을 강조함으로써 위기를 탈피하고자 했던 독일과도(스카치폴, 1981) 다른 경로이다. 3·1 운동은 기존 정치체제와의 급격한 단절을 요구하는 것으로 일국적 맥락에서는 주권이 왕에게 있다는 왕조 체제와의 단절을, 그리고 세계적 맥락에서는 제국주의와 파시즘을 거부하는 혁명적 민주주의, 민족주의의 원형을 보여주었다고 할 수 있다.

거시적 맥락에서 전통 사회 즉 신분들의 사회로부터 근대사회 즉 국민들의 사회로 전환하는 과정, 다양한 신분들이 국민으로 통합되는 과정(박상섭, 1995; 피어슨, 1998), 주권을 가진 인민들이 국가라는 정치체제를 구성한다는 원리가 지배적인 정치체제로서 출현하는 과정은 역사적으로 민주화, 혁명으로 불리게 되며, 민주주의(혹은 민주제, democracy)라는 제도적인 명칭으로 자리 잡게 된다. 이런 점에서 3·1 운동은 한국의 근현대 역사에서 인민이 주권을 갖는다는 원리, 주권을 가진 인민에 의해 정치체제가 성립된다는 원리, 혹은 민족이 국가를 형성한다는 원리가 명시적으로 표현된 결정적 계기 즉 한국 민주주의의 역사적 기원을 형성하는 혁명적 사건이라고 해석될 수 있다. 다음에서는 그 과정을 전체적으로 추적하는 방식으로 글을 전개할 것이다.

2 | 구체제하에서의 근대국가 건설론

개항 이후 근대국가를 만들기 위해 다양한 정치적 논의와 움직임들이 나타났다. 이러한 움직임들은 나중에 3·1 운동과 연결되면서도 분명한 차별점이 있었다. 조선왕조와 그 뒤를 이은 대한제국 시기에 등장한 다양한 근대 정치체제 논의의 특징은 서양의 여러 정치체제를 소개하면서도 당시 조선 혹은 대한제국에 적합한 정치체제로서 기본적으로 전통적 권력을 확고히 유지하려는 군주정 또는 이를 근대적 형태로 보완하려는 의미에서의 입헌군주정을 구상했다는 점이다.

이 구상에서 핵심은 제도로서의 주권자인 국왕의 존재이다. 따라서 논쟁의 주된 쟁점은 왕을 중심으로 어떻게 근대적 정치체제를 구상할 것인지에 맞춰져 있었다. 개항 이후 근대국가 건설을 둘러싸고 전개된 이러한 논의와 움직임은 고종이 대한제국을 선포하고 황제로서의 절대 권력을 선언한 「대한국국제」를 통해 명문화되었다. 이러한 상황은 일본이 1905년 대한제국의 외교권을 박탈하고 통감부를 설치한 을사조약(한일협상조약)과 1907년 헤이그 밀사 사건을 계기로 고종을 퇴위시킨 다음 순종을 즉위시키고 한국 군대 해산, 사법권의 위임, 일본인 차관(次官)의 채용, 경찰권의 위임 등을 내용으로 한 정미 7조약(한일신협약) 이후에도 정도의 차이는 있지만 계속되었다. 이러한 모습은 비록 고종이 정치적 실권을 상실하고 나아가 퇴위했지만, 왕 혹은 황제의 존재 자체는 여전히 새로운 정치체제의 구상에서 중심적인 고려 사항으로 남아 있었다는 것, 따라서 인민주권, 민주정체, 공화정은 고려의 대상에서 제외되었음을 보여준다. 즉, 인민주권을 원천적으로 배제한 왕권 중심의 보수적인 근대국가 건설 경로를 걷고 있었다.

당시의 정치적 행위자들은 민주정, 공화정에 대해 몰랐고 따라서 그것을 주장하지 않은 것일까? 개항을 전후해 조선은 다양한 경로로 서양의 정치체제에 대한 정보를 접할 수 있었다. 특히 개항을 전후해 중국과 일본을 통해 수입된 책들은 서구의 다양한 정치체제를 소개했다. 중국 정부는 동문관에서 윌리엄 마틴(William Martin)을 통해 미국인 헨리 휘튼(Henry Wheaton)의 *Element of International Law*(1836)를 중국어로 번역해 『만국공법』이라는 제목으로 간행한(1864) 이래, 독일 국법학자 요한 브룬칠리(Johann Bluntschli)의 1868년 저작 *Das Moderne Völkerrecht*를 『공법회통』이라는 제목으로 1880년에 간행했다. 브룬칠리의 다른 저작 *Allgemeines Staatsrecht*는 량치차오가 「정치학 대가 브룬칠리의 학설(政治學大家伯倫知理之學說)」[『飮氷室文集』, 十三(1903), pp.71~72로 번역했으며, 한국에서는 정인호가 『국가사상학』(1908)이라는 이름으로 중역했다(김효전, 2000). 『만국공법』은 공식적으로는 1896년 학부 편집국에서 출판했지만, 개항 직후인 1880년대에 이미 중국본이 들어온 것으로 알려져 있다(김용구, 1997: 187). 또 『충서견문』, 『조선책략』, 『이언』 등 세계 사정을 설명한 다양한 중국의 책이 들어와 있었다고 전해진다(『승정원일기』, 1882.10.7; 1881.3.23).

개항 후 개화파들이 발간한 《한성순보》와 《한성주보》는 대중매체라는 점에서 중요한데, 이 신문들은 당시의 다양한 정치체제를 소개하면서 입헌정체는 바람직하지만 인민의 지혜가 없으면 안 된다고 설명한다.

> 지금 이 입헌정체는 민선을 본으로 삼아 일체 그 뜻을 따르기 때문에 국중의 현
> 능한 자는 누구나 그 의원이 될 수 있고 또한 누구나 나아가 재상에 이를 수 있으
> 니 ……, 이것이 또한 입헌정체의 제일 이익이다. 그러나 인민이 지혜가 없으면
> 함께 의논할 수 없는 것은 당연하다. 인민들의 지혜가 많아서 국가의 치란과 득
> 실의 연유를 안 다음에야 이런 일을 거행할 수 있다(≪한성순보≫, 1884.1.30).

이런 논리는 유길준의 『서유견문』에서도 반복되고 있다.

> 인민의 지식이 부족한 나라는 졸연히 인민에게 국정 참섭하는 권리를 허함이
> 불가한 것이라 만약 배우지 못한 인민이 학문을 미리 배움은 없고 다른 나라의
> 아름다운 정체를 따르면 국중에 대란의 씨를 낳게 됨으로 군자는 인민을 교육
> 하여 국정참여하는 지식이 있은 다음에 정체를 의논함이 적절하니 정체가 있은
> 연후에 그 나라의 개화를 기도할지라(유길준, 1895: 152).

그 뒤 이러한 논조는 약간의 변화를 거쳐 독립협회의 입헌군주제 논의에서
나타났다(신용하, 1988: 61). 독립협회는 군주제를 인정한 다음 이것이 입헌에
의한 것이어야 한다고 주장했다. 그러나 ≪독립신문≫의 입헌론에는 입헌의
주체, 방법론이 결여되어 있고, 특히 인민주권과 관련해서는 부정적인 태도
로 일관하고 있다. ≪독립신문≫은 "백성마다 얼마큼 하나님이 주신 권리가
있는데 그 권리는 아무라도 뺏지 못하는 권리요"(≪독립신문≫, 1897.3.9)라고
해 천부인권을 언급하고 있지만, 이를 가지고 인민주권을 주장했다는 견해
(신용하, 1988: 64~65)는 잘못된 것 같다. 왜냐하면 ≪독립신문≫의 전체적 맥
락은 개인의 인권이나 민권은 천부적인 권리가 아니라 법률에 의해서만 규정

되기 때문이다. "나라에 법률과 규칙과 장정을 만든 본의는 첫째는 사람의 권리를 있게 정해놓고 사람마다 가진 권리를 남에게 뺏기지 않게 함이요 또 남의 권리를 아무나 뺏지 못하게 함이라"(≪독립신문≫, 1897.3.18)라고 했으며 "법률과 장정과 규칙(을) 시행치 아니하는 사람은 나라에 원수요 세계에 제일 천한 사람이라"(≪독립신문≫, 1897.3.18)고 규정해 인권, 민권은 법으로 보장될 때만 가능하다고 주장한다. 하지만 ≪독립신문≫은 법을 누가 만드는 것인지는 설명하지 않는다. ≪독립신문≫에 법률이 821회, 재판(지판)이 496회 사용될 만큼 법치의 중요성이 강조되고 있으면서도 정작 법률이 어떻게 만들어지는지는 언급하지 않고 있어 이때 법은 기존 지배 질서 정도로만 이해될 수 있다. 또한 "무식한 세계에는 군주국이 도리어 민주국보다 견고함은 고금 사기 구미 각국 정형을 봐도 알지라 …… (중략) …… 우리나라 인민들은 몇백 년 교육이 없어서 …… (중략) …… 이러한 백성에게 홀연히 민권을 주어서 하의원을 설치하는 것은 도리어 위태함을 속하게 함이라 …… (중략) …… 사오십 년 진보한 후에나 하의원을 생각하는 것이 온당"(≪독립신문≫, 1898.7.27)하다고 주장한다. 이렇게 보면 법에 의한 지배는 인권을 보장하고 나라를 번영시키는 중요한 것이지만, 인민에 의한 입헌, 입법은 시기상조이며 따라서 독립협회를 주축으로 한 상의원을 통해 혹은 기존의 중추원의 관제 개혁을 통해 헌법과 법을 제정해야 한다는 것이 그들의 논리였다.

하지만 독립협회의 기관지 ≪독립신문≫이 입헌군주제를 분명하게 거론한 경우는 막상 찾아보기 힘들다. 독립협회나 ≪독립신문≫이 추구했던 중추원 관제 개혁이나 의회제에 대한 구상은 본래 의미의 의회제나 입헌군주정을 추구한 것은 아니었다. 관련 기사를 보면 의정부의 의정과 같은 전통적인 제도를 활용해 의회제를 보완하려 했고(≪독립신문≫, 1898.4.30) 이를 모든 신분들의 회의라고 언급했다(≪독립신문≫, 1898.11.1). 따라서 중추원 관제 개혁은 입헌군주제보다는 기존 체제를 보완하고 독립협회의 정치적 지분을 강조하는 의미가 강했다고 판단된다.

아울러 독립협회는 의회의 설치 운영을 주장하면서도 의회와 군주권이 어떤 관계에 놓여야 하는지에 대해 명백한 입장을 내놓지 않고 있다. 아마 당시에 입법권을 주장하는 것은 그 자체가 황제 권력에 대한 도전으로 비쳐질 수 있었을 것이다. 이를 의식해서인지 독립협회는 의회가 황제의 권력에 의해 만들어지는 것인지 아니면 의회가 황제의 권력을 통제할 수 있는 것인지, 서로 독립적인 기구인지 그렇다면 양자가 갈등에 빠질 경우 누가 우선적인 권력을 행사할 수 있다는 것인지에 대해 분명한 기준을 제시하지 않고 있다. 나아가 ≪독립신문≫은 인민주권에 대해서는 대단히 부정적이었다. ≪독립신문≫은 만민공동회를 진행하던 독립협회를(≪독립신문≫, 1898.3.15) "종로공동회 만민과 전국 2천만 동포형제를 대표한 총대"라고 선언하고 "전국 2천만 동포들의 명령을 받아 대표로 나서서 독립협회 회원이 되었지 독립협회가 따로 있어서 우리가 홀로 독립협회 회원이 된 것은 아니고 공동회 만민과 전국 2천만 동포가 다 독립협회 회원이다"(≪독립신문≫, 1898.11.29)라고 주장했지만 현실적으로 2천만 동포에게 주권이 있다고 주장하지는 않았다.

그럼에도 불구하고 고종은 이러한 시도 자체를 왕권을 위협하는 도전으로 간주했다. 고종은 의회 설립에 관한 독립협회의 주장과 관민공동회, 만민공동회로 이어지는 일련의 움직임과 왕에게 의회의 설립을 요구하는 「헌의 6조」에 대해 "그렇게 할 것이면 왕을 폐위하고 공화제를 하라"고 반박했다. 결국 독립협회의 움직임은 고종의 독립협회 해산으로 종결되었다. 당시 지식인들은 입헌군주제는 물론이고 공화정이나 민주정체에 대해서도 잘 알고 있었지만 그것이 조선에 적용 가능한 체제라고 생각하지는 않았거나 혹은 시기상조라고 생각했던 것 같다. 독립협회의 요구는 결코 급진적이지 않았다. 그러나 갑오개혁 과정에서 왕권에 대한 위협을 경험했던 고종은 이를 공화제 시도를 통해 왕권을 제한하려는 의도로 규정하고 강력히 탄압했던 것이다.

근대화 전략으로서 입헌을 통해 권력을 강화하고 정당화하려 한 것은 개화파들만이 아니었다. 고종은 갑오개혁을 경험하면서 입헌을 통해 근대 군주로서 왕권을 정당화하고 강화하고자 했다. 1896년 9월 칙령 제1호로 발표한 의정부 관제는 "대군주 폐하가 모든 정사를 통솔해 의정부를 설치"한다고 규정했다. 조선에서 의정부는 양반 관료들을 대표하는 최고 기구로서, 왕과 관료의 지배 연합이라는 조선 정치체제의 특성을 보여준다. 이렇게 500여 년 동안 지속되어 온 의정부의 위상을 의정부 관제 개혁을 통해 왕이 의정부를 설치한다고 명문화해 절대왕권을 중심으로 관료들을 왕의 하위에 위치시키고자 했다. 또한 의정부 차대규칙으로 의정을 포함한 각부 대신들은 매일 2명씩 황제를 만나야 하고, 황제나 황태자는 언제든 의정부 회의에 참석할 수 있게 해(오연숙, 1996) 관료들을 통제하고자 했다.

전제 권력 강화 시도는 대한제국의 선포와 함께 더욱 가속화되었다. 대한제국과 더불어 선포된 「대한국국제」를 보면 황제의 권력을 정당화하는 데 입헌이라는 형식을 취하고 있다. 법규교정소에서 만들어 1899년 8월에 반포한 「대한국국제」에서 전문 9조를 보면, 한국은 세계 만국에 공인된 자주독립국이며, 정치체제는 전제정치 체제이고, 군권은 무한하며 공법에 이르는 자립 정체이며, 군대 통솔, 계엄 및 해엄권, 각종 법률 제정, 반포와 집행, 법률에 근거한 국내법 개정 권리, 사면 등 공법상의 권리, 행정부 관제 제정, 개정, 칙령 발표권 등의 공법상의 권리, 문무관의 임면, 작위 등을 수여하고 박탈하는 권리, 외교와 관련된 업무 관장 등 공법상의 권리를 갖는다.

「대한국국제」의 규정을 볼 때, 황제 중심의 정국 주도에 대한 어떠한 도전이나 문제 제기도, 근본적으로 제국을 부정하고 황권을 부정하지 않는 이상 가능한 것이 아니었다. 황제 권력에 대한 「대한국국제」의 규정은 다양한 제도화의 시도로 이어져 1900년 3월 황제가 직접 통제하는 군대를 만들기 위해 원수부 관제를 개정했고, 이어 육군 헌병조례를 공포해 육군 헌병을 황제가 직할하는 원수부에 편입시켰다. 또 궁내부 관제를 공포하고 내각을 무력화하고 지방 군대를 재편했다. 독립협회 이후의 시기에 가장 특징적인 것은 정부 기구의 무력화와 대조적인 황실 기구의 활성화이다. 황실 기구인 궁내부를 강화해 정부 기구인 각 부서를 지휘하는 방식으로 황권을 강화했다. 1897년 대한제국 수립 당시 163명이던 궁내부 인원은 1903년이 되면 524명으로 확대되었다(조재곤, 1996). 정부 재정 또한 정부 기구인 탁지부보다 궁내부 산하 내장원이 실질적인 재정 집행의 역할을 했다(이영학, 1991: 327~343), 경찰권도 황제의 통제하에 들어갔다. 황제는 1901년 황실 직속 경위원을 만들어 황제권의 수호에 앞장서게 했고 정부 기구인 경무청은 기능이 축소되어 민생 치안에 국한된 임무만을 담당했다(차선혜, 1996: 98). 이로써 국내 권력 구도는 황권의 절대화로 귀결되었고 황권에 도전하는 어떠한 정치체제 논의도 금지되었다.

1900년대 초 황제의 권력은 대한제국 내부에서는 거의 절대적인 위치를 차지했다. 그럼에도 역설적으로 대한제국 자체는 대단히 취약한 정치체제가 되었다. 조선의 정치체제는 양반과 왕의 연합에 의해 강력한 안정성을 유지할 수 있었다. 그러나 대조적으로 대한제국의 권력구조는 황제가 기존 지배층인 유교 관료들은 물론이고 개화 세력 모두를 배제한 가운데 권력을 독점하는 구조가 되었다(김동택, 2001). 이는 조선왕조, 즉 구체제를 이루고 있었던 지배 동맹의 한 축인 양반 관료의 몰락으로 권력의 한 축은 붕괴되어 갔으나 그 자리를 대신할 새로운 지배 세력이 아직 제도화되지 못한 상황이 초래되었기 때문이다. 즉, 정치적 반대 세력에 대한 탄압과 배제를 통해 황제권의 절대화는 달성했으나 역설적으로 그 권력을 뒷받침할 권력구조는 아직 충분히 제도화되지 못한 상황이 대한제국의 결정적인 문제점이었다. 그 결과 만성적인 재정 적자, 행정부의 오작동 나아가 왕권 확장에 대한 관료들의 반발, 체계적인 근대화 프로그램의 부재, 결과적으로 국가 기능의 마비 상태가 발생했다.

근대화를 추진할 세력도 충분히 성장하지 못했고 이에 따라 근대화 자체가 지체되는 가운데 일본에 의해 대한제국의 약화가 초래되었다. 러일전쟁에서 승리한 일본은 1905년 대한제국의 외교권을 박탈하고, 을사조약을 체결하여 통감부를 설치했고 이어 1907년 헤이그 밀사 사건을 계기로 고종을 퇴위시켰다. 그런 다음 한국 군대의 해산, 사법권의 위임, 일본인 차관(次官)의 채용, 경찰권의 위임 등을 내용으로 한 정미7조약으로 대한제국의 외교와 내치를 장악했다. 역설적으로 황권이 약화된 1905년을 기점으로 비로소 민간에서 정치체제 개혁 논의가 활발히 나타났는데 이 시기를 역사가들은 애국계몽기라고 부른다. 하지만 정치체제에 대한 이 시기의 논의 또한 황제 권력을 전제로 하여 이루어진 까닭에 기존 정치체제, 즉 구체제를 거부하는 논의는 기대할 수 없었다.

러일전쟁을 계기로 고종의 권력이 약화되는 가운데 대한제국 내부에서 정치체제 논의가 다시 활발하게 재개되었다. 지식인들의 학회가 다양하게 설립되었고 학회들이 발간하는 학회지에서는 다양한 계몽의 주제가 활발히 논의되었다. 또한 여러 지식인들이 출판을 통해 다양한 정치체제에 대한 논의를 활성화시켰다. 이러한 학회지들에서 주장하는 정치체제는 입헌군주제였다. 왜 군주의 존재를 부정하고 공화국 논의로 한 걸음도 나아가지 못한 것일까? 우선 일제에 의해 왕권이 상실되었다 하더라도 대한제국 정치체제 자체는 부정되어서는 안 된다는 광범위한 공감대가 있었으며, 나아가 일제 침략 앞에서 현존하는 황제에 대한 부정은 대한제국의 붕괴로 이어질지 모른다는 우려가 있었다. 하지만 이러한 상황 논리 이전에 기본적으로 인민주권에 대한 거부와 기존 체제를 중심으로 사태를 유지하길 원했던 당시 지식인들과 지배층의 보수성이 크게 작용했다.

1905년 5월 24일 창립된 헌정연구회는 취지서에 흠정헌법의 실시를 목적으

로 헌정연구회가 설립되었음을 분명히 밝히고 있다(≪황성신문≫, 1905. 5. 25)
또 1906년 4월 14일에 발족한 대한자강회와 그 뒤를 이은 대한협회도 입헌
군주제를 주장했다. 흠정헌법이란 황제가 의회에 대해 아무런 책임을 지지
않는 절대권을 가지면서 인민들의 일정한 정치참여는 보장하는 체제이다.
대조적으로 민정헌법이란 왕의 존재를 상징적으로 만들고 의회가 실질적인
권력을 갖는다. 따라서 대한제국 내에서 입헌군주제 논의는 흠정헌법의 굴레
를 벗어날 수 없었다. 당시 논의는 주로 국가요소설(≪태극학보≫, 1907: 29~30;
≪대한협회회보≫, 1908: 29) 혹은 국가유기체설(≪대한자강회월보≫, 1906: 15~16;
≪대한협회회보≫, 1908: 25)을 중심으로 이뤄졌다. 국가유기체설에 따르면 정
부, 영토, 사람(인민 혹은 국민)이 국가를 구성하는 요소들인데, 이때 주권을
누가 갖는지에 따라 논의의 방향이 상당히 달라질 수밖에 없다. 대부분의 국
가유기체설은 국가와 군주의 관계를 설명하면서 국가가 군주의 사유물이 아
니라는 방식으로 군주의 절대권을 부정했지만, 정작 국가주권의 발생에 대
해 직접 거론하는 경우는 드물었다.

  종합적으로 검토해 보면 황제의 보수성을 지적하는 것도 중요하지만 그에
못지않게 계몽기 지식인들의 보수성을 지적하는 것도 매우 중요하다. 이 시
기까지도 정치체제를 논의하는 집단들 가운데 주권을 가진 인민, 혹은 국민
을 거론하는 경우는 찾아보기 어려웠다. 광무황제는 황제절대권을 주장했고
개화파들과 지식인들의 경우 군신(민)동치를 주장했지만 어느 쪽에서도 주
권을 가진 국민이라는 개념은 수용하지 않았다. 그리고 주권의 소재를 논의
하는 국체론의 경우 국내에서는 주권의 소재는 군주에게 있으며 있어야 한
다는 군주국체론이 우세했다(김도형, 1994: 95~100). 이런 상황은 1905년을 지
나 1907년까지 계속된다.

  이미 지적했듯이 1880년대 ≪한성순보≫와 1890년대 유길준의 『서유견
문』에서는 다양한 정치체제를 설명하면서 조선에서 주권은 군주가 가지고

있고 인민이 주권을 갖는 것은 불가하다고 밝혔다(유길준, 1988: 85). 당시 편술된『윤리학교과서』에도 공화국에서는 주권이 '인민'에게 있으나 대의사와 대통령을 선출해 대표하며 군주국체는 군주가 주권을 갖는다. 공화국과 군주국은 각각의 폐단이 있으니, 군주국체에 입헌정체를 더하는 입헌군주국이 비교적 완전한 정체라고 했다(신해영, 1908: 6~8). 당시 논의에서 문제는 바로 이 지점에 있다. 당시 논의들은 바로 이 지점에서 한 발짝도 더 나가지 못했다. 심지어 대한제국 황제의 절대 권력은 다른 어느 나라 황제도 갖지 못한 절대적인 것이다.

아국체는 군주국체로 전제정체를 의한바 곧 군주전제정체시니 …… 시기와 세운의 옮겨감을 따라 권신 귀척의 발호함이 있으나 혹은 주권행동형식에 정변이 있을 뿐이오 주권소재에 이르러서는 의연히 황제의 손안에 있으시니 그러므로 정체와 국체는 백세를 당하여 일정하여 움직임이 없는바 되니라 …… 저 지나 및 구주의 옛 역사와 일본국 관백의 제도를 살펴볼진대 이름은 황제라 칭하나 실은 인민대표자에 지나지 않는 자가 많아 …… 이는 주권의 일부를 장악하고 그 전부를 갖지 못한 것이오 …… 모두 군주의 명칭은 있고 군주의 실권은 없는 것이라. 이 예로써 만세일통 천고불역된 우리나라 국체에 비하면 어찌 천양의 차이가 있을 뿐이리오 …… 이는 각 군주국에 비할 바가 없는바 곧 아국체의 특질이니라(신해영, 1908: 13~15).

이처럼 당시의 지식인들은 국체와 정체, 민주정과 전제정의 정의와 차이를 정확히 알고 있었으며 왕의 주권을 인정했기에, 왕권을 배제한 정치체제의 구상은 봉쇄되었다. 그리고 참여의 폭을 확장하려는 시도의 하나로 입헌이라는 방법을 동원했던 것이다. 전제정치는 퇴보를 가져오며, 경쟁에서 낙오할 수밖에 없고 조그만 나라 일본이 강대국인 청과 러시아와 전쟁을 해

이길 수 있었던 것은 일본의 입헌정치 때문이라는 견해가 널리 퍼져 있었다. 또한 해외 선진국들은 모두가 입헌을 하고 후진국들은 모두 전제정이기 때문에 개혁을 위해서는 입헌이 시급하다고 주장했다(≪대한매일신보≫, 1910.3.19). 후진국인 청국마저 입헌하고자 하는데 대한제국도 빨리 입헌을 하지 않으면 진보가 늦어질 것이라 주장하면서도 당장 입헌을 하면 문제가 많을 것이기 때문에 향후 10년 이내에 한다고 정해놓고 그때까지 인민을 교육해야 한다고 주장하는 사람도 있었다. 이렇게 보았을 때 정치개혁에 대한 관념은 1900년대에도 1880년대 수준에서 한 걸음도 발전하지 못한 상황이었음을 알 수 있다.

3 | 주권체로서의 민족(인민)의 등장

지금까지 살펴본 것처럼 하나의 정치적 세력으로서의 개화파, 그리고 계몽운동기의 지식인 단체들은 민주정체와 관련해 결코 인민의 정치참여를 인정하지 않는, 그리고 군주제의 유지를 기본으로 하는 태도를 유지했다. 이러한 상황에서 새로운 정치적 주체, 나아가 새로운 주권체로 상정될 만한 개념의 등장에 주목할 필요가 있다. 그것은 ≪대한매일신보≫에 등장하는 "민족", "국민", "국수", "정신으로 된 국가"와 같은 개념들이다. 이 개념에 앞서

〈표 4-1〉 ≪대한매일신보≫에 나타난 '국가'와 '국민'의 출현 횟수

	1904	1905	1907	1908	1909	1910
국가 출현 횟수	2	14	39	242	437	275
국민 출현 횟수(국한문판)	76	171	243	324	418	319
국민 출현 횟수(한글판)	없음	23	127	310	425	271

자료: 김동택(2008), 414쪽.

사용된 이와 유사한 개념은 유길준의 『정치학』에서 발견될 수 있는 족민이라는 용어이다.

> 족민은 종족이 서로 같은 일정한 인민의 무리를 말함이고 국민은 같은 나라에
> 거주하는 일정한 인민의 갈래를 말한다. 족민은 인종학상의 의미로서 법인의
> 자격을 갖지 않으며, 국민은 법률상의 의미로서 법인의 자격을 갖는다(유길준,
> 1988: 41~45).

유길준은 이것이 구체적으로 조선에서 어떤 함의가 있는지는 언급하지 않았다. 유길준의 족민 개념은 이후 민족이라는 용어로 다시 등장했는데, 이는 ≪대조선유학생친목회회보≫에서 처음 사용되었다. 다만 이 회보에서 민족은 인간 혹은 사람이라는 일반적인 의미만을 갖고 있었다. "방경(邦境)을 한(限)하여 민족이 집하며 …… 우고안락의 지(地)에 입(入)함은 민족의 고유한 본심"(≪대조선유학생친목회회보≫, 1897.12.57)이라는 표현이 그것이다. ≪독립신문≫에서는 민족이라는 용어가 아예 등장하지 않는다. ≪황성신문≫에서는 몇 차례 등장하지만 "동방 민족", "동아 민족", "백인 민족"과 같이 인종에 가까운 의미로 사용되었다(≪황성신문≫, 1900.1.12).

'족민', '민족', '국민'에 대한 본격적인 논의는 10년 후 ≪대한매일신보≫에서 등장했다. 먼저 1908년 ≪대한매일신보≫에서는 국민은 국가의 운영 원리에 대해 동의를 하는 국가의 구성원들, 주권을 가진 인민들이라고 설명하고 있다(≪대한매일신보≫, 1908.7.3). 유사하게 ≪대한매일신보≫의 "국민과 민족의 구분"이라는 기사에서는 민족과 국민에 대해 규정하고 있다. 민족은 인종이나 국민과는 다른 어떤 실체로 규정된다. 인종학적 측면의 종족도 아니고 법적 측면의 국민을 뜻하는 것도 아닌 민족 개념의 모호함은 역설적으로 민족의 쓰임새에 많은 상상력이 동원될 수 있도록 했다. 이후 ≪대한매일

<표 4-2> ≪대한매일신보≫에서 민족 용어의 출현 횟수

	1905	1906	1907	1908	1909	1910
민족(국한문판)	없음	26	47	139	126	79
민족(한글판)	1	없음	1	135	155	117

자료: 김동택(2008), 415쪽.

신보≫에서는 이와 관련된 단어가 본격적으로 등장하기 시작했다.

민족이라는 용어는 〈표 4-2〉와 같이 등장하는데, 사용 횟수의 추이를 보면 1907년까지는 1년에 50회를 넘지 않다가 1908년 무렵부터 사용 횟수가 대단히 활발하게 증가하는 것을 알 수 있다.

1907년까지 민족이라는 용어는 한자어와 한글의 의미가 조금은 달랐다. 한글로 사용되는 민족은 사용 빈도도 낮지만 그 뜻도 일반적인 사람, 백성과 같은 의미를 지니는 "이천만 민족"과 같은 용례로 사용되었다. 대조적으로, 한문으로 민족을 언급할 때는 오늘날 민족을 설명할 때 사용되는 인종적·역사적 경험을 같이하는 인간 집단이라는 의미로 사용되었다(≪대한매일신보≫, 1907.2.6). 1908년부터는 한문과 한글 사이에 차이가 없어지고 대신 민족과 국민을 비교해 엄밀하게 정의하려는 의식적인 노력을 볼 수 있다.

국민이라 하는 명목이 민족 두 글자와는 구별이 있거늘 …… 민족이란 것은 다만 같은 조상의 자손에 매인 자이며 같은 지방에 사는 자이며 같은 역사를 가진 자이며 같은 종교를 받드는 자이며 같은 말을 쓰는 자가 곧 이 민족이라 칭하는 바이거니와 국민이라는 것을 이와 같이 해석하면 불가한지라 대저 한 조상과 역사와 거주와 종교와 언어의 같은 것이 국민의 근본은 아닌 것이 아니지만 다만 이것이 같다해 문득 국민이라 할 수 없나니 …… 민족을 가리켜 국민이라 함이 어찌 가하리오 국민이라는 자는 그 조상과 역사와 거처와 종교와 언어가 같은 외에 또 반드시 같은 정신을 가지며 같은 이해를 취하며 같은 행동을 지어서 그 내부에 조직됨이 한몸에 근골과 같으며 밖을 대한 정신은 한 영문에 군대같이 하여야 이것을 국민이라 하나니라(≪대한매일신보≫, 1908.7.30).

≪대한매일신보≫를 통해 민족 개념이 풍성해지는 가운데, 다른 한쪽에서는 왕권을 거부하고 '주권'의 소재가 '인민' 또는 '국민'에게 있다고 주장하는 이들이 나타났다(김도형, 1994: 425~428). 국내에서 왕권의 존재로 인해 함부로 주장할 수 없었던 국민주권 개념이 일제와 황제 권력으로부터 자유로웠고, 새로운 정치체제에 대해 학습할 수 있었던 해외 한인들을 중심으로 한 운동에서 비교적 구체적으로 제시되었다.

먼저 미주 한인의 대중매체 ≪신한민보(新韓民報)≫는 한국민들은 군주와 국가를 구별하지 못한다고 지적하면서, 나라가 망해 주권이 없어져도 군주에게 복종만 하면 된다고 잘못 알고 있다고 비판했다(≪신한민보≫, 1909.3.31). 그리고 심지어 충군이 반드시 애국과 일치하지 않으며, 심지어 군주가 자신의 이해와 안락을 위해 국가와 백성을 외국에 넘길 경우 그 백성은 충군과 애국 가운데 하나를 선택해야 한다고 주장했다(≪공립신보≫, 1908.3.4).

명시적으로 주권을 가진 국민들로 구성되는 국가, 공화제를 주장했던 최초의 움직임은 재미 한인들과 국내 인사들이 결성한 신민회라고 알려져 있다(『한국독립운동사』, 1966: 1023~1026). 1907년 4월에 창립된 신민회는 황제권을 배제하고 국민주권의 정치체제를 지향했다. 여기에 속한 많은 구성원들은 언론, 교육, 무장투쟁 등을 통해 이후 공화제가 널리 수용될 수 있는 상황을 만들어내는 데 중요한 기여를 했다. 이러한 방식으로 민족과 국민주권은 하나의 실체, 독립을 요구하는 실체로 정립되어 갔다.

≪대한매일신보≫는 주권체를 떠올릴 수 있는 여러 용어, 예를 들어 "동포", "민족"이라는 용어를 활발히 사용함으로써, 향후 조선(한국)인들이 스스로를 정의할 수 있는 표현을 확산시켰고, 이를 통해 현존하는 정치체제인 국

가가 붕괴한 이후 그것을 유지시킬 수 있는 개념적 대체물, 예를 들어 정신으로 된 '국가', '민족혼', '국수' 등의 표현을 확산시켰다는 점에서 매우 중요한 역할을 했다.

민족, 동포 등의 담론은 한국이 주권을 상실한 1910년 이후에도 계속 확산되어갔다. 특히 앞서 지적했듯이 이런 움직임의 확산에는 일제하의 한반도보다는 해외로 이주한 한인들의 기여가 절대적이었다. 1910년 일제에 의한 주권 침탈 이후 국내외에서 다양한 독립의 움직임이 나타나고 있었는데, 어떤 독립을 지향하는지에 따라 두 가지 움직임이 나타나고 있다. 하나는 대한제국의 황제를 다시 옹립해 망명정부를 세우려는 복벽 운동이며, 다른 하나는 새로운 주권체인 인민, 인민주권, 민주 등이 주체가 되어 공화정부를 수립해야 한다는 운동이었다. 전자는 과거의 전통을 계승해 독립을 해야 한다는 것이고, 후자는 과거의 전통과 완전히 단절해 새로운 국체와 정체를 만들어야 한다는 것이다.

복벽 운동의 경우 1910년 국권이 붕괴한 직후 유학자 유인석과 이범윤이 주도해 러시아 국경 근처에서 13도의군을 결성했다. 이들은 의병을 일으키는 한편, 폐위되었던 광무황제를 연해주로 망명시켜 망명정부를 수립하고자 했다(최부순, 1995). 또한 1915년 박은식, 신규식, 이상설 등이 결성한 신한혁명당은 구황실을 활용해 망명정부를 세우는 것이 여러 가지 측면에서 유리하다고 보고 망명정부를 수립하고자 했다(이현주, 1999: 88). 또한 3·1 운동 직후에도 이러한 움직임이 일어났다. 1919년 11월에 김가진 등이 조선민족대동단을 만든 다음, 왕실 인물 가운데 의친왕 이강을 상하이로 망명시켜서 망명정부를 수립하고자 계획했다. 하지만 이러한 움직임도 실패로 돌아갔다. 복벽 운동은 주도하던 인물들이 도중에 사망했고, 대한제국 붕괴 과정에서 무기력한 모습을 보인 황실에 대한 비판적 정서가 이미 광범위하게 확산되어 있었다. 또한 인민주권에 대한 논의가 설득력 있게 받아들여져서 복벽

운동은 이루어질 수 없는 구상이 되었다.

대한제국이 붕괴된 후 독립운동의 주류를 차지한 움직임은 민주공화정의 형태를 한 임시정부 수립이었다. 이는 임시정부를 수립해 민주공화국을 세워야 한다는 것으로 가시화되었다. 당시 재외 한인들 사이에 통용되었던 논리는 한일병합으로 황제가 주권을 포기했다는 것, 이 주권은 이제 한국 인민이 이어받는다는 것, 한국 인민이 주권을 이어받았으므로 인민을 중심으로 민주공화국이 수립되어야 하며 다만 일제의 식민지 통치로 인해 한반도가 아닌 다른 나라의 영토에 임시정부를 수립해야 한다는 것으로 정리될 수 있다.

이러한 움직임 가운데서도 가장 의미 있는 「대동단결선언」은 신규식, 박용만, 박은식, 조소앙, 신채호 등 14인에 의해 1917년에 발표되었다(조동걸, 1987). 이들은 1910년 한일병합은 융희황제가 삼보(三寶)를 포기한 날이자 한국 인민들이 그것을 계승한 날이며, 따라서 삼보는 일순간도 없어진 적이 없고, 황제권이 소멸한 때가 민권이 발생한 때이며 구한국 최후의 날은 신한국 최초의 날이라고 주장했다. 「대동단결선언」에서 특징적인 것은 먼저 주권 상속을 주장한다는 것이다. 이들은 융희황제가 일본에 의해 삼보를 포기한 8월 29일은 자신들과 한국 인민들이 삼보를 계승한 8월 29일이며, 따라서 한순간도 주권이 정지된 적이 없다고 지적한다. 그리고 자신들 그리고 우리들(한국 인민들)이 바로 상속자이며 황제권이 소멸한 때가 바로 민권이 발생한 때이며 구한국 마지막 1일이 신한국 최초의 1일이라고 해 구체제와 신체제의 대비를 통해 주권의 계승, 민주공화국의 탄생을 정당화하고 있다. 융희황제의 주권 포기는 우리 국민 동지에 대한 묵시적 선위이니 당연히 삼보를 계승해 통치할 특권이 있고 상속할 의무가 있다고 주장했다.

「대동단결선언」은 군주제, 혹은 복벽주의와의 단절을 논리적으로 선언했다는 점에서 상당한 의미가 있다. 또한 「대동단결선언」은 이를 단순히 선언하는 데 그치지 않고 정식으로 임시정부 수립을 촉구하고 있다. "제1차 통일

기관"이 곧 "제2차 통일국가"의 토대가 될 것이라고 해 독립운동 기관과 국가 기관 사이의 관계를 설명하고 있는데 제1차 통일 기관은 독립운동을 추진하는 여러 단체이며 이들이 연합해 제2차 통일국가를 건설한다는 시나리오가 제시되어 있다.

미국의 한인들은 ≪대한매일신보≫에서 제기된 민족혼, 혹은 무형으로 된 국가를 떠올리는 '무형국가론(無形國家論)'을 주창하면서 독립해 만들어질 새로운 정부는 국민주권에 입각한 민주공화정이어야 한다고 주장했다. 이러한 점을 고려해 보면, 당시 재외 한인들이 광범위한 네트워크로 서로 연결되어 있으며, 전 세계적으로 이러한 의미를 공통적으로 강조하고 있는 것을 알 수 있다. 재미 한인 신문 ≪공립신보(共立新報)≫는 전제정치의 문제점과 민주공화국의 필요성을 제기하면서 대한제국이 국권을 상실하게 된 원인은 그토록 자주 지적되어 온 것처럼 "전제정치의 폐습"(≪공립신보≫, 1908.12.9) 때문이라고 지적했다. 그러면서 전체 정체의 문제점이 국권 상실로 이어졌기 때문에 새로운 국가는 인민이 주인이 되어야만 한다고 주장했다. 그들이 보기에 "백성이 국가의 주인이 되어 헌법을 정하고 대의정치를 실행한 연후에 참 국민"(≪공립신보(共立新報)≫, 1908.4.22)이 된다. 이들은 헌법을 제정하는 '입헌주의'와 선거에 의해 정부를 구성하는 '대의제' 민주주의를 주장했다.

또한 재미 한인 단체인 대한인국민회는 1910년 6월부터 주권 상실 과정을 상세히 언급하고 이를 비판하면서 새로운 대안을 제시하고 있다. 일본과 한국이 논의하고 있는 한일병합은 실질적으로 "융희황제가 일제에 투항"한 것으로 주권을 포기한 것과 같으며, 따라서 이후 주권은 국민에게 있다고 주장했다. 주권을 가진 민족 즉 국민은 스스로를 위한 정부 즉 국민을 위한 정부를 세워야 한다고 주장했다. 이어 8월 29일 병합이 공식화되자 본격적으로 임시정부를 거론하고 있다. 이들에 따르면 재미 교포들의 대한인국민회 "중앙총회는 대한국민을 총히 대표하여 공법상에 허락한바 가정부(假政府)의 자격을 의방(依倣)하여 입법, 행정, 사법의 삼대기관을 두어 완전히 자치제도"를 행하고 정식 국가로서 국민의 의무인 납세와 병역을 담당해야 한다고 주장했다(김도훈, 1999: 257). 이후 재미 한인들의 주요 기관들인 대한인국민회, ≪공립신보≫, ≪대동공보≫가 통합해 ≪신한민보≫를 설립했다. 통합 기관지 ≪신한민보≫의 주필 박용만은 ≪공립신보≫의 무형국가론을 떠올리는 논설을 실어 새로운 국가의 필요성과 임시정부 수립에 대해 설명했다. 그는 "토지와 백성을 기초로 법률과 정치로 집을 지어야 국가가 성립되나, 토지가 없어 남의 토지 위에 집을 지으니 무형국가(無形國家)"(김도훈, 1999: 258)라고 하면서 임시정부의 수립을 촉구했다. ≪대한매일신보≫가 "민족", "정신으로 된 국가", "민족혼", "국수" 등으로 표현했던 것을 상기해 볼 때 ≪신한민보≫는 정신으로 된 국가를 임시정부로 해석하고 이를 다시 "무형국가"로 표현하고 있는 것이다. 즉, 형편에 의해 남의 나라에 세웠으므로 무형국가라고 표현한 것이다. 결국 한일병합은 일본의 강압에 의한 주권 상실이면서도 이에 저항하지 않은 투항이기 때문에 군주는 스스로 가진 (군)주권을 포기한 것이어서 이 주권은 이제 한국의 인민들이 이어받을 것이며, 이어받은 새로운 주권을 통해 무형국가 즉 임시정부를 건설할 것이라는 주장을 펴고 있다. 실제로 박용만은 이후 「대동단결선언」에도 참여해 이러한 논의가 재외동포 기관들 사이에 견고히 형성되고 있다는 것을 보여준다.

4 | 3·1 운동: 과거와의 급진적 단절과 민주공화정의 성립

이처럼 1910년 이후 인민주권, 민주공화제를 지향하는 정치체제 변혁 논의는 전 세계 한인 단체들을 중심으로 세계 곳곳에서 확산되었다. 이러한 움직임은 3·1 운동을 전후해 본격적으로 나타났다. 1919년 2월 중국 길림에서 발표된 「대한독립선언서」는 그 가운데 하나이다. 이 선언서는 김약연, 김좌진, 신규식 등 39인이 만주·연해주에 거주하고 있던 한인들을 대표해 작성한 것으로 알려져 있는데, "우리 대한은 완전한 자주독립과 평등복리를 대대로 자손만민에게 전하기 위해 이에 이민족 전제의 학대와 압박을 해탈하고 대한민주의 자립을 선포한다"고 했다. 이에 따르면 자주독립, 평등복리를 항구히 전하기 위해 대한민주의 자립을 선포한다고 해 민주공화정체의 수립을 분명히 하고 있다. 또한 선언서는 일본을 군국 전제라고 규정하고 일본을 동양 평화의 적, 국제법규의 악마, 인류의 적이라고 규정하고 있다(김삼웅, 1989: 120).

비슷한 시기에 이번에는 일본에서 선언서가 발표되었다. 재일본동경 조선청년독립단의 「2·8 선언서」는 "우리는 오랫도록 고상한 문화를 가지고 있고 반만년간 국가생활의 경험을 갖고 있었는데 비록 다년간 전제정치하의 해독과 경우의 불행이 오족의 금일을 초래했다 할지라도 정의와 자유를 기초로 한 민주주의의 선진국의 범을 취하야 신 국가를 건설한 후에는 건국 이래 문화와 정의와 평화를 애호하는 우리는 세계의 평화와 인류의 문화에 공헌함이 있을 줄 믿노라"고 선언했다. 한국의 식민화는 전제정치의 해독으로 인한 것이라고 분명히 밝히고 새롭게 만들어질 국가는 정의와 자유에 기초한 민주주의의 형태를 할 것이며, 새롭게 건국된 정부는 세계의 문화와 평화와 정의에 기여할 것이라는 것을 밝히고 있다(김삼웅, 2003: 124).

이러한 논리적·제도적 구상을 역사적 실체로 만든 사건, 즉 군주권의 폐기를 공식적으로 선언하고 인민이 주권을 쟁취했다고 주장할 수 있게 만든 사건이 바로 3·1 운동이라고 할 수 있다. 3·1 운동은 광범위한 시위라는 인민들의 직접적인 행동을 통해 인민주권이 존재한다는 것을 보여주었으며, 인민들의 행동을 통해 구체제와의 급진적인 단절, 즉 혁명으로 인민주권을 쟁취했다는 해석이 가능해진다.

역사적 사건으로서의 3·1 운동은 한편으로는 독립국가의 건설이라는 「대동단결선언」의 논리와 상통하면서도, 다른 한편으로는 「대동단결선언」이 주창했던 주권의 양도 혹은 계승이라는 논리에서 벗어나 역사적으로 새로운 주권, 인민이 스스로 주권체라는 것을 가시적으로 드러나게 하는 결과를 낳았다. 3·1 운동은 「대동단결선언」이 선언했던 주권의 상속을 인민의 직접적인 행동을 통해 상속이 아니라 쟁취하는 역사적 결과를 낳았던 것이다. 3·1 운동을 통해 한국의 주권은 이어지지만 왕권이라는 과거의 전승이 아니라 과거와의 급격한 단절로 새로운 주권인 인민주권이 등장하게 되었던 것이다. 3·1 운동은 인민의 정치적 행동을 통해 복벽주의를 청산하고 인민주권에 입각한 공화제가 향후 한국의 정치체제의 지향이라는 점을 분명히 하는 혁명적인 결과를 만들어냈다.

이처럼 과거와의 급진적 단절은 3·1 운동 이후 근대국가 형성 과정이 근대 국민국가 형성 과정과 결합되면서 구체화되었다. 3·1 운동 이후의 정치체제에 관한 논의는 과거와는 달리 인민주권, 공화제와 같은 정치적 용어들과 분리될 수 없게 되었다. 예를 들어 민족이라는 단어를 검토해 보면 3·1 운동의 대표적인 선언서인 「기미독립선언서」에 "조선민족 대표", "민족자존(民族自存)의 정권(正權)", "민족의 자유발전", "민족적(民族的) 존영(尊榮)", "민족적(民族的) 양심(良心)", "민족적(民族的) 독립(獨立)", "아(我) 문화민족(文化民族)", "민족적(民族的) 요구(要求)", "민족적(民族的) 정화(精華)", "민족(民族)의 정당(正當)한 의사(意思)"와 같은 표현이 등장하고 있다. 이것은 ≪대한매일신보≫와 그 이후 ≪신한민보≫ 등에서 나타난 "국수", "정신으로 된 국가"와 같은 개념이 분명한 형태로 자리 잡게 되었다는 것을 보여준다. 이러한 추세 속에서 주권, 민족, 공화제, 민주 등의 개념은 1919년 독립운동 과정을 거쳐 임시정부의 헌장에서 중요한 개념으로 자리 잡게 되었던 것이다.

3·1 운동은 복벽을 논리적으로, 역사적으로 완전히 포기하고 인민주권을

명확하게 밝혀 이에 근거한 민주공화국이라는 정치체제를 새로운 구상으로 제시했다. 그것은 역전 불가능한 민주공화 체제를 낳았다. 따라서 3·1 운동은 민족해방운동의 형태이기는 하지만, 그것을 일으킨 주체, 정치적 지향의 측면에서 왕권 그리고 일제의 전제정치로 대표되는 구체제와의 급진적인 단절을 요구한 혁명이었다.

한반도와 전 세계 한인들이 참여했던 3·1 운동은 독립국가 건설을 촉구했던 「대동단결선언」의 논리를 유지하면서도 왕에서 인민으로의 주권 양도나 계승이 아니라 낡은 구체제로부터 완전히 새로운 주권체의 등장을 선언했다. 구체적으로는 전국적으로 그리고 전 세계적으로 3·1 운동을 통해 수많은 인민들이 직접행동에 나서서 스스로 주권체임을 선언했던 것이다. 이로써 한반도에서 주권은 과거의 전승이 아니라 과거와의 급격한 단절을 통해 만들어졌던 것이다.

그것은 새로운 주권체의 등장뿐만 아니라 새로운 정치체제의 등장도 가능하게 했다. 3·1 운동 이후에 전 세계에서 등장한 한국인들의 정치체제는 모두 공화제를 주장하게 되었다. 과거 왕권이라는 장벽에 가로막혀 입헌군주제, 흠정헌법이라는 보조적 방법을 동원해 1인 지배를 막아보겠다는 시도들을 생각해 볼 때, 과거와 완전히 단절된 모습을 보여주었다. 이제 어떠한 정치체제도 인민주권, 공화제와 같은 용어가 필요했다. 그리고 그것은 자연스럽게 민주공화정이라는 정치체제와 연결되었다.

먼저 새로운 주권체의 등장을 살펴보자. 여기서 가장 먼저 등장하는 것이 민족이라는 단어이다. 「기미독립선언서」에는 "조선민족 대표", "민족자존의 정권", "민족의 자유발전", "민족의 정당한 의사"와 같이 민족을 하나의 주체로 언급하는 내용과 "민족적 존영", "민족적 양심", "민족적 독립", "민족적 요구", '민족적 정화"와 같이 어떤 것을 꾸미는 내용이 등장한다. 이러한 표현방식은 과거 ≪대한매일신보≫가 강조했던 민족의 개념이 한층 다양하게 사용되고 있다는 것을 보여준다. 그리고 이러한 방식으로 주권과 민주, 그리고 공화제와 같은 개념들이 민족의 이름으로 정당화되는 방식으로 전개되고 있다(김삼웅, 2003: 129).

1920년 3월 발표된 혼춘의 「독립선언서」를 보면 "우리는 이미 참정권을 잃었으므로 인권의 대부분인 집합, 결사, 언론, 출판의 자유가 없음"이라고 하면서 이를 극복하기 위해 "우리 2천만 민족"이 "독립을 주장하는 것"은 당연하다고 했다. 여기서도 2000만 민족은 독립의 주체로서 당당히 선언되고 있다(김삼웅, 2003: 137). 또 연해주의 대한국민의회는 「독립선언서」를 발표하면서 2000만 동포를 대표해 독립을 선언한다고 했고, 인민의 권리인 참정권, 인간의 자유인 집회·결사·언론·출판의 자유를 찾아 독립을 선언한다고 했다. 여기서도 인민참정권을 바탕으로 인간의 자유를 찾기 위해 독립을 선언한다고 강조했다. 3·1 운동이 어떻게 전개되었는지는 이미 많은 연구를 통해 제시된 바 있으므로 여기서는 별도로 언급하지 않겠다.

한반도를 비롯해 전 세계에서 선언된 한국의 독립은 제도화로 즉시 구현되었는데, 여러 가지 조건을 고려해 임시정부(이하 임정) 수립으로 나타났다. 국내외에서 많은 임시정부들이 등장했다. 서울에 설립된 한성정부를 포함해 러시아령에서 설립된 대한국민의회, 상하이에서 설립된 대한민국임시정부는 1919년 9월 통합 대한민국임시정부를 상하이에 수립했다. 3·1 운동이 발생하자마자 그다음 달인 4월에 만들어진 상하이임시정부는 임시 헌법을 채택했다.

이러한 과정을 검토해 보면 1919년 4월 23일에 국내에서 개최된 한성정부 국민대회는 헌법을 만들면서 제1조에 "국체는 민주제를 채용"하고, 제2조에 "정체는 대의제를 채용"하며, 제3조에 "국시는 국민의 자유와 권리를 존중하고 세계평화의 위운을 증진케 한다"(우남이승만문서편찬위원회 엮음, 1998: 26~ 29)라고 했다. 이어 상하이임시정부의 임시 헌법은 임시의정원의 결의로 「대한민국 임시헌장 선포문」을 통해 발표되었는데, 제1조를 통해 "대한민국은 민주공화제로 한다"고 선포했다. 아울러 제3조에서 "대한민국 인민은 남녀, 귀천 및 빈부의 계급이 없고 일체 평등하다"고 선포하고, 제4조에서 "대한민국 인민은 종교, 언론, 저작, 출판, 결사, 집회, 통신, 주소 이전, 신체 및 소유의 자유를 향유한다"고 했으며, 제5조에서 "대한민국 인민으로 공민 자격이 있는 자는 선거권 및 피선거권을 가진다"고 규정했다.

이후 1차 개헌을 해 헌법 전문에 해당하는 글을 만들었는데 「3·1 독립선언서」를 거의 원용하고 있다(정종섭, 2002). 임정은 바로 3·1 운동이 주창한 민족의 정부, 민주공화제를 채택한 정부였다. 3·1 운동은 인민주권을 고려하지 않았던 1910년 이전의 정치체제, 구체제, 과거와의 급진적 단절이 분명하다. 3·1 운동 이후 어떤 정치체제도 인민주권을 기본으로 했으며 이는 왕정에 대한 거부, 즉 과거에 대한 급격한 단절을 함의했다. 이처럼 3·1 운동은 대한민국임시정부의 출현을 가능케 했으며, 거꾸로 대한민국임시정부는 3·1 운동의 정치적 구상을 제도화했다(이현희, 2003). 임시정부는 헌법을 통해 대한민국은 주권이 국민에게 있다는 것을 분명히 했다. 국민은 남녀노소, 계급과 종파를 뛰어넘는 하나의 실체로 정의되었다. 이로써 한국 역사상 주권을 가진 평등한 인민, 즉 국민의 탄생이 공식적으로 선포되었다.

3·1 운동 이후 계속되어 온 임시정부의 헌법은 기본적으로 전제와 제국주의에 반대하고 인민주권에 입각한 정치체제를 지향하고 있었다. 그것은 구체제와의 역사적 단절을 선언한 것이자 과거의 속성이라고 할 수 있는 전제주의와 제국주의적 억압에 대해서도 단절을 선언하고 있는 것이다. 과거와의 급격한 단절에 대한 강조는 1941년 11월에 공표된 「건국강령」 총강에서도 분명히 나타난다. "우리나라의 독립선언은 …… 우리 민족의 3·1 혈전(血戰)을 발동한 원기(元氣)이며 …… 우리 민족의 자력으로써 이족전제(異族專制)를 전복하고 5천년 군주정치의 구각(舊殼)을 파괴하고, 새로운 민주제도

를 건립하여 사회의 계급을 소멸하는 제일보의 착수이었다"(국회도서관 엮음, 1974: 21)고 해 3·1 운동과 대한민국의 건국은 일본의 전제, 5000년 군주정치를 파괴하는 민주제도의 설립이었음을 재확인하고 있다. 3·1 운동은 일제의 전제에 대한 민족해방운동이면서 공화주의와 민주주의를 내세운 근대적인 혁명이었다. 그것은 운동을 계승하기 위해 시도된 정치 과정에서 더욱 분명히 드러났다.

이렇게 3·1 운동은 독립국가 건설 운동이면서 동시에 과거와의 단절을 전제로 한 국민국가 건설 가능성을 분명히 제시했다. 요컨대 3·1 운동은 일본의 지배에 반대하는 민족해방운동이면서 인민주권, 공화주의와 민주주의를 내세운 근대적인 혁명이었다. 이러한 지향과 추세는 3·1 운동이 확산되었던 1919년 3월보다는 그 이후 운동을 계승하기 위해 시도되었던 다양한 정치적 제도화 과정에서 구체화되고 해석됨으로써 사후적인 경과를 통해 더욱 분명히 드러났다. 사건으로서 3·1 운동은 다양한 정치적 지향이 용해되어 있는 거대한 용광로와 같은 것이었으며, 그곳에서 어떠한 구체적인 결과물들이 만들어질지는 이후의 경과에서 분명해졌던 것이다. 3·1 운동이 추구하고자 했던 정치적 지향점은 일정한 시간이 지나면서, 그것으로부터 존재의 의미를 구하는 다양한 형태의 정치적 지향에 의해 거꾸로 규정되었던 것이다.

3·1 운동이 촉발한 정치적 운동은 국내외에서 다양한 형태의 운동을 만들어냈다. 국내에서는 식민 통치라는 조건하에 1910년 이전 일본과의 타협을 통한 실력양성론, 준비론, 자치론을 주장했던 다양한 세력들은 3·1 운동을 계기로 한층 심화된 형태의 움직임을 보인다. 한편으로 여러 세력은 문화통치라는 총독부의 변화된 정책을 배경으로 실력 양성, 물산장려, 자치에 더욱 힘을 쏟았다. 이 세력들은 정치적 독립보다는 경제적·사회적 독립을 더 중시했으며, 따라서 지배체제의 국적보다는 근대화가 주된 목표였다. 이른바 선근대화를 통한 실력 양성 후에 독립국가를 추구했다. 근대국가 형성 과정

에서 이들이 취한 논리는, 근대화가 되면 독립은 자연스럽게 이루어진다는 것이었다. 이 주장에 따르면 근대화를 달성할 때까지 필요할 경우 이민족의 지배도, 억압적인 체제도 불가피했다. 이들의 일관된 목표는 근대화였다. 그런 맥락에서 보면 이 세력들은 입헌군주정이든 식민지 지배체제든 근대 국민국가든 간에 근대화를 보호하고 육성하고 발전시킬 수 있다면 어떤 것이든 받아들일 수 있었다. 그들이 대한제국을 부정했던 것은 그것이 근대화를 달성하는 데 더는 쓸모가 없었기 때문이다. 마찬가지로 식민지 총독부는 근대화를 달성하는 데 쓸모가 있는 한 감내할 만한 것이었다. 아마도 3·1 운동의 피해자이면서도 최대 수혜자는 이 세력들이라고 할 수 있다. 이 세력들은 해방 이후에도 대한민국 정치의 주류를 형성하고 있다. 하지만 이들 또한 3·1 운동이 제기한 민주공화국이라는 지향점은 거부할 수 없었다.

5 | 결론

이 장은 다음과 같이 요약될 수 있겠다. 첫째, 현재 민주공화국이라는 정치체제는 해방 이후에 갑자기 외부로부터 부여된 것이 아니며 개항 이후부터 전개되어 온 정치체제 개혁의 오랜 논의 속에 자리하고 있다. 둘째, 개항 이후 어떠한 정치체제를 만들 것이냐에 대해 군주권을 강화하려는 고종과 군주권을 부정할 힘도 부정할 뜻도 없었던 개화 세력이 권력을 놓고 갈등하는 가운데 전제군주제와 입헌군주제가 계속 대립하고 있었다. 그리고 이러한 논의는 유의미한 변화를 가져오지 못한 채 일본의 강점으로 종결되고 만다. 셋째, 주권이 일본에 박탈당한 이후 군주권으로 표현되는 한국의 주권이 일본에 넘어간 것이 아니라 한국인에게 전승되었다는 주장이 국내외 한국인들에게 광범위하게 확산된다. 넷째, 인민주권에 입각해 한국의 독립을 요구하는 움직임이 3·1 운동을 계기로 한반도와 전 세계 한국인들 사이에 퍼져 나갔다. 운동은 과거로부터의 급격한 단절을 초래하는 혁명적 결과를 낳았다. 다섯째, 3·1 운동 이후 국내외에서 만들어진 어떠한 정치체제(임시정부들)도 왕정복고가 아닌 인민주권을 국체로 하는 정치체제를 지향했다. 논리적으로 먼저 군주권이 부정되었고, 이후 3·1운동을 통해 인민주권이 역사적으로 등장했다.

개항 이후 1910년까지 나타난 몇 차례의 정치 변동, 예를 들어 갑오개혁과 아관파천, 대한제국 선포와 독립협회 해체 등은 기본적으로 군주권을 전제로 군주 권력이 중심이 되느냐 아니면 관료 권력 혹은 지식인 권력이 중심이 되느냐를 놓고 전개된 투쟁이었다. 이 둘은 모두 국민을 배제하고 근대국가를 만들고자 했다는 점에서 공통점이 있다. 또 대한제국이 일제에 주권을 빼앗기는 동안에도 많은 정치체제론이 등장했지만 여기서도 황제권(군주권)의 존재는 현실적 제약으로 작용했다. 보수적 성향을 지닌 지식인들은 결코 군주권을 부정하려 하지 않았다. 마찬가지로 그들은 국민주권을 수용할 생각도 전혀 없었다. 그런 의미에서 개화파와 계몽운동 단체들의 보수성은 대한제국 정치체제에서 분명히 중요한 부분을 차지했다. 이들의 논의는 기본적으로 군주권의 존재를 전제로 한, 치열했지만 한계가 분명한 투쟁이었다.

새로운 근대국가 건설 과정에서 주권의 문제, 즉 국체와 관련되어 정치체제의 변동을 촉구한 재외동포들의 문제의식, 군주의 주권 포기와 조선 인민의 주권 계승이라는 해석은 민주정체의 선포라는 혁명적 문제의식이 표출된 것이었다. 그리고 3·1 운동은 이러한 정치적 지향이 행동으로 분출된 사건이었고 이후 한반도에서 성립될 어떠한 정치체제라도 반드시 인민주권의 원리, 즉 민주 체제를 기반으로 하지 않고서는 성립될 수 없었다.

배링턴 무어가 지적한 것처럼 근대는 민주주의, 파시즘, 사회주의라는 서로 다른 형태의 정치체제를 낳았다. 그러나 어떤 것이 더 좋다, 혹은 더 바람직하다고 말하기는 힘들다. 왜냐하면 모든 근대 정치체제들은 너무나 많은 인간 희생을 치르고서야 성립될 수 있었기 때문이다. 영국, 미국, 프랑스는 단기적으로 전쟁, 혁명이라는 대가를 치러야 했다. 프로이센과 일본은 혁명은 발생하지 않았으나 반동적 산업화로 엄청난 인간 희생을 치러야 했고 결국 전쟁으로 더 많은 피를 흘렸다. 러시아와 중국은 사회주의 혁명을 달성했지만, 그 또한 많은 인간 희생을 치러야 했다.

그렇게 보면 한국 또한 근대로의 이행 과정에서 식민화, 분단, 전쟁, 분단의 고착화와 같은 값비싼 인간 희생을 지불했다. 그리고 과거 보수적이었던 정치세력의 일부는 여전히 한국 사회에서 큰 영향력을 행사하고 있다. 하지만 분명한 것은 3·1 운동을 전후로 전개된 일련의 경험, 인민주권의 등장, 과거와의 급격한 결별은 한국의 현재를 규정하는 데 지속적으로 영향을 미칠 것이며 한국 사회의 보수화를 방지하는 데 일정한 역할을 하고 있다. 그리고 그런 만큼 3·1 운동의 경험은 한국 현대 민주주의의 역사적 기원으로서 자리매김하고 있는 것이다.

5장 4월 혁명,
주권재민의 첫 승리

·
·
·

장숙경 (전 고려대학교 한국사연구소)

1 | 자유, 민주, 그리고 1960년 봄

대한민국 초대 대통령 이승만은 1948년 정부수립 선포 및 광복 3주년 기념 연설에서 건국이념의 첫째 조건으로 '민주주의'에 대한 신념을 강조했다. 그는 공산분자에 대응하기 위해서는 독재가 필요하다는 의견이 있다는 것을 유감으로 생각한다고 하면서, "민주제도가 어렵기도 하고 또한 더러는 더디기도 한 것이지마는 의로운 것이 종말에는 악을 이기는 이치를 믿어야 합니다"라고 했다. 다음으로 강조한 것은 '개인의 자유'였다. "인권과 개인의 자유를 보호할 것"이라고 하면서, "민주정치의 요소는 개인의 근본적인 자유를 보호하는 것입니다. 우리는 40여 년 동안을 왜적의 손에 모든 학대를 받아서 다만 말과 행동뿐 아니라 생각까지도 자유로 하지 못하게 되었던 것입니다. …… 우리는 개인 자유 활동과 자유 판단력을 위해서 쉬지 않고 싸워온 것입니다"라고 했다. 이 말은 더 첨삭할 필요도 없이 바로 4월 혁명의 정당성이었고, 이승만 정권이 몰락해야만 하는 이유가 되었다.

4월 혁명은 대한민국 정부수립 이후 최초로 발생한 전국 규모의 자유/민주주의 운동이었다. 주권재민을 확실히 하고, 자유를 지키고자 하는 한국인의 강한 의지가 확연히 드러난 첫걸음이었다. 참혹한 전쟁이 끝난 지 불과 7년, 경제적 최빈국에서 빵이 아닌 자유와 민주를 요구하는 항쟁이 일어났고, 그것이 독재정권의 몰락으로까지 이어졌다는 것은 매우 의미 있다. 이를 신호탄으로 한국의 민주화운동은 끊일 듯 끊이지 않으며 수십 년간 지속적으로 발생했고, 세계적으로도 유례없이 지금까지도 그 맥을 유지하고 있다. 그렇다면 우리 안의 자유/민주주의를 향한 갈망은 대체 왜 그렇게 뿌리가 깊은 것일까? 그럼에도 우리의 민주주의는 왜 이리 더디게 진행되는 것일까?

이 장에서는 그 궁금증의 한 자락을 엿보기 위해 4월 혁명을 역사적 맥락 속의 한 사건으로 보고, 1960년 봄 전국에서 들불처럼 번지던 시위와 항쟁의 의미를 재조명하고자 한다. 그동안의 수많은 4월 혁명 연구에 더해, 시위와 항쟁의 직간접 동인과 전개 상황, 그동안에는 간과되어 오거나 배경으로만 치부되던 사이사이 숨어 있던 다양한 이야기를 발굴해 4월 혁명을 좀 더 입체적이고 종합적인 서사로 재생시키고자 한다.

이러한 관점에서 먼저 4월 혁명이 발생하기 전 1950년대의 뒤틀린 사회상과 국민 정서, 당시 기성세대들에게서 나타난 특징들을 조망할 것이다. 기존 사회의 광범위한 구조적 모순, 그로부터 야기된 집단적인 갈등, 그리고 이러한 갈등이 상호 관련을 맺으며 만들어진 제 문제들이 4월 혁명 과정에서 어떻게 드러나고, 어떠한 방식으로 수습되었는지를 풀어내고자 한다.

또한 두 달에 걸쳐 발생한 시위가 어떻게 확대 발전되었는지 살펴보고자 한다. 학생들의 평화시위가 항쟁으로 전환된 마산의 1, 2차 의거를 이승만정부의 축적된 모순이 폭발한 상징적인 사건으로 보고, 서울의 대규모 시위와 연결, 확대되는 과정을 살펴본다. 또한 '학생들이 주체가 된 혁명'이라는 단순한 수사를 넘어, 저항의 시작은 학생들이었지만 시간이 흐름에 따라 다르게 표출되는 누적된 분노들이 다양한 계층의 시위 주체들을 의식화하고, 마침내는 하나의 목표를 향해 모두가 함께 나아가는 '시민혁명'으로의 과정을 분석해 보려 한다. 우리가 당연한 듯, 또는 막연하게 알고 있던 4월 혁명의 진면모를 마주하게 될 것이다.

4월 혁명은 대구 학생 시위가 일어난 1960년 2월 28일부터 이승만 대통령이 권좌에서 물러난 4월 26일까지의 사건만을 의미하는 것이 아니다. 그 이후 혁명 과업을 수행할 임무를 맡고 있던 제2공화국이 1961년 5·16 군사 쿠데타로 붕괴되기까지의 기간에 분출됐던 요구들과 그 수용 처리 과정까지도 포함한다. 혁명은 진정한 변화를 동반할 때 그 의미가 살아나며, 생명을 가진 유기체로 우리 안에 살아 숨 쉬게 된다. 그런 의미에서 4월 혁명은 독재 권력을 권좌에서 끌어내리는 것에는 성공했으나 혁명 과업 이수에서는 미미한 수준으로 평가되었고, 그 이유와 책임을 무능한 정권과 군사 쿠데타를 일으킨 세력에게서 찾는 것이 일반적이었다. 그러나 과연 그렇기만 할까? 짧았던 4월 혁명 승리의 기억은 우리에게 어떤 의미로 남아 있을까? 그 과정에서 우리가 얻은 것은 무엇일까? 아쉬움이 많았던 1960년 4월의 혁명 과업을 위한 노력과 성과들이 지금껏 포기할 수 없는 저력이 되어 한국 현대사에서 지속적인 민주 혁명의 불꽃으로 이어지는 단초를 고찰해 보고자 한다.

2 | 체념과 데카당, 그 사이 어디에서

일제의 식민지에서 해방된 지 불과 5년, 정부수립 2년 만에 20세기 가장 참혹한 전쟁까지 겪은 1950년대 한국 사회의 분위기는 황폐함 그 자체였다. 당시의 자료들은 모두 빈곤과 절망으로 점철된 기사와 내용들로 가득하다. 1956년 현재 한국의 국가경제는 1인당 국민소득 65달러, 결식아동은 70만 명을 헤아렸다. 그러나 그보다 더한 고통은 정신의 공황 상태였다. 전세(戰

勢)에 따라 수시로 짐을 싸야 했던 피난살이, 공습과 사역, 셀 수도 없이 양산 된 부역자들, 이유도 모르고 당해야 했던 민간인 학살, 불바다가 된 마을, 파 괴된 도시는 체념과 허무에 빠지게 했고, 1950년대 내내 좀처럼 회복될 기미 는 보이지 않았다(서중석, 1999a: 5~17).

그중에서도 사회를 극도로 위축시키고 인간의 존엄성을 무참히 파괴한 것 은 전쟁 동안 이승만이 자행한 전국적인 '빨갱이 사냥-민간인 학살'이었다. 가장 대표적인 것이 보도연맹 사건이다. 보도연맹은 여순 사건과 제주4·3을 겪은 이후 1949년 극우 반공주의자 이승만에 의해 결성된 단체였다. 전향한 좌익 세력을 통제하고 회유한다는 목적이 있었지만 성격이나 구조가 애매 한, 대략 30만 명 정도 가입했을 것으로 추산하는 전국 조직이었다. 해방 후 건국 운동을 하면서 삐라 한 번 붙여보지 않은 청년이 없던 터에 모든 죄를 감해준다니 그저 좋은 것으로만 알고 마을 청년들이 대거 가입했고, 어떤 단 체인지도 모르고 협박에 의해 가입한 경우도 많았다고 한다. 그러나 이승만 과 정부 각료들은 이들을 모두 좌익 세력으로 보고, 좌익 전적을 가진 사람 들은 믿을 수 없다는 인식을 가지고 있었다. 1950년 6월 25일 전쟁이 발발하 자 서둘러 서울을 빠져나간 이승만은 인민군이 들어오기 전에 앞질러 이들 을 집단 사살했다. 대부분 3개월 이내에 서울을 제외한 남한의 거의 모든 지 역에서 조직적이고도 신속하게 민간인 학살이 자행된 이유가 이것이다. 진 실과화해를위한과거사정리위원회의 2009년 자료에 따르면, 지금까지 밝혀 진 민간인 학살 킬링필드만 168곳, 보도연맹원이라는 이유로 죽임을 당한 사 람은 최소 10만 명 이상일 것이라고 한다. 이 외에도 국군과 미군, 인민군 등 에 의해 학살당한 사람이 100만 명 이상일 것으로 추정되니(김헌식, 2003: 191), 이데올로기 전쟁이 준 정신적·육체적 상흔은 전 국민적 트라우마가 되 었다는 것을 쉽게 짐작할 수 있다.

3·15 선거의 부정에 가장 격렬한 반기를 든 마산에서도 한국전쟁 발발 초

기에 무고한 사람들이 집단으로 희생되었다. 기록에 따르면 "(1950년) 음력 6월 초하루(7월 15일), 군과 경찰에서 시국 강연회가 있다고 보도연맹 가입자를 포함한 양민들을 시민 극장에 집합시켜 삽과 괭이 등을 들려 도로 보수 공사를 하러 간다는 구실로 추럭(트럭)에 실어서는 창원군 북면 뒷산과 진해 앞 괭이바다에서 각각 수장과 총살을 감행했다"고 한다. 이렇게 학살당한 사람이 마산에서만 1681~2000명으로 추산되고 있다(김주완, 2004).

상황이 이렇다 보니 전쟁 기간에는 '빨갱이'로 의심만 되면 법 없이 처단해도 된다는 특수한 풍토가 생겨났다. 그 결과 이승만 정권은 힘이 더욱 강해졌고, '피학살자=빨갱이'라는 인식이 일반화되었으며, 유족들에게는 연좌제가 적용되었다. 전후 극우 반공 체제가 더 엄혹해진 상황에서 '빨갱이'로 몰린다는 것은 평생 엄청난 사회적 불이익과 고립을 동반했다. '반공만이 살길'이었다. 유족들은 연좌제와 빨갱이 이미지 굴레에서 벗어나기 위해 아예 성(姓)을 바꾸거나 반공에 앞장서며 매사에 조심하고 긴장된 생활을 이어나가야만 했다. 그리고 학살의 기억은 돌이켜서는 안 되는 금기가 되어 유족과 관계자 외에는 아무도 알지 못하는 일이 되었다.[1] 학살을 둘러싼 침묵의 카르텔이 형성된 것이다. 이렇게 이승만이 심은 극우 반공 체제는 군사정권에서 더욱 굳건해져 수십 년간 독재 권력 유지를 위한 지렛대가 되었다. 자유/민주주의 체제의 근대국가는 허울뿐이었고, 국민들 정서 깊은 바닥에 자리한 '빨갱이 포비아'는 자기 검열로 작용해 최근까지도 한국 민주주의 발전에 높은 문턱이 되었다. 한국 사회는 반공 이데올로기 뒤에 숨은 광기와 공포,

---

1   피학살자 가족들은 항상 감시를 받아야 했고, 공무원 임용에 제한을 받았으며, 사관학교에도 갈 수 없었고, 해외에 나가는 것도 제한을 받았기 때문에 수출과 관련된 기업에 취직되기도 어려웠다. 이들은 자신의 아버지/아들/형제가 보도연맹원으로 혹은 빨갱이로 몰려 죽었다는 이야기를 피하고, 그저 전쟁 때 죽었다는 식으로만 이야기했다. 그 결과 그 당시를 산 일정 연령의 사람들은 다 아는 민간인 학살 사건은 한 세대가 지나서는 아무도 모르는 이야기가 되어버렸다(서중석, 2015: 153).

패배, 불신, 허무감, 타율적 순종을 극복하는 데 너무나 오랜 세월과 아까운 생명들을 희생해야만 했다.

민간인 학살의 직간접 피해자는 대다수 국민의 71%나 되었던 농민들이었다. 피해의식과 공포심의 폭격을 맞은 이들은 서로를 믿지 못했고, 언제 또 위기 상황이 도래할지 모른다는 불안감에 자신의 의견이나 생각을 드러내지 않았다. 그러다 보니 선거 때마다 '산골 대통령'이라 불리던 자유당 앞잡이 지서주임이 "야당 후보에게 투표하면 너희 마을은 공산당 소굴로 본다", "자유당 후보를 찍지 않으면 우리가 북진할 때 너희들부터 전부 다 죽이고 간다"며 협박해도 그저 순응하는 자세를 취했다. 서중석은 한국전쟁 이전까지만 해도 저항적인 집단의 하나였던 농민이 전후에 갑자기 "여촌 야도"라는 말이 나올 정도로 이승만-자유당을 지지하는 집단으로 변한 요인 중 가장 큰 이유를 바로 이것으로 파악했다(서중석, 1999b: 796).

농민들의 황폐한 심리는 4월 혁명 직후 지방 계몽운동을 나갔던 학생의 경험담에서도 잘 드러난다.

관민의 거리가 여간해서는 아물어질 것 같지 않더군요. 너는 너고 우리는 우리라는 생각이에요. 오랫동안 관의 횡포와 착취에 시달려서 그렇겠지요. …… 잘살아 보겠다는 의욕을 북돋아 주려고 애를 썼는데 이런 면에서도 농민은 지쳐버린 것 같았어요. …… 무엇보다도 그들은 고독했던 거 같아요. 처음에는 우리를 경계하고 경원했는데. …… 우리가 정말 자기네들 편이고 가슴속 깊은 곳에는 같이 느낄 수 있는 무엇이 있다는 것을 알자 감격했나 봐요(정병조, 1960: 138).

전쟁이 삶의 철학과 태도에 미친 영향은 도시라고 예외가 아니었다. 전후 남한의 도시들은 식민지 시기를 외국에서 보내다 해방 이후 돌아온 귀향민과 전쟁 피난민, 참전 용사, 부상자, 남편을 잃은 여성들, 고아들, 그리고 농촌에서는 생존이 어려워 일자리를 찾아 모여든 사람들로 만원이었다. 그러나 일자리는 턱없이 부족했고, 이들은 대다수가 도시 빈민으로 전락했다. 생존경쟁이 극심해 온갖 부정과 협잡이 난무했고, 불안·공포·절망은 사회윤리를 급속하게 퇴폐와 사치의 경향으로 몰아갔다.[2] 당연히 근면·성실 대신 생존을 위한 처세술과 최후의 수단들이 일상의 방편으로 자리를 잡아갔다. 사람들의 관심은 오로지 자신과 가족의 사익과 안위에만 집중되었다. 조봉암은 『우리의 당면과제』에서 그런 '피해 대중'에 대해 언급하며, "한국인의 철천지 소원은 자유와 독립 그것이었고, 개성을 마음껏 발휘해 무엇이든지 힘껏 해보고 싶은 그것뿐인 데도 현실의 실정은 공포 속에 위축되어 골방 속이나 뒤꽁무니에 숨어서 좌고우면하기 바쁘고, 시와 비를 주장할 만한 용기를 잃고 늘 소극적이고 미온적"이라고 한탄했다.

치열한 생존경쟁 속에서 파편화된 개인주의와 가족주의가 선택한 길은 교육을 통한 계층 이동이었다. 마침 이승만 정권은 교육에 많은 투자를 했고, 학력과 학벌에 따라 직업이 달라질 수 있기 때문에 상급 학교 진학은 사실상의 계급투쟁이자 권력투쟁이었다. 이승만과 장면을 군이 '박사'로 지칭한 것 역시 학력에 대한 숭배의 일환이라 할 것이다. 유학이 급증했고, 전쟁 중 대학생이 되면 징집을 연기해 주는 조치까지 생기자 이제 대학은 '안전'과 '출세'를 위한 보루가 되었다. 대학을 졸업해도 취업이 막막했지만, 높은 교육을 통해 잘살게 된 극소수의 성공 사례는 교육 과열 현상을 더욱 가속화시켰다.

1950년대는 관존민비가 최악의 형태로 노정된 시대였다. 고학력자를 수

---

2 "전쟁의 허무, 생활 터전을 잃은 절망과 불안 속에서 사회윤리는 급속하게 퇴폐의 경향을 나타냈으며, 사치 풍조가 늘어갔다. 환락가는 부어라 마셔라 먹자판에 돌아버렸다. 시민들 옷차림은 화려해져 갔다"고 한다(동아일보사, 1975: 40). 박완서는 "아직 피해 복구가 안 되어 여기저기 폐허가 널려 있는 서울에서 오히려 가장 실용성 없는 (일본제) 고가의 비로도 치마의 무분별하고 광적인 유행, 한복 사치는 그 어느 때보다도 극성맞았던 것으로 기억된다"고 했다(박완서, 1991: 109).

용할 마땅한 일자리가 없는 상황에서 관으로의 진입은 곧 출세를 의미했고, 고시 패스는 대학생들의 꿈이 되었다. 관직 진출을 위해서는 학벌과 백, 좋은 신분이 필요했는데, 극우·반공 체제에서 '좋은 신분'이란 곧 극우·반공 이데올로기의 순응자를 의미했다. 따라서 당시 대학생들은 스스로 몸을 사리며 정치사회적 관심과 비판에 눈감고, 때로는 비겁한 것이 더 낫다는 처세관을 가지고 있었다. 1950년대의 대학생에 대한 평가가 비관적인 이유는 이러한 현실에 기인하고 있다.[3]

기득권자의 행태도 별반 다를 게 없었다. 이기붕은 권력을 위해 자신의 장자를 이승만에게 양자로 바쳤고, 경찰서장과 세도가들은 가짜 이강석에게 굽신거렸다.[4] 지식인과 문화인의 권력에 대한 비굴함은 다양한 방법으로 진행된 이승만의 권력 유지와 이를 위한 영웅화 작업으로 표현되었다. 유명 문인 김광섭, 이헌구, 모윤숙 등은 "인류의 해와 달", "구국의 태양", "현대의 성자" 등등 낯 뜨거운 미사여구로 이승만을 추앙했다. 학자, 교수도 예외가 아니었다. 백낙준, 김활란, 임영신, 김연준 등 137명의 총장과 교수들은 자유당 선거중앙대책위원회 위원에 이름을 올렸다. 그중 압권은 1954년 3대 국회에서 자행된 '사사오입 개헌'이라 할 것이다. 초대 대통령의 중임 제한 철폐를 핵심으로 하는 헌법 개정안이 의결 정족수인 재적 인원 203명의 2/3인 136표에 1표가 부족한 135표 찬성으로 부결되자, 우리나라 수학계의 최고 권위자라는 서울대학교 수학과 교수 최윤식과 국내 최초의 이학박사 이원철이 사사오입이라는 궤변적 논리를 제공해 통과시킨 것이다. 교육감과 교장

---

3   3·15 마산 시위에서 고등학생들이 "기성세대는 물러가라"고 쓴 플래카드에 괄호 치고 "대학생부터"라고 썼던 것, 부산 고등학생들이 내세운 "우리의 선배들은 썩었다"라는 구호 역시 당시 대학생들에 대한 사회 인식의 단면을 보여준다.

4   1957년 8월 가짜 이강석은 법정에서 "자유당 정권의 부패상을 시험해 보는 하나의 동기였다", "내가 시국적 악질범이면 나에게 아첨한 서장 군수들은 시국적 간신 도배이다", "이번 체험을 통해 권력의 힘이 위대하다는 것을 새삼 느끼게 되었다"고 했다(조선일보사, 1993: 660).

들이 나서서 교사들을 자유당 비밀 당원으로 입당시켰고, 환경 미화를 핑계로 이승만, 이기붕 사진과 업적을 교실에 장식하도록 해 그 결과로 교사의 근무 성적을 평가하는가 하면, 이승만 찬양 글짓기 대회를 열고, 선거 때는 가정방문을 통해 자유당 후보의 지지를 호소하게 했다(이용원, 1999).

1960년 6월에 발간된 ≪사상계≫의 「4월 혁명 특집 좌담회」에서는 학생들의 학계 지도층에 대한 불신임이 거의 멸시에 가까운 것을 확인할 수 있다. 지식인이라는 것 자체가 이미 권력인 사회에서 교육계 지도층들이 이승만 정권의 나팔수로 부정에 야합하고 부패에 편승하면서도 한 점 부끄러움을 느끼지 않았기 때문이다. 서울운동장에서 개최된 1960년 3·1절 행사 직후 공명선거추진전국대학생투쟁회와 공명선거추진전국학생위원회가 뿌린 삐라에도 "우리의 교수 우리의 총장들이 어떤 정파의 앞잡이가 되었을망정 ……"이라는 문구가 선명하다.

장준하는 4·19 직전 발행된 ≪사상계≫ 1960년 4월 호 권두언에서 "…… 부정에 반항할 줄 모르는 작가들이여, 너의 붓을 꺾어라. 너희들에게 더 바랄 것이 없노라. 양의 가죽을 쓴 이리떼 같은 교육자들이여, 토필을 던지고 관헌의 제복으로 갈아입거나 정당인의 탈을 쓰고 나서라. 너희들에게는 일제 강점기의 노예근성이 뿌리 깊이 서리어 있느니라. 지식을 팔아 영달을 꿈꾸는 학자들이여, 진리의 곡성은 너희들에게 반역자란 낙인을 찍으리라"며 성토했다. 그러나 권력층-기득권층의 보수성은 견고한 성이었다. 결국 모든 정치적 부정은 이승만 개인에 의해 단행되었지만, 그 과정을 이루는 권력 행사는 지식인들의 이러한 태도와 일반 국민들의 정치 무관심으로 말미암아 국민 지지를 가장할 수 있었던 것이다.

3 | 저항, 분노, 무너진 장벽

시위가 항쟁이, 항쟁이 혁명이 되기까지

1950년대의 한국 정치에서 특기할 것은 독재체제임에도 민주주의의 핵심인 선거가 주기적으로 실시되었다는 사실이다. 특히 1952년 한국전쟁의 와중에서도 선거가 시행되었다는 것은 매우 주목할 만한 일이다. 그러나 그것은 그저 형식일 뿐, 국민주권이어야 하는 선거권은 번번이 유린당했다. 투표로 의사표시가 불가능한 사회에서 민중이 자신의 의사를 표시할 수 있는 방법은 무엇일까?

4월 혁명의 시작인 2·28 대구 학생 시위의 구호는 "학원의 자유를 보장하라", "일요일 수업을 폐지해 달라", "학원은 신성하다, 정치는 간섭하지 말라" 등이었다. 곧 정치적 문제로 학생들이 피해 입고 싶지 않다는 것이었다(남욱, 1960.4.28).[5] 대전 3·8 시위 참여 학생들도 ≪동아일보≫ 기자와의 인터뷰에서 "우리는 학원의 진정한 자유를 갈망하는 뜻에서 시위를 한 것이요, 정치적인 의도는 추호도 없다. 더구나 선거운동과는 아무런 관련이 없다. 경찰관은 그런 우리를 총대로 두들겨서 혹은 머리가 터지고, 혹은 팔이 부러지고, 어떤 학생들은 허리를 다쳤다"고 토로했다(안동일 외, 1960: 75~76). 의무교육이 보편화되어 한글로 민주주의를 배운 세대의 투표권 없는 어린 학생들이 할 수 있는, 부당한 비민주적 압력에 대한 최초의 저항과 용기는 이처럼 조

---

5   대구에서 발행된 ≪매일신문≫은 1955년 9월 13일 자 사설에서 "학도를 정치 도구로 이용하지 말라"는 제목으로, 공부해야 하는 학생들을 정부 관리들의 필요에 따라, 또는 각종 규탄 대회와 궐기대회에 수시로 동원하는 것에 일침을 가했다. 이 일로 신문사는 폭력배의 습격을 받았고 주필 최석채 기자는 구속되었지만, 이 주장은 많은 부모와 학생들의 호응을 받아 신문의 부수는 오히려 배 이상 증가했다.

심스럽게 학원 자유에 국한된 것이었다.

공정한 투표로써 민주주의를 지켜야 한다는 내용의 구호는 서울운동장에서 열린 3·1절 기념행사에 뿌려진 삐라에 처음 등장했다. 삐라에는 "3월 15일의 선거는 우리 조국이 민주주의를 살리느냐 매장하느냐가 증명되는 날", "누가 이기느냐가 아니라 국민의 주권 행사가 공명정대하게 이루어지느냐가 중요하다"고 함으로써 투표로 구현되는 주권 행사가 곧 민주주의의 기본 원칙이라는 것을 강조했다. 선거일을 하루 앞둔 3월 14일, 서울의 10여 개 야간 고등학교 학생들도 "대한민국은 민주공화국이다"라는 헌법 1조가 명시된 삐라를 뿌리며 시위를 했고, 부산의 고등학생들도 "학도는 살아 있다, 민주국가 세우자", "민주주의 수호하자"라는 구호를 외쳤다.

마침내 정부통령을 뽑는 투표일인 3월 15일, 선거 부정은 이미 예고된 대로 전국에서 계획대로 시행되었다. 몇몇 도시에서 선거 무효 선언과 시위가 있었고, 마산에서는 12명이 사망하고 72명이 부상당하는 유혈 사태가 발생했다. 마산에서 유독 부정선거에 대한 항거가 이처럼 강했다는 것에 대해 당시 지식인들은 "굳이 마산이 아니었어도 어디서나 발생할 수 있는 개연성이 충분했다"고 했으나(이은진, 2010: 119~121), 그럼에도 그곳이 '마산'인 이유가 무엇이었나에 대해서는 깊이 들여다볼 필요가 있다. 부정선거와 자유당-이승만 정권의 부패상에 대한 불만은 전국에 걸친 보편적인 것이었지만, 마산의 특수성이 작용하지 않았더라면 4월 혁명은 그렇게 크게 확대되지도, 이승만 정권을 끌어내리지도 못했을 개연성이 다분하기 때문이다.

우선 마산의 특수성에 대해 알아보자. 첫째, 마산은 외부인이 차지하는 비중이 높은 지역이었다. 일본에서 가까운 항구도시로 일제 시기에는 일본인이 많이 살았으며, 해방 후에는 귀환 동포가 다수 이주했다. 정부수립 후 처음으로 치른 1948년 제헌국회의원 선거에서 마산 시민은 우익 세력의 대표주자인 토박이 후보가 아닌 귀환 동포들의 지지를 받는 후보를 압도적인 표차로 당선시켰고, 1950년 2대 국회의원 선거에서도 쟁쟁한 우익 인사들을 물리치고 같은 인물을 재선시킬 정도로 이주민의 영향력이 큰 곳이었다. 또한 인민군 점령지역이 아니었기에 피난민이 많이 몰려, 1953년 말 현재 귀환 동포와 피난민의 비중이 마산 시민의 약 40%에 이르렀다고 한다. 이들은 주로 시 외곽 변두리에 모여 살면서 하루벌이 하역 작업과 막노동으로 생을 이어갔는데, 허기를 참다못해 복어 내장을 끓여 먹고 중독사 하는 비극이 때때로 발생하곤 했다. 둘째로는 앞서 기술한 대로 마산은 보도연맹 희생자 수가 2000명으로 추산될 정도로 민간인 학살 피해가 큰 지역으로, 가족·친지·친구를 억울하게 잃은 뼈아픈 한을 지닌 사람들이 많은 곳이었다. 이러한 상황에서도 일부 마산의 유지들은 일본인들이 남겨놓은 귀속재산을 기반으로 경제력은 물론이고 정치적인 힘까지 발휘했고, 대다수가 자유당에서 활동했다. 사정이 이렇다 보니 시민들의 자유당에 대한 반감은 컸다. 그런데 막상 전쟁 직후인 1954년 3대 국회의원 선거에서는 이전과 사뭇 다르게 자유당 후보가 당선되었다. 김주완은 그 이유를 "극도의 공포 체험에 따른 체념과 굴복의 결과"라고 분석했다(김주완, 2006). 빨갱이 사냥-학살을 경험한 피해 대중에게서 나타난 것과 같은 현상이라 하겠다. 하지만 마산 시민들은 2년 후 1956년 3대 대통령 선거에서는 진보당의 조봉암 후보에게 무려 47%의 표를 몰아주었고,[6] 또다시 2년 후 총선에서는 독재의 서슬이 시퍼런 가운데서도 야당 후보 허윤수를 선택했다. 경력, 명망, 재력, 조직력 등 모든 분야에서 월등하고 행정과 경찰의 노골적인 지원까지 받는 자유당원 대신 민주당 후보를 뽑았다는 것은 가히 혁명적인 일이었다. 이승만과 자유당에 대한 반감과 정권교체에 대한 열망이 그만큼 컸다는 것을 의미하는 것이었다(김태룡,

---

6   이는 조봉암의 전국 평균 득표율 36%보다 훨씬 높은 것이었다. 이승만이 2만 2770표, 조봉암이 2만 156표로 마산에서 둘 사이의 표 차는 2600여 표 정도밖에 되지 않았다.

1962: 227).[7] 셋째는, 그렇게 뽑힌 허윤수가 시민의 뜻을 저버리고 자유당의 매수에 넘어가 변절했다는 것이다. 따라서 허윤수의 변절에 대한 시민들의 분노는 하늘을 찌를 듯했다. 이것이 3·15 선거 무효를 외치던 민주당원 중심의 낮 시위가 저녁에 시민들에 의해 더 크게 자발적으로 재개된 이유이다. 시위대는 3월 15일 저녁 허윤수의 집에 불을 지르고 파괴했으며 오물을 퍼부었다. 마산 시민의 자유당과 이승만에 대한 한과 분노가 3·15 부정선거를 계기로 시민 항쟁으로 폭발한 것이다. 정전이 된 암흑천지에 공포와 최루탄, 총탄이 쏟아져 전쟁터를 방불케 하는 상황에서 시위 군중 속에서 나온 노래가 "전우의 시체를 넘고 넘어 앞으로 앞으로 …… 원한이여 피에 맺힌 적군을 무찌르고서 ……"였다는 것은 그 가사 내용이 당시 시위대의 심정을 잘 반영하고 있었기 때문이었을 것이다.

3월 15일의 저녁-밤 시위가 경찰의 대인 사격과 최루탄 발사로 인해 80명이 넘는 사상자를 내면서,[8] 또한 정부에서 재빠르게 "공산당 지하조직에 의한 폭동"으로 몰아가면서 마산은 다시 조용해졌다. 마산 경찰 당국은 주모자로 구속한 26명을 남조선노동당원으로 둔갑시키기 위해 혹독한 고문을 했고, 부상자들과 사망자의 가족들은 빨갱이로 몰릴 것이 두려워 병원에도 가지 못하고 숨어서 전전했다. 학교는 휴교했고, 시위는 전국적으로도 소강상태에 들어갔다. 마산이 5·18 광주처럼 고립될 수도 있는 상황에서 이들을 살린 것은 대한변호사협회의 조사 결과였다.[9] 3월 28일 변협은 마산 관련 특별

---

7   경남북 지역은 인민군의 점령을 받지 않았기 때문에 우익의 학살에 대한 책임을 묻기가 더 용이했고, 야당세가 강했다. 4월 혁명 직후 조직된 피학살자 유족회 대다수가 이 지역에 몰려 있는 것도 이러한 이유 때문이다.

8   이때 사용된 최루탄은 부정선거에 대한 반발과 폭동이 있을 것을 우려한 내무부장관 최인규와 치안국장 이강학이 ICA 자금으로 구입해 전국 경찰에 배부한 것이었다. 경찰국 장부에 따르면 이날 최루탄은 12발, 실탄은 75발을 쏘았으며, 퇴각해 귀가하는 시민도 추격해 소탕했다(≪동아일보≫, 1960.4.17; ≪마산일보≫, 1960.4.17; 김태룡, 1962: 259).

성명에서 "마산 사건은 국민의 정부 시책에 대한 평소의 불신과 부정선거로 인해 자연 발생적으로 일어난 민중 봉기"라고 결론을 내리고, 아울러 경찰의 무자비한 발포와 만행을 폭로했다(대한변호사협회, 2002: 82~84). 이 사실이 언론에 보도되자 그동안 숨죽이고 있던 마산 시민들은 비로소 공포심에서 탈피해 자신들에게 우호적인 세력이 있다는 것에 용기를 가지게 되었고, 시위의 정당성을 확신했다. 만약 이때 내무부와 치안국, 마산 경찰들의 끈질긴 예의 '빨갱이 조작' 노력이 힘을 발휘했더라면 2차 마산항쟁은 물론 4·19 시위도 불가능했고, 혁명으로까지 발전하지도 못했을 뿐 아니라, 마산에는 또다시 피바람이 불고 자유당 정권은 더 기승을 부렸을 것이다.

2차 마산항쟁의 촉발 원인이 3·15 시위에서 실종된 김주열에서 비롯되었다는 것은 잘 알려진 사실이다. 김주열의 어머니가 아들을 찾아 마산을 헤매는 동안 시민들 사이에서는 아마도 바다에 유기되었을 것이라는 소문이 떠돌았다(대한변호사협회, 2002: 83~84). 그리고 4월 11일, 거짓말처럼 김주열의 시체가 참혹한 모습으로 바다에서 떠올랐다. 그동안의 의혹이 형상화되어 가시적으로 드러나자 마산 시민들의 뇌리에는 10년 전 보도연맹원이라는 이유로 괭이바다에 수장된 가족들의 모습이 오버랩되었을 것이고, 정부와 권력의 정당성이 적어도 마산에서 완전히 사라지는 결정적 계기가 되었다. 모든 것이 국가권력의 횡포라는 것이 밝혀지자 마산의 2차 항쟁은 더욱더 격렬해졌다. 김주열과 같은 또래 학생들이 단체로 쏟아져 나왔고, 시민들은 세대를 불문하고 뛰쳐나와 "자식을 지키자", "우리도 민주주의를 찾아야겠다"고 외쳤다. 강력한 세력을 형성한 시위대의 구호는 "살인 선거 물리치자", "이기

---

9   당시 한국의 부정선거와 마산의 발포 사건은 이미 외신의 주목을 받고 있는 상황이라, 세계인권옹호연맹에서는 국내 변호사를 주축으로 3월 18일 마산에 간부 7명을 파견했다. 이들은 검찰 수뇌부가 회동하는 가운데 진상 조사를 했으며, 도립병원에 입원한 중상자들을 일일이 살펴보고 경찰에 연행된 시민들이 가혹행위를 당한 것을 확인했다(마산일보사 엮음, 1960: 22).

붕 죽여라", "학살 경관 처단하라" 등으로 좀 더 구체적이 되었는데, 이때 "이 승만 정권 물러가라"는 정권 퇴진 구호가 처음으로 등장하게 된다. 부정선거 거부로 시작된 시민들의 요구가 이승만 정권에 대한 직접적인 분노로 전화된 것이다. 마산은 이제 국가의 통제가 미치지 못하는 지역으로 바뀌었다.

마산에서 점화된 시민 봉기의 국면은 이제 그 이전으로는 돌아갈 수 없게 되었다. 3·15 시위에서 체포·구금되어 공산당으로 몰릴 뻔했던 정남규는 "당시는 자유당이나 경찰의 만능 시대라 정부통령 선거를 둘러싸고 빚어진 살기 충일한 분위기 속에 뛰어들어 백성의 뜻을 표명한다는 것은 바로 전쟁이었고, 생명을 걸어놓지 않고서는 정말 생각조차 못할 지경이었다. …… 데모 이외의 방법으로 우리의 의사를 표시할 아무런 방법이 없었다"고 했다(≪부산일보≫, 1960.5.1). 그의 말은 마산의거가 목숨을 건 시민 항쟁이었으며, 마산의 특수 상황이 곧 대한민국 전체의 축소판으로 대표성을 띠고 있었다는 것을 의미한다.

마산으로 대표된 반정부 항쟁은 서울에 와서 혁명으로 완성되었다. 그러나 서울이라는 큰 솥은 아주 서서히 달구어졌다. 서울은 반이승만 감정과 반진보적 정서를 동시에 갖고 있는 곳이었다. 생존을 위해 이농한 사람들과 수많은 탈북민, 실업자, 몇 푼 되지 않는 일당으로 입에 풀칠하기도 어려운 노동자, 수도와 전기 공급이 안 되는 달동네 주민들로 넘쳐났지만, 수도로서 국가의 통제력이 강하게 영향을 미쳤고, 전후 인구가 가장 급속도로 늘어나며 권력과 부의 집중이 가속화된 지역이었다. 1952년 말 통계에 따르면 전체 법조인 가운데 51.3%, 의사의 43.9%, 약사의 65.9%가 서울에 몰려 있었다(강인철, 1999: 265~266). 또한 서울에는 전국 대학의 절반 이상, 6만 7056명의 대학생이 밀집되어 있는 곳이었다. 기득권자의 특징은 사회의 변화나 불안정성을 부정하고 원치 않는다는 점이다. 마산에서 한 달 동안 두 차례나 발생한 반정부 대규모 유혈 사태로 여론이 험악해지고 부산·청주·대전을 비롯한 지방 도시에서 연달아 시위가 일어나도, 서울에서는 고등학생들과 일부 시민들에 의한 몇 건의 산발적이고 지엽적인 시위만 발생했을 뿐 대학생들이 움직일 기미는 포착되지 않았다.

그러나 4월 18일 고려대학교 시위에 이어 4월 19일 오전에 대학생들이 교문 밖으로 몰려나오자 기다렸다는 듯이 시민들의 호응이 이어졌다. 대규모로 밀려 나온 학생들과 합세하는 시민들로 서울 도심이 가득 차는 데 긴 시간이 걸리지 않았다. 경무대 인근까지 밀고 들어간 시위대에 위협을 느낀 경찰의 실탄 발사로 유혈 사태가 시작되었다. 시위대는 투석과 방화, 차량과 무기 탈취 등으로 맞섰고, 계엄까지 선포되자 경찰은 시위대를 궁지로 몰아가며 총을 쏘아댔다. 그 결과 계엄군 입성 전 서울에서 확인된 사망자는 104명, 부상자는 455명이나 되었다(≪동아일보≫, 1960.4.22).[10]

학생들과 시민들의 피가 거리를 적시고, 이들의 아우성이 천지를 뒤흔드는 상황에서도 이승만은 이를 일부 불만을 품은 불순분자들의 난동과 정치 깡패들의 과잉 대응으로 치부했다(≪동아일보≫, 1960.4.21). 그러나 이후 사태는 숨 가쁘게 돌아갔다. 더는 '공산당 사주'라는 대국민 협박이 먹히지 않았고, 미국의 태도에도 변화가 있었다.[11] 이에 변영태는 이승만에게 보내는 공개장에서 "거칠어진 국민의 기분이 진정되어지지 않는 한 사태는 지하로 들어가 일층 더 험악한 형태를 취할 우려가 있다"며 획기적인 대응책을 촉구했다. 이승만도 사태의 심각성은 느꼈으나 여전히 권력에 대한 집착은 내려

---

10 경무대 앞 사망자는 21명이었다. 계엄령은 오후 3시에 선포되었으나 총격 사망 문제를 덮기 위해 1시로 소급해 적용했고, 계엄군이 서울에 진주한 시각은 밤 10시경이었다. 그 사이 경찰은 시위대를 골목으로 몰아넣고 마구잡이로 총을 쏘아댔다. 같은 날 부산 시위의 사망자는 13명, 광주 시위의 사망자는 6명으로 집계되었다.

11 미국은 1, 2차 마산항쟁에는 유감의 뜻만 표했지만, 4월 19일 밤에는 매카나기 주한 미국 대사가 경무대를 직접 방문해 정당한 불만의 해결을 희망한다고 요청했다(Department of State, 1994: 620~622). 매카나기는 대사관으로 돌아오는 즉시 학생들의 행동을 지지한다는 성명을 발표했다 (≪조선일보≫, 1960.4.20).

놓지 못했다. 모든 책임을 자유당과 이기붕에게 전가시키고, 자신은 여전히 국민의 지도자로 남겠다는 의지가 아주 강했기 때문이다.

《동아일보》 기자 신상초는 이 기간 이승만의 태도에 대해 이렇게 언급한다.

> 이승만이라는 박사는 권모술수에 아주 능한 사람입니다. 그래서 자기의 적대세력하고 자기의 역량하고 비교해 보아서 자기가 밀려날 것 같으면 반드시 일격을 가합니다. 3·15부터 4·19까지 끝까지 그가 행동한 것을 볼 것 같으면 반격할 수 있는 기회가 끝까지 없으니까 결국은 굴복하고 만 것이지요. …… 이승만이는 그냥 두어두고서 밑의 놈이나 처벌하고 이승만 정권을 그대로 유지하는 타합(打合)적인 주장이 생기는 것입니다. 또 이승만이 이것을 노려가지고 자기가 대통령 자리에서 그대로 있되 이기붕은 물러가고 내각책임제는 실시해도 좋다(《사상계》, 1962.4: 156).

그러나 상황은 이미 이승만의 반격을 허용하지 않았다. 계엄령으로 인해 주춤하던 시위가 4월 25일 교수들의 시위로 다시 점화된 것이다. 교수단의 시위는 온건적이었지만 시민들의 반응은 더욱 열렬했다. 시위대가 국회의사당 앞에 당도해 성명서를 읽기도 전에 군중 사이에서 "이승만 대통령 물러가라"는 말이 먼저 터져 나왔다(《사상계》, 1962.4: 158). 교수들이 해산한 뒤에도 시민과 학생들은 통금 사이렌을 무시하고 시위를 계속했고, 계엄하인데도 일부는 철야농성까지 벌였다. 항쟁은 혁명을 향해 치닫고 있었다. 광화문 동아일보 사옥 옥상에서 이 모습을 지켜본 신상초 기자는 "26일 새벽 2시쯤 되어서는 유가족 수십 명이 악에 받쳐 삽자루, 곡괭이, 도끼 등으로 무장하고 종로 서대문 일대를 누비며 '이승만이 죽여라' 같은 구호가 나오기 시작했고, 군인들은 막을 생각도 없이 문자 그대로 수수방관하는 상태였다"고 한다

(≪사상계≫, 1962.4: 157).

　새벽 5시 통금이 해제되자 전날의 흥분이 가라앉지 않은 학생과 시민들이 광화문 일대로 몰려들기 시작했다. "경무대로 가자", "이승만 타도하자"는 구호가 거리를 가득 채웠다. 계엄군은 시내 요소요소에 바리케이드를 치고 탱크를 출동시켰으며, 주요 건물 앞에는 일반인의 출입을 막기 위한 철조망도 설치했지만, 이른 아침부터 수십만 군중으로 꽉 차버린 거리를 그저 바라보기만 할 뿐이었다. 민심이 완전히 이반되었다는 증거는 오전 9시 45분경, 이승만의 하야가 확정되기도 전에 탑골공원에서 "부숴버리자"는 고함 소리와 함께 철옹성과도 같던 이승만의 동상 목에 굵은 철사줄이 걸려 끌어내려진 사건이라 하겠다.

　그리고 드디어 4월 26일 오전 10시 20분경, 이승만의 하야 결정이 중앙청 앞에 몰려 있던 시위 군중에게 먼저 전해졌다.

4월 혁명, 지식인의 혁명인가?

　혁명 직후 ≪사상계≫는 「또다시 우리의 향방을 천명하면서」라는 글에서 4월 혁명을 "자유와 민권의 선각자인 이 땅의 지식인들의 손에 의한 혁명"이라고 규정했다(≪사상계≫, 1960.6: 36). 4월혁명의 백미인 4월 19일의 시위를 주도한 주체가 대학생이며 대미를 장식한 시위가 대학교수들에 의해 촉발되었다는 것이 가장 큰 요인이었다. 따라서 '4월혁명=지식인혁명'이라는 인식은 저항 없이 지금까지 유지되어 왔다.

　그러나 그 당시 대학생들은 대부분 민주국가에서 부정선거는 있을 수 없다는 막연한 주장만 있을 뿐,[12] 4월 19일 당일까지도 그렇게 큰 시위가 있을 것을 전혀 예상치 못했다. 서울대학교 문리대 시위에 참여했던 한 학생은

"정치학과 3학년 학생 10여 명이 주동이 되어 학생들의 데모 참여를 독려했으나 도무지 학생이 동원되지 않았고, 대광고등학교 학생들이 떼 지어 몰려와 "서울대 학생들은 공부만 하면 다냐? 이 공부버러지들아!" 하고 아우성쳐도 교문은 굳게 잠겨 있었다. …… 강의실을 돌며 학생들을 설득해 데모를 촉구하니 50여 명이 채 안 되는 학생들이 모여들었다. …… 50여 명의 학생들이 경찰 병력을 밀어내면서 불가능하다고 생각했던 이들, 다른 대학 학생들도 슬슬 가담하기 시작했다"고 회상한다(홍영유, 2010: 251~254). 이는 그들이 3·15 선거의 부정과 이승만 정부의 부패상, 마산의 유혈 사태, 김주열의 참혹한 죽음을 몰라서가 아니라, 이 문제들이 자신들의 미래, 사익(私益)과는 무관하다는 생각이 지배적이었기 때문이다. 대학생들이 이러한 현실을 누구보다도 잘 알면서도 교과서에서 배운 민주주의와 현실의 괴리를 일찌감치 인정하고 부패한 권력에 대해 체념하고 있었다는 증거는 이들의 선언문과 구호에서도 드러난다. 대학생들의 주장은 모두 타당하나 중고등학생들이나 시민들이 외친 구호보다 구체적이지 않고 막연하며, 현학적인 수사로 표현되어 있다. 4·18 고려대 시위의 선언문을 쓴 박찬세는 "이승만 독재정권과 자유당 부패 세력이 시위로 무너진 것은 예상외의 일"이며(박찬세, 1960.9: 158), "(시위 당시) 이승만 정권을 타도해야 한다는 뚜렷한 목적이 있었던 것은 아니었다"고 한다(≪사상계≫, 1962.4).[13] 이렇듯 시위의 동기와 목적도 뚜

---

12 마산에서조차 마산 유일의 대학이었던 해인대 학생들이 시위에 나온 것은 폭풍이 지나가고 권력의 정당성이 약화되고 난 다음인 4월 13일이 되어서였다. 전북대에서는 4월 4일 소규모 시위가 있었다.

13 4월 혁명 직후 서울의 주요 대학 학생들을 상대로 실시한 여론조사 결과에 따르면, 전체 응답자의 84.5%는 자유당에 반대해 데모에 참가했다고 대답했고, 이승만에 반대한다는 응답자는 전체의 11.3%에 지나지 않았다(김정원, 1985: 201~202). 당시 대학생과 지식인 중 많은 수는 이승만 정권의 퇴진이나 정권교체가 아닌 재선거를 요구했는데, 3·15 선거의 부정이 이승만의 당선은 당연시한 상태에서 '이기붕 부통령 만들기'였다는 점을 상기하면, 결국 이승만 체제를 그대로 인정, 유지하겠다는 것에 다름 아니었다.

렷하지 않고 시작도 우발적이다 보니 의식화 단계 없이 충동적으로 분위기에 따라나섰다가 회의적이 된 경우도 있었다. 서울대학교 철학과 재학 중이던 한 학생은 "(4·19 시위가 한참 절정에 다다랐을 때) 만신창이가 된 몸으로 오늘의 무질서한 대중을 내려다보면서 정신적으로는 허탈감마저 느꼈다"고 한다(홍영유, 2010: 258).

그런가 하면 4월 혁명을 민권의 승리로 자축한 ≪조선일보≫는 4월 28일 이승만이 경무대를 떠나는 것을 보고 "전 국민의 어버이로서 노고를 아끼지 않으시다가 지금은 오직 국민의 한 사람으로 이 박사의 본래의 집으로 돌아가시게 되어 전 국민의 섭섭한 마음을 금할 길이 없었다"고 이승만의 정권 퇴진을 안쓰러워했다. 허정의 도움으로 이승만 부부가 도망치듯 새벽에 하와이로 행하던 날인 1960년 5월 29일, 유일하게 특종으로 이 사건을 보도한 ≪경향신문≫은 이승만에 의해 폐간되는 시련을 겪고도 시종일관 안타까운 시선으로 사진과 기사를 싣고 있다. 사설에서 이승만의 도피행을 "인민을 존경하는 의미에서 그는 떠난 것이다. 혁명의 성과를 빛내기 위해서 그는 떠난 것이다"라고 하고, "그가 저지른 십이 년의 실정이 없었던들 그의 일생이 얼마나 빛났을 것이었겠나. 최후의 일궤(一簣)의 흙을 보탤 수 없어 구인(九仞)의 공이 무너졌음은 못내 안타까울 뿐이다"고 하면서, "노 박사의 여생에 신의 가호가 있기를 마지막 빌어 마지아니한다"고 맺고 있다. 이승만에 대한 지식인-기자들의 이러한 감정과 태도는 항쟁에 참여했던 민의(民意)와는 분명 거리가 있는 것으로, 혁명 와중에 그들이 보여주었던 모습에 의구심을 가지게 한다.[14]

따라서 4월 19일 대학생 시위와 희생의 공을 폄하하는 것은 아니나, 4월

---

14 특히 지식인들 중에 이승만을 '아까운 인물'로 인식하는 경향이 광범위했는데, 이는 이승만 영웅 만들기와 반공 이데올로기에 순응된 결과로 볼 수 있다.

혁명을 이처럼 대학생-지식인 위주로 풀어가는 서사는 거짓은 아니나 참도 아니다. 4월 혁명의 성공에는 이들 외에도 수많은 다양한 계층과 연령층, 남녀가 모두 함께 기여했기 때문이다. [15]

앞서 살펴본 바와 같이 마산항쟁에 참여한 주체는 매우 다양했다. 전쟁 기간의 학살로 가족을 잃고 울분에 가득 찬 유족들과 저항 의식이 누적된 귀환 동포, 독점자본에 휘둘리며 자유당 권력에 불신이 쌓인 중소 상공인, 조세에 불만을 품은 영세상인들, 가난에 찌든 공원(工員), 노동자, 행상, 홍등가의 여인들까지 합세했으며, 특히 자유당과 이승만의 극우·반공을 앞세운 부정부패 양상에 의분을 가진 학생들이 모두 하나의 주체로 얽혀 있었다(홍중희, 1995). 이들은 결코 대학생-지식인들이 생각하듯이 '무질서한 대중'이 아니었다. 마산 시민들은 적어도 민주주의 선거의 4대 원칙인 보통선거, 직접선거, 평등선거, 비밀선거의 개념을 확실하게 알고 있었으며, 주권 의식도 상당히 강했던 것으로 보인다. 투표 당일 오전 9시경, 자유당원의 사전 투표로 투표권을 받지 못한 유권자 80여 명이 오동동에 소재한 민주당사에 찾아와 "도둑맞은 내 표를 찾아달라"고 한 것이 마산항쟁의 시작점이었던 것을 인지한다면, 마산 시민들이 국민의 권리와 투표권의 소중함을 충분히 인식하고 있었다는 것을 알 수 있다. 따라서 이들의 시위는 정당한 권리에 대한 당당한 요구라는 명분이 분명했고, 상황이 진전될수록 의식화 정도도 빠르게 확장되어 갔다.

마산에서도, 광주·부산·서울에서도 시위 군중 속에서 가장 과격하고 행동력 있던 집단은 학생이 아니라 주로 '양아치'나 '부랑아', '폭력배'로 치부되던 20세 이하의 노동 청소년들이었다. 도시의 빈민층으로 어렵사리 생계를 이

---

15   4월혁명에 참가했던 다양한 계층의 시민들에 대한 연구로는 김미란(2005), 권보드래(2010) 등 이 있다.

어가던 이들은 지나치게 높은 교육열을 우려하는 당시 사회에서 소외된 계층이었고, 때론 무시와 경계의 대상이었다. 그러나 항쟁 과정에서 이들의 역할은 지대했다. 서울에서는 중앙청 담을 넘어 경무대로 진입을 시도했고, 무기와 차량을 탈취해 거리를 누볐으며, 이기붕과 부정선거 원흉들의 집, 정치깡패 임화수와 이정재의 집을 습격했다. 파출소 파괴와 이승만의 수족 반공청년단이 있던 반공회관과 자유당 정권의 나팔수 서울신문사 방화에도 적극 임했다. 시위대가 해산한 후에도 철야농성을 벌였으며, 이승만의 동상을 끌어내리고, 계엄군의 탱크에 올라타 환하게 웃었다.

그러나 높기만 했던 권력의 장벽이 무너지고 혼돈의 도가니가 차츰 안정되어 가자, 조직화/세력화될 수 없었던 이들의 존재는 점차 잊혀갔다. 시위의 주체로는 오로지 학교 조직에 소속되어 있는 학생들만 거론되었다. 학생들의 용기와 희생을 칭송하고 추모하는 열기가 더해가는 속도에 반비례해 이들의 행동은 "부랑 청년, 망각된 군중의 무분별한 행위"로 정의되고, 이른바 "지식인이나 교양인들의 사려 깊은 조심스러운 행위"와 대비되었다. 그러나 전 국민의 누적된 감정을 더욱 솔직하고 절실하게 나타내 준 것은 그들의 행동이었다. 이들이 주범으로 몰린 방화와 파괴의 사태는 4·19가 혁명적 사태가 되는 데 크게 기여했다(권보드래, 2010: 91~92). 아직 혁명의 성공에 도취되어 있을 시기인 1960년 5월 14일 ≪국제신보≫ 한 귀퉁이에는 "양아치도 이 나라의 아들딸들이다"라는 제목의 글이 실렸다. 내용은 마산과 서울, 부산, 광주 등지에서 시위 중 단단한 역할을 한 구두닦이, 신문팔이들을 '양아치'로 분류해 공공연하게 폄하하고 단속 처벌하는 세태를 비난하는 것이었다. 기사는 "금번의 데모는 학생들만으로서는 그처럼 거창한 세력으로 되지 못했을 것"이라고 하면서, "금번의 사태를 진정한 의거라고 규정한다면 이들에게도 몇 분인가의 논공이 있어야 하는 것 아닌가", "어쩌면 그 어린 몸뚱이에 그처럼 폭발되어야 할 울분이 있었던가 …… 어째서 그들이 학생이 못 되고 양아치가 되었는가에 대해 사회를 움직이고 있는 사람들이 책임져야 할 문제이다. …… 그들도 자라나는 이 나라의 아들딸이다"라고 맺고 있다. 그러나 이들의 존재는 세간의 관심사가 아니었고, 이들은 스스로를 드러낼 방도가 없었다. 이들의 목소리는 역사에 기록되지 않았다.

시위를 항쟁으로 이끈 하위 계층에 대한 폄하와 함께 4월 혁명에서 주목받지 못한 또 하나의 존재는 여성/여학생이다. 젠더 문제가 지금처럼 이슈화되지 않던 시기여서 이들의 활약은 남/학생들의 활동에 묻어가는 정도로만 기록되었지만, 그 소수의 기록을 주의 깊게 살펴보면 여성들의 의식과 역할을 짐작해 볼 수 있다.

1960년 4월 15일 ≪국제신보≫의 마산 관련 기사 중 "취조관 앞에 늠름"이라는 부제 아래 '백윤(영)선'이라는 이름이 눈에 띈다. '마산의 유관순'으로 불리던 20대 초반의 백윤선은 두 번이나 경찰서로 연행되어 갖은 고초를 겪었고, 취조 경찰관 앞에서 "나의 양심 고백"을 쓴 인물이다. 그는 자신의 시위 참여 이유를 "대한민국의 평범한 시민이 갖고 있던 리승만 정권에 대한 폭발 일보 직전의 분노"라고 밝힐 정도로 사회의식이 분명했고, 그의 어머니는 경찰관에게 투표용지를 박탈당하자 분노로 통곡할 정도로(백윤선, 1997.4.30) 주권의 정당성을 확실하게 인지하고 있는 여성이었다. 마산항쟁에 참여했던 한 증인은 3월 15일 아주머니들이 앙칼진 목소리로 "야, 이 도둑놈들아, 내 표 내 놔라" 하고 항의하던 소리가, 김주열의 사체가 떠오른 날은 6·25 때 남편 잃고 또다시 아들의 비극을 겪어야 했던 중년 여성들이 대거 나와 "죽은 자식 살려 내라", "차라리 우리도 죽여달라"고 절규하던 소리가 아직도 귀에 쟁쟁하다고 한다(홍영유, 2010: 358). 그 외에도 소요죄 입건자 중 간호사, 요리사, 식모, 창녀로 분류된 여성들이 여럿 있다. 교사들이 신발을 전부 감추었지만 맨발로 뛰쳐나온 마산여고와 성지여고 학생들, 부상자들을 돌보느라 위험을 무릅쓴 간호학교 학생들, 몸을 사리지 않고 투쟁한 부산 데레사여고 학생들과 인천과 군산의 여학생들, 서울 시위에서 맹활약을 한 수백 명의 연세대·서울대 여학생들, 국회의사당 앞에서 선언문을 읽은 서울대 여학생의 이야기, 누구보다도 먼저 "죽은 학생 책임지고 리 대통령 물러가라"고 외친 마산 할머니 시위대의 구호는[16] 모두 남/학생-지식인 중심의 서사에 묻혀버렸다. 4월 혁명의 평등하고 민주적인 가치를 되살리기 위해서는 학생 외에도 이들 하위 계층과 민중, 여성의 활약상을 재인식하는 작업이 꼭 필요하다.

4월 혁명의 진실은 이러한데, 당시 사회는 왜 4월 혁명을 학생-지식인의 전유물로 만들었을까? 3·15 마산 시위에서 실종된 아들을 애타게 찾아 헤매 유명 인사가 된 김주열의 어머니 권찬주 여사가 이승만 하야 후 방송국 인터뷰에서 한 말은 상당히 시사적이다.

…… 저보다 더 이상 대학 출신들을 그 부모들이 기가 막히게 해서 대학을 가르쳐서 그 목숨을 바친 그 심정을 생각하면 저는 아무 것도 아니라고 생각합니다. 그 부모들 심정이 얼마나 쓰리고 아프겠느냐 생각할 때, 우리 주열이 죽음 생각은 저만큼 가버리고 ……(3·15 의거, 1999 제7호).

즉, 오랜 식민지 생활과 전쟁으로 폐허가 된 나라, 기댈 것이라고는 교육 밖에 없던 상황에서 가족의 희생과 사회의 기대를 한 몸에 받으며 고학력자가 된 (대)학생-지식인일수록 고귀하고 소중한 존재라는 것이 당대의 사회 인식이었던 것이다. 따라서 4월 혁명에서 '아깝고 안타까운' 대학생의 희생이 부각되고 그들에게 공(功)을 돌리는 것은 어쩌면 자연스럽게 진행된 감이 있다.

16 　"죽은 학생 책임지고 리대통령 물러가라"는 구호는 서울에서 교수 시위가 시작되기 전인 4월 25일 오후 1시경 마산 할머니 시위의 플래카드에 처음 등장했다. 4·25 교수 시위대는 오후 5시 45분경 동숭동 서울대학교 교문을 나섰다.

결국 1950년대 대학생에 대한 비난과 실망은 이들에 대한 '기대'의 다른 이름이었고, 4월 19일의 극적인 시위 과정은 신세대 대학생-지식인에 대한 우리 사회의 간절한 기대들이 충족되는 안도의 순간이기도 했던 것이다. 4월 혁명 직후 기다렸다는 듯이 쏟아진 이들에 대한 칭송과 격려, 환호가 그것을 말해준다.[17] 대학생들도 급작스레 자신들에게 쏟아지는 찬사에 스스로를 역사의 주인공으로 인식하고 "기고만장하다"는 우려를 받을 정도로 들떠 있었다.[18] 정규 수업 대신 연일 정치인들의 시국강연회를 좇아다니는가 하면 농촌계몽과 사회 정화를 위한 신생활운동으로 분주했다. 권보드래는 이를 "대학생이 4·19를 만들어냈다기보다 4·19가 대학생이라는 사회문화적 주체를 탄생시켰다고 할 수 있다"고 평가한다(권보드래, 2010: 101). 그러나 무관심과 무기력의 주인공에서 갑자기 영웅이 된 이러한 모습은 어딘지 불안한 측면이 있다. 혁명 과정에서 빠른 속도로 의식화되었다고는 하나, 혁명 이후 대학생들이 적극적으로 참여한 선무반 활동과 농촌계몽운동, 신생활운동은 여전히 정치사회적 의식화라기보다는 선민의식에서 비롯된 책임감과 엘리트 의식에서 비롯된 자부심의 발현인 경우가 적지 않았다.

4·19 세대라는 자부심을 가지고 있는 대학생-지식인은 4월 혁명의 과정에서 분명 일정한 역할을 수행했다. 그러나 다소 관념적이고 추상적인 의식 수준에 머물렀던 4·19 세대의 많은 이들은 의식의 확장보다는 현실에 안주하는 모습을 보였다. 쿠데타로 수립된 군사정권에서는 박정희의 3선 개헌을 찬

---

17 이제 대학생들은 4·19를 기점으로 "자기 자신의 권리를 망각하고 소위 권리에 잠자고 있는 그네들 어버이들의 타성을 참다못해 그네들 자신이 횃불을 들고 일어난 어린 세대", "기성세대는 차마 마음에도 먹지 못했던 바를 성공적으로 완수한 학생들"로 추켜세워졌다(≪연세춘추≫, 1960.4.27; 이미란, 2005b: 178 재인용).

18 김승옥은 "대학은 5월 1일부터 문을 열었지만 들뜬 분위기로 수업이 제대로 될 리 없었다. 열광적인 분위기는 여름방학이 될 때까지 학교 안을 지배했다. …… 학생들은 기고만장했다"고 한다(김승옥, 2004: 194~195).

성하고 유신독재를 지지했으며, 1980년 5월 광주 학살의 주범인 전두환 정권의 제일선에서 활동하기도 했다.[19]

4 | 자유의 향연, 민주의 경험

부패한 독재정권을 타도했다는 점에서 4월 혁명은 성공이었다. 그러나 혁명 과업의 완수를 위한 진통은 이제 시작이었다. 4월 혁명의 주체였던 학생과 민중은 각기 오랜 기간 억눌렸던 한을 풀고 저마다의 주권을 찾기 위해 분주해졌다. 그러나 1년이 채 지나지 않아 기대는 허물어지고, 혁명의 기억은 멀어졌으며, 실망과 자조의 소리들이 그 자리를 차지했다. 특히 혁명 직후 활발한 활동을 한 대학생들은 4·19 1주년 선언문에서 "…… 하나에도 열에도 통분이 아닐 수 없으며, 거기서 지내온 1년간의 정치 기간은 치욕과 울분밖에 갖다준 것이 없다"고 불만을 토로했다. 또한 이전의 냉소적이고 무기력한 모습으로 되돌아가, "인민을 위한 정치라면 한국에서는 인민에 의한 정치가 아니고 선의의 독재라도 무관하다"는 생각까지 하게 되었다(≪사상계≫, 1962.4: 166). 한 지식인은 이러한 현상에 대해 "보상이 욕구를, 변화가 기대를 따르지 못함으로써 4월 혁명의 주체들은 내내 좌절감을 맛보았다"고 했다 (강준만, 2004: 42). 이러한 기록들은 4월 혁명을 '실패의 경험'으로 인식하게 한다.

---

19 1961년 9월 10일 ≪동아일보≫에는 박정희의 3선 개헌을 지지하는 4월 혁명동지회, 4·19유족회, 4·19중앙회 이름의 성명서가 실려 있으며, 1972년 11월 18일 ≪경향신문≫과 ≪서울신문≫에는 "內實의 英斷임을 확신"이라는 제목하에 서울대, 고대, 연대, 경희대, 성균관대 등 10개 대학의 4·19 당시 각 대학 대표들이 유신독재를 지지하는 호소문이 게재되었다. 이들은 유정회 의원으로, 제5공화국에서는 민정당 국회의원으로 정치 생명을 이어나갔다.

물론 이승만의 측근 허정이 수반인 과도정부도, 이들과 크게 다르지 않은 성향에 내분까지 있던 민주당의 제2공화국도 모두 시작 전부터 혁명 과업 완수에 그다지 적절한 정치세력은 아니었다. 4월 혁명의 아쉬움은 그럼에도 불구하고 그들에게 정치권력을 맡길 수밖에 없던, 그들 외에는 마땅한 대안이 없던 당시의 현실에 이미 내포되어 있었다고 보아야 할 것이다. 그리고 이는 이승만이 수많은 문제를 노정하고도 그토록 오래 권좌에 있을 수 있었던 이유이기도 했다. 따라서 지금까지 4월 혁명 연구의 대부분은 "독재 권력을 타도한 4월 혁명이 제2공화국의 무능과 혁명 과업 수행 미흡으로 인해 혼란으로 이어지다 5·16 쿠데타를 맞았다"는 서사로 굳어져 있다. 이 서사에서 제2공화국은 '무능한 정치권력'이고, 민중은 '혼란을 일으킨 주체'가 된다. 이 서사는 민중/국민을 '폭정을 무너뜨리고 자유를 만끽한 승리자'가 아닌 '문제적 존재'로만 보고 있다. 이승만이 하야한 1960년 4월 26일부터 1961년 5월 15일에 이르는 4월 혁명기는 대한민국 정부가 수립된 이후 가장 자유가 많았고 민주주의가 활성화된 시기였다는 사실과, 그 자유를 누리고 민주주의를 구가한 주체가 바로 민중이라는 사실을 간과한 것이다. 이들이 '혼란'이라 인식한 민중의 요구와 시위 양상은 결코 무질서하거나 무책임하지 않았다. 매끄럽지는 않았지만 혁명 직후의 억압된 한과 욕구의 분출 단계를 거쳐, 7·29 총선 이후에는 혁명 과업 시행 촉구 단계로, 그다음으로는 우리 사회의 당면 과제를 분석하고 행동하는 단계로 점차 발전해 나가고 있었다.

이승만 정권의 몰락을 가장 기다렸을 사람들은 아마도 이승만에 의해 억울하게 죽임을 당한 사람들이었을 것이다.[20] 그중에서도 10년이 넘도록 원

---

20 자유당 집권기에는 이승만과 정치적으로 대적 관계에 있던 많은 인사들에 대한 살해 또는 암살 시도와 수많은 민간인들이 정당한 재판 절차도 없이 살해당하는 일이 종종 발생했다. 장면 부통령 저격 사건, 김성주 살해 사건, 김구 암살 사건, 조봉암 사건 등과, 빨갱이로 몰려 살해된 수많은 민간인 학살 사건들이 그것이다.

한을 안으로만 삭이고 있던 수많은 민간인 학살 피해 유족들은 이승만의 하야와 동시에 사건 규명을 위한 작업을 시작했다. 5월 초부터 자체적으로 '양민 피살자 명단 접수'가 진행되고, 진상 규명 운동이 가속화되었다. 5월 11일 거창에서는 당시 학살에 공조한 면장에 대한 보복 살인까지 발생했는데, 다른 지역의 상황도 일촉즉발이었다. 이에 국회는 곧바로 양민 학살 사건 진상조사를 위한 긴급동의안을 제출하고 활동을 시작했다. 국회가 직접 희생자 명단을 접수하고, 경북·경남·전남 세 지역에 조사 위원도 파견했다(국회사무처, 1960). 이 모든 과정이 불과 한 달 전에는 꿈도 꿀 수 없던 일이었다. 10여 년의 한을 풀기에는 시간도 지원도 턱없이 부족했으나, 숨어 지내던 유족들은 이제 학살 문제 청산의 주체로 변모해 언론과 사회의 관심을 받으며 자신들의 울분을 적극적으로 피력했다. 전국적으로 '피학살자유족회'를 조직했고, 국회가 대정부 건의안을 통해 '학살 관련자 처벌 및 유족 보상'이라는 안을 내놓게 압력을 가했다. 비록 정부의 소극적 대처로 원하는 만큼의 성과를 얻지 못했고, 5·16 쿠데타로 이 문제는 다시 깊은 늪으로 빠져버렸지만,[21] 적어도 이 13개월 동안 피학살자 유족들은 민주주의국가에서 주체로 살아갈 수 있었다. 군사 쿠데타로 맥이 끊어지지 않았더라면 이들의 활동은 학살로 고착화된 반공 체제를 극복하고 훼손된 민주주의적 가치와 무너진 사법 정의를 바로 세우는 데 큰 역할을 했을 것이다.

4월 혁명의 첫 촉발 요인이 '학원 민주화'였던 만큼 전국적으로 대부분의 학교에서는 5~6월에 학원 민주화운동 바람이 거세게 불었다. 대학에서는 어용 총장과 교수가, 중고등학교에서는 어용 교장과 교사들이 퇴출당했다. 그리고 이와 함께 5월 초 교원 노조 운동이 시작되었다. 4월 혁명기 교원 노조

---

21 5·16 쿠데타로 집권한 군사정권은 유족회를 반국가 단체로 규정하고, 간부들을 반혁명 사범으로 구속·탄압했다. 마산유족회를 이끈 노현섭은 꼬박 10년간 감옥살이를 했다.

운동의 특징은, 교사들 스스로 자유당 정권에 놀아난 자신들의 불유쾌하고 부끄러운 심정을 솔직하게 인정하고, 역사의 비극을 또다시 저지를지도 모르는 권력 앞에 무방비로 있을 수 없다는 '속죄와 책임 의식'에서 출발했다는 점이다. 문제는 과도정부가 교원노조의 신고증을 반려하고 불허 방침을 세움으로써 확대되었다(이용원, 1999.4.13). 정부가 교원 노조를 반대한 이유는 교원 노조가 전국 7만 3000에 달하는 교직자를 규합할 경우 압력단체가 될 수 있고, 일본처럼 좌경화할 우려도 있다는 것이었다(조일문, 1960: 228). 이에 교원 노조는 학생들의 지지를 받으며 연좌 농성, 단식투쟁 등 강력한 수단을 동원하며 대정부 투쟁을 이어나갔다.

여촌 야도가 지역민의 본심이 아니었다는 증거도 속속 드러났다. 이승만의 하야가 보도되자 좀체 정치색을 드러내지 않던 제주를 비롯한 읍면 단위에서 자유당 앞잡이인 도지사, 시장, 경찰 등의 사퇴를 요구하는 시위가 일어난 것이다. 또한 과도정부의 독재·부패 세력 청산 실패로 7·29 총선에 전직 자유당원이 입후보해 부정선거로 당선된 10여 곳에서는 경찰서 습격, 투표함 소각, 폭행, 방화, 투석전 등 민중의 저항이 있었다. 특히 창녕에서는 엽총도 등장해 중상자가 수십 명에 달했으며, 군민(郡民) 재판이 벌어져 도망친 경찰서장 대신 그의 부인을 벌거벗겨 거리로 끌고 다닐 정도로 사안이 심각했다. 과거사 청산의 미흡으로 반혁명 세력들이 4월 혁명 후 아주 잠시 주춤하다가 다시 활약을 재개하는 것에 대한 항거였던 것이다. 이 사건은 언론에는 '난동'으로 보도되었으나 혁명의 연장으로 보아야 한다는 의견도 존재했다(≪사상계≫, 1960.9: 59~64).

7·29 총선 이후에는 시위의 양상이 달라졌다. 민주당이 압도적인 표 차이로 정권을 잡고도 당내 분규로 정책에 집중하지 못하자 4월 혁명 부상자들이 이를 규탄하는 시위를 하는가 하면(≪경향신문≫, 1960.8.27), 혁명 입법을 빨리 서두르라며 국회를 독촉하고, 특별법 제정을 적극 건의하는 시위도 했

다(≪경향신문≫, 1960.9.6). 그 결과 민의원에서는 이 안을 토대로 민주반역자처벌 임시조치법안과 부정축재 특별조치법안, 부정선거관련자공민권정지에 관한 법안을 만들어 국회에 제출했다(≪조선일보≫, 1960.9.15). 4월 혁명 유족회와 부상자회는 자신들이 혁명 주체들을 대변한다는 생각이 있었고, 무엇보다 민주당 정부에게 정권을 준 주체가 국민이니 국민의 뜻에 따라야 한다는 인식이 강했다. 하지만 국민의 관심이 집중되어 있던 10·8 판결의 결과는 국민들의 기대와 너무도 동떨어진 것이었고,[22] 전국에서 이를 비난하는 시위가 일어났다. 제2공화국 혼란과 무질서의 대표적 사건으로 거론되는 유족회와 부상자회의 국회의사당 점거 사태는 바로 이에 대한 분노의 표출이었다. 그러나 이때도 곽상훈 민의원의장과 의원들은 경위권을 발동하거나 경찰에 고발하지 않았다. 오히려 "무법과 불법폭행으로 신성한 의사당을 점령한 사람들이 무식한 사람들이 아니고 거의 대학생들이다. 그 원인을 제공한 것은 국회"라며 국회의원들의 반성을 촉구했다. 또한 이들에게 혁명입법을 하지 못한 것에 대해 공개 사과하고, 조속한 개헌과 특별법 제정을 약속했다(≪경향신문≫, 1960.10.11).[23] 시위대의 항의 방법은 다소 거칠었지만, 이들의 요구가 국민의 의사를 반영한 것이었기에 수용하지 않을 수 없었던 것이다. 이 사건은 장면 정부가 '반민주행위자공민권제한법안'을 제정하게 했다.

앞의 두 단계를 거친 다음에 등장한 것은 대학생들과 혁신 세력에 의해 시

---

22 10·8 판결 공판은 3·15 부정선거 관련자 사건, 4·19 시위 발포 명령 사건, 정치 깡패 사건, 장면 전부통령 저격 배후 사건, 대통령 암살 음모 조작 사건, 제3세력 제거 음모 사건 등 이승만 정권에서 저질러졌던 6대 사건에 대한 공판이었다. 그러나 부정선거사범 9명 중 1명에게만 사형이 언도되었고 다른 사람들에게는 감형 또는 무죄가 선고되었다.

23 곽상훈은 후에 "국회에 경호권을 발동해 한번 크게 호령을 해줄 생각도 없지 않았으나 …… 그들의 항의 방법이 너무도 졸렬해 그만 자신을 잃어버렸다"고 했지만(이용원, 1999.4.9), 대세를 거스를 수는 없었을 것이다. 장면 역시 이 사건에 대해 개탄은 했지만 특별 대응을 하지는 않았다.

작된 자립경제 수립과 통일에 대한 치열한 논의였다. 국민 계몽적 성격의 신생활운동을 펼치던 대학생들이 한국 사회 모순의 근본 원인을 외세에 의한 민족 분단으로 파악하고, 경제적 자립으로 주권을 확보해 통일된 민족을 이룩해야 한다는 쪽으로 방향을 선회한 것이다. 이런 시각에서 추진한 운동이 한미 경제 협정 반대 운동과 남북학생회담 제안을 비롯한 통일운동이었다. 이 운동들은 사회적으로 큰 관심을 불러일으키지는 못했지만, 대한민국 정부수립 이후 처음으로 정치사회적 관점에서 우리 사회의 문제를 인식하고 해결책을 찾으려 했다는 점에서 상당히 고무적이었다.

4월 혁명기를 '혼란'으로 정의하는 가장 대표적인 키워드는 '시위(데모)'이다. 하지만 각계각층의 다양한 요구가 거리로 나와 난립하는 양상은 획일화되고 도식화된 공포 사회에서는 도저히 불가능한 일이다. 이 시기가 '자유가 있는 민주주의국가'이기에 가능한 일이었다. 아직 경험이 부족해 자유를 구가하고 민주 의식을 구현하는 방식이 서툴고, 오랜 기간 억눌렸던 감정의 일시적 분출로 사회가 다소 혼란스러운 것은 감당해야만 하는 '과정'이었다. 실제로 시위의 양상은 앞에서 보았듯이 시차를 두고 다르게 전개되었으며, 1961년 봄부터는 그마저도 현저히 줄어들었다. 그러나 친미반공 성향의 지식인/기성세대들은 자신들이 주장하는 자유/민주주의에 필연으로 따르는 불협화음을 견디기 힘들어했다. 그들은 민중이 구가하는 자유를 방종으로 인식했으며, 극우 반공적으로 길들여진 국민들은 혁신 세력과 대학생들이 내달리는 통일운동을 불안해했다.[24] 2대 악법 반대 투쟁을 불러온 '반공을 위한 특별법'과 '집회와 시위에 관한 법'을 제정하려 한 것은 장면 정권의 보

---

24   극우 반공 이데올로기에 길들여진 대한민국 국민들에게 혁신계=공산주의자라는 인식은 쉽게 사라지지 않았다. 1960년 7·29 총선과 12월 지방선거에서 혁신계의 참패 요인 중 하나도 이것이었으며, 통일운동도 대학생들이 혁신계의 조종을 받는다는 소문이 있자 학생과 대중의 지지를 받지 못했다.

수성을 보여주는 것이었으나, 장면 정부는 혁신 세력이나 통일운동을 용공으로 몰아가지는 않았다. 시위를 하다가 죽거나 다친 사람도 없었고, 연행된 사람도 전혀 없었다. 그러나 이로 인해 좌우 대결로 시위가 확산한 것은 진보와 보수 양측 모두의 우려를 초래했다. 고작 1년이 지났을 뿐인데 대학생들은 벌써 혁명에 회의를 느끼고 있었으며,[25] 한국에 민주주의는 시기상조라는 비관론이 등장했다.[26] 4월 혁명의 교훈 가운데 제일 중요한 것은 독재의 한계를 말한 것이라 하겠다. 그러나 당시 선민의식, 특권의식을 가지고 있던 지식인 계층은 4월 혁명기에 터져 나온 민중의 자유와 권리에 대한 갈구를 혼란으로 인식했고, 오히려 독재의 유용성을 인정하는 대단히 큰 오류를 범했다. 5·16 쿠데타가 발생했다는 소식을 접하고 "올 것이 왔다"는 반응을 보인, 또는 침묵함으로써 잠재적인 동조자가 된 지식인들은 바로 이들이었다. 분단 상황과 반공 이데올로기는 이렇듯 이념 수준이 연약했던 대다수 4·19 세대를 변질시키고 4월 혁명을 좌절시키는 데 결정적인 요인으로 작용했다.

따라서 4월 혁명기의 성과가 미흡하다고 해 그 책임을 정치권에게로만 돌리기에는 무리가 있다. 결국 우리 안에도 그 한계를 뛰어넘을 수 없었던 하나의 요인이 있었다고 보아야 할 것이다. 그 당시에는 정치권도, 지식인도, 대중도 독재체제가 없어진다고 해서 곧바로 완전한 자유와 확고한 민주주의를 영위한다는 것은 환상에 불과하다는 사실을 인지하지 못했다. 우리의 특

---

25 1961년 4월 혁명 1주년 기념으로 연세대 4학년 학생 398명을 상대로 실시한 설문조사에서 혁명에 보람이 있다고 응답한 사람은 전체의 2.5%, 혁명 전보다 더 나빠졌다고 응답한 사람은 11.0%, 대학생들이 주도하는 신생활운동의 방식에 동의하는 사람은 17.5%, 아예 관심도 없는 사람은 34.2%, 민통련을 포함한 각종 학생 단체에 대해 관심 없다고 답한 사람은 52.2%이며, 대다수가 정치적으로 이용당하고 있다거나 무의미한 활동이라고 답했다(오제연, 2010: 258).

26 1961년 10월 고대생 377명을 대상으로 한 설문조사에서는 86%가 민주주의는 한국에 부적합하다고 여기고 있으며, 그 이유로는 받아들일 준비가 안 되어 있다(40%), 서구와 사회문화적 차이가 있기 때문(30%), 이론과 현실이 다르기 때문(7%), 지나친 자유의 부작용 때문에 통제가 필요하다(6%)고 답했다(홍승직, 1962: 121~122).

수한 정치사회적 현상과 그에 대한 원인을 분석하고 행동책을 마련할 충분한 시간적·객관적 여유도 없었으며, 자유에 대한 훈련도 민주주의 의식도 전반적으로 성숙하지 못했다. 그럼에도 4월 혁명기는 우리 사회와 국가를 국민들이 원하는 모습으로 변화시키기 위한 다양한 요구와 노력들이 각계각층에서 적극적으로 전개되던 시기였다. 대중이 정치권력에 주눅 들지 않고 정당하게 국민의 권리를 주장할 수 있으며, 공정한 투표로 선택한 정권에 적극적으로 자신들의 의견을 제시하고, 미흡하나마 국회와 정부가 이를 존중하고 수용하는 자세도 보이는, 대한민국 정부수립 후 처음 경험하는 민주주의 체제의 실전기였다. 민주주의와 자유를 자율적으로 조절할 수 있도록 훈련하고 인내할 수 있는 열린 공간이었다. 그리고 이때의 경험은 한국의 민주주의가 수많은 고비를 맞으면서도 꺾이지 않고 성장할 수 있는 기반이 되었다.

5 ı 국민주권 승리의 기억

4월 혁명의 발생 요인에는 크게 두 줄기의 지류가 있었다. 하나는 일제 식민지 시대의 압박, 해방이 준 기대와 환멸, 전쟁의 수난과 학살, 이승만-자유당 정권의 폭정 등이 중첩된 민중의 '한과 울분', 다른 하나는 근대국가인 신생 대한민국이 극우 반공을 병기로 하는 안하무인격 독재에 휘둘려도, 체념과 데카당 사이에서 생존을 위한 처세술의 만연으로 사회가 병들어가도, 이에 저항하거나 활력을 불러일으킬 대안이 없다는 것에 대한 '분노와 우려'였다. 유일한 희망은 부모 세대보다 더 높은 학력을 가지고 신세대 학문을 공부한 대학생들에게 거는 기대로 나타났다. 그러나 정작 4월 혁명의 첫 시위를 촉발시킨 주체는 고급 실업자를 면하기 위해 전전하던 나약한 대학생들이 아니라 순수하고 이해타산에서 자유로운 중고등학생들이었다. 이들의 초기 요구는 정치권력의 학원 자유 침해에 대한 반발이었으나, 점차 의식화의 속도가 빨라지며 민주주의 수호를 위한 운동으로 발전했다. 다행히 대학생들은 4·19 피의 화요일의 주인공이 되어 사회의 우려를 안도로 변환시키는 극적 전환을 유도하게 된다.

그러나 정작 학생들의 평화적인 시위를 항쟁으로 이끈 주인공은 민주국가의 국민으로서 자신의 권리를 자각하고 있던 민중과 하위 계층이었다. 특히 마산으로 대표되는 시민들의 주권재민 의식은, 아직 민주주의 개념이 채 여물기도 전, 자유에 굶주린 민중의 절규와 함께 어우러져 시너지 효과를 내었다. 4월 혁명을 지식인-학생의 혁명으로만 규정할 수 없는 이유가 이것이다. 또한 빨갱이 포비아가 국민 의식을 지배하던 사회에서 절체절명의 순간에 자유당 정부의 '시위=공산당 사주'의 공식이 효력을 발휘하지 못한 것은 1960년 봄의 항쟁이 혁명으로 발전할 수 있는 길목에서 커다란 걸림돌을 제거한 효과를 가져왔다.

4월 혁명은 불가침의 영역인 줄 알았던 독재체제가 시위로 무너지는 것을 목격한 제2의 해방이었다. 혁명의 성공으로 민중은 자신들의 항쟁에 대한 정당성을 확보했고, 민주공화국에서는 주권이 국민에게 있다는 사실을 확인했다. 그리고 무엇보다도 권위적이고 폭압적인 권력에서 벗어났다는 것에 엄청난 희열을 맛보았다. 초기에는 한과 욕구의 분출이었던 4월 혁명기 자유의 향연은 시간이 흐를수록 민주주의국가의 방향성을 요구하는 시위로, 우리 사회의 현실적 당면 과제들을 타개해 나가려는 시도로 이어졌다. 그러나 혁명 과업 수행에 차질이 생기고 성과가 기대를 밑돌자 혁명 과정에서 스스로 대견했던 대학생들은 변화가 보이지 않는 세상에 실망했고, 민중은 여전히 견고한 격차와 편견, 생활고 앞에서 또다시 높은 벽을 보았다. 그나마 학생과 민중의 희생이 무색하게 1년여 만에 군인들에게 정권을 강탈당하자 빛나던 승리의 기억은 퇴색되었다.

그렇다면 4월 혁명을 통해 우리가 얻은 것은 무엇일까? 4월 혁명의 가장 큰 성과는 배고픔을 당장 해결해 주지는 못했지만 억눌렸던 자유와 민주를 경험하고, 그것을 학습할 수 있는 기회를 획득하게 해주었다는 것이다. 지식인들은 4월 혁명기의 자유를 혼란과 방종으로 표현하거나, 선의의 독재가 필요하다는 주장도 했다. 그러나 우리가 반드시 유의해야 할 것은 그렇다고 해 자유의 가치가 소멸된 것은 결코 아니라는 점이다. 자유는 정치적 용어가 아니라 가치의 문제이기 때문이다. 자유와 민주는 진행적 개념이기에 한 단계씩 성장하고 넓혀가는 단계적 과정이 꼭 필요한 것이다. 부통령 후보 유세 당시 '민주주의에 굶주린 국민'으로 민심을 표현했던 장면은 1967년에 낸 회고록에서 "국민이 열망하던 자유를 한번 주어보자는 것이 민주당 정부의 이념이었다"고 주장한다. 또 "귀와 입으로 배운 자유를 몸으로 배우게 하려는 의도였다. 이론과 학설로 배운 자유는 혼란을 일으키지만, 경험으로 체득한 자유는 진정한 민주주의의 단단한 초석이 되는 것이다. 자유가 베푼 혼란과 부작용에 스스로 혐오를 느낄 때 진실한 자유를 얻는 것이다"라고 했다. 장면의 이러한 언사는 그에 대한 '무능론'과 함께 다소 무책임하고 설득력 없어 보이기도 한다. 그러나 당시 신문기사를 보면 실제로 시간이 지날수록 "자유가 확대되었다고 해서 그것에 만족할 것이 아니라 보다 더 책임이 무거워졌다"는 것을(≪조선일보≫, 1960.12.12), "자유가 그 책임을 떠나서는 있을 수 없다"는 것을(≪경향신문≫, 1961.4.6) 배워가고 있었던 것을 확인할 수 있다. 그리고 무엇보다 4월 혁명은 우리 역사상 처음으로 주권재민을 국민 스스로 획득한 승리의 역사라는 데 의미가 있다.

문제는 이승만 체제에서 겪은 혹독한 반공 정치의 경험이 우리 내면 깊숙이 빨갱이 포비아를 각인시켰다는 데 있었다. 쉽게 얻어지는 것은 없고, 기실 사람들은 급격한 변화를 두려워한다. 반공 국가의 국민이 됨으로써 비로소 살아남은 자들은 반공의 틀 안에서 조심스럽게 법치주의와 규범적 민주주의가 지켜지기를 바라는 정도에 머물러 있었다. 우리 안의 뿌리 깊은 반공 트라우마는 오랫동안 극복하기 어려운 한계로 작용함으로써 군사독재와 보수 세력의 권력 유지에 늘 좋은 빌미가 되었고, 분단 상황은 국민의 자유와 민주를 합법적으로 유보시킬 수 있는 정당성을 확보시켜 주어왔다. 우리의 민주화운동이 부단히 투쟁을 지속할 수밖에 없었던 이유가 이것이리라.

민주주의국가는 국민의 국가이다. 부족해도 미숙해도 그들의 경험이 하나하나 토대로 쌓여가야만 하는 것이다. 민주주의에 익숙하지 못한 국민들이 겪는 좌절의 경험은 괴로움이기도 하나, 그 극복 과정 자체가 민주주의인 것이다. 30여 년의 군사독재와 극우 반공 체제하에서도 민주 사회를 열망하며 지치지 않고 나아갈 수 있는 초석은 바로 이때 4월 혁명과 5·16 쿠데타가 발생하기 직전까지의 시기에 이루어진 국민 스스로에 의한 주권재민의 확인 과정 덕분이었다. 당장 원하는 결과를 얻지 못했다고 해서 이때 발생한 모든 노력과 사건의 의미가 사라지는 것은 아니다. 4월 혁명의 역사적 가능성은 헌법 전문에 들어갈 만큼 중요한 평가를 받고 있다.

한나 아렌트는 "자유와 민주라는 가치가 사회 속으로 스며들고, 헌법이 분명하게 명시하면 혁명으로 완성된다"고 했다. 그 과정은 결코 속전속결일 수 없고, 오랜 시행착오를 요구한다. 4월혁명으로 불을 지핀 대한민국의 민주주의 혁명은 5·18 광주와 6월 항쟁, 촛불혁명으로 이어지는 굴곡진 역사를 통해 국민의 의식을 성장시켰다. 아직도 우리에게 남아 있는 과제는 많지만, 이제 한국의 민주주의는 더 이상은 불가역적인 자유/민주주의의 기초를 수립했으며, 깊고 단단한 뿌리를 가진 세계에서 유례없는 민주주의 나무로 굳건하게 성장했다.

6장 6월 항쟁,
5월 광주를 모태로 한 촛불 혁명의 서막

· · ·

정상호 (서원대학교 사회교육과)

1 | 6월 항쟁의 재조명: 다단계 혁명을 통한 근대로의 안착

사람마다 차이가 있겠지만 문재인 정부를 표상하는 대표적인 푯말은 촛불일 것이다. 헌정 사상 처음으로 현직 대통령을 탄핵한 힘도 적폐 청산의 과제를 이끌어온 동력도 촛불이기 때문이다. 그렇다면 문재인 정부를 상징하는 장면과 이미지는 무엇일까? 아마도 호불호를 떠나 적지 않은 이들은 백두산 정상에서 있었던 남북 정상회담의 맞잡은 모습(2018.9.20)을 떠올릴 것이다. 필자에게는 이와 더불어 또 다른 장면 하나가 기억에 또렷이 남아 있다. 그것은 10년 만에 대통령이 참석한 6·10 민주항쟁 기념식에서, 5·18 유가족 대표(김소형)의 추모사를 듣고 자리에서 일어나 그녀를 뒤따라가 안아주며 서로 눈물을 훔치던 장면이다. 그 장면은 굴곡진 한국 현대사의 의미를 압축해 전하고 있는데, 그것은 촛불의 직접적인 기원은 30여 년 전에 있었던 1987년 6월 항쟁이었고, 6월 항쟁의 뿌리는 1980년 5월 광주라는 사실이다. 대통령과 유가족이 입은 검은색 조복(弔服)이 있었기에 2017년의 촛불은 시민들의 한바탕 축제가 될 수 있었고, 1980년 5월 전남도청에서 목숨을 건 시민군의 저항이 있었기에 촛불은 비로소 비폭력 평화시위의 상징이 될 수 있었다. 그런 점에서 6월 항쟁은 5월 광주를 모태로 했던 촛불 혁명의 서막으로 정리할 수 있다.

2017년에는 유독 6월 항쟁을 조명하는 이런저런 행사가 많았다. 대부분은 산술적으로 6월 항쟁 30주년을 기리는 학술이나 기념행사였다. 아울러, 문재인 정부가 발의한 개헌안(2018.3.20)의 전문에 "5·18 민주화운동, 6·10 항쟁의 민주 이념을 계승"하고 라는 문구가 들어감으로써 이를 둘러싼 찬반 논란이 사회적으로 확산되었다. 이제 전문 연구자가 아닌 일반 시민들 역시 1987년 체제의 극복과 2017년 촛불 혁명의 완성을 이야기하고 있다. 또한 6월 항쟁이 한국의 민주화를 상징하는 '광장 민주주의'와 '촛불 시민'의 기원이었다는 사실은 하나의 상식으로 자리를 잡아가고 있다. 5월 광주와 6월 항쟁의 의미를 한국 현대사의 시공간 지평을 넘어 세계사적 의미 또는 아시아나 제3세계의 민주화 차원에서 파악하려는 새로운 시도들도 꾸준히 증가해왔다(정근식, 2017; 정일준, 2010; 박은홍 외, 2008).

이 장에서는 기존의 연구 성과를 수용하면서 그동안 상대적으로 소홀히 해왔던 6월 항쟁에 대한 '비교역사적 접근'을 시도해 보고자 한다. 여기에서 언급된 비교역사적 접근이라는 것은 6월 항쟁을 사회 변화를 향한 집합적이고 의식적인 사회운동으로 인식하고, 그것의 의미와 위상을 전후 사회운동, 이를테면 3·1 운동과 4·19 혁명, 그리고 촛불 민주주의와의 관계와 맥락 속에서 설명하겠다는 뜻이다. 아울러 6월 항쟁을 직선제 개헌이나 의회 및 선거 정치의 부활이라는 제도적 측면보다는 한국의 시민사회와 시민의식의 발전에 미친 영향에 좀 더 주목하고자 한다. 미리 말하자면, 개념사의 대가인 라인하르트 코젤렉(Reinhart Koselleck)은 하나의 언어가 더 이상 번역을 요구하지 않을 만큼 오늘날의 의미 내용이 보편적으로 수용되었다는 것, 즉 개념의 근대적 정립을 영어로는 안착기, 독일어로는 말안장(Sattelzeit)으로 표현했다. 코젤렉은 방대한 연구를 통해 시민과 시민사회의 개념 정립이 유럽에서는 3대 시민혁명으로 일컬어지는 영국혁명(1688)과 미국혁명(1782), 프랑스혁명(1789)을 전후로 한 1750년부터 1850년까지 한 세기 동안 이루어졌다는 것을 입증했다(박근갑 외, 2009: 32). 그렇다면 우리의 경우는 어떠한가? 필자는 '공적 문제에 참여하고 저항하는 근대적 개인'으로서의 시민 개념이 한국 사회에 정착된 것, 즉 우리의 말안장 시기는 1960년 4·19에서 비롯되어 1990년대의 시민운동을 거쳐 최근의 촛불 시위에 이르는 60여 년이라는 사실을 말하고 싶다. 특히, 1980년 5월 광주와 6월 항쟁이 국가와의 관계에서 '자율적 존재로서 저항하는 시민'의 형질을 제공했다면, 그로부터 비롯된 시민운동과 최근의 촛불은 '이성적 존재로서 참여하는 시민'을 완성시키고 있다(정상호, 2016: 219~220). 그런 점에서 한국에서 시민 개념은 식민 시대의 종속적 신민에서 주권국가의 시민으로, 이후 탈근대 시기의 다단계 촛불 혁명을 거치면서 성찰적 시민으로, 완성체가 아니라 여전히 진화 중이라고 할 수 있다.

2 | 6월 항쟁의 배경과 전개 과정

6월 항쟁의 배경

모든 일은 5월 광주에서 시작되었다

얼마 전 인기리에 종영된 어떤 드라마에서 주인공은 종종 전투를 치르다 보면 "빼앗기면 되찾을 수 있지만 내어주면 찾을 수 없다"는 것을 깨닫게 된다는 독백을 나지막이 외친다. 박경리의 대하소설 『토지』만큼 이 말의 의미를 생생하고 장엄하게 전달해 주는 것이 또 있을까? 나라 잃은 백성이든 민중이든 그것의 이름이 무엇이었든 간에, 그들은 동학혁명에서 농민군으로 그리고 일제강점기에는 의병과 독립군으로 빼앗긴 것을 되찾기 위해 한 세대를 넘어 포기하지 않고 투쟁했다. 그 고난의 순례는 경남 하동에서 시작해 국경을 넘어 북간도와 만주로 이어진다. 우리 헌법의 전문에 담긴 "유구한 역사와 전통에 빛나는 우리 대한민국은 3·1 운동으로 건립된 대한민국임시정부의 법통"이라는 문구는 이에 대한 기록이자 헌사이기도 하다.

그런 점에서 볼 때 단순히 내준 것이 아니라 목숨을 걸고 저항했던 1980년 5월 광주는 6월 항쟁의 모태가 되었다. 정확히 말하자면, 계엄군의 진입으로 인해 대량 학살이 예고되었던 1980년 5월 26일 밤은 한국 현대사와 민주주의의 진로를 결정했던 '역사적인 하루'였다. 중화기로 무장한 진압군의 폭력과 위세 앞에 항쟁 지도부와 시민군이 무엇보다 귀중한 자신의 생명을 위해 자진 해산을 선택했다 한들 누가 비난할 수 있겠는가? 하지만 그랬더라면 이후 이 땅에서의 민주화는 지금보다 훨씬 지지부진했을 것이고, 6월 항쟁도, 촛불도 기대하기 어려웠을 것이다.

5월 광주는 다음과 같은 이유에서 6월 항쟁의 뿌리라 할 수 있다. 무엇보다도 광주는 신군부의 폭력적 실체를 낱낱이 고발함으로써 독재정권에는 끊임없는 합법성의 위기를 초래하게 했고, 이에 맞서 저항했던 재야와 학생운동, 야당에게는 도덕적 정당성과 연대의 명분을 제공했다.[1] 그것은 1960년 4·19 혁명, 1987년 6월 항쟁, 2008년 촛불 집회와 더불어 국가적·국민적 의미가 있었던 거대한 시민 항쟁의 하나였을 뿐만 아니라, '1980년대 민주화운동의 가장 중요한 문화적 원천'(조대엽, 2003: 175)이었으며 1987년 이후까지도 민주화의 진전을 위한 '강력한 집단적 열정과 에너지'(최장집, 2009: 149)를

---

[1]   박정희 정권의 5·16 쿠데타와 달리 5월 광주에서 대규모 유혈 진압을 통해 집권한 전두환 정권은 등장 과정에서부터 현재까지도 '학살자'와 '살인마'라는 오명에 시달리고 있다.

제공한 역사적 사건이었다. 5월 광주항쟁은 특히 다음과 같은 점에서 직접적으로는 6월 항쟁에, 장기적으로는 한국의 민주화에 결정적으로 기여했다.

첫째, 참여의 주체라는 점에서 그것은 서구의 시민혁명에 비견될 시민 항쟁의 전형을 만들어냈다. 정부수립 이후 국가권력에 의해 자행된 '가공할 폭력의 축제'(최정운, 1999: 264)에 무장투쟁을 감행해 정면으로 맞선 주체들이 시민이었고, 운동 참여자들 스스로가 자신들을 계급이나 인민이 아닌 시민으로 인식했고 그렇게 호명했다. 이는 4·19와 5월 광주를 구분할 수 있는 중요한 잣대이다. 4·19 혁명의 발발에서 종료까지의 1년여 동안 학생과 지식인 계층의 주도성은 너무 분명한 것이었다. 하지만 5월 광주에서 6월 항쟁까지의 투쟁 기간에 저항과 참여의 주체는 일반 시민들이었다.

둘째, 2017년 촛불이 세월호 희생자, 특히 단원고 학생들에 대한 부채 의식을 갖고 있었던 것처럼 6월 항쟁을 이끈 원동력 중 하나는 광주에 대한 부채 의식이었다. 1980년대 민주화운동은 광주의 기억을 환기시키려는 세력과 그 기억을 지워버리려는 세력 사이의 역사적 고지를 점령하기 위한 투쟁이라 할 수 있었다. 민주화운동에 나선 사람들은 살아남은 자로서의 수치심을 집권자에 대한 증오감으로 전환시켰고, 그 기억은 미래의 공동체를 향해 끊임없이 재생되었는데, 이 기억은 운동 비가담자에게도 많은 영향을 미쳐 하나의 세대적 수치심과 책임 의식의 공감대를 만들어냈다. 이러한 공감대는 해방 후 우리 사회에 최초로 형성된 공공(public)의 윤리, 집단적 도덕성이었다고 볼 수 있다. 이들이 입으로 말한 것은 "노동자 해방"이나 "제헌의회"와 같은 급진적인 혁명의 구호였지만, 실제의 행동은 철저한 반(反)개인주의와 공동체적 덕목으로 충만했다. 그런 점에서 6월 항쟁은 바로 '광주의 전국화'였다(김동춘, 1997: 99).

셋째, 무엇보다도 광주항쟁이 한국의 민주화에 끼친 결정적인 기여는 한국 민주화운동의 정당성과 도덕성의 강력한 기반으로 작용했다는 점이다.

한국 민주화운동이 갖는 운동성의 원천은 두 가지로 정리할 수 있다. 우선 민주화운동이 갖고 있는 역사의식이다. 이를테면 한국의 민주화운동은 4·19 혁명 이후 거의 언제나 그 과제로서 자주·민주·통일을 내세웠는데, 그것은 한국 민주화운동이 한국 근·현대 역사에서 이루지 못한 역사적 과제의 달성을 자신의 목표로 지향하고 있다는 것을 보여준다. 한편 한국 민주화운동이 갖는 운동성의 또 하나의 원천은 독재 세력의 억압에 대한 불굴의 저항을 가능케 했던 운동의 도덕성이다. 민주화운동은 국가권력 행사의 불의에 대한 도덕적 정의감을 공유하고 있었는데, 이 정의감을 바탕으로 한 저항은 민주화운동의 정신적 원천이었다. 특히 광주 학살의 전두환 정권에 대한 도덕적 분노는 전두환 정권의 강력한 억압에도 불구하고 결코 이에 굴하지 않았던 민주화운동의 저항을 가능하게 만들었다. 따라서 한국의 민주화운동은 그 참여자들의 개별적·집단적 이해를 넘어 그들을 전체로서 응집시켜 주었던 거대한 역사적 정당성과 도덕적 에토스를 공유하고 있었다고 할 수 있다. 그것은 민주화운동 참여자들에게 역사와 사회의 정의를 자신들이 대표하고 있다는 자의식과, 그러한 그들이 어떠한 역경에도 정의가 요구하는 역사적·시대적 과제를 수행해야 한다는 의무감을 부여했다. 한국 민주화운동에 깊은 정당성과 도덕성을 부여했고 이에 따라 참여자들의 끝없는 열정과 헌신을 가능하게 만들었던 것은 바로 이 같은 요소들이었다. 6월 항쟁은 한국 민주화운동이 지닌 이 같은 독특한 운동성과 역동성을 가장 잘 드러낸 사건이라고 할 수 있다.

구조적 요인: 좌절된 헌정주의에 대한 갈망과 경제성장의 결합

구조적 차원에서, 6월 항쟁의 배경에는 공정하고 자유로운 국민의 직접 선거를 통해 정부와 대통령을 구성하겠다는 헌정주의(constitutionalism)에 대한 강력한 염원이 담겨 있었다. 즉, 단순히 신군부나 5공의 집권 7년에 대한 부정이 아니라 길게는 1961년 5·16 군사 쿠데타 이후의 권위주의 체제, 직접적으로는 유신체제 이후 정부선택권을 박탈했던 독재정권에 대한 국민적 저항과 정권교체의 여망이라는 긴 맥락을 고려할 때만이 왜 6월 항쟁에서 "직선제 쟁취"의 구호가 전국적 함성으로 확산되었는지를 이해할 수 있다.

사실 독재정권에 대한 민심 이반과 정권교체를 향한 요구는 유신정권의 붕괴를 촉발시킨 1978년의 제10대 총선에서 확연히 나타났다. 온갖 관권 및 금권 선거에도 공화당은 신민당의 득표율에 1.1% 뒤지며 실질적으로 참패했다. 또한 부마항쟁은 초법적인 유신체제의 장기화와 박정희의 장기 집권에 따른 광범위한 민심 이반을 드러내고 있었다(정상호, 2017: 339~340). "야수의 심정으로 유신의 심장을 쏘았다"던 김재규의 총탄에 의해 유신체제가 붕괴되었을 때 신민당과 재야, 그리고 대다수 국민들은 박정희 대통령의 사후 유신헌법의 철폐와 조속한 직선을 통한 평화적 정권교체를 당연한 수순으로 기대했다. 당시 한 언론사가 한국공법학회 회원을 대상으로 한 여론조사에 따르면, 응답자의 67.1%가 대통령중심제를 지지했으며, 대통령 선출 방식에 대해서는 무려 90.8%가 국민 직선을 바라는 것으로 나타났다(≪동아일보≫, 1980.1.4). 또한 서울대학교 사회과학연구소에서 실시한 '80년대를 바라보는 한국인의 의식구조' 조사에 따르면, 1980년대 한국 정치에서 가장 중요한 것은 '인권과 자유의 신장'이며 '경제성장보다 민주화를 추진'해야 한다는 일반 시민들의 응답이 무려 72.8%에 달했다(≪동아일보≫, 1980.1.1). 민주화에 대한 우리 국민들의 강력한 염원은 해외의 언론조차 인정할 정도였다. 영국의 ≪데일리 텔레그래프(The Daily Telegraph)≫에 따르면, 조사 대상 세계 23개국 가운데 한국은 민주화 전망이 가장 밝은 국가로 나타났다(≪경향신문≫, 1980.1.4).

이렇듯 잠복되었던 민주화 열망은 광주에서의 무력 진압으로 소멸하기는커녕 역대 선거 중 최대 이변을 낳은 1985년 2·12 총선으로 이어졌다. 선거

<표 6-1> 정치 변동과 거시경제 지표의 비교

구분	4·19 혁명			부마항쟁과 광주항쟁			6월 항쟁			2016~2017년 촛불		
	1958	1959	1960	1978	1979	1980	1985	1986	1987	2014	2015	2016
경제성장률 GNP	6.5	5.4	2.3	10.8	8.6	-1.7	7.7	11.2	12.5	3.3	2.8	2.9
소비자물가 상승률	14.7	15.3	16.6	14.5	18.3	28.7	2.5	2.8	3.0	1.3	0.7	1.0

자료: 1960~2017년은 국제통계연감 경제성장률(기준년 가격 GDP) / 소비자물가지수 상승률은 한국은행 경제통계시스템을 참조했다.

를 불과 한 달 앞두고 창당(1985.1.18)된 신민당은 무서운 신당 바람을 일으켰는데, 그 결과 신민당은 서울, 부산, 인천, 대전, 광주 등 대도시에서 후보 전원이 당선됨으로써 제1야당(50명)으로 급부상했다. 이처럼 1980년대의 가장 시급하면서도 해묵은 과제는 국민의 손으로 권력의 정점인 대통령을 직접 선출하는 것이었다. 이러한 상황에서 개헌 논쟁을 종식시키고 기존 헌법을 고수하겠다는 전두환 정권의 호헌 조치(1987.4.13) 담화는 국민적 여망을 저버리는 것이었다. 이처럼 6월 항쟁은 "호헌철폐", "독재타도"라는 구호에 잘 집약되어 있듯이 독재정권의 장기 집권에 대한 염증과 대통령을 직접 선출하겠다는 국민주권의 소박하지만 간절한 염원이 그 바탕에 깔려 있었다.

한편 〈표 6-1〉에서 알 수 있듯이 6월 항쟁의 구조적 배경으로 경제성장이 가져온 중산층과 조직 노동자의 증대를 지적할 수 있다. 서중석(2011)은 6월 민주항쟁에 참여한 시민 가운데 넥타이 부대라고 불린 30~40대의 화이트칼라층과 중간 계층이 열성적이었다고 주장했다. 그는 넥타이 부대가 적극 참여하게 된 이유로 1986년부터 1988년까지 3년간 GNP 성장률이 연평균 13%를 오르내린 '단군 이래 최대 호황'이라는 경제적 조건을 지적했다. 4월 혁명, 부마항쟁, 5·18 항쟁은 경기침체나 경제 악화가 시민참여의 한 요인이 되었지만, 보수적인 기독교도나 일반 시민들이 6월 항쟁에 다수 참여한 것은 전두환의 억압적인 통치 방식이 자신들의 생활수준과 맞지 않는다는 중산층 감각이 한몫했다는 것이다.

사실 박정희 정권의 개발독재는 억압을 통한 독재이기도 하지만, 다른 한편 일반 국민들에게 경제발전을 위해 일정 기간 민주화의 유예가 불가피한 것으로 받아들여졌던 잠정적 독재의 성격도 없지 않았다.[2] 하지만 산업화의 결과 국민의 생활수준이 일정 수준에 이르게 되었을 때 경제발전을 위한 독재의 논리는 더 이상 그 설득력을 잃게 된다. 그런 점에서 볼 때 6월 항쟁이 발생했던 1987년의 시점은 개발독재의 논리가 더 이상 그 설득력을 가지 못했던 시기라 할 수 있었다. 이와 관련해 애덤 셰보르스키(Adam Przeworski)와 페르난도 리몽기(Fernando Limongi)의 신근대화론에 따르면 1인당 국민소득(GNI)이 약 6000달러의 문턱을 넘어설 때 민주주의는 더 이상 역전되기 어렵다고 진단(최장집, 2002: 69~70)했는데, 한국의 경우 1987년 3467달러에서 불과 3년 만인 1990년에는 6505달러로 급증했다. 이뿐만 아니라, 산업화는 사회 저변의 시민 계층의 규모를 증대시킨다. 따라서 이들이 점차 민주화운동에 지지를 보내게 될 때 민주화 압력은 증대하지 않을 수 없다. 뤼시마이어 등에 따르면, 산업화는 노동계급과 중간계급 등 피지배계급을 강화하는 방향으로 사회를 변형시키고 그들을 더 이상 정치적으로 배제하기 어렵게 만듦으로써 민주주의를 강화시킨다(뤼시마이어 외, 1997). 한국의 경우, 개발독재에 의한 산업화의 성공은 역설적으로 노동계급과 중간계급의 규모를 증대시키고 이들을 강화시킴으로써 1980년대 민주화 압력을 증대시켰던 것으로 보인다. 그리고 그것의 결집과 분출이 1987년 6월 항쟁과 8월의 노동자 대투쟁으로 연이어 발생했다고 할 수 있다.

---

2   이것이 바로 한때 격렬한 논쟁을 촉발했던 대중 독재의 개념이다. 임지현(2004: 24~26)은 식민 지배, 독재, 파시즘같이 후대 역사에 의해 부정적으로 규정되고, 그에 대한 투쟁만이 '영웅화'된 시각은 역사적 사실과 부합하지 않는 일면적 평가라고 주장했다. 특별히 억압과 수탈, 그에 대한 저항으로 단색화(單色化)될 수 없는 또 다른 측면, 예컨대 그 시대에 대한 대중의 동의와 순응, 일상적 삶이 존재했다는 것이다.

6월 항쟁의 전개 과정

6월 항쟁이라는 사건은 1987년 6월에 발생한 일련의 연속적 시위, 또는 짧은 국면을 지칭한다. 하지만 역사적 사실 규명에 치중하는 사건사적 연구라 하더라도 1987년 6월만을 다룬 연구는 거의 없고, 적어도 4·13 '호헌 조치'로 부터 시작하거나 좀 더 시간적 범위를 넓혀 1987년 2월에 발생한 박종철 사건으로부터 시작해 6·29 선언까지 3~5개월간 지속된 기간을 다루는 등 연구자마다 상이한 시간대를 설정하고 있다(정근식, 2017: 492). 이 장은 6월 항쟁을 박종철 고문 사건과 4·13 호헌 조치로 촉발된 준비기, 이어 6·10 국민대회로부터 6월 18일 '최루탄 추방 결의 대회' 이전까지 명동성당 투쟁이 있던 시기를 제1단계, 18일의 '최루탄 추방 결의 대회'로부터 26일 '국민 평화 대행진'까지를 제2단계, 그 이후부터 6·29 선언까지의 기간을 제3단계의 항쟁으로 구분하고자 한다.[3]

준비기: 박종철 고문 사건의 폭로와 4·13 호헌 조치

1986년 연말만 해도 그 누구도 6월 항쟁과 같은 급격한 정치 변동이 이듬해에 발생한다고 전망하기 어려웠다. 무엇보다도 공안 통치와 언론 조작으로 일관했던 전두환 정권에 맞서 야당과 재야, 학생운동 세력이 하나의 단일 노선을 형성하지 못했기 때문이다.

2·12 총선에서 야당이 뜻밖의 승리를 거두면서 1986년에 들어 개헌 국면이 본격화되었다. 1986년 1월 16일 전두환은 국정연설에서 1988년 '평화적 정권교체'와 '올림픽'을 치를 때까지 '국론 분열', '국력 낭비'의 개헌 논의를 유보한다고 선언하면서, "무력 정변이 일어날 경우 국민 모두가 그 희생자가

---

3   사건의 전개 과정은 특별한 언급이 없는 한 정해구·김혜진·정상호(2004)를 참조했다.

된다"는 협박도 잊지 않았다. 하지만 총선 1주년이 되는 2월 12일 신민당은 1000만 개헌 서명운동에 돌입했고 3월에 장외 투쟁에 들어갔다. 대학교수들도 시국선언을 했고, 종교인들도 개헌 대열에 참여했다. 신민당 장외 집회에 대중의 반응은 뜨거웠다. 개헌추진위원회의 각 지역 지부 결성 대회와 현판식, 특히 3월 23일 부산 집회에 수만 명이 모였고, 3월 30일 광주에는 광주항쟁 이후 최대의 인파가 몰렸다. 하지만 야당과 재야·학생운동 세력은 개헌 투쟁 국면에 대해 심각하게 이견을 보이기 시작했다. 학생운동 일각에서는 개헌 국면의 열기를 반미 자주화의 혁명적 투쟁으로 전환시켜야 한다는 주장마저 제기되었다. 이러한 상황에서 운동권이 대거 참여해 급진적 구호와 격렬한 시위를 전개해 경찰과 정면으로 충돌했던 5·3 인천 사태가 발생했다. 5·3 인천 사태는 야당과 학생·노동·재야 민주화운동 세력을 분리시킴으로써, 야당은 궁지에 몰렸고, 학생·노동·재야 운동권은 심한 탄압에 직면해 조직의 보존조차 쉽지 않게 되었다(서중석, 2017: 20~21).

5·3 인천 사태 이후 정국의 주도권을 잡은 전두환 정권은 여야 합의로 국회개헌특위를 성사시킴으로써 국민의 민주화 열기를 차단하는 한편, 건대 사건(1986.10.28~31) 등을 통해 과잉 진압과 이념 공세로 일관했다. 게다가 12월 24일 이민우 신민당 대표가 민주화가 어느 정도 이루어지면 내각제 개헌안을 긍정적으로 검토할 수 있다는 '이민우 구상'을 발표하면서 신민당은 심한 내분에 휩싸였다. 민주화운동 세력에 대한 전두환의 초토화 작전이 성공하는 것처럼 보였다.

이러한 상황을 반전시킨 중요한 계기가 '박종철 고문치사 사건'이었다. 물론 전두환 정권은 이 사건을 계기로 민주화운동 세력에 반격의 기회를 주지 않기 위해 사건의 조기 수습을 도모하는 한편, 민주화운동 세력의 항의에 매우 강경하게 대응했다. 그 결과, 2월 7일 야권과 48개 단체가 공동으로 개최한 '추모 대회'와 3월 3일 '고문 추방 민주화 대행진'은 경찰력에 의해 완전히 봉쇄되었다. 하지만 5·18 광주항쟁 7주년을 맞아 명동성당에서 천주교정의구현전국사제단이 "박종철 군 고문치사 사건의 진상이 조작되었다"고 폭로했고, 5월 22일 ≪동아일보≫에 '범인 축소 조작 모의'가 대문짝만하게 보도됨으로써 엄청난 파장을 불러일으켰다.

이러한 공방 속에서 야권을 민주 대연합의 단일 노선으로 결집시킨 또 하나의 계기가 모든 개헌 논의 즉각적 유보, 현행 헌법을 통한 정부 이양, 대통령 선거 연내 실시를 표명한 4·13 호헌 조치였다. 호헌의 정면 돌파에 의한 지배권력의 정권 재창출 의지를 담은 4·13 호헌 조치는 "대표적인 오판"(정해구·김혜진·정상호, 2004: 117) 또는 "자살골"(서중석, 2017: 28)이라는 평가를 받고 있다. 왜냐하면 그로 인해 일반 시민의 급격한 정치적 동원이 가능해졌고, 야당과 운동 세력이 인권 문제를 넘어 호헌 철폐를 중심으로 그 연대를 본격화하게 함으로써 개헌 투쟁을 다시 점화하는 역설적인 결과를 초래했기 때문이다. 호헌 조치에 대한 반대 투쟁은 즉각적이고 전국적이었다. 4월 21일 천주교 광주대교구 신부들의 단식투쟁은 천주교 거의 모든 교구와 개신교 목회자, 불교 승려들에게로 퍼져나갔다. 이같이 성명, 삭발, 단식, 농성, 시위 등 동원될 수 있는 모든 수단을 통해 호헌 철폐 운동이 전국적으로 전개되면서, 그것은 이제 지배권력의 통제를 넘어서기 시작했다. 이뿐만 아니라 4·13 호헌 조치를 계기로 사태의 관심도 개헌 자체보다 개헌과 민주화를 저해하는 군부 정권 타도로 집중되었다(정대화, 1995: 98~98).

1단계 항쟁 시기(6·10 대회와 명동성당 투쟁)

6월 항쟁을 흔히 6·10 항쟁으로 부를 만큼 6월 10일은 두 가지 점에서 중대한 날이었다. 첫째, 민주화운동의 측면에서는 '호헌반대 민주헌법쟁취 국민운동본부'(이하 국본) 주도로 '박종철 군 고문 살인 은폐 조작 규탄 및 민주헌법 쟁취 범국민대회', 즉 6·10 국민대회를 성사시킨 날이었다. 반면, 지배 블록의 입장에서 그날은 잠실체육관에서 민주정의당 대통령 후보 지명 대회가 개최되던 축제의 날이었다. 그러나 잠실체육관에서 전두환 대통령이 자신의 육사 동기인 노태우를 민정당 대통령 후보로 지명하는 바로 그 순간부터 6월 항쟁은 시작되었다. 물론 오전 10시 서울의 집회 장소인 대한성공회 서울주교좌성당 등이 경찰에 의해 사전 봉쇄되었지만, 이 같은 봉쇄에도 전두환 정권의 호헌 조치와 대통령 후보 지명에 반대하는 대규모 시위가 전국적으로 전개되기 시작했다. 그리하여 "호헌철폐, 독재타도", "직선제 쟁취해 군부독재 타도하자"는 구호가 온 거리를 가득 채우는 가운데, 항쟁의 불길은 서울을 비롯해 지방의 주요 도시에서 동시에 타올랐다. 이날 하루, 서울을 비롯한 전국 22개 지역에서 40만여 명이 시위에 참여했다.

10일 하루 동안 전국에서 전개되었던 이 같은 항쟁의 결과 시민과 학생 상당수가 부상당했으며 국민운동본부 핵심 간부 13명을 비롯해 전국적으로 220명이 구속되고 총 3831명이 당국에 연행되었다. 그러나 항쟁은 10일 하루로 끝나지 않고 계속 이어졌는데, 이 같은 연속적인 항쟁의 전개에는 명동성당 농성 투쟁이 중심적인 역할을 수행했다. 즉, 10일 저녁 760여 명의 학생과 시민 등이 명동성당에 집결해 15일에 이르도록 농성 투쟁을 전개했는데, 이 같은 명동성당 투쟁은 이후 항쟁이 지속되고 이 항쟁이 전국적으로 확산되는 데 결정적으로 기여했다.

2단계 항쟁 시기(6·18 최루탄 추방 결의 대회)

제2단계 항쟁은 18일 개최되었던 '최루탄 추방 결의 대회'로부터 시작되었다. 6월 9일 경찰의 최루탄을 직격으로 맞고 혼수상태에 빠졌던 이한열 군 사건을 계기로 열린 이 대회에 전국 16개 지역에서 50만여 명이 참여했고, 특히 부산에서는 30~40만여 명의 대규모 시민이 이에 참여했다. 6·10 국민 대회에 비해 그 참여자가 크게 증가한 18일 항쟁은 이제 항쟁이 부산 등의 지방에서도 본격적으로 전개되었다는 점, 그리고 경찰력이 부족한 중소 도시에서는 경찰력만으로 사실상 시위를 통제하기 어려워졌다는 점 등을 보여주었다.

3단계 항쟁 시기(6·26 국민 평화 대행진과 6·29 선언)

6월 26일 '국민 평화 대행진'을 필두로 시작된 제3단계 항쟁은 항쟁의 마지막 단계인 동시에 항쟁의 클라이맥스였다. 전국 34개 시와 4개 군에서 140만여 명의 시민들이 참여하는 가운데 전개되었던 '국민 평화 대행진'은 전두환 정권에 대통령직선제를 수용하도록 마지막 압력을 가했다. 이미 24일 전두환-김영삼 청와대 회담을 통해 4·13 호헌 조치의 철회는 확인되었지만, 이 시점에도 전두환 대통령은 직선제 개헌 수용을 분명하게 언급하지 않았다. 그러나 전국적으로 국민 평화 대행진이 전개되었던 26일 무렵은 전두환 정권의 대통령직선제 수용이 사실상 결정된 상태였다. 그러나 그 발표는 직선제 수용의 극적인 효과를 위해 미루어지고 있었다.

정권 내부의 은밀한 조정과 전략적 판단하에 노태우 후보는 6·29 선언을 전격 발표했다. 대통령직선제 수용을 골자로 하는 이 선언은 대통령선거법 개정, 김대중 씨 사면 및 복권과 극소수를 제외한 시국 관련 사범 석방, 국민 기본권 신장, 언론 자유 창달, 지방자치제 실시와 대학의 자율화, 정당의 자유로운 활동 보장, 과감한 사회 정화 조치 등 8개항을 약속했다. 이로써 대통령직선제라는 최소 강령 목표를 내걸고 최대 민주화 연합을 구축했던 한편, 이를 대규모 시민참여의 국민적 항쟁으로 발전시킬 수 있었던 1980년대 민주화운동은 마침내 대통령직선제를 쟁취하기에 이르렀다. 대통령직선제를 수용한 노태우 후보의 6·29 선언은 민주화운동 진영의 일대 승리로 여겨졌다. 그들의 요구가 아무런 유보 조건 없이 전격 수용되었을 뿐만 아니라 이를 통해 민주화로의 이행은 이제 어느 누구에게라도 분명해 보였기 때문이다. 성공적인 민주화 이행을 가능케 해줄 민주적 개방의 길은 이처럼 약 20일에 걸친 6월 항쟁의 대규모 국민적 항쟁의 결과 이루어질 수 있었다. 7월 9일 연세대학교를 출발해 시청 앞 노제를 거쳐 광주 망월동으로 향했던 이한열 군의 장례식은 광주항쟁의 뼈아픈 좌절로부터 6월 항쟁의 성공에 이르기까지의 험난했던 민주화의 노력과 그 희생을 기억하고 상징하는 행사였다. 이날 행사에는 서울과 광주를 비롯해 전국적으로 150만 명이 참여했다.

3 ▎ 6월 항쟁의 의의와 성과

4·19 혁명과 촛불 혁명의 가교로서 6월 항쟁

6월 항쟁은 다음과 같은 점에서 3·1 운동과 4·19 혁명의 발전적 계승이자 이후 전개된 촛불과 광장 민주주의에 생명력과 상상력을 불어넣은 원형이라 할 수 있다.

첫째, 무엇보다도 눈에 띄는 것은 항쟁의 '전국화', 6월 항쟁은 농촌과 도시, 중앙과 지방, 특히 서울의 광화문을 넘어 경향(京鄕) 각지에서 일어났다. 해방 이후 최대 규모의 시위인 6월 항쟁은 전두환의 4·13 호헌 조치 이래 노태우의 6·29 선언 직전까지 전국 각지에서 거의 하루도 거르지 않고 전개되었고, 6·10 국민대회에서 6·26 평화 대행진까지 17일간은 토요일과 일요일을 포함해 대규모의 시위가 잇달았다. 6·10 국민대회는 22개 지역에서, 6·18 '최루탄 추방의 날'에는 18개 도시에서, 6·26 평화 대행진은 38개 시·군에서 일어났다. 4월 혁명에서 가장 큰 규모의 시위가 있었던 4월 19일에 주로 서울, 부산, 광주에서 시위가 있었던 것과도 대비된다(서중석, 2017: 46).

항쟁의 전국성이라는 점에서 그것은 부마항쟁이나 심지어 광주항쟁의 지역성을 넘어선 것이었다. 한편으로 그것은 3·1 운동과 4·19, 그리고 2017년 촛불 혁명의 연장선에 있다. 정확히 한 세기 전에 발발한 3·1 운동은 3월부터 5월까지 232개 부(府)·군(郡) 지역 중 223개 지역에서 발발할 정도로 전국적 양상을 보였다. 전국 각지에서 7509명이 사망하고 1만 5849명이 부상당했으며 구속된 사람이 4만 6306명에 이르렀다. 일본 측 자료에 따라도 3월과 4월에 848회의 시위가 일어났는데, 당시 하루 평균 약 150회 내외의 시위가 동시 다발적으로 벌어진 셈이다(이정은, 2015: 24). 또한 3·1 운동은 도시와 농촌이 다른 양태를 보였는데, 도시는 학생이 주도했고, 노동자들은 파업, 태업, 폭력적 반대 시위를, 상인들은 철시와 폐점 투쟁을 전개했다. 반면 농촌은 시위보다는 농민의 전통적 투쟁 방식인 봉기를 펼쳤다(정진상, 1997: 54~56). 6월 항쟁 역시 전국에 걸친 집중된 동시 다발의 집회, 시위뿐만 아니라 20일 동안 전국 곳곳에서 매일 평균 100회 이상의 시위가 벌어졌다. 6월 항쟁에 참가한 연인원은 400~500만 명으로 추정된다(박준성, 2016: 186~188). 한편, 지난 2016년부터 2017년 촛불 집회에는 총 23회에 걸쳐 연인원 1700만 명이 참여한 것으로 보도되었다(https://www.sisain.co.kr/ 30445).

둘째, 6월 항쟁의 의미는 '항쟁의 조직화', 즉 '국본'의 역할과 위상에서도 찾을 수 있다. 국본이 얼마나 제 역할을 제대로 수행했는지에 대해, 그리고 그러한 중앙 조직화가 바람직한가에 대해서는 의견이 엇갈릴 수 있다. 하지만, 국본이 3·1 운동이나 4월 혁명, 부마항쟁, 광주항쟁과 달리 중앙은 물론이고 지방에서 조직되어 활동했다는 점에서, 결과적으로 6월 항쟁을 다른 운동이나 항쟁보다 한층 더 계획적이고 조직적이며 체계적으로 이끌었다는 평가에 대해서는 이의를 달기 어렵다. 3·1 운동은 33인이 선도했을 뿐이고, 따로 중앙 조직이 있지 않았다. 4월 혁명은 3·1 운동보다 더 비조직적이었고, 자연 발생적인 성격이 강했다. 부마항쟁은 학생운동이 일정한 역할을 했으나 시민과의 결합이 조직적으로 이루어졌다고 보기 어렵다. 광주항쟁의 경우 군이 시내에서 철수한 후 시민과 학생 수습위원회가 각각 있었고, 민주 수호 범시민 궐기대회도 여러 차례 열렸으나 국본과 같은 관제탑 역할을 수행할 위치에 있지 않았다(서중석, 2017: 48).

무엇보다도 국본이 있었기 때문에 바로 앞서 지적한 '6월 항쟁의 전국화'가 가능했다.[4] 서울과 동시에 심지어는 그 이전부터 지역 국본을 구성해 전국적인 동시 항쟁을 위한 연락망을 구축하고 각 지역 운동의 실천을 공유했다. 이러한 지역적 기반이 구축되어 있기 때문에 6월 항쟁 당시 국본도 스스로를 '반독재 민주화 세력의 총결집체'로서 민주 헌법을 쟁취할 수 있는 '책임 있는 구심점'으로 여겼다(허은, 2017: 245). 국본은 비록 낮은 수준의 조직이었지만, 전국적 차원의 공개 운동체로서 반독재 투쟁을 선도하는, 한국전쟁 이후 최대 규모의 '범민주 연합전선'적 조직이라고 할 수 있다(조현연, 2017: 135~136). 그런 맥락에서 국본의 주도하에 전개된 1987년 6월 민주항쟁은 "40여 년 한국 현대 정치사에 있어 국가권력 및 지배 세력의 힘과 민중의 힘이 역사상 가장 광범위한 반(反)군부 독재 전선을 형성하면서, 최초의 힘의 균형 상태로 들어간 혁명적 대사건"(최장집, 1993: 134)이라고 할 수 있다.

셋째, 6월 항쟁은 중대한 변화를 가져온 혁명과 개혁의 공통적 동력인 정당과 사회운동, 또는 정치사회와 시민사회와의 '연대성'을 보여주었다. 한국 현대사는 정당이 아무리 진보적이더라도, 반대로 노동이나 농민 등 부문 운동이 제아무리 강력해도 개별적 역량만으로는 민주화를 진전시키는 데 한계

---

4   하지만 국본의 형성은 두 해 전에 결성된 '민주통일민중운동연합'(1985.3.29)이 없었더라면 불가능했을 것이다. '민통련'은 1984년에 설립된 '민중민주운동협의회'와 '민주통일국민회의'가 1985년 총선에 대한 적극적 대응을 목표로 통합한 것인데, 재야의 형성 이래 최대 연합 조직이라 할 수 있다. 민통련은 부문별·지역별 23개 재야 민주 운동 단체의 가맹으로 이루어져 있었는데, 이 가맹단체들은 독자적인 영역을 구축한 뒤 가맹하는 형태였기 때문에 자율성이 있었다. 연대성과 대행 기능을 갖기 때문에 한두 단체의 와해에도 불구하고 민통련의 활동을 지속할 수 있다는 장점이 있었다. 이에 대해서는 정해구(2017)를 참조.

가 있다는 것을 보여주고 있다. 그렇다면 6월 항쟁에서 나타난 재야 및 학생·노동운동을 아우르는 사회운동권과 제도권 야당의 연대는 어떻게 가능했을까? 그것은 전략과 전술의 차원으로 설명할 수 있다.[5]

먼저 전략적 차원에서 6월 항쟁은 최소주의 강령과 최대 연합을 가능하게 할 "호헌철폐", "독재타도"라는 걸출한 구호를 창안했다.[6] 앞서도 언급한 것처럼, 당시 야당의 목표는 압력과 타협을 통해 '형식적(혹은 절차적)' 민주주의를 수립하는 것이었던 반면, 사회운동은 대결과 투쟁의 정치를 통해 군부 정권의 즉각적 퇴진과 민중 정권의 수립 등 '실체적' 민주주의를 더 중시했다(성경륭, 1995: 261). 이와 같은 갈등과 대립이 해소될 수 있었던 것은 일부 정치인과 명사 중심의 상층부 인사들로만 이루어졌던 1970년대 민주화운동과는 달리, 1980년대 들어 다양한 부문과 전국적인 차원에서 조직적 기반을 확충했다는 점과 이러저러한 차이를 딛고 5공 정권을 종식시켜야 한다는 광주항쟁에 대한 기억, 그리고 무엇보다도 직선제 개헌에 대한 광범위한 공감대 때문이었다. 결국 야당 세력을 비롯한 모든 민주화운동은 그 내부의 노선과 지향의 차이에도 이와 같은 최소주의 강령을 목표로 독재정권에 대항할 최대의 역량을 동원해 낼 수 있었다(정해구·김혜진·정상호, 2004: 18).

한편 전술적 차원에서 6월 항쟁은 시국선언, 경적 울리기, 묵념과 타종 등 그 이전까지 볼 수 없었던 새로운 투쟁 방식을 선보였는데, 이러한 참신성이

---

5   여기에서 전략과 전술은 군사적 의미가 아니라 정치학 특히 이익정치(interest politics)의 영역에서 일반화된 규정, 즉 전략은 공격의 포괄적 계획 또는 로비의 일반적 접근이며, 전술은 특정 정책 입장을 옹호하기 위한 구체적 행위로 정의된다(Berry, 1977: 212).

6   6월 항쟁의 최소 강령을 3·1 운동과의 비교 관점에서 설명하고 있는 흥미로운 주장은 오제연(2017: 48)을 참조했다. 그에 따르면 "3·1 운동에 이렇게 많은 사람들이 결집할 수 있었던 데에는 '만세', '대한(조선) 독립 만세'의 슬로건이 큰 역할을 했다. 6월 항쟁 당시 '호헌철폐 독재타도', '직선제 개헌' 슬로건이 최소 강령으로서 사람들을 최대한 결집시킬 수 있었다면, 1919년 3·1 운동의 '만세', '대한(조선) 독립 만세'의 슬로건은 그것이 갖는 다의성 때문에 사람들을 결집시킬 수 있었다"고 한다.

시민들의 폭넓은 참여를 유인할 수 있었다. 그 시초는 고문 타살에 맞선 1987년의 2·7 대회와 3·3 대회였다. 당시 박종철 군 국민추도회 준비위원회는 성명을 통해 "모든 행진에는 어린이를 포함한 가족과 이웃이 참여할 수 있는 평화적 방법으로 하며 시민의 생업을 방해하는 모든 행동(최루탄 발사, 무장 전경 배치 등의 위협)은 평화와 민주화에 대한 공적으로 보며 완전히 자제할 것을 권고"했고, 이러한 권고 속에서 실제 추모 집회는 "집회 참여자들이 화염병 투척이나 돌팔매는 물론 과격 구호 등 일체의 폭력 행동이 전무"한 집회가 되었다(민주화추진협의회, 1988: 861). 또한 1987년 6·10 대회를 앞두고 발표한 국본의 「국민행동요강」 역시 "오후 6시 국기 하강식을 기하여 애국가를 제창하고, 애국가 제창 후 자동차는 경적을 울리고, 전국 사찰·성당·교회는 타종을 하고, 국민들은 만세 삼창을 하거나 묵념을 하여 민주 쟁취의 결의를 다진다. 경찰의 폭력으로 대회 진행을 막을 경우 전 국민은 비폭력으로 이에 저항하며, 연행을 거부하고, 연행된 경우에도 일체 묵비권을 행사"한다는 등의 비폭력 평화시위를 천명했다(6월항쟁10주년사업범국민추진위원회 편, 1997: 241).

"호헌철폐, 독재타도"라는 최소주의 강령과 비폭력 평화주의의 새로운 전술은 각계의 참여를 유인하는 효과를 거두었다. 4월 22일 고려대학교 교수들이 시작한 시국선언은 전국 대학으로 번져 50개 대학 1527명이 참여했다. 연극인, 영화인, 노동조합원, 음악인, 공연 예술인, 기자, 미술인, 의사, 치과 의사, 출판인, 변호사, 대중 연예인, 한의사 등 그야말로 각계각층이 호헌 철폐 투쟁 대열에 나섰다(서중석, 2017: 30). 좀 더 주목해야 할 것이 6월 항쟁에 광범한 중산층이 동참하고 또 지지를 보냈다는 사실이다. 중산층이 처음부터 항쟁에 결합한 것은 아니었다. 6월 항쟁에서 '중산층'은 조직화되지 않은 주권자로서 '국민들'이었고, 운동 세력과 대비되는 '개인들' 또는 '시민들'이었다. 이들은 처음에는 학생운동권, 재야, 야당의 소극적 지지자였으나 점차 적극적 지지자로, 그리고 참여자로 변해갔다. 중산층의 광범위한 참여와 지지가 가능했던 것 역시 "호헌철폐 독재타도", "직선제 개헌"이라는 슬로건이 갖는 공감대와 통합성에 기인했다(이영제, 2010: 148~151).

새로운 주체와 이념의 형성: 시민적 공화주의의 발전

되돌아보면 1980년 5월 광주와 6월 항쟁이 가져온 가장 중요한 변화는 직선제 개헌이 아니었다. 그것은 이 땅에 근대적 시민과 시민의식의 형상과 구조를 틀 지워놓았다는 점이다. 두 사건이 한국 사회의 바람직한 시민의 위상으로 설정한 것은 존 로크(John Locke)가 말한 합리적이고 이기적인 시민, 또는 개성과 능력의 자유로운 소유자로서 타인과 사회로부터의 간섭의 부재를 추구하는 크로퍼드 맥퍼슨(Crawford Macpherson)의 소유적 개인주의도 아니었다(헤이우드, 2009: 96~97). 오히려 그것은 아리스토텔레스, 마키아벨리, 루소와 같은 철학자들로부터 거슬러 올라가는 참여와 공공선을 지향하는 시민적 공화주의(civic republicanism)에 가깝다. 존 포콕(John Pocock)은 시민적 공화주의의 핵심적 키워드인 자유를 시민의 자발적인 군 복무를 포함한 시민 생활에의 참여로 규정했다. 훌륭한 시민의 삶이란 특수한 직업을 통해 개인을 계발하기보다는 다재다능한 시민들이 공익에 헌신하는 것이다(럭터, 2010: 221). 요약하자면 시민적 공화주의는 공공선에 대한 헌신, 공적 결정에 대한 적극적인 참여와 모든 시민이 공동체로부터 배제되지 않고 권리와 혜택을 누리는 시민권의 원리, 시민적 덕에 대한 강조를 핵심 내용으로 한다. 즉, 그것은 적극적 시민으로서 정치에 대한 참여와 선출된 공직자의 시민에 대한 사회적·도덕적 책임성의 윤리를 함축하고 있다(최장집, 2002: 226~227).

그렇다면 5월 광주와 6월 항쟁은 어떤 경로와 의미에서 시민적 공화주의의 토착화에 영향을 미쳤는가? 그것은 첫째, 두 사건에서 폭력적이고 억압적인 국가에 맞선 저항과 참여의 경험은 공동체의 붕괴를 가져올 반체제적인 기도가 아니라 오히려 민주화와 애국에 기여할 수 있다는 사유의 전환과 의식의 각성을 가져왔다. 1980년 5월에 전남도청에 모여 「애국가」를 제창했던 시민들이나 1987년 6월에 태극기를 펼치고 광화문을 질주했던 대학생들이 외쳤던 것은 국가의 구성원으로서 의무를 수행하는 주체인 동시에 국가의 부당한 억압에 저항할 수 있는 자율적 존재 곧 근대적 시민상이었다. 그런 점에서 광주항쟁은 1948년 헌법에서 관념적으로 선취된 시민적 공화주의의 이념이 군사정부에 맞선 생존 투쟁의 현장에서 실체화했다고 평가할 수 있다(정근식, 2007: 146). 같은 맥락에서 6월 항쟁은 시민의식의 일대 빅뱅 현상을 가져왔다. 앞서 설명한 것처럼, 6월 항쟁에는 전국 34개 시, 4개 군에서 연인원 500만 이상의 시민이 참여해 무려 19일 동안 지속적인 투쟁을 벌였다. 이 기간에 넥타이 부대, 박수 부대, 시민 토론회가 전국 어디서나 등장하는데, 이는 각 개인들이 자신을 대한민국 국가라는 '한 정치공동체의 구성원'으로 인식했고 거기에 부응해 활동했음을 보여준다. 이제 시민은 더 이상 반공과 성장주의의 맥락 안에서 국가 발전에 필요한 의무 사항을 자발적으로 수행했던 순응적 개인이 아니었다. 그들은 거리에서의 투쟁을 통해 참여의식이 충만한 공적 시민으로 거듭나고 있었다(홍윤기, 2004: 67). 요약하자면 6월 항쟁을 통해 제도와 조직의 발전 수준에 비해 지연되었던 시민의식의 발전이 급격히 이루어졌다(유팔무, 2003: 129).

둘째, 시민적 공화주의는 6월 항쟁 이후 '시민운동'의 폭발(advocacy explosion)을 가져왔다. 『한국민간단체총람』(2012)에 따르면 현재 우리나라에는 대략 1만 2657개의 시민 단체가 활동하고 있다. 이 중 1990년 이전에 설립된 시민 단체는 626개로 8.1%에 불과하다. 또 다른 자료인 중앙정부 부처의 비영리 민간단체 현황에 따르더라도 비슷한 결론에 이른다. 2017년 현재 정부에 등록된 민간단체는 대략 9967개에 달하는데, 이 중 설립 시기를 알 수 있는 단체는 9228개이다. 이 중 1989년 이전에 설립된 단체는 1071개로 전체의 11.6%에 해당된다. 정리하자면 현재 민간(≪시민의 신문≫)이나 정부가 파악하고 있는 시민 단체의 수는 대략 8000개에서 1만여 개에 달한다. 이 중 대략 90% 정도는 1987년 민주화 이후에 설립된 것이고, 단지 10% 정도만이 민주화 이전에 설립된 것으로 추정할 수 있다(정상호, 2017: 326). 이처럼 1990년대 들어서면서 한국은 NGO의 급증을 뜻하는 '결사체 혁명'(Edwards and Hulme, 1996: 2)을 경험했는데, 이를 가능하게 만들었던 첫 번째 요인은 군사정권과 맞서 간단(間斷)없는 투쟁을 전개함으로써 정치 영역의 개방을 이룬 6월 항쟁에 있었다. 6월 항쟁의 결과 대통령직선제, 다당제, 국회 기능의 정상화 등 절차적 민주주의와 정치민주화가 진전되었고, 이로써 시민사회 활성화의 단초가 마련되었다고 할 수 있다.

새롭게 등장했던 시민운동은 다음과 같은 점에서 1980년대 이전의 변혁적 민중운동이나 민주화운동과 분명한 차이가 있었다. 한편으로는 시민적 공화주의의 토착화에 기여했다. 첫째는 운동이 추구하는 목표와 가치, 즉 능동적 시민(active citizen)을 지향함으로써 시민적 공화주의가 정립되었다. 새롭게 등장한 시민운동은 총체적 사회변혁을 위한 국가권력의 장악을 기도했던 과거 민주화운동과는 달리 금융실명제 도입, 부동산 투기 근절 등 '국민들의 삶과 직결된 현실적 과제 해결'을 위해 문제를 제기하고 대안을 제시하는 쪽으로 목표를 설정했다. 이것은 운동의 성격을 계급 이익의 실현에 두는 '민중의 정치'가 아니라 국가정책이 공공 이익이나 공공선에 부합하도록 압력을 극대화하는 '영향력의 정치'로 전환되었다는 것을 의미하는 것이었다. 둘째는 운동 방식의 차이가 시민참여 범위의 실질적 확장을 이루었다. 6월 민주화운동 이전의 민주화운동은 정부 억압의 높은 수준 때문에 불가피하게 급진적 이념 지향성, 비공개·반(半)합법운동 조직의 난립, 폭력적 저항 방식이라는 특징을 지니게 되었다. 그렇지만 1980년대 후반에 생겨나기 시작했던 경제정의실천시민연합(경실련)을 비롯한 시민운동은 좀 더 많은 시민들과 회원들의 참여를 가능하게 하기 위해 합법적이고 평화적인 운동 방식을 채택했다. 셋째는 일반 시민들이 정치·사회·정책 참여의 분명한 주체로 설정되기 시작했다는 것이다. 사회개혁을 기치로 내건 시민운동은 노동자·농민, 청년 학생 등의 참여를 관건으로 보았던 기존의 민주화운동과는 달리 자신들의 지지 기반을 중산층을 비롯한 일반 시민에서 찾았다.

셋째, 시민적 공화주의는 훗날 촛불 민주주의와 광장 민주주의의 이론적 토대이자 경험적 기반으로 작용했다. 〈표 6-2〉는 6월 항쟁과 2000년대 이후 발생했던 네 차례 대규모 촛불 시위의 특징과 성격을 비교한 것이다. 한 외신의 지적대로, 촛불은 수십 년 동안 한국을 지배해 온 정치 질서에 대한 민주적인 저항(*New York Times*, 2017.3.14)의 성격을 갖고 있다. 이제 촛불과 광장이 한국 민주주의의 키워드이자 푯말이라는 데 이의를 달기는 어렵다.

그렇다면 어떤 점에서 촛불 민주주의는 시민적 공화주의의 이념적 세례를 받았다고 주장할 수 있는가? 가장 직접적 근거는 촛불 시위의 단골 구호이자 노래로 "대한민국은 민주공화국이다"라는 헌법 제1조가 연속 등장했다는 사실이다. 그것은 단순한 집회의 노래가 아니라 "평소에 안면도 없던 집회 참여자들이 공공의 문제에 대해 자신들의 의사를 적극적으로 표시하고 요구하는 모습"에서 그리고 "정치적으로 동등한 시민으로서의 동료애"를 느꼈다는 점에서 민주공화국의 실질적 체험이었던 것이다(정해구, 2008.7.9). 실제로도 중요한 촛불 집회마다 6월 항쟁이 언급되었다. 70만 명(주최 측 추산)이라는 최대 규모의 참가자를 기록한 2008년 6월 10일 촛불 집회에서는 이한열 열사의 영정이 무대에 올랐고, 박근혜 탄핵 촛불 집회(2017년 1월 14일 12차 촛불 집회)에서는 박종철 열사의 30주기 추모식이 함께 진행되었다. 결국 6월 항쟁은 추도와 애도를 넘어 촛불 집회라는 새로운 형태의 민주주의, 즉 광장 정치의 시원(始原)이었다고 할 수 있다(김성일, 2017: 156).

〈표 6-2〉 6월 항쟁과 촛불 시위의 비교

	6월 민주항쟁 (1987)	여중생 추모 촛불 집회(2002)	노무현 대통령 탄핵 반대 촛불 집회 (2004)	미국산 쇠고기 반대 촛불 집회(2008)	탄핵 촛불 집회 (2016~2017)
기간	- 6.10~6.29	- 11월~12월	- 3.12~4.15	- 5.2~8.중순	- 16.10~17.4
규모(명)	- 500만	- 200만	- 100만	- 100회 550만	- 23회 1700만
지역	- 전국	- 서울(광화문) 중심	- 전국	- 서울(광화문) 중심	- 전국
조직	호헌반대민주헌법쟁취국민운동본부	미군장갑차여중생살인사건 범국민대책위원회	노무현대통령탄핵반대국민행동	광우병 국민대책회의	박근혜정권퇴진비상국민행동
계기 (발화)	- 박종철 고문치사 - 4·13 호헌 조치	- 미군 피의자에 대한 무죄 평결	- 3·12 대통령 탄핵소추안 가결	- MBC피디수첩 (4.29)	- JTBC 최순실 태블릿 보도 사건 (10.24)
핵심 구호 (주장)	- 호헌철폐 - 독재타도 - 직선제개헌쟁취	- 효순·미선이를 살려내라 - SOFA 개정	- 탄핵 반대 - 국회 탄핵	- 고시 철회 - 협상 무효 - 이명박(2MB) OUT	- 퇴진/하야 박근혜 - 이게 나라냐
집회 형태	- 가두시위	- 평일 집회 - 만민공동회	- 평일 집회 - 1000만 탄핵 반대 서명	- 평일 집회 - 촛불 문화제 - 자유 발언대	- 주말 집회 - 촛불 문화제
참여자	- 대학생 - 일반 시민	- 일반 시민, 네티즌	- 일반 시민, 네티즌 - 노사모	- 10대 청소년 - 촛불 소녀	- 일반 시민 - 개인과 가족
정부 대응	- 강경 진압	- 이념 공세	- 중립(고건 권한대행 체제)	- 명박 산성 - 공안 정국	- 사과 성명 - 개헌/책임총리제
언론 태도	조·중·동·(관망)	조·중·동 대 한·경	조·중·동 대 한·경	조·중·동 대 한·경	조선- 중앙·한겨레
정당 참여	- 야당 적극 참여	- 야당 일부 참여	- 여당 중심 참여	- 외면	- 야당 적극 참여
상징	- 경적과 타종	- 근조 리본	- 헌법 제1조 - 노무현 리본	- 헌법 제1조	- 헌법 제1조 - 세월호(리본)
노동운동 시민운동	- 7~9월 대투쟁	- SOFA 개정 - 한미 관계 정상화	- 참여 없음	- 민주노총 파업 (6.10)/화물연대 (6.13)와 건설노조(6.16) 파업	- 민주노총의 민중 총궐기 주도
결과	- 6·29 선언	- 주미 대사 사과 성명	- 총선(4.15) 승리 - 탄핵 기각(5.14)	- 대통령 사과 성명 - 추가 협의(6.26)	- 탄핵 - 정권교체
양상	- 가두투쟁 - 비폭력 평화시위	- 비폭력 평화시위	- 비폭력 평화시위	- 비폭력 평화시위 - 6월 폭력시위 (연행자 2500명)	- 비폭력 평화시위 - 연행자 0명
네트워크	- 오프라인 - 부문 운동	- 온/오프라인 결합	- 온/오프라인 결합	- 온/오프라인 결합 - 집단 지성, 다중	- 온/오프라인 결합 - 집단 지성, 다중

6월 항쟁의 과제: 1987년 체제의 극복

2016~2017년 촛불 집회가 전국을 휩쓸었을 때 적지 않은 사람들은 1987년을 언급했다. 그러나 자세히 들여다보면, 그 의미가 전혀 다른 맥락에서 사용되었다는 것을 알 수 있다. 한쪽에서 말하는 1987년은 광장 민주주의가 30년 만에 재현되었다는 것을 뜻한다. 그런 의미에서 6월 항쟁은 촛불 민주주의 계보학의 원류이자 광장정치의 시원(始原)에 해당되며 연속성이 강조된다. 그러나 1987년 체제는 전혀 다른 맥락, 즉 촛불 민주주의가 지양해야 할 극복 대상으로서 과감한 청산의 대상을 지칭하는 것이다.

이미 많은 연구자들이 지적했듯이 1987년 체제는 정치-중심적 편향과 개념적 엄밀성의 부족이라는 한계를, 이와 연관해 신자유주의의 폐해를 강조하는 1997년 체제는 경제-중심적 편향이라는 점에서 문제가 있다. 이를 극복하기 위해 이 절에서는 일본 자민당의 장기 집권에 발판이 된 1955년 체제의 형성과 해체를 연구한 T. J. 팸펠(T. J. Pempel)의 연구를 적용하고자 한다. 그에 따르면 체제(regime)란 다음의 세 가지 요소, 즉 지배 연합과 중요한 정치-경제적 제도, 그리고 핵심적인 공공정책이 장기 지속성을 갖는 것을 말한다(Pempel, 1998: 20~25). 팸펠의 연구는 일본에서 장기 지속되었던 기업과 관료의 보수 연합 지배, 자민당 패권의 1.5 정당 체계, 노사협조주의와 민간 중심의 복지정책으로 구성된 1955년 체제의 장기 지배를 설명하는 데 매우 적절한 통찰력을 제공해 준다. 하지만 팸펠의 1955년 체제를 한국의 1987년 체제에 적용하기에는 두 가지 난점이 있다. 하나는 앞의 다른 이론들과 마찬가지로 분단체제와 한미 관계 등 국제적 요소를 배제한 채 국내 요인에만 함몰되어 있다는 점이다. 다른 하나는 구성주의나 역사적 신제도주의 등 최근 체계 혹은 체제를 설명하는 이론들에서 공통적으로 강조하고 있는 가치와 규범의 총체로서 이념적 요인을 배제하고 있다는 점이다. 따라서 이 절에서는

<표 6-3> 1987년 체제의 구성

구성 요소		1961년 체제	1987년 체제
지배 연합		군부-관료-재벌의 3두 체제	재벌-관료-언론-보수정당의 과두제
제도	정치	권위주의 체제	다수제 헌정 체제
	경제	발전국가	신자유주의
이념		반공과 성장주의	성장주의
국제 체계		냉전 분단체제	분단체제

체제의 구성 요소로서 팸펠이 제시한 지배연합과 정치경제 제도를 인용하되, 공공정책 대신 정책 이념(policy ideas)을 사용하고자 한다.[7] 이를 정리한 것이 〈표 6-3〉이다.

첫째, 1987년 체제를 지탱해 온 지배연합은 재벌-관료-언론-보수정당으로 구성된 기득 동맹체이다(김정주, 2016: 93; 이광일, 2017). 1987년 체제는 지배연합의 구성에서 그것이 분단체제를 지칭하는 1953년 체제이든, 군사독재정권과 발전국가를 지칭하는 1961년 체제이든 간에 이전 체제와 본질적인 차이가 있다. 무엇보다도 6월 항쟁을 거치면서, 제3세계에서 관료적 권위주의 정권의 실질적 관제탑이던 군부가 병영으로 퇴각했다. 그 대신 시민사회가 활성화되면서 재벌과 조·중·동으로 상징되는 언론 카르텔의 영향력이 막강해졌다. 김대중-노무현-문재인으로 이어지는 개혁적 자유주의 정치세력은 정치와 경제의 제도 영역에서는 지배연합과 이해를 공유하지만 이념과 분단체제에서는 상이한 경로를 걸어옴으로써, 중도 보수와 개혁 진보의 이념적

7   역사적 신제도주의에서 정책 이념(policy ideas)은 "정책 결정자가 고려할 인지적·규범적 해결 범위를 제약하는 것으로서, 문제에 대한 구체적 해결책을 제시해 주며, 행위자의 정책 제안을 정당화할 틀을 구성해 주는 상징과 개념"이다(Campbell, 2001: 178). 한편으로 정책 이념은 정책 결정자들에게는 비전의 공유를 다른 한편으로는 다양한 선호를 가진 정치집단과 이익집단 간의 연합을 가능하게 할 촉매 역할을 수행한다(임혜란, 2005: 101).

스펙트럼 사이에서 끊임없이 동요하는 양상을 보여왔다.

둘째, 정치제도의 수준에서 보면, 6월 항쟁의 직접 산물인 9차 개헌은 1919년 체제의 핵심이라 할 다수제 헌정체제(majoritarian constitutional paradigm)를 구축해 놓았다.[8] 헌정체제란 헌법 체계와 정당 체계를 아우른 개념인데, 한국의 1987년 체제는 권력 집중과 효율성을 지향하면서, 승자 독식의 단순 다수소선구제(병립형), 지역주의를 심화시켰던 보수 독점의 거대 양당제, 중앙집권 국가, 단원제 의회, 경직된 대의제를 핵심 요소로 삼고 있는 다수제 헌정 체제와 정확히 일치한다(선학태, 2010: 72). 한편 경제 제도의 수준에서는 일종의 지체 현상이 발생했다. 1987년 체제로의 이행과 더불어 정부가 관제탑으로 국민경제를 일사불란하게 기획·지도하는 발전국가는 해체되었지만, 그렇다고 미국식 다원주의로 접어들거나 사민주의의 조절 경제로 방향을 잡은 것도 아니었다. 세계화의 파고 속에서 계속된 정경유착과 관치 경제, 그리고 좀 더 직접적으로는 1987년 노동자 대투쟁의 패퇴 속에서 맞은 IMF 사태는 한국경제를 신자유주의의 나락으로 떨어뜨렸다. 여기서 주목할 점은 1987년 체제와 1997년 체제 중 무엇이 좀 더 적실하며, 우위에 있느냐는 것이 아니다. 그것은 정치제도(다수제 헌정주의)가 일반 시민과 사회적 소수자, 그리고 지방의 요구와 대표를 억누르면서 신자유주의적 경제질서의 유지·강화에 기여하고 있다는 점이다. 그런 의미에서 1987년 체제는 1997년 이후 신자유주의를 본격 접목함으로써 비로소 완성되었다고 할 수 있다.

셋째, 이념적 측면에서 1987년 체제는 국가 주도의 발전국가를 해체하고

---

8   주지하다시피 레이파트 학파(Lijphart school)는 헌정 패러다임을 권력 집중을 지향하는 다수제(majoritarian)와 권력 분점을 지향하는 합의제(consensual)로 구분한다. 전자는 과반수(혹은 단순 다수)의 선택을 전체 사회의 결정으로 받아들이는 '경쟁 정치'의 효율성을 지향한다. 후자는 정책결정 과정에 참여하는 '다수의 최대화(maximization of majority)'에 기초한 '상생 정치'를 지향한다. 이 중 레이파트 학파는 합의제형 헌정 체제를, 갈등과 분열이 상존한 사회를 안정시키기 위한 최적의 민주주의 공고화 조건으로 상정한다. 이에 대해서는 선학태(2010)를 참조.

반공주의를 약화시킨 것은 분명하다. 특히 노태우 정부가 추진했던 88 서울 올림픽과 북방 정책, 남북한 UN 동시 가입 그리고 김대중 정부와 노무현 정부가 추진했던 화해 협력 정책과 남북 정상회담은 반공주의가 약화되는 중요한 계기를 제공했다. 하지만 1987년 이후 진보와 보수를 구분할 것 없이 모든 정권은 '경제성장의 최대화를 지향하는 경제 조직화의 체계'로서 성장경제를 추구해 왔다(Fotopoulos, 1997: 3). 1987년 체제 이후 신자유주의 경제와 성장주의 이념이 낳은 무소불위의 괴물이 '토건 국가'이다. 1987년 체제하에서 적지 않은 사람들은 한국 경제의 고도성장은 박정희 개발독재의 결과이고, 개발독재는 당시로는 그 부작용에도 불구하고 바람직한 최선의 선택이었으며, 현재도 개발독재 모델은 침체된 한국 경제에 또다시 고도성장을 가져다줄 것이라는 생각을 숨기지 않았다(손호철, 2017: 29). 촛불 혁명의 가장 큰 성과가 박정희 신화라는 근대화 과정의 '시민 종교'의 파산(김학준, 2017: 74)이라는 표현은 역으로 1987년 체제하에서 굳어진 성장주의라는 이념이 얼마나 강고하게 시민사회에 뿌리내렸는지를 보여주는 역설이다.

끝으로, 1987년 체제는 적대적 분단체제 속에서 온존하고 있다. 국제적 시각에서 볼 때 1987년 체제는 이전의 1961년 체제와 명확한 차이를 갖고 있다. 하나는 베를린 장벽의 붕괴(1989)와 동유럽 공산 진영의 몰락에 따른 탈냉전 효과이다.[9] 1987년은 남한 민주화의 결정적인 전환점이며 한반도 분단체제 동요기의 시작이지만, 1987년 체제의 헌법과 정당정치 및 대부분의 사회운동이 분단체제 극복을 뚜렷한 실천 과제로 설정했던 것은 아니었다. 이에 따른 온갖 문제가 누적된 끝에 1997년의 구제금융 사태가 발생했고, 이것

---

9   하지만 탈냉전의 효과는 동아시아 지역에서는 비대칭적이었다. 한국은 북방 정책을 통해 중국과 소련과 수교를 했지만 북한은 미국이나 일본과 수교하지 못함으로써 긴장과 갈등을 내재한 비대칭적 탈냉전 구조를 만들었다(정근식, 2017: 517).

이 식량난 등 북녘의 위기와 겹쳐 분단체제의 흔들림이 본격화되었다. 이때 나온 6·15 공동선언은 한반도적 위기 상황의 직접적인 산물인 동시에 남북 각자가 현상 고수나 대외 종속보다 서로 화해, 협력 및 점진적 통합에서 새로운 활로를 찾고자 한 능동성과 저력의 산물이었다(백낙청, 2007: 182). 이후 10·4 남북 공동선언(2007)을 통해 확인할 수 있듯이 분단체제는 '동요기'에서 '해체기'로 들어간 것은 사실이지만, 여전히 일촉즉발의 무력 충돌로 치달을 수도 있는 가역적 상황에 놓여 있다.

4 | 결론: 6월 항쟁과 1987년 체제의 변증법적 발전으로서 촛불 민주주의

5월 광주와 6월 항쟁에 대한 성찰을 마무리하면서 먼저, 그와 관련된 오해를 바로잡을 필요가 있다. 민중사 또는 민족사라는 진보적 관점의 역사 서술에서는 역사의 한 단계를 정리하지 못하고 계속 과제의 해결을 미루어왔다는 점에서, "한국의 역사는 패배와 좌절의 역사로 점철"(정진상, 1997: 27)되었다는 인식이 팽배하다. 또한 5월 광주를 "독점자본과 민중의 대결이 지역에 고립되어 전국적 확산의 통로를 열지 못했다. 그것은 민중 의식의 낮은 수준과 군부의 역선전에도 원인이 있으나 요구 사항을 지방색으로 표현하는 등 참여한 민중이 자기도취에 빠졌기 때문이기도 하다. 지방색으로 표시된 민중적 요구는 항쟁의 다른 지역으로의 확산을 가로막고 항쟁 과정에서 광주만을 고립시키면서 항쟁의 성과를 한정"되었다는 그릇된 평가(정진상, 1997: 54)조차 제기된 적이 있었다. 같은 선상에서 6·29 선언이야말로 민중 항쟁의 완전한 목표 달성을 가로막은 '속이구' 선언이요, 이후의 20년은 민주주의의 모양새만 얻고 알맹이를 놓친 좌절의 역사였다는 평가도 낯설지 않다.[10] 물론 여기에는 우리 사회가 그간 "거리와 광장에서 분출하는 시민의 힘에 비하면 보잘것없는 민주주의만을 성취했을 뿐, 결국 일종의 '수동 혁명'으로 귀결"되었다는 '열망(저항)과 좌절의 사이클'(최장집, 2002)에 대한 우려가 깔려 있다. 또 혹자는 "4·19도, 1987년 민주화도, 각각 이후 30년에 걸쳐 그리고 결국은 강고한 독재로 귀결되고 말았다는 사실, 즉 거대한 민주 열망을 냉혹한 독재체제가 회수하는 불쾌한 역사적 순환"을 '마(魔)의 순환 고리', '독재의 반복 고리'(김상준 2017, 81)로 압축했다. 같은 맥락에서 "1987년 6월 항쟁, 1997년 외환위기, 2004년 노무현 대통령 탄핵 등 세 번의 기막힌 기회를 놓쳐버렸는데, 촛불 혁명으로 찾아온 네 번째 기회를 또다시 죽 쒀서 개 줄 것인가"를 우려하기도 했다(한홍구, 2017). 그리고 그러한 결과를 가져온 원인으로 개혁을 비롯한 "좌파 정치세력의 무능과 타협적 태도"(서영표, 2017: 68)와 골키퍼 없는 데도 득점하지 못한 진보 개혁 세력의 무능(한홍구, 2017)이 지적되어 왔다.

그러나 4·19와 5월 광주, 6월 항쟁과 촛불을 반세기가 넘는 긴 시각에서 보면 한국의 민주화와 개혁은 단 한 차례의 대변혁이나 혁명이 아니라 장시간의 다단계 시민혁명을 통해 한국형 민주주의의 완성을 향해 진화해 왔다는 관찰도 가능하다. 어쩌면 '장엄한 패배와 위대한 부활'(한홍구, 2010)의 주기적인 패턴은 산업화와 탈산업화를 동시에 진행하고 있는, 더구나 분단체제라는 버거운 짐을 엎고 사는 남다른 조건 속에서 더 나은 사회로 가기 위한 불가피한 진통과 산고는 아니었을까? 그런 점에서 4·19와 5월 광주, 6월 항쟁과 2000년대의 촛불 집회는 '시민적 공화주의'라는 한국형 민주주의를

---

10 6·29 선언과 개헌, 그리고 대통령 선거와 문민정부의 개혁 등을 지배 블록의 재편 과정에서 보면 '신자유주의 체제 정착을 위한 정치사회적 지반 다지기의 과정'이라는 부정적 평가가 그러하다 (김명인, 2007: 17).

〈표 6-4〉 1987년 체제의 해체와 2017년 체제

구성 요소			1987년 체제	2017년 체제
지배 연합			재벌-관료-언론-보수정당의 과두제	시민 주권
제도	정치		다수제(majoritarian) 헌정 체제	합의제(consensual) 헌정 체제
			단순 다수 소선구제(병립형)	정당 명부 비례대표제(연동형)
			보수 독점의 양당제	온건 다당제(진보-중도-보수)
			중앙집권 국가	지방분권 국가
			단원제	양원제
			경직된 대의제	직접민주주의의 확대
	경제		신자유주의	경제 민주화와 복지국가
이념			성장주의(물질주의)	자율과 생태(탈물질주의)
국제 체계			분단체제	평화 체제(종전 선언과 평화협정)

완성하기 위한 고통스럽지만 희망의 끈을 놓아버린 적이 없던 긴 여정이었다고 평가할 수도 있다.

이제 앞서 던진 질문에 답을 내놓으면서 이 장을 마무리하고자 한다. 지난 2016~2017년의 촛불은 "1987년 체제의 헌정 질서 사수를 기치로 내걸었다는 점에서 체제 보수적인 운동이었고, 1987년 체제를 규정하는 1987년 헌법으로서 대통령 탄핵을 진행함으로써 1987년 체제를 지켜냈다고 말할 수도 있다는 점에서 재민주화라고 규정할 수 있다"는 주장(권영숙, 2018: 78)에 필자는 동의하기 어렵다. 왜냐하면 촛불은 6월 항쟁의 정신과 이념에 닿아 있으며, 동시에 1987년 체제에 대한 총체적인 극복 의지를 담고 있기 때문이다. 6월 항쟁과 1987년 체제의 변증법적 발전으로서 촛불 민주주의가 함의하는 바는, 1987년 체제가 그것을 무엇으로 명명하든, 다음의 과제를 수행하는 개혁 정부와 촛불 시민의 힘으로 조속히 종료되어야 한다는 점이다.

2017년 촛불을 거치면서 1987년 체제의 해체 방향에 대해서는 어느 정도

의 합의가 구축되고 있다. 가장 높은 수준의 사회적 합의와 이행 정도를 보이고 있는 과제는 분단체제에서 평화 체제로의 이행이다. 적지 않은 연구자들이 입을 모아 촛불 혁명의 과제로 "60년 이상 지속된 한미 군사동맹의 재검토와 그것을 통한 남북한 관계의 실질적 변화와 한반도 평화 체제 수립"(김동춘, 2017: 220)과 "적대적인 대북 정책으로 인해 심화된 안보 위기를 해결하고 그간 중단된 남북한 교류 협력의 복원"(김종엽, 2017: 3)을 제시해 왔다. 또한 이를 위한 밑그림으로 '변혁적 중도주의'(백낙청, 2007)나 "서로의 주권과 영토를 상호 인정하고 정상인 수교 관계를 맺어 평화롭게 공존하는 한반도 양국 체제"(김상준, 2017: 76) 등이 논의되고 있다. 다행히 문재인 정부 출범 이후 남북 정상회담과 북미 정상회담이 이어지고, 종전선언과 평화협정이 논의되면서 그 어느 때보다 분단체제의 해체 가능성이 높아지고 있다.

또한, 촛불 이후 성장주의의 약화와 자율과 분권, 연대와 생태를 강조하는 이념상의 전환 역시 목격할 수 있다. 사실 2017년 체제의 등장 이전에 한국 사회가 탈산업화 시대와 탈물질주의 가치로 전환하고 있다는 진단이 이어졌다. 국내에서는 촛불 집회 참여자들의 가치 지향은 탈물질주의·개인주의(조기숙·박혜윤, 2008)에 가깝다는 연구가, 국제적으로는 우리나라가 선진국 중 물질주의와 탈물질주의라는 가치를 둘러싼 세대 격차가 가장 큰 국가에 해당된다는 결론(잉글하트와 웰젤, 2011: 4)이 이를 강력히 뒷받침한다. 이러한 예견은 촛불을 통해 "환경 우선주의, 탈물질주의, 탈전문가주의, 참여 민주주의 등의 가치 지향이 지속적으로 성장"(정태석, 2018: 47)하고 있으며, "젊은 세대에 한정했던 서구의 68혁명과 달리 탈물질주의 사고가 촛불 집회 참가자 집단에서 전반적으로 높게 나타날 뿐만 아니라 국민 전체에서도 높게 나타나 가치 변화의 국민적·사회적 토대가 튼튼하다는 점"을 주목(정병기, 2017: 282)해야 한다는 주장으로 이어지고 있다.

가장 논란이 많고 진행 속도가 더딘 것이 시민 주권의 확립과 경제민주화를 통한 복지국가의 실현이다. 시민적 공화주의에 일관되게 관통하고 있는 원칙과 이상은 어떤 한 세력이나 파벌의 권력 독점이 없는 균형이다. 왜냐하면, 그러한 조화 속에서 시민들의 자유와 참여, 헌신성과 애국심이 최대한 발휘될 수 있기 때문이다. 그것은 다양한 세력이 자유롭고 평등하게 공존할 수 있는 비지배적 상호성(곽준혁, 2005: 49~50)이나 공동체의 평등한 시민권을 의미하는 이소노미아(isonomia)라는 개념으로 집약될 수 있다. 이 점과 관련해 최근 문재인 정부가 국정이념으로 제시하고 있는 포용 국가와 포용적 복지를 '포용적 민주주의'로 확장하는 것은 1987년 체제의 해체에 나름 기여할 수 있다.[11] 집권 중반기에 접어든 문재인 정부는 포용적 민주주의를 통해 경제민주화의 전략과 의지를 다지고, 좀 더 과감한 경제사회개혁 조치에 나설 역사적 의무 앞에 서 있다.

마지막으로 1987년 체제의 최종적 청산은 결국 다수제 헌정 체제를 합의제 헌정 체제로 전환하는 10차 개헌의 실현이다. 돌이켜보면 6월 항쟁의 주역들은 '호헌철폐', '독재타도'라는 최소 강령을 압축한 국민적 슬로건을 만들어냈지만 넓게는 정당과 재야를 비롯한 사회운동이 공존할 수 있는, 직접적으로는 양김의 후보 단일화를 가능하게 할 제도적 대안을 마련하는 데는 무지했고 게을렀다. 학계와 시민사회에서 이구동성으로 독일식 정당 명부 비례대표제의 도입을 외친 지 20년이 지났지만 현실은 여전히 요지부동이다. 결국, 권력구조를 비롯해 직접민주주의와 경제민주화, 그리고 생태 민주주

---

11 원래 포용적 민주주의라는 개념은 런던정경대학(LSE)의 정치경제학 교수였던 타키스 포토폴로스(Takis Fotopoulos)가 *Towards an Inclusive Democracy*(1997)를 출간한 것이 계기가 되었다. 그는 현대의 세계가 정치-경제-문화-생태의 차원에서 다층적 위기에 처했다고 진단하면서, 그 해법은 불평등을 심화할 신자유주의적 합의도, 개인의 자율성과 선택을 질식시킬 국가주의도 아니라고 단언하면서, 경제민주주의와 직접민주주의, 지역공동체(community)에 바탕을 둔 연방제적 자치주의(confederal municipalism)로 구성된 포용적 민주주의를 제시했다(Fotopoulos, 1997: 25~28).

의로의 전환 등의 체제 개편(regime change)은 개헌이라는 지난한 과정을 거치지 않을 도리가 없다. 그리고 이번에는 정부 주도의 제한된 공청회가 아니라 시민 단체와 이해 집단은 물론 일반 시민들이 적극적으로 참여하는 광범위한 공론의 장이 마련되어야 한다. 광범위한 시민들의 참여 속에서 만들어지는 제10차 개헌, 이것이 1987년 체제의 공식적인 청산이자 촛불 민주주의를 제도화시키기 위한 바람직한 경로이다.

3부

———

민주화 30년의 성찰

7장 1987년 이후 30년,
한국 민주주의의 궤적과 시민정치의 변화

신진욱 (중앙대학교 사회학과)

1 ㅣ 서론

    민주주의는 현실에 완전히 구현되어 있거나 구현할 수 있는 제도가 아니라, 현존하는 정치제도의 한계를 인식하고 개선하기 위한 이념적 좌표로서 의미를 갖는다(Dahl, 1998). 민주주의는 소유할 수 있는 대상, 점령할 수 있는 고지, 완수할 수 있는 목표가 아니며, 한번 갖게 되면 저절로 곁에서 빛을 발하는 보석도 아니다. 민주주의는 언제나 역사 속의 불완전한 민주주의로 존재하며, 정치사회적 환경과 세력 구도에 따라 진보와 퇴보를 반복하며 움직이는, 살아 있는 인간들의 정치적 관계다. 그래서 현실의 민주주의는 언제나 이념과 가치로서의 민주주의가 가리키는 이상에 못 미친 어느 지점에서 많은 결함과 문제, 내적 모순과 외적 도전으로 금 가고 기울어진 형상으로 존재한다.

    『민주주의의 삶과 죽음』에서 존 킨(John Keane)은 "민주주의는 우리가 도달한 영원불변한 정치적 목적지가 아니"며, 따라서 우리는 모든 현존하는 민주주의 제도와 관행의 "부러지기 쉬운 불확정성(brittle contingency)을 의식"

해야 한다고 강조했다(Keane, 2009: xiv). 그런 의미에서 민주화란 단지 독재의 종식이 아니라, 오래된 구조적 문제들과 새롭게 등장하는 도전들에 직면해 민주주의를 항상 새롭게 하는 과정으로 이해되어야 한다. 그러므로 민주화의 길은 앞으로만 뻗어가게 되어 있는 직선 도로가 아니라, 어떠한 예정된 미래도 없이 전진과 반동의 힘겨루기 속에서 구불거리는 길이다. 그렇기 때문에 민주화는 결코 완결될 수 없으며, 영구한 '민주주의의 민주화'(최장집, 2006; Offe, 2003)가 필요할 뿐이다.

이 장은 그와 같은 불확정성의 의식에서 출발해, 1987년 이후 한국 민주주의가 어떤 도전들과 씨름하며 어떤 궤적으로 전개되어 왔는지, 시민들의 정치참여는 어떤 변화를 겪었고 제도 정치민주화에 어떤 영향을 미쳤는지, 그리고 그러한 역사의 맥락에서 2016~2017년의 촛불과 탄핵은 어떤 의미가 있는지를 묻는다. 이 목표는 단순한 역사 기술이 아니라, 오늘날 세계의 많은 나라에서 민주주의가 직면해 있는 보편적 문제 상황과의 연관성 속에서 다뤄질 것이다. 즉, 세계 민주주의의 여러 보편적 문제가 한국에서 어떤 순서와 조합으로 등장했는가, 한국에서 그 문제들이 심화되고 극복된 과정이 다른 나라들에 줄 수 있는 이론적 함의가 무엇인가가 관심사다.

중점적인 고찰의 대상은 오늘날 세계 민주주의가 겪고 있는 두 가지 대표적 문제 상황이다. 그 하나는 1960~1980년대에 권위주의 지배를 경험했던 아시아, 중남미, 남유럽, 동유럽 등 여러 사회에서 독재 종식 후에도 민주주의 요소와 권위주의 요소가 계속 공존하고 있는 포스트 권위주의(post-authoritarian) 사회의 고유한 문제 상황이다(Diamond, 2002; Merkel, 2004). 이 나라들에서는 다당제와 선거 경쟁의 제도적 형식은 유지되고 있지만 법치주의, 권력분립, 시민적 자유, 정치적 권리 등 더 넓은 의미의 민주주의 요건들이 충족되지 못하고 있다. 그래서 선거를 통해 절차적 정당성을 획득한 정치권력이 민주주의의 결핍 상태를 하나의 '체제'로 재생산하는 경향이 있다는 것이 여기서 문제의 핵심이다.

다른 하나는 성숙한 민주주의 사회들에서 자본주의의 세계화, 금융화, 신자유주의화가 심화되면서 점점 심각하게 대두되고 있는 '포스트 민주주의(post-democracy)'의 문제다(Crouch, 2004). 여기서 근본 문제는 대의정치가 대자본을 비롯한 사회 권력에 종속되거나 그와 결탁해 점증하는 경제적 불평등과 불안의 문제를 해결할 의지와 능력을 보여주지 못함에 따라, 사회 내에 민주주의 제도와 정치 대표자들에 대한 회의가 확산되고 있다는 점이다. 이것은 '아직(pre-)' 민주주의가 덜 공고화되거나 발전된 문제가 아니라, '이미(post-)' 오래전에 민주주의가 제도화되었지만 다수 국민의 필요와 요구에 부응하는 실질적 정당성이 문제시되고 있는 상황이다.

이 장은 이와 같은 포스트 권위주의와 포스트 민주주의의 문제들이 한국에서 어떻게 결합되고 상호작용 하면서 민주주의의 전진, 후진, 또 다른 전진으로 나아가는 나선형적 궤적이 만들어져 왔는지를 고찰한다. 1987년 이후, 특히 1997년에 경제위기와 IMF 구제금융, 그러나 또한 민주화운동의 상징인 김대중의 대통령 당선이라는 상반된 성격의 대전환을 겪으면서, 한국 사회는 포스트 권위주의 문제와 포스트 민주주의 문제의 동시성이라는 복잡한 구조를 갖게 됐다. 즉, 한편으로 권위주의 유산을 청산하고 정치를 민주화해야 할 과제가 여전히 남아 있었다면, 다른 한편으론 민주주의가 진전될수록 민주정치가 민생 문제를 비롯한 국민들의 구체적 요구를 해결할 수 있다는 것을 입증해야 하는 과제가 점점 더 중요해졌다.

이런 상황은 민주화가 미약하게만 진전되어 포스트 권위주의의 문제가 여전히 압도적이거나, 반대로 민주주의 제도가 잘 작동하고 있어서 포스트민주주의의 문제만이 이슈가 되는 그런 사회들과 구분되는 독특한 동시성을 특징으로 한다. 그래서 과거 청산과 민주화가 우선인지 아니면 경제와 분배 정의가 중심인지 논쟁이 발생하며, 또한 당면한 한국 사회 문제들이 독재 세력의 유산 때문이라는 주장과 민주정치의 무능 때문이라는 주장 사이에 충돌이 발생한다.

　1987년 이후에 실제로 이 두 문제가 어떤 순서와 형태로 발현되고 결합되었는가? 그 결합이 어떤 방식으로 이명박·박근혜 정부 시기의 급격한 재권위주의화로 이어졌는가? 2017년의 전환으로 그와 같은 문제 상황의 정확히 어떤 부분이 극복되었고 어떤 문제가 여전히 남아 한국 민주주의를 위협하고 있는가? 이상이 다음에서 다룰 질문들이다. 이 질문들로 깊이 들어가기 전에 먼저 오늘날 세계 민주주의의 양대 문제의 현황과 그 안에서 한국의 위치를 살펴보기로 한다.

2 ¦ 오늘날 민주주의의 양대 문제: 포스트 권위주의와 포스트 민주주의

　1990년대는 세계의 자유주의 정치세력들에게 환희와 도취의 시간이었다. 소련과 동유럽의 공산주의는 붕괴되었고 아시아와 중남미의 독재정권이 하나씩 무너져 내렸다. 민주주의와 자유라는 이데올로기의 정당성에 도전할 수 있는 것은 이제 없는 것으로 보였고(Fukuyama, 1992), 독재체제하에 있었던 사회들은 비록 속도와 완성도에 차이가 있을지언정 자유화, 민주화, 민주주의의 공고화로 차차 나아가리라는 암묵적 믿음이 팽배했다. 하지만 이미 1990년대 중반부터, 그리고 2000년대 들어 더욱 분명하게, 세계사가 그 방향으로 전개되지 않고 있다는 불안한 인식이 퍼져갔다. 거기에 다양한 진단과 설명이 따랐지만, 이 장에서는 두 가지의 중요한 민주주의의 문제에 초점을 맞춘다. 그 하나는 독재에서 민주주의로 이행한 포스트 권위주의 사회들에 특징적인 결손 민주주 또는 이른바 '혼합 체제(mixed regime)'의 문제며, 다른 하나는 상당한 정도의 민주주의를 이미 달성한 사회들이 신자유주의 세계화와 불평등 심화의 과정에서 직면하고 있는 포스트 민주주의의 문제다.

포스트 권위주의 사회의 민주주의 결손

독재의 종식과 민주주의로의 성공적 이행이 관건이던 1980~1990년대에
는 자유화, 민주화, 공고화, 항구적 민주주의로 이어지는 단계적 이행의 관념
이 학계에서 지배적이었다. 실제로 전 세계 국가들 가운데 선거 민주주의를
채택하고 있는 국가의 비율은 1989년에 41%에 불과했으나 1990년대 중반에
60%를 넘어서서 현재까지 그 수준을 유지하고 있다(〈표 7-1〉).

하지만 민주주의가 어느 한 시점에 공고화되었다고 해서 그 체제가 지속
된다고 장담할 수 없음이 곧 분명해졌을 뿐만 아니라(Gunther et al., 1995:
xiii), 많은 포스트 권위주의 사회가 독재로 회귀하지 않으면서도 민주주의의
심각한 결손 상태가 하나의 독특한 '레짐'으로 고착되는 경향을 보이고 있다
는 사실이 학계의 주목을 끌기 시작했다(Carothers, 2002). 권위주의 레짐을
종식시킨 나라들이 더디지만 점차 민주주의가 공고화되는 방향으로 나아갈
것이라는 애초의 낙관적 기대와 달리, 많은 곳에서 선거와 정치 경쟁을 보장
하는 외양을 띠면서도 실제로는 법치주의와 헌법적 가치, 시민의 기본권, 공
정한 정치 경쟁이 보장되지 않는 문제가 만성적이 되었다(O'Donnell, 1996).

이와 같은 민주주의의 다양한 차원을 포함시킨 크로아상(Croissant, 2010)의

〈표 7-1〉 전 세계 국가 중 선거 민주주의 체제 비율의 추이, 1989~2013년

조사 연도	1989	1991	1993	1995	1997	1999	2001	2003	2005	2007	2009	2011	2013
조사 대상 국가 수	167	183	190	191	191	192	192	192	192	193	194	195	195
민주국가 비율(%)	41	49	57	60	61	63	63	61	64	63	60	60	63

자료: Freedom House, Freedom in the World 2014.

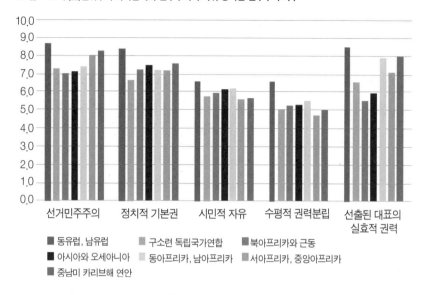

자료: Croissant (2010: 107); 분석 자료는 Bertelsmann Transformation Index 2008.

분석에 따르면, 2000년대 후반에 세계의 많은 나라에서 선거를 통한 대표자의 선출이 이뤄지고 있지만, 무엇보다 시민들의 정치적 기본권과 자유, 국가 기관 간의 수평적 권력분립의 측면에서 민주주의와 법치주의가 제대로 작동하지 않고 있는 것으로 나타났다(〈그림 7-1〉).

물론 현실에서 '완전한 민주주의'가 존재하지 않는다는 건 당연하다. 그러나 포스트 권위주의 사회의 특수한 문제는 헌법주의·법치주의·민주주의 원리의 명백한 결함들이 존재하며, 그것이 선거제도 자체의 민주적 기능을 왜곡시킨다는 데 있다. 즉, 선거 민주주의는 작동하되 그 이상의 더 많은 민주주의는 아직 부족하다는 것이 아니라, 선거 경쟁으로 축소된 민주주의 때문에 선거 자체가 부패한 기득권 집단의 권력을 재생산하는 제도적 기제로 정착되고 있다는 뜻이다.

오늘날 정치학과 사회학에서의 비교 민주주의 연구는 이처럼 민주주의도

권위주의도 아닌 중간 지대의 체제를 다양한 개념으로 포착하려고 시도했다. 이러한 회색 지대의 정치체제는 상대적으로 민주주의에 좀 더 가까운 유형에서부터 사실상 권위주의 체제와 크게 다를 바 없는 유형에 이르기까지 폭넓은 스펙트럼에 걸쳐 있다. 각 유형은 혼합 체제, 결손 민주주의, 위임 민주주의, 비자유 민주주의, 준권위주의, 위장된 민주주의, 선거 권위주의, 경쟁적 권위주의 등 다양한 개념으로 명명되고 있다(Croissant, 2010; Diamond, 2002; Diamond et al., 1988; Levitsky and Way, 2010; Merkel, 2004; O'Donnell, 1994; Schedler, 2006; Zakaria, 1997; 오창헌, 2009).

선거가 현대 민주주의 제도의 가장 기초적인 요소인 것은 틀림없지만, 문제는 정치권력이 선거로 얻은 정당성을 토대로 해 권력을 남용하고 정치적 반대의 기회를 제한하며 국가기구를 사유화해 다음 선거에서 다시금 권력을 재생산하는 순환 기제가 생겨날 수 있다는 데 있다. 더욱 중요한 것은 그와 같은 회색 지대의 정치체제가 단지 더 공고한 민주주의로 나아가는 과정의 과도기적 현상이 아니라, 그 자체로 하나의 레짐으로 공고화되어 더 이상의 민주주의 발전을 저지하고 있다는 사실이다. 즉, 여기서 진정한 문제는 단지 민주주의가 '아직까지' 결손을 갖고 있다는 것이 아니라, 민주적 요소와 비민주적 요소의 결합이 '항구적인' 체제로 될 수 있다는 데 있다.

신자유주의 시대의 포스트 민주주의 문제

한편 포스트 민주주의의 문제는 선진적 민주주의국가들에서 민주적 제도들이 형식적으로는 작동하고 있지만, 정치권력이 거대 경제권력과 결탁하거나 그들의 압력에 굴복함으로써 점점 더 많은 사회계층이 민주주의의 실질적 정당성과 대표성을 의심하게 되는 상황이다. 이러한 상황은 비민주적·반민주적이라고 부를 수는 없지만, 그렇다고 민주주의라고 부를 수도 없다는 점에서(Crouch, 2004: 21~22), 앞에 서술한 포스트 권위주의적 혼합 체제와 유사한 모호성을 띤다. 하지만 포스트 민주주의의 특수성은 선거 정치뿐만 아니라 법치주의와 시민적 자유 등 좀 더 넓은 의미의 민주주의가 대체로 보장되고 있지만, 민주주의가 다수 시민, 특히 사회적 약자 계층의 고통과 요구를 감지·반영·해결할 의지와 능력이 없다고 불신받는 데 있다. 이것은 '더 나은 민주주의'라는 빛이 들어올 틈이 남아 있지 않은 오래되고 견고한 건축물 안에서 파괴적인 내파(內波)의 에너지가 퍼져가는 상황인 것이다.

발전된 자본주의 사회들은 1970년대 이래로 여러 중대한 사회구조적 변동을 겪어왔다. 신자유주의 세계화, 탈산업 사회화, 계급정치의 쇠퇴, 복지국가의 축소와 재구조화 등이 그것이다. 포스트 민주주의의 문제는 그러한 변화된 구조적 조건하에서 대의민주주의가 그 실질적 정당성을 의심받게 되고, 오랫동안 비교적 안정되게 지속된 정당 체계가 흔들리게 되면서 심화되고 확산되었다(Crouch, 2004; Della Porta, 2011; Merkel, 2014). 더욱 중요한 점은 이와 같은 민주주의 위기 상황 자체만이 아니라 그 상황에 대한 사회적 반응이다. 민주주의가 좀처럼 해결하지 못하고 있는 사회문제들이 있을 때 다수의 사회 구성원이 어떤 해석 틀과 변화의 비전 속에서 그 상황에 반응하느냐가 중요하다. 문제 해결을 위해 더 나은 민주주의가 와야 하느냐, 아니면 민주주의는 이미 문제 해결에 실패한 것이냐? 불행히도 오늘날 많은 나라에서 포스트 민주주의에 대한 반응은 후자의 방향으로 확산되고 있다.

물론 더 나은 민주주의를 요구하는 움직임은 존재하며, 그것은 미약하지만은 않다. 예를 들어 2011년에 스페인에서는 대대적인 반(反)신자유주의 운동인 '분노한 자들의 운동'(5·15 운동)이 전국적으로 폭발해 수많은 자생적 지역 위원회와 노동·고용·주거·젠더 등의 주제 위원회가 건설되었다(Castels, 2012). 이들의 중심 조직의 하나이자 운동 전체의 슬로건이기도 했던 "지금 진정한 민주주의를!(democracia real ya!)"라는 외침은 포스트 민주주의 현실에 대한 민주적 응전으로 이해할 수 있다. 또한 미국의 월가 점령 운동(Occupy Wall Street Movement) 역시 2011년에 스페인 운동으로부터 영향을 받아 일어난 것으로, 불평등과 부의 집중에 대한 대중적 인식과 가치 변동에 지대한 영향을 미쳤다(Calhoun, 2013; Tarrow, 2011). 하지만 이들은 제도 정치의 권력 지형을 크게 바꾸지 못했거나, 설령 스페인의 포데모스(Podemos) 정당처럼 성공적인 사례조차 돌풍은 오래 가지 못했다(Bosch and Durán, 2017; Quiroga, 2018).

이에 반해 미국과 유럽의 많은 나라에서는 인종주의, 외국인 배척, 문화적 헤테로포비아, 그 밖의 소수자 혐오 성향의 급진 우익 대중운동이 비약적으로 성장했다. 그와 함께 민주주의, 법치주의, 보편적 인권과 같은 근본 가치를 공격하거나 냉소하는 태도가 노동계급을 비롯한 다양한 사회계층 내에서 확산됐다. 이러한 사회적 변화에 기초해, 또 그것을 촉진하고 동원하면서 급진 우익은 제도 정치 무대에 재빨리 올라섰다. 2000년대 초반에 오스트리아에서 극우 자유당(FPÖ)이 집권 연정에 참여할 때만 해도 유럽연합 차원에서 경제제재를 가하는 등 격한 반발이 일어났다. 하지만 이제 영국, 독일, 프랑스, 스웨덴 등 주요 유럽 국가에서 급진 우익이 정치권력에 진입했다.

이처럼 유럽의 급진 우익 정당들이나 미국의 트럼프 대통령 등 신진 정치세력이 기존의 중도 좌우 세력을 함께 공격하면서 일자리, 소득, 문화, 정체성 등여러 면에서 대중의 불안과 위기감을 결집해서 정치적 목적을 위해 동원하고 있다. 이들은 공통적으로 2000년대 들어 과거의 노골적인 극단주의에서 노선을 바꾸어, 체제 내적이고 합리적인 외양을 띠는 우회로를 택하고 있다(김주호, 2017; 김한식, 2017; 신광영, 2016). 이들은 기존 정치세력들보다 더 나은 대안을 갖고 있지 않지만, 복잡한 현실을 단순화하는 배제와 적대의 프레임으로 대중의 지지를 확대하면서 민주적 숙의의 토대를 허물고 있다. 그것은 종종 포퓰리즘으로 비난받지만, 포퓰리즘 역시 민주주의의 한 부분이기에 '포스트 민주주의'는 민주주의이면서 민주주의가 아닌 모호성을 띠고 있다.

3 | 한국 민주주의의 이중적 문제와 그 전개 과정

국제 비교 관점에서 본 한국 민주주의의 특수성

한국 민주주의 역시 오늘날 세계의 많은 나라에서 보편적으로 경험하고 있는 민주주의의 불안과 위기를 함께 갖고 있다. 그러나 그러한 보편적 요소들 중 특히 어떤 것들이, 어떤 조합으로 만나서, 어떤 총체성을 만들어내는지는 사회마다 다양하다. 한국 사례는 1987년의 민주주의 도입 이후, 특히 1997~1998년에 금융위기와 김대중 정권의 등장이 동시에 일어나면서 미성숙한 민주주의 사회의 포스트 권위주의적 문제와 성숙한 민주주의 사회의 포스트 민주주의적 문제를 함께 안게 되었다는 특징이 있다.

물론 추상적으로는 어느 사회에서나 두 문제 상황이 공존한다고 말할 수 있다. 하지만 현실에서는 그렇지 않다. 독재 이후 민주주의를 도입한 중남미와 아시아의 많은 사회는 여전히 헌법 국가와 민주주의의 제도적 요건을 크게 결여하고 있어서, '민주주의이지만' 민주주의에 대한 회의가 확산되는 포스트 민주주의 현상이 중심 문제라고 하기 어렵다. 반면 성숙한 민주주의 사회에서는 당연히 포스트 권위주의의 문제 상황이 존재하지 않는다. 포스트 권위주의 문제와 포스트 민주주의 문제의 공존은 독재의 과거를 갖고 있되, 비록 한시적으로라도 민주주의 제도와 관행이 상당 정도 진전된 국가들에 특징적인 상황이다.

예를 들어 다이아몬드(Diamond, 2002: 26)는 2000년대 초반에 여러 측면에서 민주주의 요건을 포괄적으로 충족시키고 있는 '자유민주주의' 국가가 전체 분석 대상 국가 중 30%, '선거 민주주의'만을 충족시키는 국가가 19.3%, 그 수준에 미치지 못하지만 명백한 독재가 아닌 국가가 전체의 36.7%, 명백한 독재국가가 14%를 차지하는 것으로 평가했다. 2018년 시점에 세계정치체제의 지형도가 어떻게 바뀌었는지를 평가하는 것은 이 장의 목표에 속하지 않는다. 다만 여기서 말하고자 하는 바는, 한편으로 권위주의의 잔재 또는 권위주의로의 회귀의 위험성이 여전히 남아 있으면서, 다른 한편으로는 선거 민주주의의 정착이 이제 상당한 정도 이뤄져 있다는 이중성이 그 정치 체제의 두드러진 특성이 되는 국가군이 그다지 넓지 않다는 점이다.

한국은 2000년대 초반 다이아몬드(Diamond, 2003)의 분류에서 헝가리, 폴란드, 체코, 타이완 등과 더불어 단순한 선거 민주주의를 넘어 '자유민주주의' 유형으로 분류됐고, 2000년대 후반에도 크로아상(Croissant, 2010; Croissant and Schächter, 2009)은 민주주의 국제 비교 연구에서 한국과 타이완을 '결손 민주주의'가 아니라 성숙한 '자유민주주의'로 분류하면서 양국이 불안정한 안보 상황에도 불구하고 성공적으로 민주화를 달성한 국가라고 평가한 바 있다. 더구나 2018년의 현시점에서 남미 대부분의 나라는 선거 민주주의조차 충족시키지 못하고 있으며, 한때 한국과 마찬가지로 자유민주주의로 분류됐던 여러 동유럽 국가가 급속히 권위주의 체제로 회귀하고 있다.

1980~1990년대에 독재가 종식되고 선거제도와 다당제가 도입된 남미의 다수 국가에서 오늘날의 정치 현실은 민주주의의 부분적 결손이라기보다는 사실상 권위주의에 더 가까우며 법치주의가 실현되는 수준은 대단히 낮은 것으로 평가되고 있다(Levitsky and Way, 2010; Schedler, 2006). 남미에서 민주주의의 진전을 상징하던 브라질에서조차 최근 권위주의 정치를 표방하는 자이르 보우소나루(Jair Bolsonaro) 후보의 대통령 당선과 더불어 '선거 권위주의' 또는 '선출된 독재'에 대한 우려가 고조되고 있다(López, 2018; Manz, 2018). 한편 중부 유럽과 동유럽에서는 2000년대까지 자유민주주의로 분류되던 헝가리, 폴란드 등 이 지역의 주요 국가들이 권위주의 체제로 빠르게 회귀하는 등, 지역 전체에서 민주주의와 법치주의가 전반적으로 후퇴하고 있는 추이를 보여주고 있다(Bugarič, 2015; Greskovits, 2015).

그러한 상황에서 오늘날 한국이나 타이완 등 일부 나라는 성숙한 민주주의와 결핍된 민주주의의 경계선에서 한걸음씩 전진과 후진을 반복하고 있는 독특한 사례다. 그렇기 때문에 한국 정치는 민주주의가 흔들리는 국면에서는 구(舊)권위주의 권력 엘리트의 완전한 부활을 억제해야 하는 포스트 권위주의 사회의 숙제를, 민주주의가 진전되는 국면에서는 민주정치가 사회경제적 문제를 해결할 수 있는가라는 포스트 민주주의의 도전을 안고 있었다. 바로 이 이중적 문제 상황에서 정치적 민주화와 사회경제적 문제 해결 간의 관계 설정을 둘러싼 쟁점이 등장했다. '민주 대 반민주' 구도가 여전히 유효한가, 아니면 이제 '분배 대 성장' 또는 '신자유주의 대 반신자유주의'의 전선인가. 양자 모두 중요하다면, 그것을 함께 해결할 방법론은 무엇인가라는 질문이 제기되는 것이다.

그동안 한국 민주주의를 진단한 많은 학술적 문헌은 한국 정치가 민주주의 제도와 정당정치의 발전을 이루는 데 한계를 갖고 있으면서, 그와 동시에 노동과 평등을 정치 의제로 수용하고 사회경제적 문제를 해결하는 역량을 보여주지 못하고 있다는 것을 부단히 비판해 왔다(김동춘, 2006; 손호철, 1997, 2006; 최장집, 2002, 2006). 여기서 문제는 이 두 가지 숙제를 푸는 방법론인데, 현실 정치에서 김대중·노무현 정권은 권위주의 적폐를 청산하는 정치개혁 과제에서 상당한 진전을 이루었지만 민주주의가 사회경제적 불평등과 불안을 더 잘 해결할 수 있다는 것을 입증하는 데 실패함으로써 역설적이게도 권위주의 세력의 정치적 부활을 허용했다.

한국 민주주의의 진자 운동: 민주화, 재권위주의화, 재민주화

한국에서 1987년 이후 민주주의와 권위주의의 부침(浮沈)이 전개된 과정은 일체의 단계론적 사고를 붕괴시킨다. 권위주의 체제로부터 민주주의의 안정화에 이르는 이행론의 도식은 부분적 자유화, 정치제도의 민주화, 민주주의의 공고화, 그리고 영구적 민주주의로 나아가는 단계론을 가정하고 있다. 그러나 한국의 사례는 첫 번째 단계에서 노태우·김영삼 정부 시기까지 권위주의 세력이 정치권력을 분점하며 잔존했고, 두 번째 단계에서 김대중·노무현 정부하에서 민주화가 크게 진전되어 성공적인 공고화 사례로 평가받았지만, 세 번째 단계에서 이 최초의 민주 정부들이 사회경제적 문제를 해결하지 못하면서 급속한 재(再)권위주의화를 초래했고, 네 번째 단계에서 대대적인 촛불 집회와 탄핵으로 재(再)민주화 과정이 개시되는 전진-후진-전진의 진자 운동을 보여준다.

1987년 이후 한국 민주주의의 첫 번째 단계는 아마도 단계론적 이행론이 설득력을 갖는 것처럼 보였던 짧은 시기다. 독재가 종식되고 정당 경쟁과 선거제도를 주축으로 하는 민주주의 제도가 도입되었지만, 바로 그 제도적 기제를 통해 구(舊)권위주의 세력이 정권을 획득할 수 있었고 문민정부가 등장한 후에도 상당 기간 정치권력을 분점할 수 있었다. 1987년 최초의 자유선거에서 양 김 후보의 분열과 노태우 후보의 대통령 당선, 1990년 3당 합당과 1993년 김영삼 정권의 출범, 그리고 김영삼 대통령에 의한 성공적인 정치 군부 해체에 이르는 과정은 권위주의 정치 엘리트의 잔존과 점진적 약화로 나아가는 단계를 전형적으로 보여준다.

김대중·노무현 정부하에서 민주주의와 정치적 자유가 상당히 진전되면서 이제까지의 민주주의 결손이 권위주의 유산으로 인한 이행기적 한계였던 것처럼 보였고, 두 정권은 일련의 정치개혁을 통해 한국의 민주주의를 불가역적인 상태로 올려놓는 것을 최우선 과제로 삼았다. 특히 노무현 정권은 정권 초기부터 선(先)정치개혁 후(後)분배정의의 단계론적 사고로 정국을 운영해 정권 말기에 가서 신구(新舊) 권위주의 세력의 급속한 부상을 허용하는 치명적 오류를 범했다. 노무현 대통령은 정권 중반기인 2004년에 탄핵 역풍과 촛불 집회의 영향으로 열린우리당이 총선에서 과반수 의석을 획득함으로써 재기의 기회를 얻었지만, 집권 세력은 '국가보안법' 폐지, 언론 관련법 개정, 과거사 규명법, 사학법 개정 등 정치개혁 입법에 몰두했다. 노무현 대통령 당선 이후 여러 여론조사에 따르면 시민의 압도적 다수가 정부의 최우선 과제로 경제 문제 해결을 꼽았고, 특히 정권의 강력한 지지 기반이던 20~30대에서 이러한 소망이 두드러지게 나타났지만 사회경제적 의제는 정권 후반기에 가서야 비로소 정권의 관심사로 들어왔다(신진욱, 2015; 한귀영, 2011).

물론 김대중·노무현 정부 시기에 전 국민 건강보험, 국민연금, '국민기초생활보장법' 등 복지국가의 제도적 기둥이 정비되었고, 사회 서비스 제도가 대폭 확충되는 등 사회정책적 차원에서 괄목할 만한 진전이 있었던 것은 사실이다. 그러나 두 정권의 사회정책과 경제·노동 정책은 반대 방향으로 전개되었기 때문에 1차적 분배 수준에서의 고용 불안과 소득격차 증대를 국가적 재분배를 통한 복지 확충으로 감당하지 못했다. 그 결과 두 정권은 1997년 이후 심각해진 경제적 불평등과 불안이라는 문제를 해결하지 못했을 뿐만 아니라, 심지어 많은 측면에서 그 원인 제공자가 되기까지 했다(손호철, 2006; 이병천, 2002; 장진호, 2013; 조희연 외, 2009; 최장집, 2008). 2006년 지방선거에서 한나라당이 모든 지자체장을 석권하고, 2007년 대선과 2008년 4월 총선에서 역시 한나라당이 승리를 거둘 수 있었던 배경에는 노무현 정부 시기 동안 소득격차, 자산격차, 대학등록금 인상 등 사회경제적 지표의 꾸준한 악화가 자리하고 있었다(〈표 7-2〉).

물론 2000년대 후반 권력 지형의 급변에는 대통령의 정치 스타일, 보수언론의 프레이밍 등 다양한 변수가 작용했으며 순전히 경제 문제에 기인한 것으로 단언할 수는 없다. 하지만 경제 문제가 결정적 중요성을 가졌다는 여러 증거가 있다. 여러 유권자 조사 결과에 따르면, 2007년 대통령 선거를 앞두고 유권자들이 대선 이슈로 가장 중요시했던 것은 '일자리', '부동산', '교육'

〈표 7-2〉 노무현 정부 시기 소득, 자산, 교육 관련 지표 추이

	2002	2003	2004	2005	2006	2007
소득 지니계수	0.279	0.270	0.277	0.281	0.285	0.292
상대 빈곤율	10.0	10.6	11.4	11.9	11.9	12.6
총자산 지니계수	0.593	0.598	0.607	0.628	0.632	0.621
자산 상위 10% 점유율	48.3	47.6	48.7	51.6	50.5	49.0
국립대학 등록금(만 원)	243	262	286	307	339	381
사립대학 등록금(만 원)	510	545	577	606	646	691

자료: 소득은 통계청 가계동향조사(도시 2인 가구 이상); 자산은 전병유(2016: 68, 69); 등록금은 한국교육개발원 통계.

등의 격차 완화 문제였고(강원택, 2008), 실제 대선 결과에 가장 큰 영향을 미쳤던 요인 역시 경제 문제에 관련된 전망 투표, 즉 이명박 후보가 경제 문제를 해결해 주리라는 희망이었다(권혁용, 2008; 류재성 외, 2008). 바로 포스트민주주의의 문제였던 것이다.

2007년 대선에서 이명박 후보는 경쟁 후보를 역대 최대 격차로 제치고 대통령에 당선됐다. 이 사실은 임기 초기에 집권 세력이 그들의 지지 기반을 과대평가하게 만든 요인 중 하나로 보이는데, 더 넓은 틀에서 더욱 본질적인 지점은 1987년 민주주의 도입 이후 대선 투표율이 계속 하락해 2007년 대선에서 최저 수준을 기록했다는 사실, 그에 따라 이명박 후보가 비투표자를 포함한 전체 유권자 중에서 얻은 득표율 역시 역사상 최저였다는 사실에 있었다(〈그림 7-2〉).

국회의원 선거도 사정이 다르지 않아서, 1987년 이후 꾸준히 하락해 온 투표율이 특히 2008년 18대 총선에서는 17대에 비해 무려 14.5%p의 큰 낙폭으로 떨어져 50%에도 미치지 못했다. 또한 대선과 마찬가지로 정당 지지도를 봤을 때 집권당이 전체 유권자 중 얻은 득표율은 역사상 최저를 기록했다(〈그림 7-3〉). 2000년대 후반부터 정치의 권위주의화가 급속히 진행된 것은

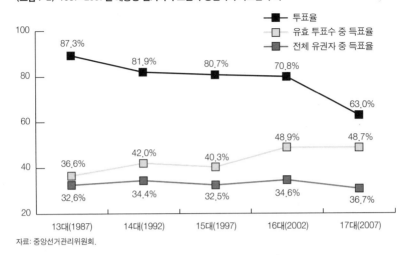

〈그림 7-2〉 1987~2007년 대통령 선거의 투표율과 당선자의 득표율 추이

자료: 중앙선거관리위원회.

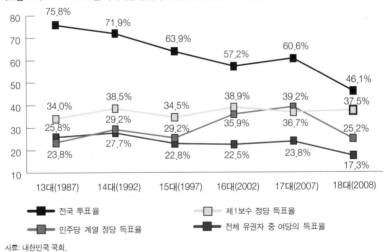

〈그림 7-3〉 1988~2008년 국회의원 총선거의 투표율과 정당투표 득표율 추이

사료: 대한민국 국회.

다수 유권자가 권위주의화되었기 때문이라기보다는, 점점 더 많은 유권자가 정치 자체에 기대를 잃어 어느 정당도 지지하지 않게 되었기 때문이다. 특히 많은 시민의 실망과 환멸은 민주당(2007년 대통합민주신당, 2008년 통합민주당)

을 향했기 때문에, 보수 정당과 후보들은 특별히 지지 기반을 확대하지 않아도 단지 민주당의 끝없는 추락만으로 격차를 크게 벌이며 권력을 얻을 수 있었다.

이와 같은 토대 위에서 2008년부터 9년에 걸친 정치사회적 재권위주의화가 광범위하게 전개되었다. 이명박 정권의 등장 후에 그토록 빠른 재권위주의화를 가능케 한 제도적 조건은 오랫동안 한국 민주주의의 약한 고리로 지적되어 왔던 '1987년 정치체제'의 여러 문제였다. 단순 다수결제, 대통령에 집중된 권력구조, 정당과 의회 권력의 미약함, 시민적 자유의 제약, 노동조합 등 조직된 시민사회 충위의 저발전 등이 그것이다(김종엽, 2009, 2017; 손호철, 2006; 최장집, 2002). 특히 그동안 국제학계의 비교정치 연구에서 한국 민주주의의 두드러진 취약점으로 지적되어 온 위임 민주주의(O'Donnell, 1994)의 문제, 즉 선출된 권력이 수평적 권력분립 장치에 의해 제약받지 않고 막대한 권력을 행사할 수 있는 권력구조야말로 급속한 재권위주의화를 가능케 한 핵심적 기제였다(신진욱, 2016).

이처럼 지난 30년간 한국 민주주의의 여정은 1987년 이후 권위주의의 잔존, 1998년 이후 민주주의의 진전, 2008년 이후 권위주의의 복귀, 그리고 2017년 촛불과 탄핵으로 이어지는 전진·역진·전진의 과정을 거듭해 왔다. 이 과정에서 한국 정치는 한편으로 다른 포스트 권위주의 사회들과 비교했을 때 상당히 성공적으로 민주주의를 공고화할 수 있었으나, 그처럼 궤도에 오른 민주주의 정치가 사회경제적 불안과 격차의 문제를 권위주의 정치보다 더 잘 해결할 수 있다는 것을 입증하는 데 실패함으로써 죽은 줄로만 알았던 권위주의 세력이 도처에서 몸을 일으켜 권력을 다시 움켜쥐고 역사를 뒤로 돌릴 기회를 허용했다. 이 경험은 선(先)정치개혁 후(後)분배정의 또는 선(先)정치민주화 후(後)경제민주화와 같은 단계론적 도식으로는 둘 중 하나도 성취할 수 없다는 것을 가르쳐준다.

경제성장이 민주화를 위한 전제 조건이라는 오래된 근대화 이론의 주장은 역사적으로 언제나 옳진 않았지만, 새로이 민주주의를 도입한 나라에서 경제적 안정과 분배정의가 민주주의를 안정화하는 데 분명 중요한 요인으로 작용하는 것으로 보인다(Haggard and Kaufman, 2008). 그러므로 여기서 핵심 과제는 경제 안정과 분배 개선을 달성해 민주주의에 대한 지지를 확대하고, 그 정치적 자산으로 구(舊)권위주의 세력의 토양을 허무는 정치-경제 선순환 구조를 창출하는 것이다. 하나의 예로, 서독에서는 나치 패망 직후인 1950년대에 여전히 독재체제의 협력자들과 권위주의적 계층이 광범위하게 남아 있었지만, 사회적 시장경제와 복지국가 확대를 통해 중산층과 노동계급의 물질적 삶이 향상되면서 민주주의에 대한 동의의 기반이 크게 확대되었다 (Gabriel, 1987; Schmidt, 1998).

한국에서는 민주 정부 10년 동안 그러한 경제-정치 선순환을 창출하는 데 실패했다. 권위주의 세력은 민주주의를 내놓고 부정하는 대신 '먹고사는 문제'에 관한 '민주화 세력의 무능'을 끊임없이 공략해 권력을 쥐었다. 민주화를 상당한 수준까지 달성한 후에 전면에 부상한 포스트 민주주의의 문제 상황은 노쇠한 권위주의 세력에게 재생의 에너지를 불어넣은 신비로운 영양제이자, 과거의 유산을 역사의 무대로 다시 불러들인 악마적 주술이었던 것이다.

4 ㅣ 시민사회의 구조 변동과 2000년대 촛불 집회

1987년 이후 시민사회의 구조 변동

1987년 이후 30년 동안 한국 민주주의의 전진과 후진이 시민사회 전체의 진보화, 보수화 경향과 일대일 관계에 있는 것처럼 생각한다면, 그것은 시민사회라는 복잡한 장(場)을 단일한 거대 주체로 착각하는 오류를 범하는 일이다. 독재 치하에서는 독립적인 시민적 결사체의 존재 자체가 허용되지 않았기 때문에 '권위주의 국가 대 저항적 시민사회'라는 이항 구도가 지속되었다면, 민주주의가 도입된 후에는 시민사회라는 장의 내적 복잡성이 점점 더 높아졌다. 1987년 이후 한국 시민사회는 그 나름의 사회문화적·조직적 역동성에 따라, 그러나 또한 제도 정치의 변화와 영향을 주고받으면서 의미심장한 구조 변동을 겪었다. 그러나 단 하나의 측면에서 하나의 방향으로만 변화가 일어난 것이 아니라, 시민사회 장의 분화(分化), 분절(分節), 분산(分散)이라는 별개의 세 과정이 동시에 진행되면서 서로 얽히고 상호작용 한 과정이었다(신진욱, 2011). 이 같은 다양한 구조 변동의 결과는 2010년대에 이르러 동시대적으로 공존하고 중첩되면서 제도 정치와 민주주의에 직접적 영향을 미쳤다(〈표 7-3〉).

첫째, 가장 먼저 일어난 변화가 시민사회의 분화다. 1980년대 후반에서 1990년대 후반에 이르는 약 10년 동안 1970~1980년대 민족·민중·민주 운동의 계승자에 해당하는 운동 단체들이 노동, 농민, 정치민주화, 경제 정의, 여성, 환경, 평화, 교육, 소비자 등 다양한 부문으로 분화됐고, 이 중 특히 풍부한 인적·재정적·조직적 자원을 보유한 단체들은 당시 정부·정당이 채우지 못한 정책 생산 역할의 많은 부분을 대신할 정도로 큰 영향을 발휘했다(조희연, 1999).

둘째, 2000년대의 또 다른 중요한 구조 변동은 보수 세력의 조직화와 보수 단체의 활발한 정치참여다. 이 변화가 본격화된 것은 2004~2005년이었는데, 그 시점은 노무현 대통령 탄핵에 실패하고 열린우리당이 총선에서 압승해 과반수 의석을 획득하면서 한나라당이 해체 위기에 직면했던 때였다. 이에 대한 대응으로 제도 정치 외부의 보수 엘리트들과 행동주의자들이 각각 뉴라이트와 올드라이트 운동을 전국적으로 확대했는데, 이것은 바로 한국 시

<표 7-3> 1987년 이후 한국 시민사회의 구조 변동과 그 정치적 함의

구조 변동	시기	변화의 특성	주요 사건	정치적 함의
분화	1987~	시민사회 운동의 이념·의제·주체·부문·조직적 장의 다양화, 각 운동 단체의 전문화와 제도화 경향	민중·노동운동과 시민운동의 분화, 시민운동 내부의 부문과 조직의 분화, 시민운동 단체들의 점진적인 이념적 다양화	시민사회 운동의 제도적·사회적 인정, 정부·국회·정당·법원 등 제도 영역과 운동 조직 간의 협력과 갈등 중요
분절	2004~	보수 단체 증가와 정치참여 확대에 따라 제도 정치의 진보 대 보수 균열에 상응하는 시민사회 내의 이념적·정치적 균열 심화	1998~2007년 시기 정부·시민사회의 개혁 동맹, 2004~2007년 뉴·올드라이트 단체의 조직화 이후 시민사회 균열 구조 지속	제도 정치와 시민사회 간의 당파적 연계 강화, 시민사회의 직접적인 정치적 영향력 강화와 동시에 사회적 신뢰 약화
분산	2008~	특정 정당 또는 시민사회단체로부터 독립적인 다수 대중의 소통 구조와 네트워크, 정치참여 행동의 급증	2002년 미선·효순 추모 촛불 집회가 출발점, 2008년 반(反)이명박 촛불 집회부터 본격화, 2016~2017년 탄핵 촛불, 태극기 집회 등	대규모 시민 직접 행동의 빠른 확산과 그에 따른 여론 변화를 통해서 제도 정치 행위자들에 강한 영향력 행사

분화(1987~) ██
분절(2004~) ████████████████████████
분산(2008~) ██████████████████

민사회가 정치적·이념적으로 진보-보수 진영으로 분절되었다는 것을 의미했다.

셋째, 2000년대 초반의 미선·효순 추모 촛불 집회를 시발점으로 해 2000년대 후반부터는 한국 시민사회에 완전히 새로운 정치참여 주체가 부상했다. 시민사회의 조직적 행위자들이 진보-보수의 진영으로 분절된 가운데, 촛불 집회의 참여 시민들은 특정 정당이나 사회운동 조직의 지도력에 의존하지 않고 다양한 온·오프라인 커뮤니티와 네트워크에 기초해 독립적으로 소통하고 참여했다. 21세기 들어 이러한 '네트워크형 유연 자발 운동'(조대엽, 2011)이 급격히 확대되면서 시민사회의 생태계가 고도로 분산된 형태로 변화했다.

그리하여 2010년대에 이르러 한국의 시민사회는 이제 더 이상 권위주의 국가와 그 유산에 대항하는 결집된 운동 네트워크가 아니라, 최소한 세 가지의 큰 흐름이 공존하는 이질적 공간이 되어 있었다. 첫째, 민주화운동의 전통을 계승하는 시민·민중 운동 단체들, 둘째, 뉴라이트 단체들과 우익 행동주의자들, 셋째, 특정 정치세력이나 정치색이 짙은 시민사회 단체로부터 독립적인 유연 자발적 시민 네트워크의 분산된 주체들이 그들이다.

하지만 이와 같은 커다란 구조적 변화에도 불구하고, 민주주의의 관점에서 보았을 때 상징적·정치적, 혹은 제도적 수준에서 민주주의를 주창하고 혁신하려는 운동의 강력한 흐름이 한국 사회에서 반세기 이상 지속되어 온 것은 주목할 만하다. 1960년대부터 1980년대까지 독재정권에 대항하는 민주화 인사들과 민주화운동 단체들이 그런 역할을 했다면, 1990년대부터는 진보적 시민사회 단체들과 그에 연계된 전문가 집단들이 민주화운동의 전통을 계승했고, 2000년대 들어서는 '촛불 집회'가 상징하는 시민들의 자발적 정치참여 행동이 새로운 민주주의 정신과 참여 방식, 제도 정치에 영향을 미치는 새로운 방법론을 창출해 냈다(〈표 7-4〉).

이상과 같은 시민사회의 변화 위에서, 2000년대의 민주주의 퇴행을 저지한 주요 동력은 정당정치가 아니라 시민들의 자발적 정치참여로부터 나왔다. 정당정치의 중요성을 강조하는 입장은 당위적 이론으로서는 타당한 면이 있지만, 그토록 중요한 정당정치의 발전이 한국에서는 정당 내적인 동력보다는 시민 정치의 외적 압력에 의해 이뤄져 왔다는 점이 중요하다. 2002년의 미선·효순 추모 집회, 2004년 노무현 대통령 탄핵 반대 촛불 집회에서 시작된 21세기형 자생적 시민정치 행동은 2008~2016년의 억압적 정치 환경하에서도 위축되기는커녕 더욱 빈번하고 거세졌다. 2008년의 미국 쇠고기 수입 협정 반대와 반(反)이명박 촛불 집회, 2009년 방송 장악과 4대강 사업 반대 운동, 2011년 반값 등록금 실현을 위한 집중 촛불 집회, 2013년 국정원 대

〈표 7-4〉 1960년대 이후 한국 사회 민주주의 운동의 변화

	1960년대~1980년대	1990년대~2000년대 중반	2000년대 초반 이후
주요 행위자	주로 민주화 인사들과 민주화운동 조직의 구성원, 4·19, 5·18, 6·10 등 주요 항쟁에서 더 폭넓은 참여자	전문화된 운동 단체의 지도자와 활동가, 그에 연계된 학계·법조계·문화계 등의 전문가 집단	일상 시기에 비정치적 공동체와 네트워크로 연결된 다수 시민, 촉발 이슈를 만나면 폭발적으로 정치화
이념과 가치	민주, 민중, 민족 자주의 삼민주의(三民主義) 이념을 중심으로 결집	정치민주화, 경제 정의와 평등, 페미니즘, 생태주의, 인권, 평화, 인간화 교육 등 다양화	국민주권과 민주주의 이념을 정당이나 시민사회 단체에 위임하지 않고 직접 구현
소통과 동원	독재 치하에서 민주화운동, 학생운동, 노동운동 등의 조직 체계 통해 소통과 행동	민주주의하에서 시민사회 단체 회원 확대, 그러나 그에 따라 관료적 조직 구조 발달	온라인 커뮤니티와 공론장, SNS 등 정보 통신 기술에 기반한 소통과 네트워킹
행동 수단	성명서와 선언문 발표, 집회와 시위, 때론 점거 등 도발적 행위로 여론 주목	기자회견, 서명운동, 1인 시위 등 캠페인, 정부·의회·언론 등 제도 내의 동맹자들과 협력	참여와 의사 표현을 중시하는 집회, 저항과 유희, 정치적 요구와 문화적 메시지 결합
제도 정치와의 관계	권위주의 국가에 저항하면서 정치권력과 비타협적 갈등 관계 지속	정부·의회·정당들과 때론 갈등하고, 때론 협력하면서 정책·법제·관행의 개혁 추구	대규모 집회, 다수 여론으로 정부·정당과 국가기구를 압박하는 영향의 정치

선 개입 규탄 집회, 2014년 세월호 진상규명 촛불 집회, 그리고 2016~2017년 박근혜 대통령 탄핵 촉구 촛불 집회 등 다양한 이슈와 목표를 가진 촛불 집회가 계속됐다.

이명박·박근혜 정권 동안 야당의 무력함과 촛불의 위력은 뚜렷하게 대조된다. 2007년 대선에서 압승을 거두고 기득권층 중심의 개혁을 추진하던 이명박 정권의 예봉을 꺾은 것은 2008년 촛불 집회였다. 이명박 대통령의 국정 지지도가 10%대로 추락한 이 시기에도 한나라당은 민주당보다 20%p 정도 높은 정당 지지도를 유지했다. 이후 2015년까지 민주(통합)당·더불어민주당이 한나라당·새누리당보다 높은 정당 지지도를 얻은 때는 많지 않았다. 야당은 2012년 총선과 대선에서 패배한 후에 당내 갈등과 노선 혼란으로 박근혜 정권하의 민주주의 퇴행과 법치주의 훼손에 제대로 대응하지 못했다.

2016년 총선에서 제1당이 된 더불어민주당이 이후 탄핵 국면에서 나름의 역할을 할 수 있었던 것도 전적으로 촛불 집회가 정치적 공간을 열어놓은 덕분이었다. 더구나 더불어민주당은 내내 불분명한 태도를 취하다가 압도적인 여론에 밀려 탄핵을 추진했고 그 결과 집권당까지 되었으니, 그런 의미에서 문재인·더불어민주당 정부는 자력으로 권력을 쟁취한 승자가 아니라 전적으로 시민들이 역사의 장강을 더 밀고 가기 위해 올려놓은 임시 대리인이라 할 만하다.

2016~2017년 촛불 집회의 의의와 남겨진 과제

촛불 집회와 같은 시민들의 자생적 정치참여 행동은 한국에만 특수한 현상이 아니라, 21세기 들어 세계 여러 나라에서 연쇄적으로 폭발한 지구적 경향과 맥을 같이한다. 2010~2011년의 이른바 '아랍의 봄', 2011년 스페인의 5·15 운동과 미국의 월가 점령 운동, 2011년 이후 계속된 일본의 반(反)원전 집회와 반(反)아베 SEALDs 운동, 2014년 홍콩의 우산혁명과 타이완의 해바라기 운동 등 많은 사례가 있다. 이러한 최근 운동의 시민참여자들은 정당이나 운동 단체 같은 조직화된 세력에 의존하지 않고 수평적인 소통과 네크워킹을 통해 제도 정치의 거대 권력에 큰 영향을 행사할 수 있었다(Castels, 2012). 이처럼 한국은 세계의 보편적 추이와 공유하는 바가 많으면서도 몇 가지 점에서 특이한 사례에 속한다. 한국처럼 불과 10여 년 안에 수차례에 걸쳐 수십·수백만 명에 이르는 시민의 정치참여 행동이 일어난 경우는 없으며, 또한 수개월에 걸쳐 평화적인 대규모 집회를 지속해 대통령 탄핵이라는 큰 정치적 목적을 달성했다는 것도 예외적이다. 2016~2017년 촛불 집회는 보는 이의 관점에 따라 다양한 의미로 해석될 수 있지만, 특히 1987년 이후 한국 민주주의의 역사 속에서 그것의 의의는 크게 세 가지로 요약할 수 있다.

첫째는 강력한 시민 권력의 확인이다. 선거제도하에서 민주주의가 훼손되고 있는 많은 나라 중에서, 권위주의로의 퇴행을 압도적 다수 시민의 민주화 항쟁으로 저지하고 후속 선거를 통한 정권교체로 민주주의를 정상화하는 데 성공한 사례는 극히 드물다. 촛불 집회는 시민들이 자신을 단지 통치의 대상이 아니라 헌법적 권력의 주체로 인식하고 있다는 것을 연합된 행동으로 표출한 사건이었고(김선욱, 2018), 민주주의 제도가 작동하지 않을 때 시민 권력이 전면에 부상하는 "역동 민주주의"(박영신, 2018)의 강력한 잠재력이 한국 사회에 존재한다는 것을 입증한 사건이었으며, 시민 권력이 대의민주주의의 실질적 작동을 요구하고 강제하는 힘으로 등장한 '민주주의의 민주화' 운동이었다(정병기, 2018). 이러한 역사적 '사건'을 가능케 한 사회적 저력은 탄핵의 열기가 식고 현실 정치에 대한 실망이 커진 뒤에도 신기루처럼 사라질 수 없으며, 이후 어쩌면 도래할지 모를 또 다른 역사적 국면에서 다시금 한국 정치를 규정하는 강력한 요인으로 작용할 것이다.

둘째는 선출된 권력에 대한 문책 가능성(accountability)의 확인이다. 2016~2017년의 촛불 집회는 직접선거에 의한 대표자 선출이라는 1987년 민주주의 원리를 단지 재확인한 것이 아니라, 선거로 선출된 권력이라 할지라도 헌법적 가치와 민주주의 질서를 훼손하면 그 죄과를 드러내고 책임을 물을 수 있다는 문책 가능성의 원리를 처음으로 확인한 사건이었다. 자유 공정 선거에 더해, 이제 법치주의, 권력분립, 시민적 자유, 그리고 선출된 권력을 징벌할 수 있는 가능성이라는 이념이 촛불과 탄핵을 통해 한국 민주주의의 역사에 각인됐다. 물론 그러한 이념이 정치사상의 역사에서 전혀 새로운 것이 아니라는 것은 말할 나위도 없다. 하지만 여기서 중요한 것은 지배 질서의 동요와 전복은 사상과 관념에 의해서가 아니라, 사회적 이상을 담지한 실체적 세력의 집단화를 통해 이뤄진다는 사실이다(Joas, 2017). 정치권력에 대한 문책 가능성이 단지 헌법 조문이 아니라, 시민들의 행동을 통해 실현될 수 있었다는 것이 2016~2017년 촛불 집회의 중대한 역사적 성취다.

셋째는 시민들의 민주주의 이상의 확장이다. 2017년 촛불 집회가 표출한 민주주의 이상은 1987년과 질적으로 달랐다. 1987년 6월 항쟁 당시에도 다양한 급진적 요구가 등장했지만 항쟁 주체들의 요구 사항은 궁극적으로 "호헌 철폐"와 "직선제 개헌"이라는 구호로 압축됐고 그 이후 1987년 민주주의 제도의 구현 역시 거기에 제한됐다. 그러나 이명박·박근혜 정부 시기에 계속된 여러 차례의 대규모 촛불 집회는 집권 세력의 권력남용, 검찰·국정원·법원 등 국가기구의 정치도구화, 국가의 사유화와 공적 기능 상실, 정경유착과 공공 부문 사유화 등 훨씬 넓은 의미의 민주주의 훼손을 문제 삼았다. 2016~2017년 촛불 집회가 이와 같은 전사(前史)가 누적되어 간 맥락 위에서 폭발한 것이라면, 그 참여자들에게 박근혜 전 대통령의 탄핵은 이 모든 문제의 개혁을 위한 최종적 해결책이 아니라 필수적 전제 조건으로서의 의미를 가졌으리라고 해석하는 것이 타당할 것이다.

그러나 우리는 이 사건의 의미를 단순히 민주주의의 승리라는 자화자찬의 미사여구로 단정을 지을 수 없다. 시민 권력의 확인, 통치자에 대한 문책 가능성의 실현, 시민들의 민주주의 이상의 확장이라는 중대한 의의에도 불구하고, 1987년 이후 지속된 한국 민주주의의 문제 상황이 어떤 의미에서, 얼마나 극복되었는지를 묻는다면 2016~2017년 촛불 집회와 탄핵, 정권교체로 달성한 역사적 성취는 여전히 제한적이고 불확실하다.

우선 민주주의 제도의 측면에서 보았을 때, 2016~2017년 촛불 집회는 정치체제와 제도의 혁신을 요구하고 달성한 것이 아니라, 박근혜 정권하의 권위주의적 퇴행을 저지하고 1987년 민주주의의 약속과 합의를 재확인하는 체제 복원의 성격을 갖고 있었다. 시민들은 '도래해야 할 체제'의 모습을 제시하고 주창한 것이 아니라, 이미 제도적 규범으로 존재하는 '현존하는 체제'의 수호자로서 그것을 훼손하는 통치자들에 저항하며 체제의 정상화를 주장했다. 시민들은 스스로를 지속적으로 조직화·세력화하지 않고, 1987년 민주화 항쟁으로 세워진 민주주의 체제의 핵심 국가기구인 의회, 검찰, 헌법재판소 등이 독립성을 갖고 작동할 수 있게끔 고무하고 압박하는 데 집중했다. 탄핵 후에 대중의 관심은 익숙한 선거 경쟁의 소용돌이로 급속히 빨려 들어갔고, 정권교체 후에도 대통령과 청와대가 주도하는 한국 정치의 오래된 풍경으로 복귀했다. 그런 의미에서 2016~2017년 촛불 집회와 탄핵이 "1987년 체제를 통해서 1987년 체제의 위기를 봉합하는"(권영숙, 2018: 62) 것이었다는 지적 은 비록 일면적인 평가지만 진실의 한 조각에 해당하는 것 같다.

이 장의 맥락에서 더욱 중요한 사실은, 2016~2017년의 촛불 집회가 1987 년 이후 한국 민주주의를 위협했던 포스트 권위주의와 포스트 민주주의의 양대 문제 가운데 하나의 축인 포스트 권위주의 문제의 심화에 격렬히 저항 한 데 반해, 다른 하나의 축, 즉 포스트 민주주의의 문제는 거의 쟁점화하지 않았다는 점이다. 김윤철(2018)은 1987년 민주주의가 노동의 배제, 평등 의 제의 배제, 국가권력의 공적 작동의 장애라는 세 가지 문제를 갖고 있었으나, 촛불 집회는 세 번째의 민주주의 문제가 심각한 상황에 이르러서야 대중행 동이 일어나는 '마지노선 민주주의'의 양상을 보여준다고 평가한 바 있다. 여 기서 노동과 평등이라는 의제를 좀 더 넓게 이해한다면, 1997년 이후 끝없이 심화되고 있는 경제적 빈곤, 불안, 격차의 문제를 민주주의 정치를 통해 개 선하는 과제일 것이다. 촛불 집회도, 탄핵도, 정권교체도 이 과제를 해결한 바 없으며, 그런 의미에서 2007년의 급격한 정치보수화와 그 후의 재권위주 의화를 초래했던 구조적 원인은 2017년에 다시 원점으로 돌아온 것이라 할 수 있다.

수백만 시민이 하나의 뜻으로 모인 역사적 사건에서 왜 이토록 중대한 사 회적 문제가 전면에 등장하지 않은 것일까? 아마도 그 이유는 수백만이 하나 가 될 수 있었던 바로 그 조건 자체에서 찾을 수 있을 것 같다. 2016~2017년에 그 많은 촛불 시민이 결집할 수 있었던 것은 이명박 정권과 박근혜 정권의 '배제의 정치'의 산물이었다. 두 정권은 지배계급의 헤게모니를 확장시키는 것보다는 소수 기득권 집단의 결집으로 지탱되었고 심지어 국가권력을 사유화하는 경향까지 있었다. 그래서 거기서 배제되거나, 배제되었다고 느낀 광범위한 계층이 양산되었다. 소외된 계층이 광범위했던 만큼, 그 안에는 사회구조적으로 이질적 이해관계를 갖는 집단들이 공존했다. 그처럼 다양한 시민들이 '박근혜 탄핵'이라는 하나의 목표에 집중할 수 있었고, 또 그래야만 했던 것은, 그것이 한국 사회의 다른 모든 구조적 문제들을 풀기 위한 최소한의, 그러나 너무나 절박한 전제 조건이라고 믿었기 때문인 것 같다.

그 전제 조건을 달성한 지금, 이제 한국의 민주주의 정치가 그동안 풀지 못한 모든 난해한 구조적 문제들이 다시 전면에 등장했고, 촛불로 하나 되었던 시민들의 각기 다른 처지와 욕구가 분출되고 있다. 경제성장, 일자리, 부동산, 복지, 남북 관계와 아태·동북아 질서 재편의 문제에 이르기까지 복잡하게 얽힌 실타래가 눈앞에 던져졌다. 나아가 2017년의 전환이 열어놓은 정치적 공간 속에서 1987년 체제의 민주/반민주 전선을 가로지르고 넘어서는 "여러 겹의 민주주의 전선"(천정환, 2018)이 형성되고 있다. 미투 운동을 비롯한 새로운 변화의 욕구가 미시적 세계의 도처에서 분출하고, 20대 청년층의 정치 성향이 뚜렷한 성별 균열을 나타내고 있는 것이 그 대표적 예가 될 것이다. 이처럼 복잡한 현실 속에서 한국 민주주의가 오랜 진자 운동을 끝내고 더욱 성숙한 민주주의로 나아가기 위해 큰 스윙을 날릴 수 있는지 질문해 본다면, 1987년의 전환으로 '민주화'의 과제가 종료될 수 없었듯이 2017년의 전환 역시 그러하리라는 것이 분명해질 것이다.

촛불은 혁명이었나?

이상의 의의와 한계를 종합하면서, 이제 끝으로 2016~2017년의 촛불이 과연 '혁명'이었는지를 물어보자. 이 질문은 전혀 간단하지 않다. 대상을 어떻게 호명하느냐는 단순히 그 대상의 객관적 의미가 무엇이냐의 문제가 아니라, 호명하는 각각의 주체가 그 대상에 어떤 의미를 부여하느냐라는 문제와도 결부되어 있기 때문이다. 그러므로 오늘날 '촛불 혁명', '촛불 항쟁', '촛불 집회' 등 다양한 명칭이 공존하고 있는 것은 단지 개념 사용의 혼동이 아니라, 그것의 역사적 의미에 대한 사회적 합의가 이뤄지지 못하고 있다는 것을 반영한다. 어떤 사건에 대한 해석이 사회집단 간에 깊이 분열되어 있다면 그런 합의는 영원히 생겨나지 않을 수도 있다.

역사적 개념이라는 것 자체가 갖고 있는 그러한 복잡성을 고려한다면, 학자들이 어떤 사건의 성격을 규정하는 최종적 대답을 제시하는 것은 원천적으로 불가능하다. 그러나 그 사건이 여전히 사회적 소통 과정에 빈번히 등장하는 한 그것을 무엇으로 부를 것인가라는 문제는 피해갈 수 없으며, 그 문제를 함께 이야기하는 것 자체가 역사 해석을 둘러싼 사회적 소통의 중요한 일부가 된다. 그러므로 역사학과 사회과학의 혁명 연구들이 제시해 온 다양한 수준의 혁명 개념을 하나씩 짚어보면서 '촛불'을 과연, 혹은 어떤 의미에서 '혁명'이라고 부를 수 있을지를 성찰해 보는 것은 이 사건의 의미에 대한 우리의 이해를 더 깊게 만드는 데 기여하는 바가 있을 것이다.

우선 가장 엄격한 혁명 개념은 테다 스코치폴(Theda Skocpol)에게서 발견된다. 그는 거대한 계급투쟁에 의해, 사회구조의 변혁과 정치구조의 변혁이 동시에, 성공적으로 이뤄진 경우에 한해 혁명이라는 개념을 사용할 것을 제안했다(Skocpol, 1979: 4~5). 즉, 아래로부터의 계급투쟁이 없이 정치·군사적 엘리트층의 일부가 일으킨 위로부터의 정치사회 개혁은 그것이 아무리 급진적이었다고 해도 혁명이 아니며, 민중의 아래로부터의 투쟁이 대대적으로 일어났다 해도 사회구조와 정치구조의 동시적 급변을 낳지 못했다면 혁명이 아니며, 사회구조의 급변이 일어났다 해도 민중의 행동과 권력구조의 전복이 없이 순전히 사회경제적 차원에서만 일어난 변화라면 그것 역시 혁명이 아니라는 것이다. 이처럼 엄격한 정의를 따랐을 때, 2016~2017년 촛불 집회를 혁명의 사전에 포함시키는 것은 당연히 불가능할 것이다.

한편 그보다 조금 더 느슨한, 정치적 차원에 초점을 맞춘 혁명의 정의도 널리 통용되고 있다. 대표적 사례로 혁명사 연구의 중요한 학자인 크레인 브린튼(Crane Brinton)은 "한 집단이 다른 집단을 대신해서 극적이며 급격하게 어떤 영토적 정치체의 영도권을 장악"(브린튼, 1983: 14)하는 데 성공한 경우를 혁명으로 간주했다. 사회학자 찰스 틸리(Charles Tilly) 역시 사회구조의 근본적 변화가 뒤따랐는지의 문제와 별개로, 사회가 대립하는 진영들로 갈라지고 민중의 압력에 의해 지배체제와 권력구조가 전복된 만큼 그것은 '혁명적' 상황, '혁명적' 결과라고 부를 수 있다고 보았다(Tilly, 1999: 23~33). 그런 정의를 따른다면 촛불은 혁명이었나? 촛불 집회는 저항의 규모, 범위, 강도가 예외적으로 고조된 사건이었고, 민중의 압력에 의해 극적이고 급격하게 변화가 일어난 것도 맞다. 하지만 2017년의 정권교체로 통치 엘리트와 지배체제가 변했다고는 전혀 생각할 수는 없다. 말하자면 정치적 차원에서만 이야기한다고 해도 촛불은 혁명이 아니었다.

그렇다면 촛불은 어디쯤 위치한 것일까? 틸리는 정치사회적 갈등의 다양한 유형을 지배권력의 교체와 지배체제의 분열이라는 두 축으로 구분했는데(Tilly, 1993: 40), 그 도식 안에 촛불의 위치를 자리매김해 보면 촛불은 일상적 정치 과정의 테두리 안에서 일어났으며, 지배체제 분열과 지배권력의 교체를 단지 상상적으로만 경험했던 사건이었던 것 같다(〈그림 7-4〉). 촛불 집회에 대한 지지와 박근혜 전 대통령의 탄핵에 대한 동의는 80%를 넘을 만큼 압도적

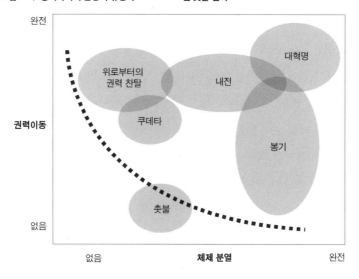

〈그림 7-4〉 정치사회적 갈등의 유형과 2016~2017년 촛불 집회

이었는데, 그것은 이 사건이 체제 수호 세력과 체제 도전 세력 간의 갈등이라기보다는 현존하는 체제에 대한 광범위한 합의를 확인하는 일이었음을 뜻하기도 한다. 또한 권력이동의 측면에서도 박근혜 전 대통령이 임기를 채우지 못하고 탄핵되는 초유의 사태가 벌어졌고 그에 뒤이은 선거에서 정권이 교체되긴 했지만, 새누리당에서 민주당으로의 정권교체는 기존의 정치 엘리트 내에서의 권력이동이라는 점에서 통치 권력의 혁명적 교체와는 거리가 멀다. 그럼에도 불구하고 2016~2017년 당시의 상황에서 수백만 시민의 집결과 대통령 탄핵의 성공이라는 비일상적 경험은 대단히 '극적'인 것이었기 때문에, 촛불은 혁명이 아니었지만 '혁명적' 기억의 여운을 남겼다.

이상의 논의에서 촛불 집회가 혁명의 전당에 오를 수 없는 결정적 이유는 촛불 집회의 '결과'에 있었다. '혁명적 상황'과 '혁명적 결과'의 구분을 중시한 틸리의 용법을 따른다면, 2016~2017년에 촛불 집회가 발생·확산·고조되고 지배 블록을 위협하며 분열시킨 상황은 대단히 혁명적이었지만, 그것의 결과는 사회구조도, 정치체제도, 지배 집단도 변화시키지 못했다. 실패한 혁명도 혁명인가? 민중의 항쟁으로 일어난 격동, 그러나 정치체제도 사회구조도 전복하지 못한 '실패한 혁명'이라는 게 성립될 수 있는 말인가?

현대사에서 실패한 혁명의 대표적 사례는 오늘날 흔히 '1848년 유럽 혁명'이라고 불리는 사건이다. 1848년 봉기는 파리에서 시작되어 넉 달 만에 유럽 도처에서 군주제를 붕괴시키고 공화국을 세웠지만, 곧 지배 세력의 반격으로 무너지고 구체제가 복고되었다. 오늘날 많은 역사가들이 이 사건을 혁명이라고 부르고 있다면, 어떤 사건이 즉각적으로 정치경제적 구조 변동을 초래했는지만 갖고 그 사건이 혁명인지 아닌지를 재단할 수는 없다는 의미가 된다(브루이, 2009: 278). 에릭 홉스봄(Eric Hobsbawm)은 『혁명의 시대』의 맨 뒷장에서 1848년이 "파리에서부터 유럽의 모든 곳으로 '그 소리가 점점 커지고 가까워'져 '마침내 폭발'(홉스봄, 1984: 448)했던 혁명적 에너지의 분출이었다"라고 적었다. 1848년 직후의 좌절은 깊었고 복고 반동은 거셌지만, 그 저변의 에너지는 이후 수십 년간 유럽의 정치·사회를 근본적으로 바꿔놓았다. 1860~1870년대에 노동운동과 노동자 정당의 탄생과 비약적 발전이 여기서 싹텄고, 1880년대에 최초의 국가 복지 체제가 탄생한 것도 그에 대한 보수 엘리트의 대응이었다.

2016~2017년 촛불 집회는 그런 의미에서 미래에 혁명이 될 수 있을까? 19세기 혁명과는 전혀 다른 의미에서, 전혀 다른 방식으로, 그것은 근본적 변혁의 상상력과 에너지를 세상에 뿌린 것일까? 이 지점에서 우리는 촛불 집회에 대한 즉각적 평가에 국한될 수 없는 긴 시간성의 지평으로, 더 깊은 역사 해석의 쟁점으로 빠져들게 된다. 오늘날 많은 이가 혁명이라 칭하고 있는 4·19 혁명은 혁명이었나? 정치체제의 변혁도, 지배 집단의 교체도 이루지 못했고, 그 소박한 정권교체조차 불과 1년 만에 군부에 찬탈당했던 4·19는 어떤 의미에서, 어떤 이유에서 지금 혁명으로 불리고 있나? 촛불 집회가 즉각

적인 구조 변동을 이루어내지 못했다는 것이 그것이 혁명일 수 없는 명백한 근거라면, 4·19도 당연히 혁명이 아니어야 한다. 그럼에도 불구하고 우리가 4·19를 혁명이라 부르는 까닭은 4·19를 폭발시킨 그 저변의 힘이 이후 수십 년간 현실에 맞서 현실을 변화시킨 집단적 이상으로 살아 있었기 때문일 것이다.

그런 의미에서 2016~2017년의 촛불이 훗날 무엇으로 판명 날지 단언하기엔 아직 이르다. 또한 그것이 훗날 무엇이 될지 이미 알고 있는 맹아가 촛불에 내장되어 있는 것도 아니다. 그것은 앞으로 전개될 미래에 달려 있고, 그에 따라 촛불의 명칭 역시 달라질 것이다. 그 윤곽이 분명해질 때까지 우리가 합의할 수 있는 촛불의 정의는 아마도, 혁명적 결과를 낳지 못했으나, 어쩌면 미래의 혁명적 변화의 씨앗이 될 수도 있는, 거대한 항쟁일 것이다.

5 | 결론과 전망

1987년 이후 30년 동안 한국 민주주의는 한편으로 많은 포스트 권위주의 사회들이 겪는 민주주의 결손으로 인해, 다른 한편으론 선진 민주주의국가들이 겪고 있는 동시대의 구조적 문제들로 인해 전진과 퇴보, 또 다른 전진을 거듭하는 역사를 겪어왔다. 2016~2017년의 촛불 집회에서 시작해 박근혜 전 대통령의 탄핵을 거쳐 문재인 정부의 탄생으로 이어진 응축된 시간은 여러 측면에서 한 시대에 종지부를 찍었을 뿐 아니라, 한국과 유사한 문제를 겪고 있는 세계의 많은 나라에 의미 있는 메시지를 전달했다.

그것은 시민들의 압도적 다수가 1987년 민주주의 도입 이후 오랫동안 지속되어 온 선거 승리 지상주의의 민주주의에 더 이상 만족하지 않는다는 것을 분명히 선언한 사건이었다. 2016~2017년 촛불 집회의 참여자들은 선거로 선출된 대통령, 집권 여당, 그들의 국가권력에 정면으로 도전했고, 선거 승리가 민주적 정당성의 전부가 아니라는 것을 분명히 했다. 그처럼 확장된 민주주의 이념을 시민 권력과 헌법 기구의 결합을 통해 현실에서 관철하는 데 성공한 한국의 경험은, 선거 민주주의의 외양 아래 실제로는 선거에 이르는 모든 일상적 정치 과정에서 민주주의와 법치주의가 작동하지 않는 많은 포스트 권위주의 사회에 중요한 참조점이 될 것이다.

그것을 가능케 한 시민 권력은 어느 시점에 돌발적으로 폭발한 것이 아니라 오랜 시간에 걸쳐 축적되어 온 것이었다. 2000년대의 여러 대규모 촛불집회는 시민의 정치적 표현과 참여를 억제하고 민주주의를 정치 엘리트 내의 과두적 경쟁으로 축소시킨 1987년 정치체제의 한계를 조금씩 넘어섰다. 촛불 집회의 진화 과정에서 시민들은 서로 간에 소통하고 연결하며 동원하고 전략적 숙의를 하는 방법을 체득했고, 제도 정치 행위자들을 압박하고 변화시키며 그들의 행동반경을 제한하는 능력을 성장시켰으며, 대의정치와 헌법 민주주의 원리와 충돌하지 않으면서 그것의 급진적 가능성을 전략적으로 활용할 수 있었다. 민주주의의 위기와 퇴보를 경험하고 있는 세계의 다른 나라들은 단지 촛불 집회의 형식과 행동 수단이 아니라, 시민적 역량의 원천과 성장·확산의 과정을 학습해야 할 것이다.

그러나 이상과 같은 성취에도 불구하고 우리가 경계해야 하는 것은 마치 한국 사회에 더 나은 민주주의로 나아가는 꾸준한 전진이 있었으며, 2017년의 승리가 그러한 단선적 민주화 과정의 최종적 승리인 것처럼 생각하는 목적론이다. 목적론은 역사를 망각하고 현재를 절대화할 때 생겨난다. 이 장이 보여주고자 노력했던 것처럼, 김대중·노무현 정권이 연이어 탄생하면서 한국 민주주의가 이제 공고화되었고 역행은 불가하다는 평가가 팽배했다. 그러나 이명박·박근혜 정권은 불과 몇 년 안에 한국 민주주의를 수십 년 뒤로 돌릴 수 있었다. 반대로 박근혜 후보의 대선 승리와 안정적 지지율을 보면서 한국 사회에 민주주의 토양의 존재 자체를 의심하는 절망적 공기가 지배했다. 하지만 2016년 촛불 집회의 폭발은 권위주의적 퇴행 속에서도 사회 저변에 시민적 에너지가 뜨겁게 잠복해 있었다는 것을 입증했다.

마찬가지로, 촛불로 탄생한 현재의 민주주의 역시 상반된 미래에 열려 있는 여정의 한 중간역일 것이다. 그것은 참여정부의 실정을 넘어서는 새 역사를 창조할 수도 있지만, 참여정부 버전2가 되어 재권위주의화의 과거를 미래에 반복할 위험도 있다. 촛불 이후의 민주주의가 여전히 불안정하다고 주장할 수 있는 구체적 근거는 1987년 이후 지속된 한국 민주주의의 핵심 문제가 2016~2017년의 촛불, 탄핵, 정권교체를 통해 오직 부분적으로만 극복되었다는 사실에 있다. 이 장은 1987년 민주주의의 핵심 문제로서 포스트 권위주의 문제와 포스트 민주주의 문제의 공존과 얽힘을 들었고, 2000년대 후반 이후의 급속한 재권위주의화가 단지 권위주의 세력의 잔존 때문이 아니라 새로운 민주주의 정치가 사회경제적 문제 해결 능력을 입증하지 못한 데 기인했다는 것을 강조했다. 2016~2017년 촛불 집회는 재권위주의화 경향을 저지하는 데 성공했지만, 그 과정에서 포스트 민주주의의 문제에 대한 항의는 유예되었다. 그렇기 때문에 촛불과 탄핵 후에도 민주주의 정치가 사회경제적 불평등과 불안을 경감할 능력이 있다는 것을 입증해야 하는 숙제는 그대로 남아 있다.

노무현 정부 시기에 권위주의 세력의 부활이 바로 이 문제 상황을 자양분으로 삼았다는 사실을 끊임없이 상기해야 한다. 만약 이번에도 이 문제에 걸려 넘어진다면 민주주의에 대한 냉소는 노무현 정부 때보다 더 깊을 수 있다. 단지 민주주의의 구체적 무능에 대한 실망이 아니라, 민주주의 자체에 대한 환멸이 확산되는 새로운 국면이 도래할 수 있다. 그 환멸은 여성, 이주자, 난민, 성소수자, 노조, '좌파', 북한에 대한 증오로, 그리고 그 증오에 동참하지 않는 모든 이를 향한 적대로 옮아갈 수 있다. 잔존하는 권위주의 세력들이 만약 영리하다면 바로 이 새로운 전선에서 화려한 부활의 전기를 마련할 수 있을 것이다. 그들이 영리하지 않길 바라는 것보다는 그들을 먹여 살릴 환멸을 예방하는 것이 더 현실적인 대안이다.

1987년 독재 종식 이후 정확히 30년이 지나서야 구시대의 주인공들이 불명예스럽게 스러졌다. 2017년에 한국 민주주의는 다시 한번 위대한 승리의 서사를, 이번에는 민주주의의 선구자를 자임해 온 세계의 여러 나라에까지 전해줄 수 있었다. 하지만 이제 한국 민주주의는 새로운 역사적 단계에 조응하는 새로운 도전의 시험을 받을 것이다. 그 불확정성의 시간은 가능성의 장이면서, 동시에 역진의 위험이 도처에 놓인 경합의 장이기도 할 것이다.

8장 2016~2017년 촛불 항쟁에서 돌아본 30년의 민주정치

·

·

·

서복경 (서강대학교 현대정치연구소)

1 | 길 위에서

2016년 타올랐던 촛불이 꺼진 뒤 새 정부가 들어서고 해가 두 번 바뀌었다. 주말마다 모여든 수많은 사람들이 만들어낸 열정과 그들의 발걸음이 만들어낸 자욱한 먼지가 함께 가라앉으면서, 우리가 그때 그 시간 함께 이룬 것은 무엇이며 지금도 공유하고 있는 것은 또 무엇인지를 생각하게 되는 시간이다.

촛불의 열기가 아직 뜨거웠던 대선 국면에서 5명의 원내 정당 후보들은 2018년 6월 지방선거와 동시 개헌 투표 실시를 약속했지만 결국 지켜지지 못했다. 6월 개헌 투표가 무산되면서 연내 개헌 투표를 약속했던 그 정당들은, 2018년이 다 저물도록 약속이나 한 듯 그 문제에 대해서는 입도 뻥긋하지 않았다. 개헌을 둘러싼 이 장면은 지금 한국 사회가 지나고 있는 역사적 시간의 한 상징 같다.

사실 여러모로 볼 때 2018년 6월 개헌은 무리였다. 지난 대선 국면에서 개헌을 약속했던 5명 후보의 소속 정당들은 당시까지 자당의 성안된 개헌안조차 내놓지 못한 상태였기 때문이다. 2012년 대선에서도 박근혜 후보와 문재인 후보는 입을 모아 개헌이 필요하다고 말했고, 19대 국회 4년 내내 대한민국의 집권당과 제1야당은 개헌을 말했지만 그들은 단 한 번도 정당 구성원들이 합의한 개헌안을 내놓은 적이 없었다. 그들에게 2016~2017년의 촛불은 어느 날 갑자기 닥친 벼락같은 일이었기에, 그 짧은 시간에 개헌안을 준비했을 리도 없었다. 2018년 6월 개헌 일정에 맞게 개헌안을 낸 원내 정당은 정의당 하나였다.[1]

전문과 130개조로 이루어진 헌법을 개정한다는 것은, 대한민국이라는 정치 경제 공동체의 새로운 비전에 합의하는 일이다. 1987년 헌법 개정은 민주화의 도정에서 행위자들 간의 '최소 강령적 합의를 통해서 신속한 민주화를 추구'(강우진, 2017: 61)하는 것이 목적이었기 때문에, 8인의 원내 정당 대표들이 한 달 만에 헌법 초안을 만들어낼 수 있었지만 지금은 다르다. 전문과 기본권, 정부 형태와 자치 분권 원리에 이르기까지 한국 사회의 재구성에 관한 복잡다단한 문제들이 하나하나 짚어지지 않으면 안 되는 문제였기에 2018년 6월 개헌이 무리였다는 것이다.

이 장면이 상징적인 것은 2018년 6월 개헌 투표가 무산되었기 때문이 아니다. 당초 가능하지 않았던 일을 마치 가능한 것처럼 약속했던 19대 대통령 선거 후보들, 개헌 일정만을 되뇌었지 개헌의 내용은 말하지 않거나 말하지 못했던 정당들, 공약 이행 약속에만 충실하고자 서둘러 개헌안을 마련하고 발의했던 대통령, 각자 자신들이 원하는 개헌안을 제출하면서 6월 개헌 투표 실시를 압박했지만 정작 헌법 개정 과정이 어떻게 이루어져야 하는지에 대

---

1   정의당은 2018년 1월에 개헌안을 제출했다. 4월 자유한국당이 제출하긴 했으나 이는 6월 개헌 투표 일정이 이미 무산된 상황에서 제출된 것이다. 원내 정당들과는 별개로 3월 12일 대통령은 개헌안을 제출하고 발의했다.

해서는 우왕좌왕했던 시민단체들, 개헌을 한다니까 지켜보기는 하지만 지금 한국 사회에 닥친 문제가 헌법 때문에 발생한 것인지 의구심을 가지며 지켜본 시민들이 빚어낸 역사적 장면 때문이다. 진부해 보이는 이 장면은 사실, 지나온 민주화 이후 30년의 민주정치에서 매우 익숙했던 관행들로 가득 차 있다. 하지만 개헌으로 들썩였던 그 시간들 속에는 저마다의 기본권적 요구, 자치 분권의 요구, 사회경제적 변화에 대한 욕구들이 용암처럼 뒤엉켜 있었다. 안전권 등 일부 기본권 의제에 대해서는 자연스레 합의가 형성되기도 했고, 자치 분권이 강화되어야 한다는 원리는 공리처럼 굳어지기도 했다. 언제가 될지 모르는 헌법 개정 과정에서 지나온 시간의 궤적은 또 하나의 이정표가 될 것이다.

지금 우리는 언제나처럼 과거와 현재, 미래가 뒤엉킨 역사적 시간을 지나는 중이지만, 의제 수의 폭발적 증가와 놀라운 의제 진화 속도라는 면에서 과거와는 또 다른 시간을 보내고 있기도 하다. 대통령과 그의 집권당은 반복해서 연동형 비례제 도입을 약속했지만, 선거제도 개편에 대해 소극적이다 못해 훼방꾼처럼 보인다. 박근혜 정권의 온갖 위헌·위법적인 행태가 새 정부에서 반복되지 않기 위해 검찰과 국정원, 경찰 등 권력기관의 개혁이 절박하다고 부르짖었던 그 정당들과 정치인들은 관련 법안 하나를 통과시키지 못했다. 재벌 대기업 주도 성장 모델은 시효를 다했다며 등장한 소득 주도 성장 정책은 그 출발점으로 보였던 최저임금 상승과 52시간 노동시간 단축에서조차 갈지자걸음을 거듭하고 있다. 급기야 청와대와 집권당 정치인들이 '사회적 대화'에 참여하지 않는 민주노총에 대해 비난에 가까운 발언을 쏟아냈던 장면은, 2016년 촛불 이전의 국면으로 되돌아간 듯 기시감을 느끼게 한다.

그래서 우리는 전직 대통령 한 사람에 이어 또 한 사람, 그리고 그들의 몇몇 측근들을 구속시키고 재판받게 한 것 외에 변화 없는 일상을 살아가고 있는 것일까? 그렇지 않다. 국정교과서와 한일 위안부 합의는 폐기되었고, 이

재용 삼성 그룹 부회장은 구속 상태에서 풀려났지만, 삼성 그룹 승계를 위해 저질러졌던 불법행위가 속속 드러나면서 금융 감독 기관의 지루한 씨름 끝에 일단은 위법 판결이 났다. '미투 운동'이 검찰, 문화계, 대학, 체육계를 휩쓸고 중·고등학교까지 확장되었으며 관련 입법들이 힘겹게 국회 문턱을 넘는 중이다. 일명 '혜화역 시위'로 불법 영상 촬영 및 유통 문제가 공론화되었고 행정부와 검찰, 국회에서 조금씩 대안을 모색해 나가고 있기도 하다. 그 오랜 시간 규제 당국과 검찰의 방임 혹은 묵인 속에 방치되어 있던 '가습기 살균제 사건'은 국회 특별법 제정과 공정거래위원장의 사과, 정부 차원의 피해자 구제로 이어졌고, 결코 불가능할 것 같았던 삼성전자 반도체 노동자들의 직업병 인정이 겨우 가능해지기도 했다. 2018년 연말 김용균 씨의 안타까운 죽음으로 28년 만에 '산업안전법'이 전면 개정되기도 했다.

여전히 우리는 촛불 이전처럼 많은 해결되지 못한 문제들 속에서 살아가지만, 더디고 지루한 과정을 거쳐 뭔가를 조금씩 만들어내는 중이다. 이것이 지금 우리가 서 있는 길의 주소다. 우리가 그 광장에서 1987년 헌법의 테두리 내에서 민주주의의 방식으로 문제를 해결하기로 결정한 이상, 지금의 과정은 피할 수 없는 경로다. 많은 입법 과제들을 넘겨받은 국회는 2016년에 구성된 그 국회이며, 지나온 한국 민주주의의 특징을 고스란히 담고 있는 정당들로 구성되어 있다. 어느 날 갑자기 정책과 노선이 변하고, 없던 능력이 하늘에서 떨어질 리 없다. 문재인 대통령, 그의 청와대와 내각이 2016~2017년 시민들의 노력으로 탄생했다 해도, 없던 능력이 생겨날 리 없는 것은 마찬가지다. 박정희 경제 모델을 넘어서겠다는 야심찬 기획으로 '소득 주도 성장론'이 주창되기는 했지만, 이를 공약으로 내건 대통령을 포함해 현재 대한민국에 살고 있는 어느 누구도 그 실체를 본 적은 없다.

시행착오는 불가피하다. 지체되고 천연된 온갖 가지 정치적·사회경제적 과제들은 앞으로도 점점 더 많이 드러나겠지만, 민주정치의 속성을 있는 그

대로 인정하면서 변화를 만들어 나가야 한다. 이를 위해서는 한국 민주주의가 지나온 과정을 긴 시간 지평에서 진단해 내고 지금 지나는 길의 성격을 공론화하며, 우리가 만들어 가야 할 민주주의와 한국 사회에 대한 합의된 상을 구체화해 가는 과정이 필요하다. 이 장은 2016~2017년의 촛불과 광장을 그 이전 30년간의 민주주의 도정 위에 위치시켜 그 의미를 분석해 보고, 지금 지나고 있는 이 길의 주소를 확인하려는 목적을 갖는다.

2 ᅵ 민주화 이후 민주주의의 형성

2016~2017년 촛불에 대해 지금까지 제출된 연구들은 이 경험을 1987년 6월 항쟁과 여러 방식으로 연결시키고 있다. 운동과 저항에 의한 민주화 경험이라는 점에서 4월 혁명, 6월 항쟁과 2016~2017년 촛불을 연결시키기도 하고(강우진, 2017), 2008년과 2016~2017년의 촛불 광장이 1987년 6월 항쟁의 광장 문화를 복원시켰다는 점에 착목하기도 한다(김성일, 2017). 2016년 촛불 시위가 1987년 체제의 전복이 아니라 사수를 기치로 내걸었고, 박근혜 정권은 1987년 체제의 위기의 산물이었다는 점에서 1987년 체제로 1987년 체제의 위기를 구출한 '재민주화'로 정의되기도 한다(권영숙, 2018). 2016~2017년 촛불이 1987년의 미완의 민주화를 완성했다고 보는 강우진(2017)도 유사한 관점으로 볼 수 있다. 2016~2017년의 촛불이 '공적 대의에 의해 활성화되지만 부문 이익을 외면하는 한국 시민사회의 특징'을 보여준다는 점에서 1987년 6월 항쟁과 유사성을 공유한다고 지적도 있다(박찬표, 2017).

2016~2017년 촛불 광장에서 시민들은 국회에 의한 탄핵 소추, 헌법재판소에 의한 탄핵 심판 인용이라는 1987년 헌정 체제 내 수단을 사용해 박근혜 대통령을 해임했고, 조기 대선으로 새로 구성한 정부를 통해 문제 해결을 도모

<그림 8-1> 한국 민주주의의 긴 궤적

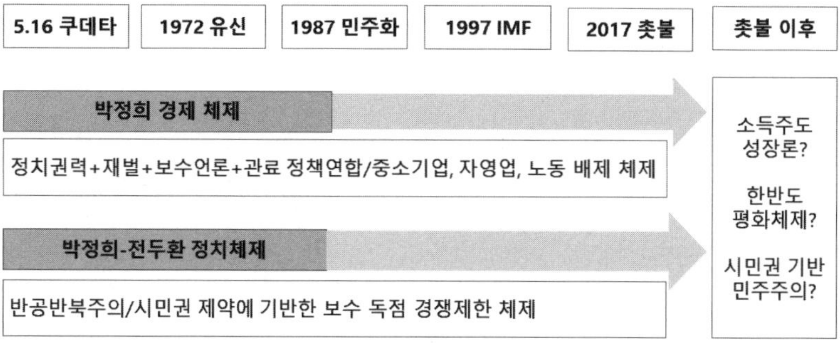

| 5.16 쿠데타 | 1972 유신 | 1987 민주화 | 1997 IMF | 2017 촛불 | 촛불 이후 |

박정희 경제 체제

정치권력+재벌+보수언론+관료 정책연합/중소기업, 자영업, 노동 배제 체제

박정희-전두환 정치체제

반공반북주의/시민권 제약에 기반한 보수 독점 경쟁제한 체제

소득주도 성장론?

한반도 평화체제?

시민권 기반 민주주의?

했다는 점에서, 과거와의 단절적 재구성이 아닌 연속적 재구성을 선택했다. 이것이 '미완의 1987년 체제를 완성'한 것이든 중도에 붕괴되었던 '1987년 체제를 보수함으로써 재민주화'한 것이든, 지나온 민주주의와의 연속선상에 있는 것은 분명하다. 이 지점에서 우리는 2016~2017년의 촛불을 낳은 민주주의의 성격을 좀 더 명료히 할 필요가 있다. 그래야 무엇을 완성했는지, 혹은 무엇을 보수했는지를 확인할 수 있기 때문이다.

넘겨받은 유산, 박정희 체제

2016~2017년이 과거와 단절적 국면으로 인식될 수 없듯이, 구체제 정치 엘리트들과 '거래에 의한 민주화'로 특징 지워진 1987년 역시 그 이전의 역사와 단절적일 수는 없었다. 1987년 우리 사회는 중소기업, 자영업, 노동 배제 체제 위에 정치권력과 재벌, 보수 언론과 관료의 정책 연합을 핵심 내용으로 하는 박정희 경제체제와 반공 반북주의, 시민권 제약에 기반한 보수 독점 경쟁 제한 체제를 25년 군사 권위주의의 유산으로 넘겨받았다. 그리고 박정희-전두환 체제가 만들어낸 정당 체제와 유권자 지형 또한 고스란히 물려받아 민주화 이후 민주주의를 출발했다.

1987년 시점 군사 권위주의의 유산을 정확히 확인하는 일은 한국 민주주의가 지나온 궤적을 이해하는 데 반드시 필요한 작업이다. 우리 사회가 무(無)에서 민주주의를 시작한 것이 아니며, 군사 권위주의가 촘촘히 엮어놓은 법과 제도, 관행과 그 담지체로서 국가기구를 온전히 넘겨받아 민주정치의 실험을 시작했다는 사실이, 지난 30년 민주정 경험이 '결손 민주주의'(신진욱, 2016)로 귀결된 것에 대한 유일한 알리바이일 수는 없지만 그 경로로 이어질 수 있었던 역사적 자원을 확인시켜 주기 때문이다.

박정희 체제는 "헌법 위의 국가보안법"(최장집, 2010: 78)을 도입하긴 했지만, 사인(私人) 통치의 성격을 가졌던 이승만 독재와는 그 성격이 다르다. 이 점에서 "박정희 체제가 1987년의 민주화와 1997년 신자유주의의 전면화에 의해 해체되었다"(손호철, 2017: 25)는 해석은 재고가 필요하다. 지난 30년의 민주주의는 여전히 강력한 박정희 체제의 유산과의 투쟁이었고, 그 실내용은 '경제발전의 신화나 향수'라는 정서적 차원, 이명박-박근혜 정권에서 확인된 퇴행적 권위주의 통치 행태 차원에 국한되는 것이 아니라 훨씬 더 깊은 뿌리를 가지고 있으며, 그 유산의 해체 작업은 여전히 진행 중이고 앞으로도 상당 기간 지속될 수밖에 없기 때문이다.

1987년 현행 헌법을 기초했던 이들과 헌법안을 통과시켰던 당대 국회의원들, 민주 헌법 쟁취를 위해 투쟁했던 이들에게 "제4·5공화국은 넘어서야 할 독재체제였지만 제3공화국은 그렇게 인식되지 않았다"(강원택, 2015)는 사실은, 1987년 이후의 민주정이 발 디뎠던 권위주의 유산의 깊은 뿌리를 확인시킨다. 박정희 경제체제와 박정희-전두환 정치체제를 지탱했던 법규범과 관료 기구를 확립했던 시기는 제4공화국 이후가 아니라 1961년 군사정부와 제3공화국에서였다. 민주정치와 양립할 수 없는 정치관계법이 주조된 시점도 그때였고, 노동과 여러 이익집단을 국가조합주의 모델에 따라 위계화해 건강한 이익집단 정치의 뿌리를 거세한 것도 그 시점이었으며, 시민들의 기본권을 반공주의와 국가주의 원리에 따라 촘촘히 법과 규칙으로 제한했던 것도 그때였다. 제도와 이를 뒷받침하는 국가기구, 국가기구 운영 행태와 규범의 총체적 구조물로서 박정희 패러다임이 주조되었고 민주화 이후로도 오랫동안 영향을 미쳐왔다(최장집, 2017: 17~149).

1987년 이후 민주정치는 1961년 군사정부가 도입했던 법규범과 국가기구들의 전면적 재구성에서 출발해야 했지만, 당대의 입법자들은 거기까지 인식이 미치지 못했고 대통령직선제의 폐절로 상징되는 제4공화국까지를 권위주의의 뿌리로 인식했다. 가장 깊은 심층에 켜켜이 뻗어진 뿌리가 결코 민주정과 조응할 수 없었지만, 1987년 이후 민주정의 주조자들은 지면 위로 보이는 잔가지만 걷어낸 채 그 위에 민주정의 새 나무를 키우기 시작했던 것이다.

'여전히 모든 것은 박정희 때문이다'라는 환원론을 주장하려는 것이 아니다. 오히려 그 반대다. 1987년 민주정치를 시작했을 때 한국 사회 구성원들의 대다수는 새로 만들어가야 할 민주정치를 우리 사회에 착근시키기 위해 어디까지 뿌리를 걷어내야 할지 알지 못했고, 지난 30년의 경험을 통해 비로소 우리가 디딘 권위주의 역사의 뿌리에 대면하게 되었다는 것이다.

1988년 13대 국회는 제5공화국 집권당인 민주정의당, 제3공화국의 정신을 이어받겠다고 공언했던 신민주공화당, 제3~5공화국의 체제 내 야당이었던 통일민주당과 평화민주당으로 구성되었다. 당연하게도 그 시점, 대한민국 국회의 어느 정당이나 정치인도 민주정체를 운영해 보지 못했고, 한국 시민들 누구도 민주정치를 경험해 보지 못했다. 정부수립 이후 우리의 역사에서 1948년부터 전쟁 직전까지의 짧은 시기, 1960년 4월 혁명 이후 1년도 채 되지 않은 짧은 기간을 제외하면 현실화된 민주정치는 존재한 적이 없었고, 1987년 당대를 살았던 정치인과 시민들의 경험 세계 속에 민주정치의 기억은 존재할 수 없었다. 그나마 25년 동안 군사권위주의 정권의 반복된 알리바이 덕분으로, 제2공화국의 경험은 민주정치의 모습을 상상할 수 있는 역사적 자원이 아니라 부패와 무능, 아노미와 카오스로 이미지화되어 묻혀버렸다. 그렇게 우리는 민주정치가 뭔지 모르는 정치 엘리트들과 시민들이 모여 민주주의 정치체제를 만들어나가기 시작했다.

분절화된 정당-유권자 관계

1987년 민주화 직후 첫 대선과 총선의 결과는 민주정치에 대한 기대를 안고 있었던 정치인과 시민들에게 큰 당혹감을 안겨주었다. 김영삼, 김대중이라는 두 정치 지도자의 협력 실패라는 결과도 결과였지만, 두 선거에서 확인된 영남과 호남 유권자의 특정 정당에 대한 배타적 지지 때문이었다. 13대 대선과 총선 결과를 유권자들의 지연에 의한 선택의 결과라고 설명하는 해석들이 등장했고, 14대 총선과 대선 이후에는 '지역주의'라는 키워드가 한국 정치 일반을 설명하는 '프로크루테스의 침대'처럼 사용되기 시작했다. 정당의 지역적 지지 동원도 '지역주의', 유권자들이 특정 정당과 연계를 갖는 구조도 '지역주의'였으며, 공직 충원의 지역 편향도 '지역주의'로 설명되었다.

지역적으로 분절화된 정당 지지나 정치 엘리트의 지역 편향적 충원 현상은 민주화 이후 정치에서 설명되어야 할 문제였다. 유권자들이 지리적 범위를 벗어난 선택을 하지 못했다면, 혹은 공직 충원에서 지역적 편향이 발생했다면 우선 그 원인이 진단되었어야 했다. 그러나 제대로 된 원인 진단 이전에 '지역주의'는 당장 치료가 필요한 '망국병'으로 지목되었으며, 언론과 정치인들은 저마다 병증을 치료할 처방을 찾아 나서기 시작했다.[2]

---

2   14대 총선과 대선을 앞둔 1992년 벽두부터 언론은 지역주의를 '망국병'이라 진단하고 처방을 찾는 기사를 쏟아냈다(≪서울신문≫, 1992년 1월 17일 자, "정치 선진화를 위한 긴급 제언: '망국병'

돌이켜보면, 민주화 초기에 나타난 정당과 지역 유권자들의 배타적 관계가 그렇게 비난받아야 할 병폐였을까? 1987년이 어느 날 갑자기 하늘에서 떨어진 게 아니고, 민주화 직후 선거에 참여한 그 유권자들이 권위주의 체제를 25년간 살아낸 그 사람들이라는 당연한 사실이 외면되지 않았더라면, 우리는 더 풍부한 해석의 언어를 가졌을 것이고 다른 대안을 추구할 수 있었을 것이다.

군사정부 25년 동안 간헐적으로 서울과 부산, 대구 등 대도시에서 저항의 광장이 열리긴 했지만, 일상의 시민들은 공론장은 고사하고 가벼운 정치적 대화조차 검열당하는 세월을 살아냈다. 일상에서 박정희 정권을 비난했다는 이유로 '국가보안법'에 의해 처벌을 받았다는 이야기(박원순, 2004: 100~118)는 지금에서야 철 지난 옛이야기일 수 있지만, 그 세월을 살아낸 사람들에겐 당장의 생계와 생명의 위협일 수밖에 없었다. 박정희 체제는 1961년 쿠데타로 시민들의 일상을 장악한 이후 1964년 한일협정 반대 투쟁을 진압하기 위해 계엄령을 선포했고, 1969년 3선 개헌, 1972년 유신체제, 1974년 이후 긴급조치 통치 시기를 거치면서 정보기관과 군, 경찰을 동원해 시민들의 일상을 장악했다.

1979년 박정희의 죽음으로 잠깐의 개방이 있었지만, 다시 계엄이 선포되었고 1980년 5·17 계엄 확대 이후 1983년 일명 '유화 조치' 시기까지 시민들은 다시 숨죽이며 거리를 활보하는 군인들을 지켜봐야 했다. 1983년 이후라

지역이기주의"; ≪세계일보≫, 1992년 3월 24일 자, "망국의 지역감정 …… 어떻게 풀 것인가"). 14대 대선이 끝나고 김영삼 정부가 출범하기 전인 1993년 1월에는 '지역주의 극복과 영호남 가정'이라는 세미나가 개최되기도 했는데, 20여 쌍의 영호남 부부들이 참석한 이 세미나에서 발표자들은 새로 출범할 김영삼 정부의 핵심 과제를 '지역감정 극복'으로 꼽고 여러 대안을 내놓았다. 이런 접근은 13·14대 대선과 총선의 결과가 영남과 호남 거주민들의 이기주의 혹은 그들 간의 갈등의 결과라는 인식을 적나라하게 보여준다(≪국민일보≫, 1993년 1월 19일 자, "영호남 부부 모임 지역주의 극복 세미나").

고 해서 시민들의 일상이 크게 달라진 건 없었다. '땡전 뉴스'와 관제 언론이 전하는 선별된 정보 환경 속에서 일부 식자층과 접촉이 가능한 민주화운동 세력들만이 야당 정치인들의 움직임을 알 수 있었을 뿐이다. 신군부가 광주에서 자행한 학살을 밝혀내기 위해 지금까지도 지난한 싸움을 해야 하는 것은, 그 일이 있고도 오랫동안 피해자들은 말할 수 없었고 일반 시민들은 들을 수 없었기 때문이다.

1978년 총선과 1985년 총선 결과가 박정희 유신정권과 전두환 신군부 정권을 놀라게 한 건 분명하지만, 공간적 범위는 대도시 지역으로 국한되어 있었다. 군사 권위주의 체제가 가장 먼저 체포하고 구금했던 건 비판의 목소리를 가진 야당 정치인과 민주화운동 세력들이었고, 짧은 주기로 계엄 선포와 해제가 반복되었던 그 긴 동안 이들의 목소리가 시민들의 일상을 파고들기는 어려웠다. 극히 제한적인 시민들만이 아주 가끔씩 1964년 한일협정 반대 투쟁, 1969년 3선 개헌 반대 투쟁, 1972년 이후 유신체제와 긴급조치 반대 투쟁, 1979~1980년 민주화의 봄, 1983년 이후 유화 국면을 뚫고 터져 나온 민주화운동 세력들의 저항의 목소리를 접할 수 있었을 뿐이다. 일상에서의 정치적 대화는 검열당했고 가끔씩 나를 대신해 싸우는 거리의 시민들을 통해 다른 목소리를 접할 수 있었던 세월이었다.

이런 세월이 만들어낸 것이 13대 대선과 총선의 결과였다. 당시 야당 정치인들은 '김영삼계'든 '김대중계'든 전국적인 캠페인을 할 수 없었을 뿐만 아니라 안정적인 조직망을 구축할 수도 없었다. 중학교, 고등학교라는 지연과 학연을 매개로 알음알음 생존하면서 지지자 네트워크를 구축했을 뿐, 다른 지역까지 활동 범위를 넓히는 건 생각할 수 없었다. 호남에서는 '김대중계' 정치인들만이 간신히 명맥을 유지했고, 영남에서는 '김영삼계' 정치인들만이 네트워크를 가질 수 있었으며, 박정희-전두환 체제를 이은 군사정권만이 안정적인 전국 조직을 유지할 수 있었다.

〈표 8-1〉 1988년 13대 총선 지역별 의원 정수 대비 정당 후보 출마 비율

(단위: %)

	민주정의당	통일민주당	평화민주당	신민주공화당
합계	100.0	90.2	73.7	80.8
서울	100.0	100.0	97.6	100.0
부산	100.0	100.0	46.7	93.3
대구	100.0	100.0	62.5	100.0
인천	100.0	100.0	100.0	100.0
광주	100.0	40.0	100.0	60.0
경기	100.0	100.0	89.3	75.0
강원	100.0	100.0	71.4	78.6
충북	100.0	77.8	44.4	100.0
충남	100.0	94.4	72.2	100.0
전북	100.0	71.4	100.0	57.1
전남	100.0	44.4	94.4	50.0
경북	100.0	95.2	28.6	61.9
경남	100.0	95.5	36.4	72.7

13대 총선에서 통일민주당은 그나마 사정이 나아서 광주·전남북·충북을 제외하고 대체로 후보를 낼 수 있었지만, 평화민주당은 광주·전남북·서울·인천을 제외하고는 의석수의 절대다수에 후보를 공천조차 하지 못했다. 후보를 공천하지 못했다는 건 후보를 매개로 한 지지자 기반도 전무했다는 뜻이다. 유권자의 입장에서 우리 동네 후보도 나오지 않는 정당을 지지할 길도 없었고, 그 정당에 대한 정보를 얻을 수조차 없었다.

이런 조건에서 1990년 3당 합당으로 민주자유당이 탄생했다. 전국적인 지지 기반을 가졌던 민주정의당과 그나마 사정이 나았던 통일민주당 조직이 통합된 것이다. 이렇게 만들어진 정당 체제가 영남과 호남이라는 서로 배타적 지지 기반을 갖게 된 건 맞지만, 그건 그 정당 체제의 부분적인 속성이었을 뿐이다. 이미 그 시점에도 대한민국 인구의 압도적 다수는 수도권에 살고 있었

다. 하지만 '지역주의'라는 명명은 그 정당 체제의 영남과 호남 기반만을 부각시켜 이미지화했다. 또한 그 정당 체제를 만든 건 25년의 군사정권과 민자당을 만든 정치 엘리트들이었지 주어진 대안 속에서 최선을 다했던 유권자들이 아니었다. 하지만 누군가 그 정치체제를 '지역주의'라고 호명하고 그 책임을 '지연, 혈연, 학연에 묶여 투표 선택을 하는, 계몽되지 못한 시민들'에게 돌리는 순간, 민주화 이후 민주정치의 첫 단추는 잘못 꿰어지기 시작했다.

만약 당시 그 정당 체제의 출현 이유를 시민들 상호 간의 자유로운 정보 교환과 소통, 정당과 유권자 사이의 지지 교환 관계를 가로막았던 권위주의 체제의 유산으로 진단했더라면, 대안은 민주정체와 부합하지 않는 시민권 제한 체제와 권위주의적 '정치관계법'을 근본적으로 개정하는 데 모아졌을지 모른다. 하지만 그 체제의 성격이 배타적 지역 기반으로 정의되고 책임이 계몽되지 못한 유권자에게 전가되면서, 대안은 인위적 정계 개편이나 제도 조작을 통한 지역 기반의 확장, 더 엄격한 규제를 통한 시민적 타락의 봉쇄와 국가기구-언론이 주도하는 시민적 계몽 프로젝트로 도출되었다. 1994년 '공직선거 및 선거부정방지법'의 등장이나 2004년 '선거법' 및 '정치자금법' 개정 과정은 1987년 민주화 초기 정치 현상에 대한 잘못된 진단이 민주주의의 제도적 기반과 정치적 실천을 어떻게 왜곡시킬 수 있는지를 잘 보여주는 사례다.

3 | 'IMF 위기'와 '전환의 계곡'

민주정체와 '전환의 계곡'

비민주적 체제에서 민주 체제로의 이행은 어떤 형태로든 시장 자유화를 수반하며, 시장 자유화는 다양한 시장 행위자들에게 새로운 경제질서에 대한 고통스러운 적응을 요구한다. 이뿐만 아니라 어떤 형태로 시장이 재구조화되는가에 따라 민주정체의 시민인 시장 행위자들은 그 고통을 정치에 반영하며, 때로 정치체제적 수준의 위기가 도래하기도 한다. 민주화 이행 국가들의 경제 변화와 그에 수반되는 정치적 충격을 애덤 셰보르스키(Adam Przeworski)는 "전환의 계곡(valley of transition)"으로 명명하기도 했고(Przeworki, 1991), 시민들이 겪는 정치적·경제적·문화적 충격에 주목한 다렌도르프는 "눈물의 계곡(valley of tears)"이라고도 불렀다(Dahrendorf, 1990).

한국 사회가 겪은 '전환의 계곡'은 의심할 바 없이 1997년 'IMF 외환위기'와 위기 이후 시장 재구조화였다. 한국 사회는 1997년 이전과 이후로 나뉘었고, 한국의 시장체제는 신자유주의의 그것으로 새롭게 주조되었다. 2016~2017년 촛불 광장을 연 가장 깊은 심급의 원인을 '1997년 체제'로 진단했던 손호철은, 2017년의 한국 사회를 규정하는 체제 원리의 가장 상위에 '1997년 체제'를 두고 현행 헌정 체제를 출현시킨 '1987년 체제'를 그 하위체제로 위치 지워야 한다고 보았다(손호철, 2017: 20~25). 반면 권영숙은 이 두 체제가 별개로 존재하지 않으며 정치체제로서 '1987년 체제'의 사회경제체제적 속성으로 '1997년 체제'를 바라보아야 하며 '이중 전환'의 과정으로 전개되었다고 보기도 한다(권영숙, 2018).

1997년 위기와 뒤이은 시장 재구조화는 한국 시민들의 시장적 지위에 큰 변동을 가져왔을 뿐만 아니라 시민과 정치의 관계에도 질적 변화를 야기했다는 점에서, 정치체제적 층위와 경제체제적 층위가 별도로 작동한다고 보기는 어렵다. 하지만 한국 민주주의 체제 전환에 뒤따른 시장개혁이 신자유주의 국면과 맞물리지 않았다면, 한국 민주화가 겪어야 했던 '전환의 계곡'은 다른 시장체제와 정치적 결과를 가져왔을 수 있다는 점에서, 1997년의 위기가 한국 정치에 가한 충격을 분석하는 일은 지나온 민주정치의 성격을 규명하는 데 핵심적 과정일 수밖에 없다.

민주화 이행 국가들이 겪는 '전환의 계곡'이 얼마나 깊고 오래 지속되며 고 통스러운지, 그 체제가 전환을 견뎌내는 힘이 어느 정도인지는 국가마다 천 차만별이지만 그 경로를 어떻게 설정하는지에 따라 계곡의 깊이와 넓이는 다를 수 있다(Pridham, 2000: 197~198). 민주화 이후 한국 경제의 재구조화가 격심한 사회경제적 충격을 동반한 그 경로밖에 없었는가, OECD 가입을 무 리하게 추진했던 김영삼 정부가 그때 다른 선택을 했더라면 신자유주의 이 행을 할 수밖에 없었더라도 좀 덜 충격적인 방식으로 가능하지는 않았을까, 혹은 김대중 정부에게 'IMF 요구 조건(IMF Conditionality)'에 더해 미국 정부 의 추가 요구인 'IMF+'를 그대로 받아들이는 것 이외에 다른 선택지가 없었 던 것일까 등에 관한 문제는 여전히 논쟁적이다(조영철, 2007: 제6장).

김영삼 정부에서 야기된 위기가 민주화 이후 최초의 정권교체를 낳은 점 은 부인할 수 없지만, 김대중 정부가 추진했던 시장 재구조화 과정은 시민들 의 민주주의 체제에 대한 신뢰를 급격히 하락시켰다. 민주화 이행을 경험한 국가들 간의 비교 연구에 따르면, 민주정체가 공고화되기 위해서는 다수 대 중에 의한 민주주의 원칙과 가치의 수용이 중요하며 적어도 70% 이상의 대 중이 민주주의가 다른 정치체제보다 우월하다는 믿음을 지속할 수 있어야 한다고 한다(Diamond, 1999: 69). 한국 시민들의 민주주의 체제 신뢰도는 1996년 70.2%, 1997년 68.6%였던 것이 1998년 53.8%로 하락했고, 2001년 44.6%까지 급락했다.

2001년은 김대중 정부가 빌린 대출금을 모두 갚았다고 'IMF 졸업'을 선포 한 해다. 이때까지 한국의 시민들은 초유의 고금리, 가혹한 정리해고와 도산 의 터널을 지나왔다. 민주정체가 시민들의 먹고사는 문제를 해결해 주지 못 할 때 체제신뢰도는 하락할 수 있다. 경제위기가 정치의 위기로, 민주정체의 위기로 이어졌던 한국의 '전환의 계곡'은 2001~2003년 최저점을 지나 다시 회복되는 것으로 나타난다. 그런데 계곡을 넘어선 시민들은 어떤 상태로 계

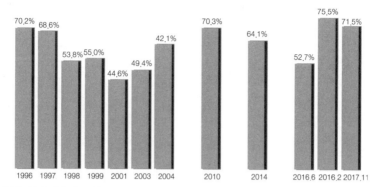

〈그림 8-2〉 시민들의 민주주의 정치체제 신뢰도: 1996~2017년

민주주의는 다른 어떤 제도보다 항상 낫다

70.2% 68.6% 53.8% 55.0% 44.6% 49.4% 42.1% 70.3% 64.1% 52.7% 75.5% 71.5%

1996 1997 1998 1999 2001 2003 2004 2010 2014 2016.6 2016.2 2017.11

자료: 코리아바로미터(1996, 1997, 1998, 1999, 2001, 2004, 2010); 아시아바로미터(2003); SSK좋은정부연구단(2014); ≪내일신문≫(서강대현대정치연구소, 2016.6, 2016.12, 2017.11)

곡 건너편에 도달한 것일까? 분명 계곡에 진입하기 이전과 같은 상태로 되돌아간 것은 아닐 것이다.

제도정치와 '전환의 계곡'

〈그림 8-3〉은 정치체제적 수준에서의 '전환의 계곡'과는 다른 맥락에서 1997년 위기의 여파를 확인시켜 주고 있다. 선거의 투표참여율은 해당 민주주의국가의 제도 정치가 정치 구성체 구성원들을 대표하는 범위와 크기를 나타내 주는 중요 지표다. 어떤 민주주의국가든 투표율이 100%에 이를 수는 없지만, 투표율이 높을수록 대표의 범위는 크고 낮을수록 작다고 말할 수 있다.

제도 정치의 관점에서 보면, 1997년 대선 이후 지속적으로 투표율이 하락해 2007년 대선과 2008년 총선에서 최저점을 찍었고, 2008년 총선 46.1%의 기록적인 투표율을 보인 후 회복 추세를 보였다. 정치체제적 수준에서는 2000년대 초반이 최저점이었을 수 있으나, 제도 정치 수준에서는 2008년이

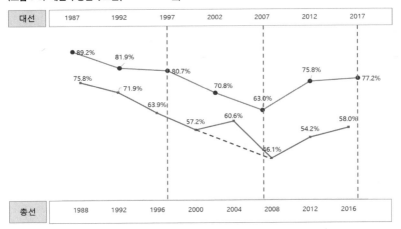

〈그림 8-3〉 대선과 총선 투표율(1987~2017년)

| 대선 | 1987 | 1992 | 1997 | 2002 | 2007 | 2012 | 2017 |

89.2% 81.9% 80.7% 70.8% 75.8% 77.2%
75.8% 71.9% 63.9% 57.2% 60.6% 63.0% 54.2% 58.0%
46.1%

| 총선 | 1988 | 1992 | 1996 | 2000 | 2004 | 2008 | 2012 | 2016 |

최저점이었던 셈이다. 제도 정치가 계곡의 최저점에 이른 과정과 회복의 과정은 2016~2017년 촛불의 비밀을 풀 열쇠를 품고 있다. 우선 최저점에 이르는 과정을 살펴보자.

'IMF 외환위기'가 왔던 1997년과 제도 정치의 최저점 2007~2008년 사이에 2002년 대선과 2004년 총선이 있었다. 2002년 대선 투표율은 1997년 대선 투표율보다 10%가 하락했고 외환위기 직전 1996년 총선보다 2000년 총선에서 투표율은 7%가 하락했다. 대선을 기준으로 보면 1992년과 1997년 투표율은 같은 수준을 유지했고 2002년 하락했기 때문에, 누가, 왜 투표 불참을 선택했는지를 확인할 필요가 있다. 만약 전 연령층에서 고르게 투표율이 하락했다면 민주화에 대한 인플레이션된 기대가 현실화된 결과로 해석할 수 있겠지만, 특정 집단에서 비대칭적인 하락이 발견된다면 이는 해석을 필요로 하는 문제가 된다. 대의 민주정의 사회적 기반에 변화가 발생한 것이기 때문이다.

2007년 대선과 2008년 총선은 다시 그 전대 선거에 비해 급락한 투표율을 기록했다. 2000년 총선과 2008년 총선 사이에 있었던 2004년 총선은 투표율

〈표 8-2〉 역대 대선 연령 구간별 투표율(1997~2017년)

(단위: %)

	20~24	25~29	30~34	35~39	40~49	50~59	60~69	70~79	80~
1997			20~24	25~29	30~34	35~39	40~49	50~59	
			66.4	69.9	80.4	84.9	87.5	89.9	
2002		20~24	25~29	30~34	35~39	40~49	50~59	60~	
		57.9	55.2	64.3	70.8	76.3	83.7	78.7	
2007	20~24	25~29	30~34	35~39	40~49	50~59	60~		
	51.1	42.9	51.3	58.5	66.3	76.6	76.3		
2012	20~24	25~29	30~34	35~39	40~49	50~59	60~		
	71.1	65.7	67.7	72.3	75.6	82.0	80.9		
2017	20~24	25~29	30~34	35~39	40~49	50~59	60~69	70~79	80~
	77.1	74.9	74.3	74.1	74.9	78.6	84.1	81.8	56.2

자료: 각 선거의 중앙선거관리위원회 투표율 조사 결과이다. 각 조사 결과 공표 자료에서 40대 이상에서는 5세 구간별 데이터가 제공되지 않았다.

이 상승했는데, 이 선거는 노무현 대통령 탄핵 소추와 탄핵 심판 사이에 있었던 선거다. 만약 2004년 선거로 일약 원내 제1당이 되었고 곧 노무현 정부의 집권당이 된 열린우리당이 2007년 공중 분해되는 일이 벌어지지 않았더라면, 2007년 대선 투표율이 63.0%, 2008년 총선 투표율이 46.1%까지 하락하지 않았을 것이라는 가정을 해볼 수 있다. 2012년 대선에서 2002년 대선을 5% 능가하는 투표 참여가 있었던 것이나, 2012년 총선에서 다시 투표율이 상승한 것은 2007년과 2008년 시기의 성격이 무엇이었는지를 다시금 주목하게 만드는 상황이 아닐 수 없다.

〈표 8-2〉는 역대 대선 유권자들의 투표율을 연령 구간별로 나타낸 것으로, 각 연령대의 5년 단위 대선 투표율 등락을 살펴볼 수 있다. 1997년 대선에서 20대 전반 유권자들 중 66.4%가 투표에 참여했으나, 이들은 5년 뒤 2002년 대선에서 11.2%가 줄어든 55.2%만이 투표에 참여했고, 다시 5년 뒤 3.9%가 줄어든 51.3%만 투표에 참여했다. 1997년 20대 후반, 30대 전반 유

권자들은 20대 전반 유권자들보다 낙폭은 작지만 유사한 경향을 보였다. 역대 어느 선거를 보더라도 동일 선거에서 20대보다는 30대가, 30대보다는 40대가 투표율이 더 높다는 점을 감안하면, 1997년 기준 20~30대 유권자들이 2007년 30~40대가 될 때까지 지속적으로 투표율이 낮아진 점은 2002년, 2007년 선거의 특수성으로 설명되어야 한다. 이들의 투표율은 2012년 급상승했고 2017년에도 상승 기조를 이었다.

또한 선거별로 20대 전반 동일 구간 연령층의 투표율을 비교하더라도, 2002년 선거와 2007년 선거는 설명이 필요하다. 1997년 20~24세 유권자의 투표율은 66.4%였지만, 2002년 20~24세 유권자는 57.9%만 투표에 참여했고, 2007년 20대 전반 유권자 투표율은 51.1%로 다시 떨어졌다. 그런데 2012년 새로 진입한 20대 전반 유권자 투표율은 20%가 상승한 71.1%였고, 2017년 투표율은 다시 6%가 상승한 77.1%로 2017년 대선 40대 투표율보다 높다.

2002년 대선과 2007년 대선에서 과연 무슨 일이 있었던 것일까? 2002년 대선이 끝나고 일부 언론은 '세대 갈등' 프레임을 불러들였다.[3] 하지만 당시 선거 사후 조사 결과는 이런 분석이 오류였거나 적어도 과장되었다는 것을 확인해 준다. 투표한 유권자 중 20대는 이회창 후보보다 노무현 후보를 3배 더 지지했고, 30대는 2배 더 지지했지만 40대 이상 유권자들의 투표 선택에는 두 후보 간에 유의한 차이가 없었다. 투표에 참여한 20~30대 유권자들이 노무현 후보를 더 지지한 건 맞지만 50대 이상 유권자들이 이회창 후보를 더 지지하지는 않았으며, 20대 유권자 10명 중 4명 이상이, 30대 유권자 10명

---

3   ≪조선일보≫, 2002년 12월 23일 자, "세대 갈등 더 깊어지기 전에"; ≪국민일보≫, 2002년 12월 27일 자, "50대 괴담 나, 떨고 있니?"; ≪서울신문≫, 2002년 12월 21일 자, "노장년층, 안정 속 변화 원했을 뿐인데 …… '젊은층에 밀려 팽 당한 느낌'".

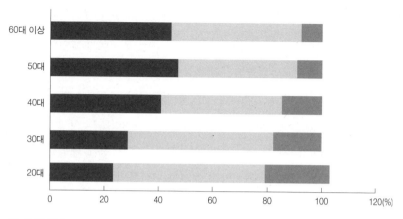

〈그림 8-4〉 2002년 대선 연령 구간별 투표 선택

자료: 한국선거학회, 2002년 대선 사후조사 결과.

중 3명이 투표에 참여하지 않은 것이 진실에 가깝다.

이렇게 본다면 이 선거가 끝나고 더 관심을 가져야 했던 것은, 1997년 대선에 비해 10%나 떨어진 투표율의 이유는 무엇이었고, 왜 젊을수록 더 큰 투표율 감소가 나타났는가에 관한 것이다. 1997년 외환위기 이후 시장 재구조화는 대량 실업과 고금리로 인한 가계경제 악화를 가져왔고, 전 연령층의 시민들이 '눈물의 계곡'을 버텨야 했으나 삶의 경험이 조금 더 쌓인 연령대보다 젊은 층이 충격에 더 취약했으며, 이런 결과를 낳은 정치에 대해 실망하거나 관심을 가질 여유가 없음으로 해서 정치로부터의 철수를 선택했던 게 아니었을까?

아마도 당시 이회창 후보 대 노무현 후보의 구도 혹은 새천년민주당 후보 노무현 변수는 더 큰 투표율 감소를 막아 낸 요인이었을 것이다. 김대중 정부 임기 말 '측근 비리' 등으로 급락한 지지율을 만회하기 위해 새천년민주당은 우리나라 정당 중 최초로 대선 후보 선출 과정에 국민 참여 경선 제도를 최초로 도입했다(박수형, 2014). 새로운 제도가 만들어낸 정치적 공간은 정당

외부의 시민들을 불러들였고, 새천년민주당으로서는 예측하지 못했던 후보의 당선을 낳았다. 새로운 제도가 도입되지 않았더라면 당선이 유력시되었을 이인제, 한화갑 등의 후보들과 당 주류들은 노무현 후보의 당선을 받아들이지 못했고, 결국 '후보단일화협의회 파동'이 일어났다.

이 과정에서 당시 막 활성화되던 인터넷 커뮤니티를 중심으로 노 후보를 지지하는 시민들이 모여들었고, 이들은 정당 밖에서 노 후보 지지의 결속력을 강화해 나갔다(강원택, 2004). 임기 말 새로운 제도를 통해 재집권을 꾀했던 집권당의 선택, 그러나 예상 밖의 결과를 받아들일 수 없었던 집권당의 행태가 새롭게 등장했던 인터넷이라는 매체를 활용하기 시작한 시민들과 맞물려, 기존 정당 체제 외부에 있던 새로운 유권자층을 선거 공간으로 초대함으로써 더 급격한 투표율 하락을 막을 수 있었던 게 아닐까 한다.

대선 본선 과정에서도 정몽준 후보와의 단일화 합의와 파기라는 극적인 과정을 통해 노무현 대통령은 당선되었다. 노 대통령 집권 이후 열린우리당의 탄생과 파국에 이르는 경로는, 2017년 이후의 민주주의를 위해서도 많은 고민거리를 남기고 있다. 첫 번째 지점은 과연 김대중 정부의 탄생과 집권기를 함께했던 구주류와 노 대통령을 지지했던 신주류 사이에 타협은 불가능했는가에 관한 문제다. 이들 사이의 갈등은 2002년 노 대통령의 대선 후보 지위를 용납하지 못했던 구주류와 노 대통령의 입장에 섰던 신주류 사이의 갈등에서부터 시작되어, '대북 송금 특검', 신주류의 '신당 창당' 요구, 탈당과 열린우리당의 창당, 민주당의 대통령 탄핵 추진에까지 이어졌다. 민주당과 열린우리당의 분당은 군사 권위주의 체제에서부터 이어져 온 '김대중계' 정치세력의 뿌리 깊은 지지 기반을 나누었고, 그 과정에서 일부는 정치로부터 철수를 선택했다. 만약 그 당시 양자가 한 정당 내에 공존하는 방법을 찾았거나 분당하더라도 서로를 궤멸시켜야 한다는 정념에서 좀 더 자유로웠다면, 그렇지 않아도 '전환의 계곡'을 지나느라 고통스러웠던 시민들이 정치로부터 철수하는 사태를 조금이나마 막을 수 있었을 것이다.

두 번째 지점은, 당시 노 대통령의 탄핵 소추안을 가결시켰던 한나라당과 민주당의 질주는 과연 제어될 수 없었는가에 관한 것이다. 당시의 탄핵 소추가 결국 헌법재판소에서 기각되었기 때문이 아니다. 두 세력의 무리한 탄핵 소추[4]가 2004년 총선에서 초선 의원들로 가득 찬 원내 제1당이자 집권당을 만들어냈기 때문이다. 이건 여러모로 지나온 민주주의의 결정적 순간이자 안타까운 순간이 아닐 수 없다. 2003년 11월 창당한 열린우리당은 2004년 3월 탄핵 소추안 가결로 지지율이 2배 이상 급증했고, 대통령 탄핵을 막아내겠다는 명분으로 급히 후보자를 충원했으며, 4월 총선 결과 원내 제1당이 되었다 (형은화, 2013).

탄핵 소추가 없었더라면 지방의회나 지방자치단체장 등 선출직 공직자가 되거나 당직을 맡으면서 차근차근 민주정치의 훈련을 받아 컸을 정치 엘리트들이 일순간 국회로 밀려들어 갔고, 준비되지 않은 원내 제1당의 책임을 맡게 된 것이다. 이렇게 만들어진 집권당이 청와대와 내각을 견제하고 원내 정치를 주도하면서 참여정부의 성공을 이끌기는 어려웠다. 행정부와 입법부를 통해 국가를 민주적으로 운영하는 일은 '누구나' 할 수 있는 일이 아니다. 수천만 국민의 생계와 생활과 생명을 책임져야 하는 그 일이 그리 쉬운 것이었다면, 근대 대의제 민주주의에서 정당을 통한 정치 엘리트의 훈련과 교육이 그렇게 중요한 위상에 놓일 이유가 없을 것이다.

마지막 지점은 2007년 열린우리당의 붕괴는 막을 수 없었나에 관한 것이다. 유지될 수만 있었다면 정권교체는 불가피했더라도 이명박 정부의 폭주

---

4   당시 여론조사 결과는 국민 다수가 탄핵 소추에 반대했다는 것을 보여준다. 3월 9일 여론조사에서 10명 중 6명이 반대를 했고, 3월 18일 조사에서는 10명 중 7명이 반대 의사를 밝혔다(2004년 3월 9일 《조선일보》, "긴급 여론조사"; 2004년 3월 18일 《조선일보》, "탄핵 정국 총선 여론조사").

는 어느 정도 견제가 가능했을 것이다. 2007년 대선과 2008년 총선에서 기권을 택한 유권자의 수를 조금은 더 줄일 수 있었을 것이기 때문이다. 정보기관, 경찰과 검찰, 관료 조직을 통한 이명박 정부의 국가 범죄는 2007년 대선과 2008년 총선, '광우병 촛불'과 떼어놓고 생각할 수 없다. 이명박 정부와 그 집권당 입장에서는, 민주화 이후 최대 표차로 등장한 정부였으며 인위적 정계 개편이 아닌 순수하게 선거를 통해 출현한 원내 과반 집권당이었으므로, 역대 어떤 정부보다도 충분한 권한을 위임받았다고 느꼈을 것이다. 그런데 '난데없이' 쏟아져 나온 시민들이 광화문 광장을 점령하며 집권 1년차 정부의 정책에 반기를 들었고, 이명박 정부는 대화가 아닌 공권력을 통한 진압으로 '이해할 수 없는 상황'에 대처하기 시작했다. 선거권자 10명 중 4명이 투표에 참여하지 않아도 참여한 6명의 선택만으로 정부와 국회가 구성될 수 있지만, 대표되지 못한 나머지 4명 역시 그 체제의 동등한 구성원으로서 임기 내내 권리를 갖는 것이 민주정체의 원리라는 걸 알았다면 이명박 정부도 다른 선택이 가능하지 않았을까?

열린우리당의 붕괴가 더욱이 안타까운 것은, 1997년 외환위기를 간신히 버텨 내고 노무현 정부에 민주주의에 대한 마지막 기대를 걸었을 유권자 상당수가 2007년과 2008년 그 기대를 놓아버렸기 때문이다. 그래서 당시 이명박 정부의 탄생과 집권당의 총선 압승을 '유권자들이 성장과 물질주의적 욕구를 선택한 결과'(장훈, 2008)라고 해석한 것에는 쉽게 동의하기가 어렵다. 힘겹게 '눈물의 계곡'을 지나고 있던 시민들이 마지막 희망을 접음으로써 계곡의 저점이 더욱더 낮아진 결과가 이명박 정부의 탄생을 낳았기 때문이다.

4 | 맞은편 언덕을 향해서

제도 정치와 거리 정치의 역동

자산 양극화, 소득 양극화, 교육 기회의 격차 등 지금 우리 사회가 안고 있
는 사회경제적 문제들은 경제적 층위에서는 그 자체로 진단되고 대안이 마
련되어야 하겠지만, 민주화 이후 민주정치의 영역에서 그것은 역시 '전환의
계곡'으로 설명될 수 있다. 여러 다양한 경제적 자유화 경로 가운데 하필 특
정 경로가 선택되었고, 그 경로가 빚어낸 '눈물의 계곡'의 고통은 정치 주체
들의 어떤 선택들로 완화되거나 경감될 수 있었지만, 결과적으로 한국 정치
의 제도 정치 주체들의 선택은 '눈물의 계곡'의 깊이와 폭을 더욱 깊고 넓게
만들어버렸다.

왜 하필 2002년에 '촛불'이 시작되었을까? 2000년경부터 본격화된 인터넷
기반 매체 환경, 민주화 이후 성장한 새로운 세대들의 출현, 기존 제도 정치
가 흡수할 수 없었거나 거부했던 의제들의 등장 등 다양한 설명들이 있으며,
각각은 모두 일정한 설명력은 갖는다. 하지만 이 장의 관점에서는, 시민들이
제도 정치로부터의 철수를 선택한 그즈음부터 거리에서 다른 대안들이 모색
되기 시작했던 것으로 이해된다.

이런 관점은 대의제 민주주의와 직접민주주의를 대비시키고 시민들이 대
의제 민주주의를 거부하면서 직접민주주의를 선택했다는 해석과는 다르다.
온라인 민주주의와 전통적인 오프라인 민주주의를 대비시키면서 온라인 민
주주의가 오프라인 민주주의를 대체하기 시작했다는 해석과도 다르다. 이 장
이 채택하는 민주주의에 대한 정의와 관점은 '하나의 정치공동체에 공존하는
다양한 부문 이익들 간의 갈등을 조정하고 사회적 자원을 배분하는 정치체
제'라는 것이다. 이렇게 볼 때 1997년의 외환위기와 이후 시도된 시장의 재

구조화로 '전환의 계곡'에 떨어진 시민들 중 상당수가, 기존 대의제 운영자들에 대한 실망으로 선거라는 공적 제도 공간에서는 철수했지만 거리의 공간에서 스스로의 목소리를 내고 새로운 결집의 매개들을 찾아가는 과정으로 2002년 이후 다양한 시도들을 위치 지울 수 있다.

2002년 이후 촛불 시위를 분석한 연구들은 '광장의 복원' 혹은 '광장정치'라는 공간성에 주목한다(정병기, 2018; 김성일, 2017; 박배균, 2018). 중요하다. 제도가 오작동하거나 작동을 멈출 때 광장이 열리는 것은 대의제에 반하는 것이 아니라 대의제가 작동하는 기본 원리다. 대의제가 정상적으로 작동할 때조차 광장은 필요하며 활성화되어 있어야 한다. 제도가 지금 당장 감당하기에는 덜 익은 이슈, 전체로 대응하기에는 한계가 있지만 중요한 부문 이슈들은 광장을 통해 공론화되고 제도로 들어와야 한다.

행정부, 입법부 등의 전통적 대의 기구들은 기본적으로 지금 당장 여론 다수의 방향을 따르면서 의제를 설정하고 결정을 목표로 한 제도적 행위를 하도록 구성되어 있다. 지금 당장 결정이 이루어져야 할 정책들이 있으며, 결정은 사업을 만들고 예산을 배정한다. 하지만 이것만으로 대의제는 온전히 작동할 수 없다.

지금의 다수는 곧 소수가 되며 지금의 의제는 언젠가 소멸된다. 사회 변화의 속도가 빨라질수록 의제와 이슈의 성장, 진화, 소멸 속도도 빨라진다. 성장하는 이슈는 공론장에서 토의되고 다듬어져야 하며 진화해야 한다. 지금의 소수 부문 이익은 곧 다수 전체 이익으로 전환될 수 있다. 부문 이익들은 서로 연합해 다수 이익으로 전환할 수 있다. 그곳은 온-오프라인을 가리지 않는 공론장이며 광장이다.

이명박·박근혜 정부에서처럼 제도가 오작동하거나 작동을 멈출 때 광장이 열리는 것은 당연할 뿐만 아니라 필요하다. 정당과 의회, 행정 부처의 여론 촉수가 마비되었을 때라도 시민들 사이에 수평적 소통과 결집은 포기될

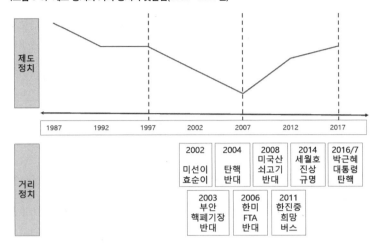

〈그림 8-5〉 제도 정치와 거리 정치의 맞물림(2002~2017년)

	2002	2004	2008	2014	2016/7
제도 정치					
거리 정치	미선이 효순이	탄핵 반대	미국산 쇠고기 반대	세월호 진상 규명	박근혜 대통령 탄핵
	2003 부안 핵폐기장 반대	2006 한미 FTA 반대	2011 한진중 희망 버스		

수 없는 민주주의의 기본 요건이다. 그리고 광장이 성숙해 가면서 제도적 공간으로 진입하고, 제도적 공간을 확장하며 더 나아가 질을 변화시킬 수 있다. 한국의 시민들은 그렇게 거리에서, 제도 정치가 깊고 넓게 파버린 '전환의 계곡'을 버텨냈고, 2012년과 2017년 제도로 들어와 건너편 언덕을 향해 나아갔다.

광장에서의 어떤 목소리는 정치적 기회 구조와 주체의 능력에 따라 여론의 지지를 얻지 못하거나 실패했다고 평가될 수도 있다(이현출·장우영, 2017). 그러나 모든 광장의 목소리가 다 다수의 지지나 참여를 얻어야 하는 것은 아니다. 다수만이 대표될 수 있는 곳이라면 그곳은 대의제의 전통적 기구들과 크게 다르지 않을 것이다. 2016~2017년의 광장은 물론이고 이런 일상의 광장과는 질적으로 다르지만, 〈그림 8-5〉에서 표기된 다양한 광장의 시도와 공감, 감응의 과정을 거쳐 만들어진 것은 분명하다.

이런 광장의 노력들이 제때 국회에, 행정부에 반영되었더라면 박근혜 전 대통령은 아마도 임기를 마칠 수 있었을 것이다. 대통령은 사인(私人)적 통치에 스스로 제동을 걸 수 있었을지 모르고, 집권당은 광장의 목소리를 억압하는 데 온 신경을 기울이는 대신 대화하면서 대안을 모색했을지도 모른다. 그러나 그런 일은 일어나지 않았고, 작은 광장들은 관심 있고 함께할 수 있는 시민들의 근거지가 되었다. 2012년에 상당수의 시민들이 2007년과 2008년의 상처를 딛고 제도의 공간으로 다시금 옮겨 앉기 시작했고, 2016년 총선에서는 2012년 총선에 비해 더 많은 시민들이 선거 정치의 공간으로 돌아왔다.

시스템의 총체적 오작동과 2016~2017년 촛불 항쟁

박근혜 전 대통령은 2012년 18대 대선에서 박빙의 승부 끝에 당선되었다. 당시 선거에서 박 전 대통령은 경제민주화와 복지를 핵심 공약으로 꼽았고 전향적인 대북 정책을 표방해, 새누리당 계열 정당[5]의 이전 정책 노선과 차별화를 시도했다. 선거 당시 그의 이런 입장은 2012년 대선에서 그를 지지하지 않았던 유권자들에게도 집권 초반 상당한 기대를 품게 한 게 사실이다. 2013년만 하더라도 박 전 대통령의 이해할 수 없는 인사 정책 등으로 여론의 회의가 일긴 했지만, 많은 유권자들은 새 정부의 성공을 바랐고 높은 국정 지지도로 반영되었다.

그러나 박근혜 정부의 오작동에 대한 첫 번째 신호는 충격적이었고 그 효과는 강렬했다. '세월호 사건'은 그 자체로도 한국 사회에 엄청난 충격을 안겨주었지만, 사건 이후 정부와 집권당의 태도는 시스템 오작동의 신호를 주기에 충분하고도 넘치는 것이었다. 대통령과 정부 부처, 집권당은 사건 발생 및 사후 조사와 책임자 처벌의 책임부터 회피하려 들었고(김병섭·김정인, 2014;

---

5   2019년 1월 현재 자유한국당이지만 박근혜 정부의 집권당 명칭은 새누리당이었기에, 새누리당을 기준으로 지난 30년 그 정당과 연속적인 역사를 가진 정당들을 총칭한다.

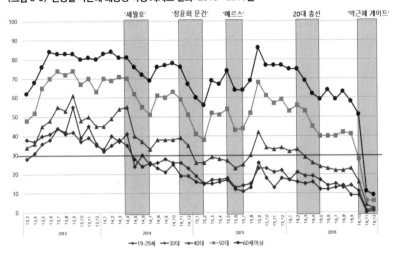

〈그림 8-6〉 연령별 박근혜 대통령 국정 지지도 변화: 2013~2016년

자료: 한국갤럽, '데일리오피니언' 월별 국정 지지도.

이호영, 2017), 사건과 정부 대응에 대한 시민들의 의문을 유언비어로 취급했으며, '교통사고와 같은 사건'이라는 주장을 반복함으로써 사태의 심각성을 덮고자 했다. 문제를 제기하는 언론을 통제하고자 했고, 유족과 애도하는 시민들을 조롱하고 희화화하는 단체를 지원했다는 사실도 드러났다. 〈그림 8-6〉에서 보듯이 '세월호 사건' 이후 유권자들은 그 정부에 심각한 경고를 보냈다. 모든 연령층에서 10% 이상의 지지도 하락이 나타났고, 20~30대 유권자들의 국정 지지도는 이 사건 이후 단 한 번도 30%를 넘어서지 못했다.

민주정치의 대의제도가 정상적으로 작동했다면, 대통령과 정부, 집권당은 여론의 경고에 반응해 스스로의 오류를 점검했어야 하고 정책과 태도의 변화를 시도했어야 한다. 그런데 그 정부와 집권당은 정반대의 반응을 보여 유권자들을 당황시켰다. 대통령은 시민과의 사이에 강력한 성벽을 쌓기 시작했고, 집권당은 대통령을 성 안에서 끌어내기는커녕 성 밖에서 서성대며 호위무사를 자처했다. 점점 더 많은 시민들이 광화문의 유족들 곁에 모여들수록 성벽은 더욱 강고해져 갔다. 대통령의 언어는 강경해졌고 지지층과 반대자를 갈랐다.

2014년 겨울 이른바 '정윤회 문건' 사건은 선출된 정부가 시민들 앞에 쌓아놓은 성벽 안에서 무슨 일을 벌이고 있는지 의문을 품게 했던 전조적 사건이었다. '문고리 3인방', '십상시' 등 왕조시대에서나 있었을 법한 정체 모를 의혹들이 떠돌았지만 누구도 진실에 접근할 수 없었던 그해 겨울, 유권자들은 두 번째 강력한 경고를 보냈다. 특히 40대 이상 유권자들의 국정 지지도가 수직으로 급강하했다. 40대 유권자들의 국정 지지도는 이 사건을 기점으로 2015년 가을의 일시적 반등을 제외하고 30% 이상 회복하지 못했다.

하지만 대통령과 집권당은 두 번째 여론의 경고에도 기대했던 반응을 보이지 않았을 뿐만 아니라, 이전의 행태를 더욱 강화했다. 정치의 언어는 점점 더 복고적(?)으로 나아갔고 대통령은 여론에 군림하고자 했을 뿐만 아니라 집권당에 대해서조차 그러했다. 2015년 5월 시작된 대통령과 유승민 새누리당 원내 대표 간의 갈등이 결국 유 전 대표의 사임으로 귀결되었던 사건은, 대통령-집권당 관계의 오작동을 상징적으로 드러냈다. 유권자들이 선출한 국회의원, 그 국회의원들이 선출한 원내 대표는 '배신의 정치'라는 대통령의 낙인에 자리를 내놓아야 했다. 이미 한참 전부터 오작동하던 한국의 대의정치는 이 지점부터 희화화의 길로 나아갔다.

20대 총선의 과정과 결과는 대통령 탄핵에 이르는 길을 예고한 사건이었다. 당시 김무성 새누리당 대표의 '옥쇄 파동'은 유승민 전 대표의 사임 이후 희화화된 정당정치의 정점을 찍었던 사건이었다. 원내 제1당이자 집권당의 대표가 총선 공천 과정에서 제도적 절차에 따른 영향력을 행사하는 게 아니라 직인을 들고 '튄' 그 사건은, 다수 유권자들을 경악하게 만들었다. 총선 전 그 당의 의원들은 무려 과반 의석을 기대했지만, 선거 결과는 유권자들이 정부와 집권당에 마지막 경고를 보내는 것으로 막을 내렸다. 하지만 이미 집권

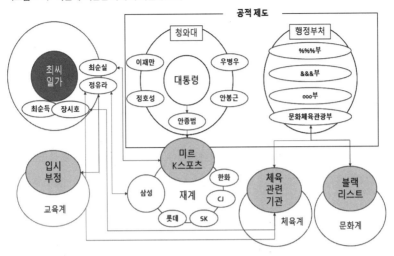

〈그림 8-7〉 '박근혜-최순실 사태'의 사건사 도해

당은 스스로 시스템 오작동을 정정할 의지도, 능력도 없는 상태였고 그 반년 뒤 판도라의 상자는 열려버렸다.

2016년 10월 26일 JTBC '태블릿 PC' 보도, 10월 29일 제1차 촛불 집회, 11월 첫 주 의미 없는 수준으로의 지지도 급락, 이후 매주 거리로 쏟아져 나온 시민들이 만들어낸 무시무시한 속도의 사태 전개는 2014년부터 누적된 대통령-집권당과 유권자들 사이의 관계를 전제하지 않는다면 도저히 설명될 수가 없는 현상이다. 2016년 가을부터 2017년 봄, 우리가 목도한 한국 사회의 정치, 경제, 언론, 시민사회의 총체적 시스템 오작동은 "이게 나라냐!"라는 슬로건으로 집약되었다.

〈그림 8-7〉은 당시 정신없이 전개되었던 사건들을 극히 일부이기는 하지만 서로 연결해 놓은 것이다. 박근혜 정부하에서 일어났던 일 혹은 드러났던 사건들은 앞으로 한국 민주주의가 두고두고 곱씹어야 할 역사 사료다. 공적 정부와 시민사회가 어떻게 엮여서 부패와 범죄의 고리를 만들었는지, 법치주의를 훼손하고 나아가 헌정 질서까지 파괴할 수 있었는지를 파내고 연결

하는 일은, 새 정부가 들어서고 해가 두 번이나 바뀐 지금까지도 끝나지 않았고 앞으로도 상당 시간이 더 걸릴 전망이다. 하지만 분명한 것은 청와대와 행정부처라는 공적 제도가 최순실 일가뿐만 아니라 관료, 공공기관을 매개로 재계, 언론계, 체육계, 교육계, 문화계 등 시민사회 전반을 타락시키는 컨트롤 타워로 기능했다는 것이다. 최근에는 박근혜 정부에서 대법원까지 위헌, 위법행위에 엮였을 뿐만 아니라 당시 대법원장은 그 일을 주도적으로 이끌었다는 의혹까지 드러나고 있는 상태다.

2016년 가을부터 2017년 봄에 이르는 5개월여 동안, 누적 인원 1700만의 시민들은 매주 차가운 아스팔트 위에서 국회의 대통령 탄핵 소추안 의결을 이끌어내고 헌법재판소의 탄핵 심판 인용을 기다리면서, 한국 민주정을 위기에서 건져냈다. 참여 시민들은 성별 편차도 거의 없었고, 40대 이하 참여자들이 다수이긴 했지만 50~60대 시민들도 과거와 확연히 다른 참여도를 보였다. 보수적 유권자들의 참여도 적극적이어서 이 사태가 이념의 문제가 아닌 민주주의 자체의 문제라는 것을 확인시켜 주었다(도묘연, 2017; 이지호·이현우·서복경, 2017; 이현출·장우영, 2017). 특히 50대 유권자들은 대통령 탄핵안이 발의된 이후 헌법재판소의 탄핵 심판까지 안정적으로 70% 이상의 탄핵 지지 여론을 형성[6]해, 집권당 의원 상당수가 탄핵 소추안 표결에 참여하도록 압박했다.

이 자체로는 한국과 세계 민주주의 역사에 기록되어 마땅할 감동적인 기록이 아닐 수 없다.[7] 한국 민주주의의 제도 정치가 '전환의 계곡'을 지날 때

---

[6]   한국갤럽(2016년 12월 6~8일 조사); 한국리서치(2017년 1월 15~16일 조사); 한국갤럽(2017년 2월 8~9일 조사); 리얼미터(2017년 3월 8일 조사).

[7]   헌법재판소가 탄핵 심판을 인용한 그날, ≪워싱턴 포스트≫는 '민주주의가 어떻게 작동하는지를 세계에 보여준' 사건으로 이를 기록했다(≪Washington Post≫, 2017.3.10). 또한 매주 지속된 평화로운 시위에 대해 '한국인들은 저항의 기술을 숙달했다'는 평가가 나오기도 했다(*Foreign Policy*, 2016.12.2).

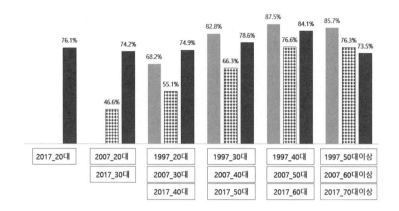

〈그림 8-8〉 연령 집단별 대선 투표 참여(1997~2017년)

■ 1997　⊞ 2007　■ 2017

	2017_20대	2007_20대	1997_20대	1997_30대	1997_40대	1997_50대이상
		2017_30대	2007_30대	2007_40대	2007_50대	2007_60대이상
			2017_40대	2017_50대	2017_60대	2017_70대이상

거리에서 서로의 연대를 확인하고 제도 정치로의 복귀를 준비해 나갔던 시민들이 없었더라면 불가능했을 일이었다. 또한 박근혜 정부가 잘되기를 마지막까지 바랐지만 그 정부가 민주정체의 가이드라인을 넘었을 때 단호히 단절을 선언하고 탄핵 요구에 동참했던 민주적 보수 유권자들이 있었기에 가능한 일이었다.

〈그림 8-8〉은 한국 민주주의가 제도 정치와 공적 정부의 길고 고통스러운 '전환의 계곡'을 넘어서게 만든 시민들의 기록이다. 1997년 선거 정치 공간에 있었다가 2007년 이탈했던 그 시민들이 2017년의 위기 국면에서 다시 제도 정치의 공간으로 들어온 궤적을 나타낸 것이다. 1997년의 20~40대 유권자들의 상당수는 2007년의 저점을 지나 2017년 다시 선거 정치의 공간으로 복귀했다. 2007년의 20대 유권자들은 10년의 공백을 넘어 30% 가까운 투표율 상승을 나타냈고, 2017년의 20대 유권자들은 30대보다 더 높은 투표율을 보이며 탄핵 이후 정부를 구성하는 데 참여했다.

5 | 다시 길 위에서

　2016년과 2017년 광장을 지켰던 시민들과 광장에 서지는 않았지만 안타까운 마음으로 이를 지켜보았던 시민들은, 탄핵이라는 헌법적 수단을 통해 선출된 대통령을 해임하고 선거로 새 정부를 구성했으며, 1987년 헌정 체제 안에서 민주정치가 다시 가동되기 시작했다. 그러나 지금 우리가 목도하고 있는 것은 과거와 단절된 전혀 새로운 현재가 아닌, 과거와 공존하며 미래에 대한 다양한 기대와도 더불어 공존하는 현재다. 그 안에서 시민들은 각자 자기가 속한 영역에서 다른 미래를 향한 다양한 실천들을 해나가는 중이다.

　여전히 누군가는 아직도 다 밝혀지지 않은 범죄 혐의들이 속속 드러나면서 새로 수사를 받고 재판 중에 있으며, 과거 억울한 일을 당했던 누군가는 자신의 권리를 찾아가고 있기도 하다. 어떤 노동자는 지금도 수백 일 동안 굴뚝 위에서 생명을 담보로 농성을 하고 있고, 또 다른 노동자는 비정규직에서 정규직이 되는 변화를 경험했다. 촛불 이후에도 이전과 똑같이 산업재해로 인한 노동자들의 죽음은 이어지고 있다. 하지만 더 많은 시민들이 산업재해를 방치한 기업의 책임을 원하고 죽어간 노동자의 유족 옆에서 촛불을 들었으며, 그 결과로 관련 법이 조금은 개선되기도 한다. 오래되었지만 결코 개선되지 않았던 사립유치원 문제는 또 불거졌고, 원장들의 이익집단은 늘 그랬던 것처럼 보육에 대한 공적 책임을 강화하는 것에 반대하기 위해 집단 행동을 했으며, 국회 내 그들의 동맹자들은 또 언제나처럼 그들의 이익을 옹호했다. 바뀐 것은 유치원에 아이를 보내는 부모들이 집단적으로 목소리를 내고 보육 정책에 당장 이해관계가 없는 시민들도 이번에는 관심을 갖고 지지를 보내기 시작했다는 것이다. 관련 입법은 부모와 여론의 힘에 떠밀려 힘겹게 국회 문턱을 넘어서는 중이다.

　좀 더 빨리, 좀 더 대규모로, 힘들이지 않고 우리 사회가, 경제가, 정치가 변하는 방법은 없는 것일까? 변화를 위한 방향과 방법은 무엇 하나 뚜렷하게 보이지 않고 지루하게 끝이 보이지 않는 줄다리기를 해야 하는 이 현실에서, '이것이 답이다!'라고 제시해 줄 수 있는 사람은 어디에도 없을까? 지금 우리 사회의 많은 이들이 품는 이 의문은 사실 지난 시간 민주정치를 겪어낸 선대의 시민들도 늘 품어왔던 질문이었다. 그리고 지난 30년의 민주정치 경험이 제시하는 답은 '없다'는 것이다.

우리의 헌정 체제가 민주주의인 이상, 우리가 민주주의의 방법으로 공동체의 집단적 문제를 풀어가기로 합의한 이상, 끊임없이 관심을 갖고 생각이 다른 서로를 설득하고 지금 안 되면 다음을 기다리는 지루한 과정은 불가피하다는 걸 인정하는 것에서부터 시작해야 한다. 지체되고 불합리하게 작동하는 제도 정치라고 할지라도, 제도를 바꾸고 사람도 바꿔가면서 제대로 작동하게 만들어야 민주정치가 오작동하지 않고 내 삶도 개선될 수 있다는 것 역시 지난 30년의 교훈이다. 과거는 결코 일거에 단절될 수 없고, 현재에 녹아 있는 과거의 뿌리를 직시하며 한 가닥 한 가닥 걷어내는 지난한 작업을 게을리하지 않을 때 퇴행을 막을 수 있다는 것 역시 30년의 시간이 가르쳐준 것이다.

지난 30년 민주정치의 결과는 왜 총체적 시스템 오작동으로 귀결된 것일까? 왜 시민들이 5개월여 동안 거리에서 촛불을 들어가며 구해내야 할 지경에까지 이르렀던 것일까? 민주적으로 선출된 대통령과 관료 조직은 어떻게 헌정 질서에 반(反)해 작동하게 된 것일까? 언론은, 시민사회의 각 영역들은 왜 공적 권력의 부당한 압력에 제대로 저항하지 못했을까? 2016~2017년 광장에 서서 한국 민주주의를 위기에서 구해낸 위대한 시민들은, 왜 그 이전에 그런 힘을 발휘하지 못했던 것일까?

이 질문들은 우리가 지금까지와는 다른 민주주의를 만들어가고자 한다면, 앞으로 두고두고 곱씹고 답을 찾아야 할 질문이다. 하지만 지금 당장 분명한 것은, 민주주의는 항상 당대의 실천을 통해서만 퇴행하지 않고 유지 가능하다는 것이다. 다수의 시민들이 나 이외의 시민들에게, 정치인에게, 공직자에게 공동체의 운명을 위임해 두기로 한 순간 민주정치는 토대로부터 붕괴하기 시작한다. 시민들이 IMF 이후 고통스럽고 긴 '전환의 계곡'을 넘느라 국회를, 대통령을, 관료 공직자를, 헌법적 제도들을 내버려 두기 시작한 그 순간부터 우리를 둘러싼 시스템들이 오작동하기 시작했다. 오작동하기 시작한 공적 제도들은 공적 기구를 넘어 시민사회 각 영역들을 타락시키기 시작했고, 내 삶의 공간으로 부패와 범죄의 사슬을 엮어 들어와 나의 권리를 침해하기 시작했다.

시민의 안전과 생계와 생명을 지키는 데 쓰여야 할 국가 재정은 누군가의 주머니로 새어 나갔고, 시민의 공복이어야 할 공무원들은 사익을 추구하느라 법의 경계를 넘나들었으며, 시민의 권익을 보장하는 최후의 보루여야 할 사법부는 자신들의 기득권을 지키느라 판결을 거래하기에 이르렀다. 대통령의 일탈을 견제했어야 할 집권당은 여론의 눈치를 보기는커녕 여론을 억압하기에 바빴다.

이것은 이명박 정부라서, 박근혜 정부라서 벌어진 일이 아니다. 시민들이 스스로의 권리를 자각하고 지키기 위해 서로 연대하며 제도를 강제하는 당대의 실천이 느슨해지면, 언제든 민주적으로 선출된 정부에서 발생할 수 있는 일이다. 선출된 독재자는 세계 어디에나 있으며 그들의 뒤에는 선출한 이후 그들의 민주주의 훼손을 묵인해 주었던 시민들이 있었다. 2016~2017년 이후 우리의 민주주의는 당대 시민들의 관심과 실천을 통해 다시 만들어져야 하고, 또 그렇게 만들어지고 있는 중이다.

지난 30년의 민주정치 경험과 2016~2017년의 촛불이 알려주는 한 가지는, 민주주의가 어떤 완성된 목표가 아니라 지금 지나고 있는 이 길에서의 실천과 연대 그 자체라는 것이다. 2016년 가을부터 매주 광장에 섰던 시민들, 이를 지켜보았던 시민들은 박근혜 전 대통령의 해임이라는 목표를 공유하기는 했지만 저마다의 간절함을 그 시간들 속에 녹여 냈다. 그리고 오작동하던 대의정치를 일단 멈출 수 있었다. 하지만 우리가 함께 브레이크를 걸어 멈춰 낸 그 자동차는 어딘가에서 새로 나타난 새 차가 아니라 브레이크 고장이 날 수밖에 없었던 그때 그 자동차라는 것을 기억해야 한다. 이 차를 근본적으로 수리하는 일에는 긴 시간이 필요할 것이며 많은 이들의 손이 필요할 것이다. 대통령도, 국회도 주요한 일손이긴 하지만 그들에게만 맡겨두었다가 우리의 민주주의가 총체적 고장에 이르렀다는 점을 기억하자.

촛불 광장에서 한국 민주주의의 시민들이 무엇을 공유했는가는 그 시간 이후를 살아내는 우리들의 실천을 통해서만 확인될 수 있을 것이다. 지금 이 자리에서 제대로 된 원인을 진단하기 위해 생각을 모으고, 각자 선 자리에서 더디더라도 작은 개선을 해나가는 노력을 하다 보면, 지난 30년과는 다른 민주정치가 조금씩 우리 앞에 모습을 드러낼 것이다.

9장 촛불 항쟁, 21세기 시민정치의 함의

.

.

.

장석준 (글로벌정치경제연구소)

1 | 촛불은 정말 전 세계 민주주의의 등불인가?

촛불 항쟁은 한국 근현대사에 면면이 이어온 긴 민주주의 혁명의 가장 최근 사건이었다. 또한 참여자의 수에서 최대 사건이기도 했다. 그런데 2016~2017년 겨울에 대한민국에서 대통령 탄핵 요구 촛불 시위가 진행되던 바로 그때, 나라 밖 세상 역시 일대 전환기를 맞고 있었다. 11월 미국 대통령 선거에서 이민 규제를 주장하며 백인 우월주의 흐름에 편승한 도널드 트럼프(Donald Trump) 공화당 후보가 승리를 거둔 것이다. 이로써 이미 유럽 여러 나라에서 약진하던 극우 포퓰리즘이 지구 자본주의 최대 패권국의 권력을 쥐게 됐다.

영어 '포퓰리즘(populism)'은 인민 혹은 대중을 뜻하는 people에서 파생한 말이다. 한데 촛불 항쟁 역시 대중이 만들어낸 사건이다. 비슷한 시기에 한국 사회 안에서 벌어진 사건과 바깥에서 벌어진 사건 모두 대중과 깊이 연관된 셈이다. 그러나 외관은 많이 달랐다. 촛불 항쟁은 부패하고 무능하면서 극우적 행태를 보인 대통령을 몰아냈지만, 포퓰리즘의 승리는 미국 역사상 가장 극우적인 대통령의 등장으로 나타났다.

그래서 촛불 항쟁을 해외 포퓰리즘과 대비하는 논의를 심심치 않게 볼 수 있다. 이런 논의에서 촛불 항쟁은 전 지구적 포퓰리즘 유행에 맞서는 대안으로 평가받기까지 한다. 촛불 집회 당시에 한 진보적 일간지에 실린 다음 칼럼은 전형적인 사례다.

> 지금 진행되는 촛불 혁명은 세계사적 의의를 갖는다. 2008년 세계경제위기를 계기로 대전환기에 들어간 지구촌 곳곳에서는 기존 체제에 도전하는 목소리가 분출하고 있다. 이런 흐름은 크게 세 가지 양상으로 나뉜다. 첫째는 이른바 선진국에서 뚜렷한 포퓰리즘(대중주의) 현상이다. …… (중략) …… 둘째는 여러 개도국에서 목격되는 '민주화 난맥상'이다. …… (중략) …… 앞의 둘과 구별되는 셋째 유형이 촛불 시민혁명이다. …… (중략) …… 포퓰리즘과 민주화 난맥상으로 고민하는 지구촌 시민들이 우리를 바라보고 있다. 성공한 촛불 혁명은 프랑스 대혁명에 비견되는 세계사의 등불이 될 것이다(김지석, 2016).

이런 시각이 전혀 근거 없다고 할 수는 없다. 또한 거대한 대중운동이 한창 전개되던 당시의 흥분도 감안해야 할 것이다. 그러나 이제 와서는 촛불 항쟁을 제대로 인식하고 평가하기 위해서도 다소 성급한 이분법에서 한 발 비껴나 사태를 바라봐야 한다.

과연 촛불 항쟁과 포퓰리즘은 서로 대척 지점에 있기만 할까? '촛불 대 포퓰리즘'이라는 구도만으로 촛불 이후 한국 민주주의의 상황과 과제를 읽어낼 수 있을까? 이런 도식 때문에 정작 우리 스스로 촛불 항쟁의 의미를 제대로 꿰뚫지 못하지는 않는가? 무엇보다도 촛불 시민의 열망과 염원을 풍부히 읽어내지 못하는 것은 아닌가?

이 장은 이런 물음들을 통해 '촛불 대 포퓰리즘'식의 구도를 의도적으로 뒤집으려 한다. 오히려 둘 사이에 의외로 중첩된 대목이 많지 않은지 따져보려 한다. 그렇다고 극우 논객들처럼 촛불 시위를 '디지털 포퓰리즘'의 한국판이라며 폄훼하려는 것은 아니다. 촛불과 포퓰리즘의 공통점과 차이점을 검토해 촛불을 탈신화화하면서 동시에 그 역사적 핵심을 더욱 정확하게 평가해보려는 것이다.

어쩌면 여러 공통점이 있지만 해외의 지배적 포퓰리즘(대개 극우 포퓰리즘) 흐름과는 다른 방향으로 나아간 그 대목에 촛불 항쟁의 참된 성취가 있을지 모른다. 포퓰리즘 유행으로 나타나는 민주주의의 전 지구적 위기와 진지하게 대조하다 보면, 미래 민주 혁명에 남긴 촛불 항쟁의 가장 소중한 유산이 더욱 분명히 드러날 것이다.

다만 이 논의에서 커다란 난점은 '포퓰리즘'이라는 말 자체에 참으로 다양한 얼굴이 공존한다는 사실이다. 여기에는 민주주의의 그 '민(民)'과 결코 뗄수 없는 관계에 있는 정치 행위나 운동이라는 의미가 있는가 하면, 민주주의를 오히려 그 반대편 체제(권위주의에서 파시즘에 이르기까지)로 변질시킬 수 있는 위험한 운동이라는 함의도 있다. 이 장 역시 포퓰리즘의 이런 여러 얼굴을 가감 없이 다룰 것이기 때문에 '포퓰리즘'의 한쪽 얼굴에만 익숙한 독자에게는 자칫 혼란스럽게 다가올 수도 있다. 그러므로 이 장의 3절 "포퓰리즘 시대의 '인민'에 주목하자"에서 다소 긴 지면을 할애해 포퓰리즘의 의미, 구성 요소, 정세적 의의 등을 짚을 것이다. 하지만 포퓰리즘론이 이 장의 주제는 아니며, 이는 어디까지나 민주주의 위기 시대에 촛불 항쟁이 어떤 메시지를 던지는지 확인하기 위한 사전 작업일 뿐이다.

2 | 21세기 민주주의의 위기 징후

오늘날 민주주의의 전 지구적 풍경에 가장 짙은 그림자를 던지는 한 가지 사건을 꼽으라면, 2008년 세계 금융위기를 들어야 할 것이다. 금융위기는 민주주의의 한 시대를 끝내고 새로운 시대를 열었다.

그 전까지는 서구식 자유민주주의가 민주주의의 표준형이자 가장 바람직한 정치 모델로 세상을 평정하는 듯 보였다. 가히 자유민주주의의 최전성기였다. 1980년대에 남미 여러 나라(브라질, 아르헨티나, 칠레 등)에서 군부 세력이 뒤로 물러나고 민주화가 시작됐다. 비슷한 시기에 아시아에서도 한국, 필리핀 등이 이 대열에 합류했다. 1980년대 말에는 동유럽 국가들이 수십 년 만에 자유선거를 실시해 국가사회주의 체제를 끝냈고, 결국은 소비에트연방도 이 파도에 휩쓸렸다. 역사상 처음으로 유색인이 참정권을 행사한 1994년 남아프리카공화국 총선거는 이러한 전 지구적 민주화 물결의 대미를 장식하는 상징적 사건이었다. 이제 지구상에는 중국, 북한 같은 잔존 국가사회주의 체제나 이슬람권 몇몇 나라를 제외하면, 자유민주주의를 따르지 않는 나라가 없었다.

그런데 자유선거는 홀로 지구 표준으로 등극한 게 아니었다. 이와 더불어 자유시장 교리가 유일 진리로 부상했다. 이른바 신자유주의 지구화·금융화가 전개된 것이다. 자유시장 교리는 자유선거와 더불어 20세기 말부터 21세기 초에 자유민주주의 체제의 양대 기둥 구실을 했다. 거의 모든 나라에서 주요 정당의 정책은 경제적 자유주의 기조에서 벗어나지 않았다. 중도 우파 정당이든, 중도 좌파 정당이든 이 점에서 큰 차이가 없었다. 지구 곳곳에서 인류 역사상 가장 빈번히 선거가 실시됐지만, 유권자의 이념-정책 선택지는 어느 때보다 더 협소해진 셈이었다.

금융위기가 닥치기 전에는 이 체제의 지속 가능성에 의문을 제기하는 목소리를 듣기 힘들었다. 적어도 자본주의 중심부에서는 자유민주주의 체제를 지탱하는 튼튼한 사회적 토대가 존재하는 것 같았다. 제2차 세계대전 이후 한동안 복지국가를 지지하던 중산층(노동계급 상층을 포함한)이 이제는 금융 규제 철폐나 공공 부문 사유화 공약에 기꺼이 표를 던졌다. 단지 시장 지상 주의 선전에 세뇌된 탓은 아니었다. 그들 역시 지구화·금융화 덕분에 전례 없이 확장된 자산 시장(특히 부동산 시장)에 참여해 이득을 취하고 있었다. 비록 민주주의와 자본주의를 결합하던 복지국가라는 이음매가 이완되기는 했지만, 상당수 중산층 가계는 자산 시장 거품과 결합된 가계 대출 증대로 이를 보완할 수 있었다. 복지국가-정부 부채 대신 자산 시장-가계 부채가 민주주의와 자본주의를 잇는 새로운 기반이 될 수 있을 것만 같았다(Streeck, 2011).

2008년 이전에는 오직 남미에서만 이런 지배적 흐름을 거스르는 시도들이 나타났다. 1998년에 베네수엘라에서 대통령에 당선돼 '21세기 사회주의'를 주창한 우고 차베스(Hugo Chávez)를 필두로, 2002년에는 남미 최대 국가 브라질에서 노동자당의 룰라(Lula) 후보가 대선에서 승리했고, 우루과이, 볼리비아, 에콰도르 등에서도 잇따라 좌파 정부가 들어섰다. 이들은 '제3의 길'이라는 간판 아래 신자유주의의 온건한 버전을 추구하던 중심부 국가들의 주류 좌파와는 달리 탈신자유주의를 내걸었다. 좌파 정당과 노동조합의 동맹이 주된 지반이던 유럽 좌파 정치와는 달리 미조직 빈민 대중을 결집해 핵심 토대로 삼은 점도 이채로웠다. 그래서 흔히 중남미 특유의 정치 현상으로 여겨지던 포퓰리즘이 다시 주목받기 시작했다. 중남미 좌파 붐은 포퓰리즘의 좌파 버전으로 해석되곤 했다.

바로 이런 전 지구적 형세 속에 2008년 금융위기가 폭발했다. 특히 신자유주의 물결의 본산이라 할 수 있는 대서양 양안이 위기의 직격탄을 맞았다. 투자 기관과 대형 은행이 부도 위기에 몰리자 국가가 나서서 금융기관들을 살리고 경제 붕괴를 막았다. 이 과정에서 막대한 공적 자금을 쏟아부은 각국 정부는 재정 긴축에 돌입했다. 특히 유로화 통화 가치를 유지하기 위해 나라마다 재정 건전성 기준을 지켜야 한다는 덫에 빠져 있는 유로존 국가들에서 긴축정책이 강력히 추진됐다. 가뜩이나 지난 30여 년의 신자유주의 시기에 노동권과 복지 제도가 훼손된 데다 이제는 대불황의 여파로 생존을 위협당하게 된 이 나라들 대다수 서민에게 이는 엄청난 재앙으로 다가왔다.

가장 낙심한 것은 젊은 세대였다. 흔히 '밀레니얼 세대'라 불리는, 1980년대 이후 출생 세대는 금융위기 이후 인생의 좌표 자체가 사라져버렸다. 부모인 베이비붐 세대가 젊은 시절에 누리던 복지국가는 더 이상 존재하지 않는다. 적어도 전성기의 그 모습은 아니다. 그렇다고 신자유주의 절정기에 중산층이 누리던 자산 시장 참여 기회가 남아 있는 것도 아니다. 중산층이 주택담보대출로 부동산 시장에 투자해 근로소득을 보완하던 시기는 다시 돌아올 수 없게 됐다. 신자유주의는 끝나지 않았지만, 자산 시장을 통해 중산층을 포섭하던 신자유주의 '헤게모니' 프로젝트는 확실히 끝났다. 이제 밀레니얼 세대에게 남은 것이라고는 비싼 대학 등록금 때문에 쌓인 학자금 대출의 멍에와 비정규직 혹은 프레카리아트(precariat)(Standing, 2011)가 다수인 노동시장뿐이다. 그래서 지금 전 세계 젊은이들은 미래를 향한 불안에 짓눌려 있다.

이런 금융위기의 충격은 정치 영역에서는 처음에 주로 집권당의 잦은 교체로 나타났다. 위기관리를 떠맡은 집권당은 좌우를 막론하고 거의 예외 없이 다음 선거에서 패배했다. 하지만 유권자들은 곧 이런 정권교체가 별 의미가 없다고 생각하게 됐다. 각국에서 제도 정치를 양분하던 중도 우파 정당과 중도 좌파 정당 모두 여전히 신자유주의 정책 합의에서 벗어나지 못하고 있기 때문이다. 이들은 신자유주의 합의를 완강히 고집하는 바람에 "극단적 중도파(the Extreme Center, 극중파)"라는 비난까지 받는 형편이다(알리, 2017). 그래서 점차 기존 정치 시스템 전반이 불만과 분노의 대상이 되어갔다.

불만과 분노는 처음에는 거리에서 폭발했다. 2009년 벽두의 아이슬란드 '부엌세간' 혁명은 그 선구적 사례였다. 몇몇 은행의 투기 영업 때문에 국가 경제 전체가 부도 위기에 몰리자 이에 분노한 아이슬란드 시민들은 냄비와 프라이팬을 두드리며 거리에 나왔다. 그래서 '부엌세간' 혁명이라는 이름이 붙었다. 시민들이 북극 겨울바람도 아랑곳없이 의회를 에워싼 채 철야시위를 계속하자 결국 정부가 물러나고 조기 총선이 실시됐다. 이후 아이슬란드는 다른 나라들과 달리 투기 은행의 일방적 구제와 긴축정책을 피하면서 경제위기를 해결하려고 노력했다.

이미 긴축정책이 시작된 나라에서도 얼마 안 있어 저항운동이 불붙었다. 그리고 어느 나라든 그 중심에는 밀레니얼 세대가 있었다. 2010년 즈음에 영국, 미국, 칠레 등에서 대학 등록금 인상에 항의하는 격렬한 시위가 벌어졌다. 2011년에는 튀니지를 비롯해 북아프리카, 아랍 국가들에서 청년층을 중심으로 민주혁명이 일어났고('아랍의 봄'), 지중해 건너편 젊은이들도 이에 호응하며 들고 일어났다. '아랍의 봄'에서 등장한 혁신적인 사회운동 양상, 가령 소셜 미디어를 통한 정보 공유, 조직되지 않은 시민들의 활발한 시위 참여, 수도의 상징적 장소를 점거하며 투쟁을 완강히 이어가는 전술 등이 여러 나라로 전파됐다. 스페인에서는 2011년 5월에 '분노한 자들(Indignados)' 운동이라는 이름이 붙은 점거 시위가 시작됐고, 가을에는 이런 점거 시위가 대서양 건너 미국 뉴욕으로까지 확산됐다[어큐파이 월스트리트(Occupy Wall Street) 운동].

2011년이 가장 정점이기는 했지만, 비슷한 운동은 이후 세계 여러 곳에서 간헐적으로 반복되고 있다. 그러면서 참여자도 더욱 다양해지는 양상이다. 가령 2018년 말에 프랑스 정부의 유류세 인상-부유세 폐지 조치에 반대하며 일어난 시위[참여자들이 노란 조끼를 입어 '노란 조끼(Gilets jaunes)' 운동이라 불렀다]에는 주로 지방 소도시에 거주하는 몰락 중산층, 노동자, 실직자가 대거 참가했다. 이미 신자유주의 시기에 사회의 관심에서 배제된 데다 금융위기 이후 경제구조 조정의 최대 피해자가 된 이 계층이 폭력시위를 벌이며 국가에 자신들의 존재를 알린 것이다.

그러나 반란은 거리에서만 일어나지 않았다. 제도 정치에서도 전에 없던 격변이 벌어지기 시작했다. 마치 가이 포크스 가면이나 노란 조끼 차림의 시민들이 거리와 광장에서 정부를 놀라게 하듯 투표소에서도 유권자들이 예상 밖의 선택을 감행했다. 이제껏 정치권을 양분하던 주류 좌우파 정당이 아닌 정당들, 금융위기 전이라면 뉴스거리조차 되지 못했을 정당들이 선거 때마다 약진했다. 좌와 우 양쪽에서 기존 중도 좌우파 합의를 공격하는 급진적 정치세력이 빠르게 성장했다. 특히 이민 반대, 무슬림 배척, 인종주의, 배외주의, 반(反)페미니즘, 기독교 근본주의 등등을 내세우는 극우파가 두각을 나타냈다. 이른바 극우 포퓰리즘이 창궐하기 시작한 것이다.

앞에서 소개한 것처럼, 미국에서 공화당 비주류인 부동산 재벌 도널드 트럼프가 반이민 선동을 통해 러스트 벨트(Rust Belt: 탈산업화된 구산업 지대)의 백인 남성 유권자들의 열렬한 지지를 받으며 대통령에 당선된 것이 결정적이었다. 유럽에서는 2018년 이탈리아에 역시 반이민 선동을 앞세운 동맹당(Lega)이 참여하는 연립정부가 들어섰다. 유럽연합의 두 주요국인 독일과 프랑스에는 각각 '독일을 위한 대안(AfD)'과 '국민전선(FN)'[현재는 국민행진(RN)이라 개칭]'이라는 극우 정당이 성장했다. 모범적 복지국가라 평가받는 스웨덴에서도 2018년 총선에서 '스웨덴 민주주의자들(SD)'이라는 이름의 극우 정당이 제3당으로 부상했다. 2016년 영국 국민투표에서 유럽연합 탈퇴[이른바 '브렉시트(Brexit)']가 다수표를 받은 것도 이런 흐름과 무관하지 않다는 분석이다.

극우 포퓰리즘 열풍은 동유럽과 남미로까지 확산되고 있다. 헝가리, 체코 등에서 선거가 실시될 때마다 반이민을 전면에 내건 극우 성향 정당들이 성장을 거듭하고 있다. 폴란드 우파 정부의 낙태 금지 시도 등에서 나타나듯이, 이들은 집권 뒤에는 정치·경제·문화 모든 면에서 역사의 시계를 뒤로 돌리려는 권위주의 행태를 보인다.

2000년대만 하더라도 '좌파' 포퓰리즘의 거점이던 남미도 2010년대 말 현재는 오히려 미국, 유럽에 이어 '우파' 포퓰리즘의 무대가 되고 있다. 좌파 정부들이 금융위기 이후 경제 침체에 제대로 대처하지 못하면서 이런 양상이 나타나고 있다. 남미 최대 국가인 브라질에서 거의 파시스트라 할 수 있는 극우파 자이르 보우소나루(Jair Bolsonaro) 후보가 2018년 대선에서 당선된 것이 대표적인 사례다.

그렇다고 일방적으로 오른쪽으로부터의 물결만 쇄도하는 것은 아니다. 2000년대만 하더라도 중남미만의 현상으로 이야기되던 좌파 포퓰리즘 양상이 이제는 자본주의 중심부인 유럽 일부 국가에서 나타나고 있다. 신생 정당으로는 스페인의 포데모스(Podemos)가 가장 대표적인 사례다. 프랑스에서도 사회당이 몰락한 상황에서 사회당 탈당파 출신인 장뤽 멜랑숑(Jean-Luc Melenchon)이 2017년 대선을 맞아 새로 결성한 정치조직 '굴복하지 않는 프랑스(FI)'가 좌파 최대 정파로 급부상했다.

미국과 영국에서는 각각 자칭 '민주적 사회주의자' 버니 샌더스(Bernie Sanders) 상원의원과 노동당 내 골수 좌파 제러미 코빈(Jeremy Corbyn) 하원의원이 구심이 돼 기성 거대 정당인 민주당, 노동당 안에 이런 흐름을 탄생시켰다. 그 덕분에 영국 노동당은 '제3의 길' 노선의 본산이었지만 당세가 위축되기는커녕 오히려 새로운 전성기를 구가하고 있다. 독일 사회민주당을 비롯한 유럽 대륙의 사회민주주의 정당들이 부진과 침체, 후퇴를 면치 못하는 것과는 극명히 대비되는 모습이다.

그러나 언론 정치 지면에서 화제의 중심은 좌파보다는 우파 성향 포퓰리즘이다. 이들은 좌파 포퓰리즘 세력들과 한목소리로 부의 양극화와 긴축 정책을 비판하고 복지국가 복원을 약속하지만, 동시에 이주민이나 소수인종 같은 약자에 대한 혐오와 배제를 부추긴다. 동유럽 국가나 브라질에서 드러나듯, 이들은 일단 집권한 뒤에는 반대 세력을 탄압하는 권위주의적 행태를 보인다. 비록 20세기 파시즘처럼 대의 민주주의 제도를 파괴하겠다고 공언하지는 않지만, 극우 포퓰리즘이 지금과 같은 속도로 창궐하다 보면 이 한계선 역시 흔들리지 않으리라는 보장이 없다. 이 점에서 민주주의는 분명 위기 징후를 보이고 있다.

금융위기의 사회적 격변은 정치 무대에서는 왜 하필 이렇게 포퓰리즘의 득세로 나타나고 있는가? 아니, 그 전에 2010년대 세계정치의 키워드로 부상한 이 '포퓰리즘'의 실체는 도대체 무엇인가?

3 | 포퓰리즘 시대의 '인민'에 주목하자

포퓰리즘을 논하는 데 가장 큰 장애는 '포퓰리즘'이라는 단어 자체다. 이 말은 전형적인 정치 용어다. 즉, 태생부터가 엄밀한 개념 정의와는 거리가 멀다. 어떤 이들은 민주정체에서 정치인이 다수 유권자의 지지를 의식하며 실행하는 거의 모든 정치 행위를 포퓰리즘이라 부른다. 또는 그런 정치 행위 가운데 특별히 엘리트의 시각에 거슬리는 경우에 포퓰리즘이라는 딱지를 붙이기도 한다. '포퓰리즘'을 지나치게 광범하게 사용하는 사례들이라 하겠지만, 그렇다고 "틀렸다"고 할 수는 없다. 이런 맥락에서 '포퓰리즘'을 사용하는 이들이 일정한 흐름을 이룬다면, 이것 자체가 '포퓰리즘'의 한 용례가 될 수 있기 때문이다.

그래서 포퓰리즘은 사회과학계에서는 참으로 뜨거운 쟁점이자 좀처럼 합의에 도달하지 못하는 쟁점이다. 남미 포퓰리즘 현상 연구자인 프란시스코

파니차(Francisco Panizza)는 기존 포퓰리즘 연구를 크게 세 흐름으로 나눈다(Panizza, 2005). 첫째는 경험적 연구다. '포퓰리즘'이라 불리는 다양한 정치 흐름이나 현상을 모두 검토하고 그들 사이의 공통점과 차이점을 논하는 방식이다. 둘째는 포퓰리즘을 특정한 사회구조나 역사 국면과 연결시키는 연구다. 20세기에 '포퓰리즘'이 가장 자주 언급된 지역인 남미의 여러 사례(대표적으로, 아르헨티나의 페론주의)가 이런 연구의 주된 소재가 됐다.

셋째는 앞의 연구들에 바탕을 두면서 포퓰리즘이 민주주의 혹은 대중 정치에 어떠한 성찰을 제기하는지 파고드는 연구다. 이 경향의 연구자들은 특히 포퓰리즘 사례에서 민주주의의 주체라는 저 '인민'이 형성되는 과정을 포착하고 분석하려 한다. 이 흐름의 선구자이자 대표자는 단연 아르헨티나 출신 (포스트)마르크스주의 정치학자 에르네스토 라클라우(Ernesto Laclau)다. 그는 영어로 발표한 첫 번째 저작 『마르크스주의 이론에서 정치와 이데올로기(Politics and Ideology in Marxist Theory)』에서부터 포퓰리즘 문제를 집요하게 파고들었다. 포퓰리즘을 병리 현상으로만 치부하지 않고 이를 민주주의의 갱신을 요청하는 계기로 바라보려는 거의 모든 논의가 라클라우의 연구에서 발원한다 해도 과언이 아니다.

라클라우는 포퓰리즘을 무엇보다 특정한 담론 전략, 즉 '인민'을 구성하려는 담론 전략으로 바라본다. 그에게 인민이란 이런 담론 실천 이전에 이미 존재하는 실체가 아니다. 항상 담론 실천을 통해 (재)구성되는 무엇이다. 그리고 이러한 담론 실천에서 핵심은 인민과 적대하는 '타자'를 제시하는 일이다. 인민이 먼저 있고 그와 대립하는 타자가 있는 게 아니라 타자가 제시됨으로써 그와 대립하는 인민이 구성된다. 라클라우에게 포퓰리즘이란 이렇게 '인민 대 타자'의 담론을 구사해 인민을 형성하고 이를 통해 기존 정치에 도전하는 정치 흐름이다[Laclau, 1977(2011); Laclau, 2005].

이런 시각에 따르면, 포퓰리즘은 민주주의가 위기에 빠졌다는 진단이나 이에 대한 대중의 공감에서 출발한다. 즉, 포퓰리즘의 전제는 어쨌든 모종의 민주주의다. 이것이 포퓰리즘이 파시즘-나치즘과 구별되는 점이다. 파시즘은 처음부터 대의 민주주의를 부정하고 이를 실제 파괴하려 하는 점이 핵심 특징이기 때문이다. 때로 극우 포퓰리즘 세력이 집권 이후 이런 파시즘 행태를 보이는 경우가 있지만, 이는 포퓰리즘의 극우적 버전과 파시즘의 친화성으로 봐야지 포퓰리즘 전체의 특성으로 볼 수는 없다. 어쨌든 포퓰리즘은 민주주의의 위기를 극복한다는 명분 아래 단순 명쾌한 정치적 대립 전선을 제시·구축한다. 그것은 소수 특권층 혹은 엘리트 대 다수 인민(혹은 서민)의 대립 구도다.

대립 전선 저쪽에는 특권층·엘리트가 있다. 이들은 부당한 방식으로 한 사회의 부(자본), 권력, 지식을 독점하며, 더 나아가 이를 후대에 세습한다. 특권층은 부, 권력, 지식의 독점을 바탕으로 막대한 불로소득을 착복한다. 이들이 향유하는 불로소득은 고스란히 다수 대중의 희생의 결과다. 대의 기구 안의 대다수 정치 엘리트 역시 포퓰리즘의 눈에는 적대 진영의 일부다. 이들은 특권층과 부패로 얽혀 있다. 따라서 기성 정치인과 정당은 대자본, 금융 세력, 고위 관료, 전문 지식인 등과 마찬가지로 깊은 불신의 대상이 된다.

대립 전선 이쪽에는 인민이 있다. 포퓰리즘은 '소수' 적대 세력에 맞서 최대한 '다수' 동맹을 구축하려 한다. 이 점이 영어에서 포퓰리즘의 어원이 되는 1890년대 미국 인민당(People's Party) 운동이 같은 시기 유럽의 노동계급 정당들과 구별되는 대목이다. 유럽의 노동자 정당들도 궁극적으로는 광범한 민중 동맹을 구축하려 했지만, 미국 인민당은 처음부터 노동자와 농민을 구별하지 않고 하나의 '인민'을 표상했다. 특권층·엘리트의 반대편에 최대한 다수의 인구를 결집시켜 인민을 구축하려 했다.

이렇듯 포퓰리즘의 기본 지형은 '소수 특권층·엘리트 대 다수 서민' 구도다. 라클라우, 샹탈 무페(Chantal Mouffe)가 반복적으로 강조하는 대로 이 구도는 어느 사회에서든 자연스럽게 주어져 있는 것은 아니다. 이 틀을 통해 세상을 바라보도록 만들려는 치열한 노력이 끊임없이 전개돼야 한다. 상식을 부단히 (재)구성하는 담론 실천이 필요하다. 이것이 포퓰리즘 일반의 첫 번째 특성이라 할 수 있다.

다만 포퓰리즘의 우파 버전과 좌파 버전에는 분명한 차이가 있다. 미국의 정치 평론가 존 주디스(John Judis)는 좌파 포퓰리즘은 '엘리트 대 인민'의 이원적 대립 전선을 추구하는 반면, 우파 포퓰리즘은 '엘리트 대 외부자 대 인민'의 삼원적 대립 전선을 추구한다고 정식화한다(주디스, 2017). 그러나 좀 더 정확히 말하면, 우파 포퓰리즘은 '인민'과 '외부자'의 구별을 통해 '인민'을 선별함으로써 엘리트 대 인민 구도를 만들고, 좌파 포퓰리즘은 '인민'을 끊임없이 확장함으로써 엘리트 대 인민 구도를 만든다고 해야 한다.

우파 포퓰리즘은 늘 해당 사회 안에 난입·잠입해 암약하는 '외부자'(유대인, 무슬림, 유색인종, 이주 노동자, 난민 등등)를 지목함으로써 인민을 구성한다. 그리고 외부자와 유착한 엘리트에 맞서는 인민의 대결 구도를 제시한다. 반면 좌파 포퓰리즘은 새롭게 시민권을 요구하는 집단이 등장할 때마다 이들을 통합함으로써 인민을 구성한다. 그리고 인민의 이러한 확장에 발맞춰 엘리트와 인민의 대결 구도를 거듭 재구성한다. 즉, 우파 포퓰리즘은 언제나 특정한 타자의 배제를 전제하는 통합(인종, 민족 등등)을 추구한다. 반면에 좌파 포퓰리즘은 보편성의 부단한 재구축을 추구한다. 비록 포퓰리즘이라는 공통 지반 위에 있더라도 그 우파적 담론과 좌파적 담론은 이렇게 정반대 방향을 향한다.

그런데 아무나 이런 포퓰리즘 담론의 발화자가 될 수 있는 것은 아니다. 포퓰리즘 담론은 특정한 주체를 통해 발화될 때만 정치적 효과를 거둘 수 있다. 소수 특권층을 공격하고 다수 서민을 규합하는 담론은 그 담론을 발화하기에 가장 적합하다고 대중이 인정하는 정치가나 운동가가 발화할 때 최고의 효과를 발휘한다.

최근 사례들을 보자. 스페인의 신생 좌파 정당 포데모스는 낡은 정치 엘리트를 '카스트(Caste)'라 비판하며 지지층을 규합했다. 이 비판이 정장 입은 나이 든 기성 정치가에게서 나왔다면, 그다지 호응을 얻지는 못했을 것이다. 하지만 1978년생으로 꽁지머리에 청바지 차림을 한 포데모스 사무총장 파블로 이글레시아스(Pablo Iglesias Turrión)의 입에서 나왔기에 호소력을 발휘할 수 있었다.

영국 노동당 사례도 흥미롭다. 2015년 영국 총선에서 당시 노동당 대표 에드워드 밀리밴드(Edward Miliband)는 기존 '제3의 길' 노선에 비해 상당히 좌선회한 정책들을 공약했다. 하지만 총선 결과는 참담했다. 결국 밀리밴드 대표가 선거 패배를 책임지며 사임하자 당 대표 선거가 실시됐다. 이 선거에서 뜻밖에도 수십 년간 당 내 주변인이던 제러미 코빈이 돌풍을 일으켰고, 결국 승리했다. 코빈이 내세운 정책은 어찌 보면 밀리밴드 전 대표가 취한 좌선회 기조의 연장선에 있는 것이었다. 그러나 밀리밴드는 '제3의 길' 시기에 정부 각료였던 반면 코빈은 노동당 안에서 '제3의 길' 노선을 끈질기게 비판한 외골수 사회주의자였다. 그래서 비슷한 방향을 약속하더라도 밀리밴드보다는 코빈 쪽이 더 반향을 불러일으킬 수 있었다.

이렇게 포퓰리즘을 추구하는 정치가는 다수 서민과 자신을 동일시하려고 노력해야 할 뿐만 아니라 그런 동일시가 충분히 설득력을 발휘할 만한 자원(이력, 정체성, 스타일 등등)을 갖춰야 한다. 담론 전략이 상황에 따라 변화무쌍하게 나타나야 하듯이 이 자원 역시 정형화되어 있지 않다. 이글레시아스에게는 상대적 젊음이 무기였지만, 밀리밴드의 젊음은 별 도움이 되지 못했다. 버니 샌더스나 제러미 코빈은 상당히 연로한 정치가이지만, 오랜 반골 이력 덕분에 바람을 일으킬 수 있었다. 그 밖에 여성이라거나 비정규직 노동자 출신이라는 특성도 특정 상황에서 자원이 될 수 있다. 중요한 것은 포퓰리즘 담론을 구사하는 정치가는 자신이 일차적인 호소 대상으로 삼는 대중과 일정한 정체성을 공유해야 한다는 점이다.

이것이 포퓰리즘 일반에서 나타나는 두 번째 주요 특성이다. 즉, 포퓰리즘은 대중이 쉽게 자기 동일시할 수 있는 카리스마적 정치가를 갖춰야 한다. 여기에는 분명히 이성보다는 정서(affect)라는 요소가 작동한다. 라클라우(Laclau, 2005), 무페(Mouffe, 2018) 모두 이 점을 가감 없이 강조한다. 파시즘-나치즘 경험 때문에 대중 정치의 이런 측면은 흔히 (특히 좌파 지식인들 사이에서) 부정적으로 취급되곤 한다. 그러나 이는 분명 대중 정치의 가장 근본적이면서 중요한 층위 중 하나다. 무페가 바뤼흐 스피노자(Baruch Spinoza)를 빌려 강조하는 것처럼 "부정적 정서는 오직 더 강한 긍정적 정서를 통해서만 극복될 수 있다".

마지막으로 포퓰리즘 일반을 관통하는 특성으로 덧붙여야 할 것은 기존 대의 민주주의 안팎을 넘나드는 정치 행위다. 무페도 강조하듯이, 포퓰리즘은 혁명 운동이 아니다(Mouffe, 2018). 민주주의가 위기에 빠졌다는 진단이 포퓰리즘의 전제라는 사실은 포퓰리즘이 일단 대의 민주주의를 존중한다는 것을 뜻한다. 그럼에도 포퓰리즘은 현존 대의 기구를 불신한다. 의회나 중앙정부, 지방자치단체가 정치 엘리트의 권력 독점 무대가 돼 있다고 보기 때문이다. 즉, 기성 대의 민주주의는 부패했다.

그래서 포퓰리즘의 정치활동은 기존 대의제도 안팎을 넘나들며 전개될 수밖에 없다. 부패한 기성 대의 민주주의를 개혁하자면, 우선은 그 바깥의 대중에서 출발하지 않을 수 없다. 포퓰리즘 세력은 거리의 정치에서 출발해 주류 정치세력을 포위하려 한다. 의회 '안'에서 발언하고 행동하더라도 의회 '바깥'의 대중을 의식하며 자신들이 의회 밖 대중의 일부라는 것을 강조한다. 이런 점에서 포퓰리즘은 급진적인 사회운동의 정치와 상당 부분 겹치는 면이 있다. 엘리트들이 우파 버전이든 좌파 버전이든 포퓰리즘 일반을 불온시하고 혐오하는 주된 이유도 여기에 있다.

지금까지 이야기한 포퓰리즘의 세 가지 특성은 우리에게 그다지 낯설게 느껴지지 않는다. 대의 민주주의가 작동하는 곳이라면 어디든 이 세 요소 중 어느 하나를 활용하는 정치세력이 있게 마련이기 때문이다. 그만큼 포퓰리즘은 민주주의와 불가분의 관계에 있다. 그러나 포퓰리즘'적' 정치와 완전한 포퓰리즘 정치는 구별해야 한다. 세 요소 중 하나를 간헐적으로 구사하는 사례는 포퓰리즘'적'이라 할 수 있을지 몰라도 포퓰리즘 자체는 아니다. 위에 정리한 세 가지 특성이 빠짐없이 지속적으로 나타나는 정치세력, 흐름이어야만 '포퓰리즘'이라 할 수 있다.

민주주의의 역사에서 이런 포퓰리즘은 심심치 않게 등장하곤 했다. 그러나 유독 2010년대 들어 자본주의 중심부 국가 대다수에서 대세로 부상하기에 이르렀다. 무페는 그럴 만한 충분한 이유가 있다고 지적한다(Mouffe, 2018).

첫 번째 이유는 신자유주의 지구화·금융화의 실패와 그에 대한 불만이다. 앞에서 지적했듯이 2008년 금융위기로 신자유주의 시대가 끝나지는 않았지만, 금융화와 지구화가 다수 서민에게도 번영을 보장한다는 신화는 일단 무너지고 말았다. 특히 금융위기의 직격탄을 맞은 대서양 양안에서는 대중의 불만이 잔뜩 끓어오른 상태다. 이 불만은 신자유주의 지구화·금융화를 주도한 기성 엘리트들을 향하고 있다. 그러니 민주주의 후퇴의 책임이 이들 엘리트에게 있다고 외치는 포퓰리즘 정치세력이 대중의 주목을 받지 않을 수 없다.

그렇다고 엘리트들이 새로운 대안을 제시하는 것도 아니다. 그나마 제출된 대안인 '제4차 산업혁명' 등등은 자동화 때문에 일자리가 줄어들지 모른다는 불안만 가중시키는 형편이다. 포드주의, 케인스주의가 대공황의 탈출구를 제시했던 1930년대와는 너무도 다르다. 특히 젊은 세대일수록 불안감에 쉽게 전염된다. 산 날보다 살아갈 날이 더 많이 남아 있지만 부모 세대보다 못한 삶을 살 운명이라는 이야기만 지겹게 듣고 있기 때문이다. 그래서 밀레니얼 세대가 가두시위의 구심이 되거나 좌우 포퓰리즘 세력의 첫 번째 지지 기반이 되고 있다(Mason, 2012). 즉, 청년층을 중심으로 한 전반적 불안 심리가 포퓰리즘 부상의 두 번째 이유다.

게다가 커뮤니케이션 혁명이 이런 불만과 불안에 날개를 달아주고 있다. 이 점에서 정보화 혁명으로 등장한 네트워크 사회(Castells, 2012)를 포퓰리즘 부상의 세 번째 이유로 들 수 있다. 인터넷, 스마트폰의 발달로 네트워크 사회가 도래하면서 인류는 인쇄매체 시대나 대중매체 시대와는 전혀 다른 매체 환경에 놓이게 됐다. 이는 실시간 쌍방향 소통을 통해 참여 민주주의를 북돋을 가능성도 내포하지만, 숙고와 숙의를 멀리하는 반(反)지성주의의 위험도 안고 있다. 포퓰리즘이 품은 가능성 및 위험과 정확히 대응하는 이중성이다.

우리 시대의 특성이 이러하니 포퓰리즘이 정치 세계의 대세로 부상하지 않을 수 없는 것이다. 새로운 매체를 십분 활용하면서 불만과 불안에 형체와 방향을 부여하는 정치세력들이 곳곳에서 줄 이어 새로운 성공담의 주인공으로 떠오른다. 엘리트들의 진단이나 바람과는 달리 이들은 결코 민주주의의 예외적 일탈이나 병증이 아니다. 차라리 이 상황을 21세기 초 전 세계정치의 기본 지형으로 바라봐야 한다. 무페의 정식화에 따르면 우리는 '포퓰리즘 국면(populist moment)'을 살고 있다(Mouffe, 2018). 달리 말하면 '포퓰리즘 시대'다.

이러한 시대 진단에서 핵심은 어쩌면 이러저런 포퓰리즘 정치세력들이 아니다. 이들이 등장하고 급성장하게 만든 더 중요한 주인공, 즉 대중에 주목해야 한다. 금융위기 이후 대중은 이른바 정치 전문가들, 즉 주류 정치인·학자·언론의 예상에 맞지 않는 행동과 선택을 보이고 있다. 그럴 때마다 기존 전문가들은 자신들의 기대나 예측을 벗어나는 이런 움직임에 '포퓰리즘'이라는 딱지를 붙이곤 한다. '포퓰리즘'이라 뭉뚱그려지지만, 여기에는 참으로 다양한 얼굴들이 당혹스럽게 공존한다. 평등의 갈구가 있는가 하면, 자기 존재와 의견을 드러내려고 폭력을 사용하길 주저하지 않기도 하고, 그 폭력을 자신보다 약한 타자에게 행사하기도 한다. 아무튼 이런 혼란스러운 여러 얼굴을 지닌 포퓰리즘 시대의 '인민'이 21세기 정치의 주역으로 떠오르고 있다.

그러나 혼돈을 직시하길 두려워하지 않는다면, 이들 인민의 공통 열망과 염원이 무엇인지 어렵지 않게 간파할 수 있다. 그것은 바로 정치의 탈환이다. 금융위기 이전에 지구 자본주의를 지배한 표준적 자유민주주의 체제는 실은 '포스트-민주주의(post-democracy)'(크라우치, 2008) 혹은 '탈-정치(post-politics)'(왕후이, 2014; Mouffe, 2018)를 지향했다. 민주정치의 핵심이라 할 수 있는 서로 다른 사회세력 사이의 쟁투는 제도 정치 무대에서 체계적으로 배제됐다. 그 대신 모든 주요 정치세력은 신자유주의 합의의 좁은 울타리 안에서만 움직였다. 사실상 정치라 할 만한 것이 사라진 탈-정치의 시대였다.

바로 이런 상황에서 자본주의와 민주주의의 결합이 결정적으로 와해되어 갔다. 본래 자본주의와 민주주의의 공존은 전혀 자연스러운 게 아니었다. 인류는 20세기 초의 대위기(두 차례의 세계 전쟁, 대공황, 파시즘의 야만 등)를 겪으며 참으로 어렵게 자본주의와 민주주의의 잠정적 결합이라 할 수 있는 상태에 도달했다. 자본주의 중심부에서 그 제도적 기반이 바로 복지국가였다. 그러나 신자유주의 시기에 탈-정치가 지배하는 상황에서 복지국가가 약화됐고, 잠시 이를 대체할 것만 같았던 대중 자본주의(people's capitalism: 광범한 대중의 자산 시장 참여)도 금융위기로 단명하고 말았다. 자본주의는 다시금 민주주의와 분리돼 광란의 질주를 시작했다.

무엇을 향한 질주인가? 바로 자본주의가 자신이 내건 자유시장이라는 표어와 정반대인 어떤 것으로 돌변하는 질주다. 민주주의라는 족쇄가 풀린 자본주의는 이제 시장 경쟁이 아니라 독점을 통해 지대를 수탈하는 체제가 되어간다. 공공재여야 할 지식/정보에 멋대로 가격을 매겨 엄청난 돈을 벌어들이며, 그나마 남아 있는 공유 자산을 약탈해 지대 수익을 챙기고, 인간 노동과 지구 생태계가 이런 수탈 때문에 회복이 불가능할 정도로 파괴되어 가도 나몰라라 한다. 즉, 지구 자본주의는 "지대 추구 자본주의(rentier capitalism)" (Standing, 2017)라는 자기 모순적 체제가 됐다. 이 체제의 맨 위에 버티고 있는 소수 대자본가들은 마치 자본주의 이전의 세습 귀족처럼 사회를 약탈해 불로소득을 누리며, 이를 세습한다. 그래서 혹자는 봉건제의 귀환이라고까지 평한다(바겐크네히트, 2018).

대중은 이런 불로소득 자본주의에 분노한다. 독점과 투기, 세습으로 부를 쌓아가는 특권층에 분노할 뿐만 아니라 이들 특권층 탓에 다수 서민의 삶이 더 팍팍해지는 현실에 격분한다. 대중이 이런 현실에 개입할 통로는 오로지 정치뿐이다. 대중 스스로 이를 잘 안다. 그러나 기성 정치는 오히려 탈-정치를 지향한다. 대중의 목소리는 주류 정치세력들의 신자유주의 합의 앞에서 효과적으로 차단된다. 대중은 이런 기성 정치를 전복하고 말 그대로 대중 정치를 복원하려 한다. 즉, 자신들의 유일한 무기인 정치를 탈환하려 한다. 바로 이것이 포퓰리즘의 저 '인민'이라는 기표 아래에서 들끓는 열망과 염원이다. 지금 이 갈망이 거리의 투쟁으로 분출하기도 하고, 투표소의 반란으로 폭발하기도 한다.

적어도 지금까지는 안타깝게도 투표소의 반란이 극우 포퓰리즘 세력 지지로 표출되는 경우가 많았다. 그래서 우파 권위주의나 파시즘이 등장할 위험이 높아지고, 민주주의의 위기는 더욱 심화된다. 그러나 이런 방향만 열려있는 것은 아니다. 우리 시대에 대중 정치가 취할 수밖에 없는 출발점으로서 포퓰리즘을 적극 활용하면서도 이를 극우 포퓰리즘과는 정반대 방향으로 이끄는 정치 실천도 충분히 생각해 봄직하다. 포퓰리즘 시대 인민의 열망을 바탕으로 민주주의를 갱신하고, 이를 통해 다시 한번 자본주의에 대한 민주주의의 우위, 시장 지상주의에 대한 대중 정치의 우위를 확립할 수도 있다. 무페가 최근작『좌파 포퓰리즘을 위해(For a Left Populism)』에서 제시한 '좌파'

포퓰리즘(Mouffe, 2018), 미국의 진보파 논객 로버트 커트너(Robert Kuttner)가 트럼프식 포퓰리즘에 맞설 유일한 대안으로 기대하는 '진보적' 포퓰리즘 (Kuttner, 2018) 등이 바로 이 방향에서 민주주의의 희망을 찾으려는 대표적인 시도들이다.

4 | 촛불 항쟁이 보여준 보편성과 예외성

촛불 항쟁의 예외적 특성

2016~2017년 촛불 항쟁은 시위가 한창 전개되던 당시부터 한국뿐만 아니라 전 세계의 주목을 받았다. 다른 나라에서는 찾아보기 힘든 독특한 양상이 여럿 나타났기 때문이다. 이런 예외적 특성 때문에 민주주의의 전 지구적 위기 속에서 촛불 이후의 한국 사회만 다른 길을 간다는 인상이 강해졌다.

그런 예외적 특성 가운데 가장 먼저 떠오르는 것은 촛불 항쟁의 거대한 규모다. 위에 소개한 것처럼, 2008년 금융위기 이후 세계 곳곳에서 사회운동들이 폭발했다. 대표적으로 2011년에 '아랍의 봄'으로 시작돼 스페인, 그리스를 거쳐 미국에 상륙한 점거(어큐파이) 운동이 있다. 그러나 규모 면에서 보면, 이 중 어느 사례도 촛불 항쟁과 비교가 안 된다. 대중의 참여가 가장 활발했던 스페인의 '분노한 자들' 운동조차 전국에서 10여 만 명이 참여한 게 최대 수준이었다.

반면 촛불 항쟁은 투쟁이 절정에 치달은 2016년 12월 3일 집회 참여자만 200만 명을 넘어선다. 2016년 10월의 1차 집회에서 2017년 3월의 20차 집회까지 누적 참여 인원은 1600여만 명에 이른다(이지호 외, 2017). 인구의 절대 규모가 너무 작아 단순 비교는 힘들지만 전 국민적 참여라는 면에서는 아마도 2009년 아이슬란드 부엌세간 혁명 정도가 촛불 항쟁과 어깨를 나란히 할 것이다.

이런 거대한 운동이 가능했던 것은 아주 예외적인 여론 지형이 조성된 덕분이었다. 박근혜 전 대통령은 2012년 제18대 대통령 선거에서 절반이 넘는 득표(51.55%, 1577만여 표)로 당선됐다. 그러나 임기 내내 거듭된 실정으로 지지율이 계속 줄었고, JTBC의 최순실 태블릿PC 보도 이후에는 지지율이 곤두박질쳤다. 헌법재판소의 탄핵 인용 판결이 나기 전까지 대통령 지지율은 줄곧 5% 안팎을 맴돌았다. 반면 탄핵이든 자진 사퇴든 대통령 퇴임을 요구하는 여론은 70~80% 수준을 유지했다. 국민 대다수가 정권에 등을 돌리고 즉각 퇴진을 요구한 것이다. 가히 '박근혜 대 국민(인민)'이라 할 만한 구도였다.

이는 현대 민주주의에서는 보기 드문 구도다. 다양한 차이와 균열이 복잡하게 교차하는 현대사회에서는 절대다수 민중이 소수 권력자에 맞서 한편에 서는 상황이 만들어지기 쉽지 않다. 아마도 이런 구도는 초기 민주주의 혁명을 다룬 역사책 속에서나 찾아볼 수 있을 것이다. 초기 민주주의 혁명에서는 극소수 국왕·귀족 세력에 맞서는 '인민'을 표상하기가 훨씬 쉬웠고, 실제로 그에 준하는 광범한 동맹이 구축됐다. 프랑스 대혁명 중의 '제3신분'이나 1848년 유럽 혁명 중의 '국민(the nations)'이 이에 해당한다.

물론 앞에서 설명한 것처럼, 포퓰리즘 세력은 현대의 조건 속에서 이런 구도를 재연하려 한다. 그래서 소수 특권층에 맞서 다수 서민이 단결해야 한다는 담론을 설파한다. 그러나 포퓰리즘 세력들이 이런 노력을 한다는 것 자체가 이미 '극소수 대 절대다수'식의 형세를 실제 구현하기 쉽지 않다는 점을 전제한다. 성공보다는 실패를 더 많이 반복하는 담론적 실천 끝에 겨우 기존 정당정치 지형에 균열을 내는 일정한 지지 집단을 구축할 수 있을 따름이다. 극우 포퓰리즘이 가장 득세한 이탈리아에서도 그 대표자인 동맹당의 지지율은 전체 유권자의 1/3을 넘지 못하는 상황이다.

그런데 촛불 항쟁은 포퓰리즘 세력이 담론 수준에서나 꿈꾸는 여론 지형을 실제 만들어냈다. 박근혜 정권 퇴진을 원하는 절대다수의 동맹을 탄생시켰다. 촛불 항쟁 중의 박근혜 정권과 촛불 연합의 대립 구도는 마치 초기 민주주의 혁명 중의 '군주 대 인민' 구도의 재림 같았다. 실제 촛불 시민의 적들은 놀랍도록 과거 '군주'의 모습을 연상시켰다. 박근혜는 민중과 전혀 소통하지 못하는 무능한 군주였고, 마침내 모습을 드러낸 비선 실세 최순실은 왕정 말기에 으레 나타나는 궁정 음모나 암투를 떠올리게 만들었다.

그런가 하면 '촛불 시민' 역시 초기 민주주의 혁명의 '인민'과 닮은 데가 있었다. 이념, 정체성, 이력 등의 숱한 차이에도 불구하고 박근혜 정권의 즉각 퇴진을 바라기만 하면 누구든 촛불 시민이었다. 이는 어쩌면 박근혜 정권의 퇴행적 면모가 대중에게 불러일으킨, 길어야 몇 달 정도만 지탱될 수 있는 판타지였을지 모른다. 그러나 현실을 변화시키는 힘으로 나타나는 한, 이 판타지야말로 당시에는 가장 강력한 현실이었다.

더구나 이 모두를 대중이 주도했다는 점이 인상적이다. 물론 그냥 '대중'이라고 하면 오해의 소지가 있다. 촛불 광장에는 개인적으로 참여한 시민들만 있지 않았다. 이명박, 박근혜 정권 아래서 오래전부터 광장을 열기 위해 싸워온 사회운동 세력들이 있었다. 또한 개인으로 함께 한 시민들도 어떤 식으로든 이런 사회운동(노동조합, 시민운동 단체, 진보 언론 등등)과 접촉하고 있었다.

그러나 어쨌든 정당보다는 시민사회가 주도하는 양상이었다. 국회에서 탄핵 절차를 밟아 대통령을 파면해야 한다는 방안도 정당이 아니라 시민들 사이에서 먼저 제기됐다. 제1야당이던 더불어민주당은 처음에는 이런 방안이 실행 불가능하다며 받아들이지 않았다. 하지만 시민들의 계속된 압력 때문에 결국 더불어민주당도 국회 내 탄핵 절차에 착수하지 않을 수 없었다. 사회운동과 네트워크화된 시민들로 이뤄진 촛불 광장이 제도 정치권보다 앞서

나가면서 오히려 후자를 이끌었던 것이다. 이것 역시 포퓰리즘 정치세력이 제도 정치의 선택지 안에 등장한 뒤에야 시민들이 투표소에서 새로운 목소리를 내기 시작한 몇몇 나라 사례와 극명히 대비된다. 촛불 광장에서는 포퓰리즘 세력의 매개를 거치지 않고도 인민이 현존했고 또한 발언했다.

촛불 시민들은 이런 힘을 바탕으로 기존 민주주의 제도를 철저히 자신들의 무기로 만들었다. 물론 촛불 항쟁에 불을 붙인 것은 제6공화국 헌정 체제의 약점과 모순이었다. 1987년 6월 항쟁의 결과로 대통령을 직접 선출하게 됐지만, 이것으로 민주주의가 완성될 수 없다는 것이 여실히 드러났다. 보수 우파가 배출한 두 대통령, 이명박·박근혜는 선거에서는 경제 실용주의를 표방하거나 '복지 확대', '경제민주화' 같은 진보적 요구를 수용해 공약으로 내세웠지만, 막상 집권한 뒤에는 이런 공약을 뒤집고 부패와 무능, 극우적 행태로 일관했다. 국회가 이를 견제해야 했지만, 소선거구제 덕분에 양강 구도를 보장받은 기성 양대 정당(촛불 항쟁 당시는 새누리당과 더불어민주당)은 민심에 제대로 반응하지 않았다. 그래서 민주화에도 불구하고 대다수 시민은 정치의 효능감(efficacy)을 전혀 느낄 수 없었다. 정치란 먹고사는 문제와는 상관없는 '정치꾼'들만의 게임으로 여겨졌다. 포퓰리즘이 부상한 나라들과 별로 다르지 않은 상황이었다.

그러나 촛불 항쟁 중에 시민들은 제도 정치를 촛불 광장의 의지를 관철시키는 장으로 만드는 데 일정하게 성공했다. 시민들 자신의 힘으로 참으로 오랜만에 대중 정치가 되살아났고, 제6공화국 헌법 속의 민주적 장치들이 실제 작동하기 시작했다. 처음에는 여당 새누리당이 다수 의석을 점한 국회가 대통령 탄핵 소추안을 통과시킬 리 없어 보였다. 그러나 12월 3일에 200만 명이 넘는 시민들이 거리로 쏟아져 나오자 새누리당의 상당수 국회의원이 탄핵 지지로 돌아서며 1주일 뒤에 탄핵 소추안을 통과시켰다. 그리고 결국은 3개월 뒤에 헌법재판소가 탄핵안을 인용해 박근혜 대통령이 파면됐다.

그간 촛불 항쟁을 주로 직접민주주의의 시각에서 주목하는 논의가 많았다. 그러나 이는 일면적 시각이다. 촛불 항쟁의 새로운 점은 단순히 직접민주주의가 아니다. 광장의 직접민주주의는 이미 제6공화국 내내 여러 차례 반복된 바 있다. 2016~2017년 촛불에 큰 영향을 끼친 2008년 미국산 소고기 수입 반대 촛불만 해도 그런 사례다.

2016~2017년 촛불의 성취는 오히려 대의 민주주의와 직접민주주의의 선순환을 이뤄낸 데 있다. 촛불 시민들은 직접민주주의의 힘을 통해 제6공화국 헌정 체제가 애초의 약속대로 작동하도록 만들었다. 대의 민주주의를 포기하거나 폐기한 게 아니라 이를 시민들의 무기로 변형하고 적극 활용했다. 이는 한국 정치사에서도 드문 일일 뿐만 아니라 전 세계적으로도 드문 광경이다. 기성 대의 민주주의가 시민들의 목소리와 괴리된 현실이야말로 현재 지구 곳곳에서 민주주의가 위기에 처하게 된 근본 원인이다. 그런데 촛불 항쟁은 시민들이 스스로의 힘으로 이 괴리를 돌파해 승리를 경험한 사례였다. 21세기 민주주의가 지향해야 할 바를 실물로 보여준 것이다. 비록 후대에 의해 '한시적' 승리에 불과했다고 평가받게 될지라도 우선은 한 차례라도 이런 승리를 이루어냈다는 사실 자체가 소중하다.

이렇게 예외적인 특성을 지닌 시민 항쟁이 전개되면서 한국의 정치 지형도 다른 나라, 특히 대서양 양안 국가들과는 상당히 다른 양상을 띠게 됐다. 지금 유럽 여러 나라에서는 급진적 우파나 급진적 좌파 쪽에서 신진 포퓰리즘 세력이 등장해 이제껏 제도 정치를 양분해 오던 중도 좌우파 정당들을 포위하는 형국이다. 한편 아메리카 대륙 국가들에서는 기성 좌우파 정당 안팎에서 포퓰리즘을 구사하는 새로운 정치 흐름이 등장해 정치의 중심을 바꾸고 있다. 한국의 더불어민주당 같은 리버럴 정당 혹은 중도 정당은 두 경우 모두 구세력으로 낙인찍혀 전례 없는 위기에 휩싸이는 형편이다.

한데 한국에서는 오히려 리버럴 정당인 더불어민주당이 촛불 항쟁의 최대 수혜자가 됐다. 대통령 탄핵 이후 실시된 조기 대선에서 더불어민주당의 문재인 후보가 당선돼 9년 만에 한국형 리버럴 세력인 범민주당 계열의 정부가 들어섰다. 더불어민주당은 비록 촛불 시위 와중에 대통령 탄핵에 소극적인 모습을 보였지만, 새누리당 계열 대통령이 파면된 후에 선택할 수 있는 유일한 수권 세력으로 인정받았다. 적어도 외관상으로는 대중과 리버럴 세력이 강력한 민주주의 동맹을 구축하는 듯 보였다. 중도 정당들이 좌우 포퓰리즘의 협공에 시달리는 나라의 지식인들이 보기에는 분명 경이로운 모습이었을 것이다. 더구나 촛불 시위가 한창이던 11월에 미국 대선에서 트럼프 후보가 승리를 거뒀으니 말이다. 한국의 많은 지식인도 이 점에 고무돼 촛불 '혁명'을 전 세계 민주주의 위기의 해답으로 제시하기까지 했다.

촛불 항쟁 이후에도 상당 기간 한국 사회에서는 '촛불 형세'라고나 해야 할 정치사회 지형이 지속됐다. 정치적 측면에서는 리버럴 세력을 중심으로 좌파(한국식 명칭으로는 진보파) 그리고 우파 일부까지 결합한 촛불 연합이 한국 사회에서 오랫동안 주류였던 극우파(새누리당 후신인 자유한국당)를 포위하는 형국이 이어졌다. 사회적 측면에서는 '촛불 정권'을 표방한 문재인-더불어민주당 정부가 한반도 긴장 완화, 경제양극화 해결 같은 개혁 정책을 추진하길 바라는 민심이 여론조사에서 문재인 정부에 대한 높은 지지율(전체 응답자의 2/3 수준)로 나타났다. 적어도 2018년 6월 지방선거까지는 이런 형세가 유지됐으며, 덕분에 조기 대선에 이어 지방선거에서도 더불어민주당이 압승을 거두었다.

촛불 항쟁에도 나타난 전 지구적 보편성

그러나 촛불 항쟁은 전 지구적 정세에 견줘 예외적인 특성만 있었던 것은 아니다. 촛불 항쟁의 여러 얼굴 중에는 포퓰리즘 시대의 속성과 맞아떨어지는 측면들도 있었다. 다음 세 가지를 지적할 수 있겠다.

첫째, 촛불 항쟁에서도 소수 엘리트·특권층 대 다수 서민의 구도가 상당히 작동했다. 특히 박근혜 대통령의 비선 실세인 최씨 일가의 특권 세습이 촛불 항쟁을 촉발하고 확대시켰다는 점이 그렇다. 박근혜-최씨 일가만큼이나 이들과 결탁한 재벌(특히 삼성 재벌)이 주된 비판 대상이 된 것도 이와 관련이 있다.

대통령 퇴진 운동이 그토록 거대한 물결을 이룬 것은 어찌 보면 위기의식 때문이었다. 그것은 6월 항쟁 이후 30년 만에 민주공화국이 세습 귀족 국가로 퇴행하고 있다는 위기의식이었다. 단순히 개인 독재가 문제가 아니었다. 이 점에서 박정희나 전두환 시대와는 달랐다. 저마다 표현은 조금씩 달라도 촛불 시민들이 걱정하고 분노한 것은 세습 귀족들의 지배가 이미 시작됐다는 엄연한 사실이었다.

우선 전 세계에 '한국판 라스푸틴'으로 악명을 떨친 최순실을 보자. 최순실은 어떤 선거도 거치지 않은 채 막강한 권력의 주인이 됐다. 박근혜가 선거에서 지지를 받을수록 대중이 전혀 모르는 비선 실세 최순실의 권력이 커졌다. 시민들이 모르는 사이에 대한민국 '헌법' 제1조 제2항은 처참하게 우롱됐다. 밀실에서 민주공화국 원칙을 뒤집는 반역이 자행되고 있었다.

또한 촛불 항쟁에 기름을 끼얹은 최씨 가문 3대 상속자 정유라는 오늘날 대한민국에서 세습 권력이 어떻게 작동하는지 여실히 보여주었다. 대학, 기업, 정당, 관료 기구, 언론 등 민주공화국의 온갖 제도들이 다 정유라의 특권을 만들고 뒷받침하는 도구로 동원됐다. 최순실-정유라 모녀는 유럽을 종횡무진하며 지구화 시대에 적응한 한국 귀족의 풍모를 과시하기도 했다.

정유라는 손수 SNS에 발언을 남겨 이런 특권을 누리는 자들의 의식 세계를 투명하게 공개했다. "부모 잘 만난 것도 능력"이라는 것이었다. 즉, 신흥 귀족들에게 세습은 '특권'이 아니라 어엿한 '능력'이었다. 능력주의를 표방하던 공화정은 이렇게 쉽게 귀족정으로 역전될 수 있는 것이었다.

최씨 일가의 존재와 행태가 폭로되자 시민들은 비로소 대한민국이 어느 지경에 이르렀는지 눈을 떴다. 눈을 떠보니 시민들은 이미 귀족과 귀족 지망생들에게 겹겹이 포위된 신세였다. 재벌이 새삼 비판받은 것도 이런 맥락 때문이었다. 재벌이 세습 권력이라는 것은 이미 모르는 사람이 없고, 어느 정도 어쩔 수 없다는 인식마저 있었다. 그러나 대한민국 전체가 세습 권력의 손아귀에 넘어가는 중이라는 위기의식 속에서 재벌 문제도 이전과는 다른 색깔로 다가오기 시작했다. 다시 보니 삼성 이재용을 비롯한 재벌 3세들은 '예외적' 귀족이 아니라 귀족정 전체의 몸통이었다.

대통령 퇴진 운동의 연료는 이러한 귀족 권력에 대한 분노였다. 어느새 지대 추구 자본주의 수준을 훨씬 넘어 세습 귀족 국가로까지 뒷걸음질 치는 민주공화국을 되찾겠다는 결의였다. 촛불 항쟁 와중에 유난히 프랑스 대혁명의 상징들(단두대!)이 환기된 것도 이런 이유 때문이었다.

둘째, 다른 나라에서 밀레니얼 세대가 핵심 정치 변수로 등장한 것처럼, 젊은 세대의 참여가 촛불 항쟁의 확대와 승리에 커다란 역할을 했다. 촛불 연합 안에는 물론 이명박·박근혜 정권 내내 이미 저항해 온 기존 사회운동들이 있었다. 그런데 촛불 항쟁 직전까지도 이들 사회운동은 일정하게 고립된 양상이었다(민주노총 위원장 구속 등). 그러나 2016년 말 갑자기 촛불 연합이 거의 빅뱅 수준으로 확장됐다. 우선은 대선에서 박근혜 지지 연합의 일원이었던 시민들이 정권에서 이탈해 촛불 연합에 합류한 덕분이었다. 다음으로는 정치참여에 소극적이던 젊은 세대가 항쟁에 참여하고, 아니 더 나아가 앞장선 덕분이었다.

여러 연구 결과를 보면, 20~40대에서는 촛불 집회 참가 비율이 엇비슷한 것으로 나온다(대략 30% 안팎)(이지호 외, 2017). 하지만 20대가 30~40대에 비해 이전에 사회운동에 참여한 빈도가 낮고 대규모 항쟁의 역사적 경험도 적다는 점을 감안하면, 촛불 항쟁을 계기로 정치의식과 참여 의지가 가장 크게 변한 세대가 20대라 봐도 좋을 것이다. 2010년대 초에 여러 나라에서 폭발한 사회운동과 좌우 포퓰리즘 현상에서 그랬던 것처럼, 촛불 항쟁에서도 청년들이 방향키를 쥐었던 것이다.

셋째, 최근의 다른 나라 사회운동들과 마찬가지로 촛불 항쟁에서도 새로운 매체 환경이 중요한 토대가 됐다. 박근혜 정권의 실상을 추적·폭로한 것은 ≪한겨레≫, JTBC 같은 전통적인 인쇄 매체나 대중매체였다. 그러나 이를 확산시키는 통로가 된 것은 소셜 미디어 네트워크와 같은 새로운 매체였다.

또한 대중이 거리에 나서는 주된 경로 역시 인터넷이나 스마트폰을 통한 수평적 네트워크였다. 소셜 미디어에서 '친구'나 '팔로어'가 많을수록 촛불 집회 참가 횟수가 많았다는 조사 결과가 이를 말해준다(이지호 외, 2017). 노동조합이나 시민운동 단체 같은 전통적 사회운동 조직조차 자체의 위계적 구조가 아니라 수평적 네트워크를 통해서 대중에게 영향을 끼쳤다. 탄핵이냐 아니냐 같은 급박한 전략 논쟁도 이런 커뮤니케이션 수단을 통해 대중 사이에서 기민하고 깊이 있게 전개됐다. 역으로 '태극기-성조기 부대'라 불리는 촛불 반대 세력조차 소셜 미디어를 활용해 대항 운동을 조직했다.

이런 변화에는 밝은 면만이 아니라 어두운 면도 있다. 소셜 미디어는 개인들이 서로 정치참여를 북돋는 매개체가 됐을 뿐만 아니라 가짜 뉴스나 근거 없는 선동이 창궐하는 장이 되기도 했다. 촛불 시민보다는 이에 맞서는 태극기-성조기 부대에서 이런 점이 더 강하게 나타나기는 했다. 그러나 촛불 집회가 잦아들고 조기 대선으로 넘어가자 촛불 시민들 가운데에서도 지지 후보와 정당이 다른 이들이 온라인에서 날선 공격을 주고받았다. 가짜 뉴스나 거짓 정보를 동원한 온라인 선동은 이후 여성이나 성소수자, 난민을 향해 반복되기도 했다. 이 모두가 한국 사회만의 특이한 현상이라기보다는 21세기 민주주의의 보편적 경향의 한 발현이다.

그런데 앞의 세 가지 말고도 촛불 항쟁과 포퓰리즘 시대의 공통 지반으로 주목해야 할 것이 있다. 그것은 바로 '촛불 시민'과 포퓰리즘 시대 '인민'을 관통하는 공통의 열망·염원이다.

신자유주의 시대는 '정치'와 '경제'를 새롭게 구획하면서 시작됐다. 제2차 세계대전 이후 생산 및 소비 영역으로 얼마간 확장됐던 민주적 결정의 영향권은 다시 축소되어 갔다. 동시에 민주적 결정 과정에서 엘리트와 대중이 맡는 역할도 재구획됐다. 지구화·금융화로 각 국민국가의 선출직 공직자가 실제 담당하는 권한이 대폭 축소됐고, 그나마 남은 권한도 자본의 초국적 네트워크에 맞춰 재구성돼야 했다. 물론 1997년 외환위기 이후 한국도 여기에서 예외가 아니었다.

결과적으로 대중이 결정할 수 있는 영역과 범위는 유례없이 줄어들었다. 민주주의의 외양이 바뀌지는 않았지만, 실은 더 이상 민주주의라 하기 힘든 상태에 이르렀다. 앞에서 말한 '포스트-민주주의' 혹은 '탈-정치' 상황이다. 지금 세계 곳곳에서 돌출하는 정치 이변은 이런 상태에 맞선 일종의 봉기다. 신자유주의 시대에 압사당한 정치를 대중 자신의 행위로 부활시키려는 시도다. 엘리트들에 의해 '포퓰리즘'이라는 이름이 붙은 정치 격변 이면에는 이렇게 정치를 탈환하려는 인민들이 있다.

그런데 2016~2017년에 서울과 여러 도시의 거리를 뜨겁게 달군 광경 역시 다름 아닌 정치의 대중적 부활이었다. 주류 정당, 비선출직 엘리트, 재벌들이 민주공화국의 정치를 궁정과 밀실의 막장 드라마로 전락시키자 대중이 직접 개입하고 나섰다. 촛불 시민들은 무너진 정치를 광장에서 새롭게 정초했다. 즉, 포퓰리즘이라는 가면 아래에서 인민이 추구하는 바를 촛불 시민 역시 간구했다.

말하자면 미국의 트럼프-샌더스 현상, 영국과 이탈리아의 국민투표 이변, 좌우 신진 세력의 약진 등등과 한국의 촛불 항쟁이 표출하는 시대정신은 그리 다르지 않다. 미국이든 유럽이든 한국이든 대중은 탈-정치에 맞서 대중정치를 되찾으려 한다. 주권자라는 것을 생생히 경험하고 이 경험으로부터 정치의 문법을 새로 쓰려 한다. 때로 이 시도가 더 심한 혼돈으로 나타날지라도 말이다.

촛불 항쟁이 있고 2년이 지난 지금(2018년 말 현재), 한국 사회는 포스트-촛불이라 할 국면에 있다. '포스트-촛불' 국면이라는 말에는 '촛불 후속' 국면, 즉 '후-촛불' 국면이라는 뜻과 '촛불에서 벗어나는' 국면, 즉 '탈-촛불' 국면이라는 뜻이 함께 있다. 굳이 말하면, 아직까지는 탈-촛불 국면이라기보다는 후-촛불 국면이라 할 수 있다. 촛불 정권을 자임하는 리버럴 정부의 개혁 정책에 대한 기대가 남아 있고, 극우파를 포위하는 정치 구도가 여전히 유효하다는 정서가 광범하게 존재하기 때문이다. 하지만 탈-촛불 국면의 조짐도 만만치 않다. 문재인-더불어민주당 정부는 한반도 긴장을 완화하는 데는 큰 성과를 냈지만, 경제사회개혁에서는 그렇지 못하다. 이런 상황이 계속되다 보면, 리버럴 세력에 대한 지지가 약해지고 대중이 새로운 정치적 대안을 찾으려 할 가능성이 높다.

후-촛불 국면이든 탈-촛불 국면이든 촛불 시민들이 바라는 바는 한결같다. 사람들의 살림살이 문제를 해결하는 정치를 만들자는 것이다. 촛불 항쟁의 여진이 남아 있는 후-촛불 국면에서 촛불 시민들은 이 열망을 촛불 항쟁에 함께했던 집권 리버럴 세력을 통해 실현하고자 한다. 만약 집권 세력이 이 기대를 실현하지 못한다는 게 확실해지면, 한국 사회에는 본격적으로 탈-촛불 국면이 열릴 것이다. 그렇다고 촛불 시민들이 아무 형체나 자취 없이 사라지는 것은 아니며, 그 밑바닥 열망 또한 마찬가지다. 다만 이 상황에서는 포퓰리즘 시대에 촛불 항쟁을 참으로 독특한 사건으로 만들었던 예외적 특성들은 많이 희석될 것이다. 촛불 시민들의 정치적 의지는 포퓰리즘 시대의 보편적 양상에 더욱 가까운 형태로 표출될 것이다.

5 | 21세기 민주주의의 과제에 던지는 촛불의 답변 혹은 그 실마리

이제 마지막 질문을 던져보자. 민주주의의 전 지구적 위기 속에서 촛불 항쟁은 이 위기를 극복할 어떤 답변을 혹은 답변의 실마리를 제시했는가? 이미 확인했듯이, 촛불 항쟁을 포퓰리즘의 대척점에 놓고 완벽한 대안으로까지 평가할 수는 없을 것이다. 하지만 이 사건은 포퓰리즘 흐름들과 중첩되면서도 또한 상당히 다른 면도 보였다. 따라서 최근 다른 나라 사례들에서 찾을 수 없는 독특한 교훈이나 메시지가 결코 없지 않을 것이다.

촛불 항쟁은 적어도 두 가지 메시지를 남겼다. 둘 모두 미래 민주주의의 출발점이 될 만한 소중한 성과다. 다만, 촛불 항쟁으로 완성되지는 못했다. 그 점에서 잠정적 성과라 할 수 있다. 그럼에도 포퓰리즘 시대의 가능성과 위험을 더 많은 민주주의의 정착이라는 방향으로 풀어가려면, 반드시 더 고민하고 소화해야 할 성과다.

첫째는 촛불 항쟁 과정에서 시민들이 연 광장이다. 촛불 광장의 역사는 사실 2016~2017년 항쟁보다 더 오래됐다. 민주화 이후 처음으로 전 정권보다 보수적인 정권이 들어선 뒤부터 사회운동 세력은 끊임없이 광장을 열려고 시도했다. 2008년에 미국산 소고기 수입 반대 촛불 시위가 들불처럼 일어났다 수그러든 뒤에도 노동운동, 시민운동 단체들은 광장을 요구하며 싸웠다. 2015년에 세월호 참사가 일어난 뒤에는 마치 광주항쟁 이후 그랬던 것처럼 시민들이 "진상 규명, 책임자 처벌"을 외치며 광장을 열고 지켰다. 그렇게 어렵게 유지되던 작은 광장이 비선 실세의 정체가 밝혀진 2016년 가을부터 매주 토요일마다 수백만 시민이 모이는 거대한 광장으로 확장됐다.

촛불 광장이 넓어진 만큼 여기에 모이는 개인과 집단, 세력도 참으로 다양해졌다. 오래전부터 광장을 지켜온 사회운동 세력이 집회 때마다 단상을 설치하고 집회 사회를 보았지만, 그렇다고 광장의 중심을 자임할 수는 없었다.

광장에는 따로 중심이 없었다. 애초에 조직의 지령이나 결의로 참여한 게 아니었다. 압도적인 다수는 소셜 미디어로 정보를 공유하며 개인으로 참여한 시민들이었다. 무리를 이루더라도 가족이나 동네 이웃, 친구, 동호회나 온라인 커뮤니티가 대세였다. 이런 느슨한 모임들까지 깃발을 만들어 참여해 촛불 광장을 알록달록하게 수놓았다.

참여자들이 다양해지면서 주장도 다채로워졌다. 박근혜 정부의 여러 실정에 맞서거나 세월호 사건의 진상을 규명하라는 목소리뿐만 아니라 그동안 억눌려 왔던 여러 사회개혁 요구들이 분출했다. 광장에 나온 모든 시민이 이런 다양한 요구에 다 동의했다고는 할 수 없다. 가령 일부 구호나 발언이 성차별적이라는 여성들의 지적에는 처음에 반발도 꽤 있었다. 그리고 이런 이견이 광장 안에서 다 건강하게 해소됐다고는 할 수 없다. 하지만 광장이 일상과는 분명히 달랐던 점은 있었다. 일상에서는 쉽게 지나쳤을 목소리도 광장에서는 진지하게 경청됐다. 논쟁은 할지언정 무시당하지는 않았다. 박근혜 정권을 하루빨리 끝내야 한다는 점에만 동의한다면, 일단은 귀 기울여야 할 목소리라는 것을 인정받았다.

이런 광장의 생리는 극우 포퓰리즘과는 전혀 다른 원리를 보여주었다고 할 수 있다. 촛불 광장에서는 박근혜 정권에 맞서기만 하면 누구든 촛불 시민이었다. 불순한 요소들(저항적 여성, 성소수자, 이주민 등등)을 끊임없이 선별하고 배제해야만 순수한 인민이 구성되는 것이 아니었다. 민주주의의 적에 맞서기 위해 인민은 더욱 다양해지고 광범해질수록 좋은 것이었다. 그렇다고 차이를 뭉뚱그리지는 않았다. 차이는 차이대로 광장 안의 토론 쟁점이 됐다. 온라인에서는 서로를 '무슨 충(蟲)'이라 부르며 공격할지라도 서로 얼굴을 맞대는 촛불 광장에서는 좀 더 진지하게 서로를 대하지 않을 수 없었다. 극우 포퓰리즘의 위험이 대두할 때마다 한국 사회는 다름 아닌 이 촛불 광장의 경험을 다시 불러내고 곱씹어야 할 것이다.

두 번째로 들어야 할 성과는 광장과 기존 민주주의 제도 사이의 역동적인 상호작용이다. 광장은 직접민주주의의 공간이었다. 그러나 이미 존재하는 제도들에 개입하지 않았다면, 무력한 직접민주주의에 그쳤을 것이다. 이 점에서 촛불 광장은 어떤 첨단 민주주의 이론이나 정식보다 역동적이었다. 광장의 시민들은 기존 민주주의 제도들을 끊임없이 압박하고 다그치며 필요하면 위협하기까지 했다. 촛불 시민들은 헌법에 규정된 민주주의 기관과 절차들이 정확히 '헌법에 약속된 그대로' 작동하길 요구했다. 결국에 이 요구에 국회도, 헌법재판소도, 끝내는 박근혜 대통령 자신도 순응해야 했다. 나중에 밝혀진 바이지만, 친위 쿠데타 비슷한 행동을 기획하고 있던 군대 내 일부 세력조차 촛불 시민들의 이런 기세를 거역하지 못했다.

이 과정에서 한국 사회가 경험한 것은 미래 민주주의의 발전에 핵심적인 어떤 상호작용이었다. 이는 정치학자 랠프 밀리밴드(Ralph Miliband)가 민주주의의 '공식 부문'과 '시민 부문' 사이의 변증법이라 정식화한 바 있는 상호작용이었다(Miliband, 1994). 탄핵은 철저히 대한민국 헌법이 규정한 절차대로 진행되었다. 대통령 파면은 기성 대의 민주주의가 작동한 결과였다. 그러나 이렇게 작동하도록 만든 힘은 대의 기구나 엘리트 관료 체계 안에서 나오지 않았다. 이들 기구에 맡겨두었다면, 지난 30여 년간의 일상처럼 제6공화국 헌정 체제는 민의를 간단히 외면하고 말았을 것이다. 촛불 광장이 열리고 이 광장이 대의 기구를 다그쳤기에 대의 민주주의가 제대로 작동하는 일이 벌어질 수 있었다.

이렇듯 대의 민주주의가 말 그대로 민주주의의 한 형식으로 기능하려면 시민들의 직접 참여가 필요하다. 직접민주주의와 대의 민주주의를 대립된 것으로 봐서는 안 된다. 둘이 서로 맞물려야만 둘 모두 제 기능을 할 수 있다는 것을 기억해야 한다. 그래야만 직접민주주의는 무능에서 벗어날 수 있고, 대의 민주주의는 변질을 피할 수 있다. 한국 사회는 이 깨달음을 잊지 말아야 한다. 이것이야말로 민주주의의 위기를 극복할 구체적 해법의 가장 중요한 단서가 될 것이다. 후-촛불 국면에서 대의제 자체의 지속적인 개혁(대표적으로 승자 독식 선거제도의 개혁)이 긴급한 과제인 이유도 여기에 있다.

그러나 촛불 항쟁의 이런 성과만 주목해서는 안 된다. 한계 또한 직시해야 한다. 그래야 성과도 제대로 계승할 수 있다. 어떤 점을 한계로 들 수 있을까?

위에서 포퓰리즘 시대의 인민 일반과 마찬가지로 촛불 시민의 이면에도 민주주의와 자본주의의 긴장과 갈등, 충돌이라는 현대사회의 근본 문제가 있다고 지적했다. 민주주의의 족쇄를 끊은 자본주의가 불로소득 자본주의라는 사실상의 재봉건제로 나아가는 상황이 세계 곳곳에서 대중의 분노를 자극하고 있다. 촛불 시민 역시 박근혜 전 대통령과 비선 실세 정씨 일가, 삼성 이씨 일가가 대표하는 세습 귀족 권력의 발흥에 분노했다.

하지만 민주주의를 가로막는 자본주의라는 장벽은 그 이상으로 분명하게 부각되지는 못했다. 삼성 재벌을 향한 분노의 확산이 이 방면에서 인식의 최대치였다. 촛불 광장에서는 박근혜와 비선 실세 최씨 일가라는 강력한 상징이 다른 여러 담론들을 모조리 빨아들였다. 박근혜 '체제'를 비판하는 담론들이 없지 않았다. 그러나 이는 박근혜 '개인'에 집중된 담론으로 쉽게 치환됐다. 이는 박근혜 '체제'의 중요한 구성 요소인 신자유주의 혹은 자본주의의 문제를 가리는 효과를 낳았다. 이런 효과가 있었기에 리버럴 정치세력이 촛불 광장에서 대안으로 부상하기도 좀 더 쉬워졌다. 어쩌면 리버럴 세력이 이런 효과를 바라면서 일정한 담론 투쟁을 벌였다고 해석할 수도 있겠다.

그러나 이런 촛불 담론의 한계는 이후 이른바 '촛불' 정권이 노정한 한계로 전이돼 나타났다. 문재인-더불어민주당 정부는 경제사회 개혁에서 아주 소극적인 모습을 보였다. '소득 주도 성장'을 내세우며 최저임금을 일부 인상했지만, 반격에 부딪히자 곧바로 개혁에서 손을 떼었다. 대재벌에게 쏠린 계급 간 세력 균형을 조금이라도 바꾸려는 시도는 전혀 없었고, 경제부처 관료와 보수 언론에 휘둘려 긴축 기조를 유지한 탓에 복지를 대폭 확대하거나 적극적 산업 정책을 펼치지도 못했다. 이 모두가 지금 자본주의 중심부의 다른 국가들에서 좌우 포퓰리즘을 통해 표출되고 있는 인민의 요구들이다. 문재인-더불어민주당 정부가 경제사회 정책의 이런 한계를 끝내 넘어서지 못한다면, 대서양 양안 국가들과 마찬가지로 한국에서도 거리와 투표소에서 인민의 봉기가 잇따를 수 있다. 후-촛불 국면이 예상보다 빨리 탈-촛불 국면으로 전환되고 한국 정치도 포퓰리즘 시대의 일반적 양상과 비슷해질지 모른다.

촛불 항쟁의 성과를 계속 살려 내기 위해서도 앞으로 한국 민주주의는 촛불 담론이 멈춘 이 지점을 돌파해야 한다. 기성 양대 정당이 일회성 구호로 제기했다 쉽게 폐기한 '경제민주화'를 다시 제자리에 올려놓아야 한다. 경제민주주의를 몇몇 재벌 규제 정책 정도로 이해하는 수준에서 벗어나 자본주의(아니, 차라리 재봉건화한 자본주의)와 민주주의의 충돌을 민주주의의 당파성에 따라 해결하는 것으로 제대로 자리매김해야 한다. 그러자면 대재벌이 최정점에 있는 기울어진 계급 간 세력 균형을 뒤흔들어야 하고, 엄청난 불평등을 낳는 모든 기존 경제 정설(正說, orthodoxy)(가령, 시장 지상주의나 균형재정론 따위)을 타파해야 한다. 이런 담론을 적극 주창하는 정치세력이 성장해야하고, 이 담론을 중심으로 다시 광장을 열어야 하며, 이런 광장을 통해 광범한 민중의 개혁 블록을 새로 구축해야 한다.

그럼에도 이러한 새 발걸음 역시 출발점은 촛불 광장의 기억일 수밖에 없다. 여기에 2016~2017년 촛불의 가장 위대한 성취가 있다. 촛불 항쟁은 한국사회의 장기 민주 혁명이 1987년 6월 항쟁과 제6공화국 수립으로 마감되지 않고 우리의 현재로 이어지는 좀 더 긴 사슬로 확장되게 만들었다. 촛불 항쟁이 일어나기 직전까지 한국 민주주의는 제6공화국 헌정 체제가 어디까지 후퇴할 수 있는지 시험이라도 하는 듯 퇴행을 거듭했다. 그러나 촛불 항쟁의 승리로 이런 후퇴는 용납될 수 없다는 것이 만방에 확인됐다. 한국 사회에서 민주주의의 전진이 누구도 돌이킬 수 없는, 말하자면 불가역적 현실이라는 것이 확인된 것이다.

이 점이 미래 한국 민주주의에 강력한 자산이 될 것이다. 우선 촛불 시민들이 '민주주의'의 이름으로 싸우고 승리했기에 이제 어떤 세력도 민주주의 자체를 부정해서는 존립할 수 없게 됐다. 물론 민주주의는 빈 기표이며(르포르, 2015), 따라서 저마다 '민주주의'로 뜻하는 바는 늘 다를 것이다. 그러나 이명박·박근혜 정권의 잇단 실정 뒤에 촛불 항쟁이 일어난 기억이 생생히 살아 있는 한, 앞으로 두 정권에서 나타난 것과 같은 수준의 후퇴는 '민주주의'의 이름으로 결코 용납될 수 없다는 것을 모두가 인정할 수밖에 없다. 적어도 촛불 이후 한국 사회에서 민주주의는 여전히 뜨거운 언어이며, 대중이 현실에 개입할 때마다 기준이 될 가치다. 민주주의의 전 지구적 위기 시대이기에 더욱 돋보이는 성취임에 분명하다.

또한 촛불 항쟁은 앞으로 상당 기간 한국 사회의 담론 지형을 규정하는 중요한 요소가 될 것이다. 담론 투쟁을 벌이는 어떤 세력도 촛불과 관련된 기억, 상징, 담론을 무시할 수 없으며, 늘 이를 의식하면서 실천할 수밖에 없을 것이다. 촛불 '혁명', 촛불 광장, 촛불 시민 등을 자기 담론으로 끌어들이지 않고는 지지를 얻을 수 없을 것이다. 이런 담론 지형은 민주주의를 후퇴시키려는 세력보다는 그 전진을 바라는 세력에게 조금이라도 더 유리하다. 이는 가령 포퓰리즘이 등장하더라도 그 극우 버전이 성장하기에는 불리한 조건이다. 촛불 항쟁의 역사적 경험 자체가 일정 기간 한국 민주주의의 가장 중요한 안전장치 역할을 하게 될 가능성이 높다.

또 하나 잊지 말아야 할 것은 대중이 '촛불 시민'이라는 이름과 형체를 획득한 경험이다. 포퓰리즘 시대의 가장 큰 위험은 반민주적 정치세력이 대중에게 어울리지 않는 이름을 붙이고 대중의 상당 부분이 이를 받아들일 가능성이다. 반면 촛불 항쟁에서 대중은 제도 정치세력들보다 앞서서 자신의 이름과 형체를 만들어냈다. '분노한 자들'이나 '노란 조끼'처럼, '촛불 시민'이 역사의 무대에 올라섰다. 그 순간, 어떤 포퓰리즘 정치세력이 실현할 수 있는 것보다 더 강력하고 능동적으로 인민이 현존했다.

이 순간을 늘 기억하는 것이 중요하다. 이 기억이 살아 있기만 하다면, 앞으로 민주주의가 새로운 장애물과 마주할 때마다, 그 장애물이 얼마나 두텁든, 대중은 그 상황에 맞는 또 다른 이름과 형체를 만들어낼 수 있을 것이다. '촛불 시민'이 그랬던 것처럼, 다시 일어설 수 있을 것이다.

참 고 문 헌

1장 한국 민주주의 기원의 재구성

≪대한매일신보≫. 1907.10.3. "논설".

≪독립신문≫. 1896.7.14. "논설".

≪독립신문≫. 1896.9.29. "논설".

≪독립신문≫. 1897.10.9. "논설".

≪독립신문≫. 1898.9.9. "여학교".

≪독립신문≫. 1898.10.22. "황척공록".

≪독립신문≫. 1898.10.27. "독립협회 재소".

≪황성신문≫. 1898.10.25. "재작일 독립협회에서".

김여식. 1919.10.30. "민주주의와 전제주의의 발향". ≪신한민보≫.

강만길 엮음. 1982. 『조소앙』. 한길사.

강정인. 2002. 「서구중심주의에 비쳐진 한국의 민주화, 민주주의의 한국화」. 『민주주의의 한국적 수용』. 책세상.

국회도서관. 1973. 『대한민국임시정부 의정원문서』. 서울.

김경순. 1997. 「1894년 농민집강소의 민주적 성격」. ≪사회과학논총≫, 16권(계명대), 195~207쪽.

김삼웅 편저. 1997. 『사료로 보는 20세기 한국사』. 가람기획.

김영명. 2013. 『대한민국 정치사-민주주의의 도입, 좌절, 부활』. 일조각.

김정인. 2013. 「근대 한국 민주주의 문화의 전통 수립과 특질」. ≪역사와 현실≫, 87권, 201~234쪽.

_____. 2015. 『민주주의를 향한 역사』. 책과함께.

_____. 2017. 『독립을 꿈꾸는 민주주의』. 책과함께.

김종엽. 2009. 『87년 체제론』. 창비.

다카요시, 마쓰오. 2010. 「다이쇼 데모크라시와 3.1독립운동」. 『3·1 운동과 1919년의 세계사적 의의』. 동북아역사재단.

고영환. 1920. 「데모크라시의 의의」. ≪학지광≫, 29권.

박찬표. 2007. 『한국의 국가 형성과 민주주의』. 후마니타스.

_____. 2010. 『한국의 48년 체제』. 후마니타스.

비숍, 이사벨라 버드. 1994. 『한국과 그 이웃나라들』. 이인화 옮김. 도서출판 살림.

서희경. 2012. 『대한민국 헌법의 탄생』. 창비.

신용하. 2001. 『갑오개혁과 독립협회운동의 사회사』. 서울대학교 출판부.

안외순. 2002. 「19세기 말 조선의 민주주의 수용론 재검토」. 『민주주의의 한국적 수용』. 책세상.

여치헌. 2012. 『인디언마을공화국』. 휴머니스트.

왕현종. 2003. 『한국 근대국가의 형성과 갑오개혁』. 역사비평사.

웨일즈, 님·김산. 2007. 『아리랑』. 송영인 옮김. 동녘.

위브, 로버트. 1999. 『미국 민주주의의 문화사』. 이영옥·박인찬·유홍림 옮김. 한울.

유길준. 2004. 『서유견문』. 허경진 옮김. 서해문집.

유자후. 1949. 『조선민주사상사』. 조선금융조합.

윤순갑. 2008. 「한말 한국 사회에서 민주주의 수용」. ≪대한정치학회보≫, 15집 3호, 197~320쪽.

이상익. 2006. 「한국의 정치사상적 전통과 대한민국의 정체성」. ≪한국철학논집≫, 19집, 131~165쪽.

이윤상. 2009. 『3·1운동의 배경과 독립선언』. 천안: 한국독립운동사연구소.

이이화. 2006. 『녹두장군 전봉준』. 중심.

정선태. 2007. 「근대 계몽기 민족·국민 서사의 정치적 시학」. 『근대 계몽기 지식의 굴절과 현실적 심화』. 소명출판.

정용화. 2004. 『문명의 정치사상: 유길준과 근대한국』. 문학과지성사.

정해구. 2010. 「한국민주주의의 전개와 그 특징」. 『다시 보는 한국 민주화운동』. 선인.

조경달. 2008. 『이단의 민중반란』. 박맹수 옮김. 역사비평사.

조선과학자동맹. 1947. 「민주주의에 대하여」. ≪민주주의≫, 17호.

최장집. 1996. 『한국 민주주의의 조건과 전망』. 나남.

_____. 2002. 『민주화 이후 민주의』. 후마니타스.

_____. 2013a. 「제도적 실천으로서의 민주화」. 『논쟁으로서의 민주주의』. 후마니타스.

_____. 2013b. 「우리에게 민주주의란 무엇인가」. 『논쟁으로서의 민주주의』. 후마니타스.

최형욱 편역. 2014. 『량치차오, 조선의 망국을 기록하다』. 글항아리.

한림과학원 엮음. 2010. 『한국근대신어사전』. 선인.

한용운. 1973. 『한용운전집』 1. 신구문화사.

2장 한국 민주주의 이념의 형성: 헌정주의, 민주공화, 국민주권

강정인 외. 2002. 『민주주의의 한국적 수용』. 책세상.

곽준혁. 2005. 「민주주의와 공화주의: 헌정체제의 두 가지 원칙」. ≪한국정치학회보≫, 39집 3호, 33~57쪽.

김동명. 2002. 「일본제국주의와 식민지 조선의 근대적 참정제도」. ≪국제정치논총≫, 42집 3호, 273~289쪽.

김동춘. 2000a. 『전쟁과 사회』. 돌베개.

_____. 2000b. 『근대의 그늘』. 당대.

김용철. 2007. 「개헌논의 체제의 민주화: 민주화 이후 개헌논의를 중심으로」. ≪정치정보연구≫, 10집 2호, 97~116쪽.

_____. 2016. 「한국의 민주화운동과 민주화: 성공과 좌절」. 신명순 외. 『한국의 민주화와 민주화 운동: 성공과 좌절』. 한울.

김철수. 2009. 『헌법학개론』. 박영사.

김홍우. 2004. 「독립신문과 사회계약」. 『독립신문 다시 읽다』. 심포지움 발표문(2004.9.2).

동선희. 2011. 「식민지기 재일조선인의 참정권에 관하여: 지방선거를 중심으로」. ≪한일민족문제연구≫, 21집, 31~70쪽.

박동천. 2003. 『선거제도와 정치적 상상력』. 책세상.

박상섭. 2008. 『국가·주권』. 소화.

박찬승. 2012. 「대한민국 헌법의 임시정부 계승성」. ≪한국독립운동사연구≫, 43호, 373~430쪽.

_____. 2013. 『대한민국은 민주공화국이다: 헌법 제1조 성립의 역사』. 돌베개.

_____. 2016. 『민족·민족주의』. 소화.

박찬표. 1997. 『한국의 국가형성과 민주주의』. 고려대학교출판부.

서희경. 2006. 「대한민국 건국헌법의 역사적 기원(1898~1919): 만민공동회·3·1 운동·대한민국임시정부헌법의 '민주공화'정체 인식을 중심으로」. ≪한국정치학회보≫, 40집 5호, 139~163쪽.

_____. 2012. 『대한민국 헌법의 탄생』. 창비.

서희경·박명림. 2007. 「민주공화주의와 대한민국 헌법이념의 형성」. ≪정신문화연구≫, 30집 1호, 77~111쪽.

손호철. 1991. 『한국정치학의 새구상』. 풀빛.

스키너, 퀜틴. 2004. 『근대 정치사상의 토대 I』. 박동천 옮김. 한길사.

신명순. 2016. 「민주화와 민주화운동의 이론적 고찰」. 신명순 외. 『한국의 민주화와 민주화 운동: 성공과 좌절』. 한울.

신영란. 2007. 「한국에서의 헌정주의와 민주주의의 갈등양상 분석: 헌정주의와 민주주의의 선순환 조건 탐색」. ≪비교민주주의연구≫, 3집 2호, 49~97쪽.

신우철. 2008. 『비교헌법사: 대한민국 입헌주의의 연원』. 법문사.

이관후. 2015. 「정치적 정당성의 기초에 대한 비판적 검토」. ≪현대정치연구≫, 8권 2호, 97~123쪽.

이동수. 2007. 「개화와 공화민주의: 『독립신문』을 중심으로」. ≪정신문화연구≫, 30집 1호, 5~29쪽.

이영록. 2010. 「한국에서의 '민주공화국' 개념사: 특히 '공화' 개념을 중심으로」. ≪법사학연구≫, 42집, 49~83쪽.

이영재. 2015. 『민의 나라, 조선』. 태학사.

이행선. 2012. 「(비)국민의 체념과 자살: 일제말·해방공간 성명·선거와 도회의원을 중심으로」. ≪인문과학논총≫, 31권 2호, 5~55쪽.

이효석. 1939. 「일표(一票)의 공능(功能)」. ≪인문평론≫, 1호.

장훈. 2013. 「한국민주주의론의 반성과 전망」. 『한국 민주주의의 위기와 전망: 민주화, 세계화, 탈안보화』. 인간사랑.

잭슨, 로버트. 2016. 『주권이란 무엇인가』. 옥동석 옮김. 21세기북스.

진영재. 2009. 「한국적 권력구조의 기원적 형태: 대한민국임시정부(1919년~1945년)의 헌법 개정과 권력구조 변천사 분석」. ≪한국정치학회보≫, 43집 2호, 25~49쪽.

최상룡. 19979.1. "한국의 민주화는 공고화단계". ≪대학신문≫.

최선. 2012. 「한국 근대 헌법의 기원에 대한 논의: ≪독립신문≫ '논설'을 중심으로」. ≪한국학연구≫, 41집, 289~321쪽.

최장집. 1996. 『한국민주주의의 조건과 전망』. 나남출판.

최장집. 2002. 『민주화 이후의 민주주의』. 후마니타스.

최정욱. 2013. 「근대 한국에서의 '민주' 개념의 역사적 고찰」. ≪한국정치학회보≫, 47집 1호, 127~144쪽.

한인섭. 2009. 「대한민국은 민주공화제로 함: 대한민국 임시헌장(1919.4.11) 제정의 역사적 의의」. ≪서울대학교 법학≫, 50집 3호(통권 152호), 167~201쪽.

Bellamy, Richard. 2007. *Political Constitutionalism*. Cambridge: Cambridge University Press.

Crick, Bernard. 1987. *Socialism*. Minneapolis: University of Minnesota Press.

3장 중단 없는 민주주의 혁명: 양상과 성과

강대민. 2010. 「범어사 3·1 운동의 재조명」. ≪대각사상≫, 14집, 41~90쪽.

고원. 2010. 「헌정체제론의 시각에서 본 4월혁명의 역사적 기원」. ≪한국정치연구≫, 19집 2호, 45~75쪽.

공혜림. 2018. "'박종철 고문사 밝힌 최 검사'. 최환." TBS 2018.1.8.

그리피스, W. E. 1999. 『은자의 나라 한국』. 신복룡 옮김. 집문당.

김도형. 2010. 「경남 함안지역 3.1운동의 사회경제적 배경」. ≪한국학논총≫, 34집. 1027~1054쪽

김미란. 2010. 「'젊은 사자들'의 혁명과 증발되어버린 '그/녀들'」. 『혁명과 여성』. 민주화운동기념사업회.

_____. 2011. 「'순수'한 청년들의 '평화' 시위와 오염된 정치 공간의 정화」. ≪상허학보≫, 31집, 173~209쪽.

김승일. 2011. 「국가기록원 소장의 3·1 운동판결문의 가치와 보존 실태」. ≪한국학논총≫, 35집, 149~164쪽.

김영재. 2011. 「그리스도인이 보는 도산 안창호의 리더십」. ≪개혁주의 이론과 실천≫, 창간호, 133~164쪽.

김은경. 2010. 「한국 민주화운동의 기원으로서 4월혁명 재평가」. 『다시 보는 한국민주화운동』. 선인.

김창수. 1960.8.30. "자유민주 교육의 이념과 제도(상)". ≪경향신문≫.

김태완. 2016. 「여학생 활약으로 본 3·1 운동과 아시아 반식민지운동」. ≪유관순 연구≫, 21호. 83~95쪽.

김형철. 2010. 「1980년 5월 광주민중항쟁과 한국민주주의의 현재성」. 『다시 보는 한국 민주화운동』. 선인.

민주헌법쟁취국민운동본부. 1987. 「헌법개정요강 국민운동 하반기 방향과 과제」. 민주헌법쟁취국민운동본부.

민주화운동기념사업회 연구소. 2008. 『한국민주화운동사 1』. 돌베개.

_____. 2009. 『한국민주화운동사 2』. 돌베개.

_____. 2010. 『한국민주화운동사 3』. 돌베개.

박맹수 2015. 「동학계 신종교의 사회운동사. ≪한국종교≫, 38집, 133~175쪽.

박종린. 2018. 「효성 김원벽의 생애와 민족운동」. ≪동방학지≫, 184집, 1~28쪽.

박찬승. 2014. 『한국 근현대사를 읽는다』. 경인문화사.

배항섭. 2013. 「임술민란의 민중상에 대한 검토」. ≪역사와 담론≫, 66집, 239~266쪽.

서중석. 2007. 『이승만과 제1공화국』. 역사비평사.

성백효 옮김. 『서경집전』. 전통문화연구회.

손호철. 1995. 「'5.18 광주 민중항쟁'의 재조명」. ≪진보평론≫, 11호, 79~102쪽.

슈라이버 2세, 도널드 W. 『적을 위한 윤리』. 서광선·장윤재 옮김. 이화여자대학교 출판부.

스위프트, 리처드. 2007. 『민주주의, 약자들의 희망이 될 수 있을까?』. 서복경 옮김. 이후.

안병욱 엮음. 2010. 『한국 민주화운동의 성격과 논리』. 선인

안창호. 2015. 『나의 사랑하는 젊은이들이게』. 지성문화사

양창수. 1999. 「우리 나라 최초의 헌법재판논의: 처의 행위능력 제한에 관한 1947년 대법」. ≪서울대
학교법학≫, 40권 2호, 125~151쪽.

원광대학교 수요동학공부모임. 『3·1 운동 관계 등 조서·공판·재판기록』(미발간 자료).

이계형. 2018. 「경기도 화성지역 3·1 운동의 연구동향과 과제」. ≪한국학논총≫, 50권 1호,
479~515쪽.

이나미. 2017. 『한국시민사회사: 국가형성기 1945~1960』. 학민사

_____. 2018. 「한국 민주주의의 뿌리로서의 '민란'」. ≪KDF Report≫, 28호, 민주화운동기념사업회.

_____. 2019. 「대한민국임시정부와 민주공화제에 대한 재고찰」. ≪내일을 여는 역사≫, 74호, 90~
102쪽.

이세기. 2010. 「아름다은 미완의 4월 혁명」. ≪고대교우회보별지≫, 477호.

이승택. 2013. 「한국 헌법과 민주공화국」. 고려대 법학과 박사학위논문.

이영록. 2017. 「헌법에서 본 3·1 운동과 임시정부 법통」. ≪법학논총≫, 24(1), 3~24쪽.

이지호·이현우·서복경. 2017. 『탄핵 광장의 안과 밖』. 책담.

이태영. 1961.4.20. "논리와 현실의 배반지대". ≪경향신문≫.

이황직. 2014. 「해방 직후 유교단체들의 성격에 관한 연구」. ≪현상과인식≫, 38, 115~150쪽.

이희훈. 2010. 「대한민국 정부수립 이후 언론관계법의 발전과 평가」. ≪세계헌법연구≫, 16권 3호,
325~380쪽.

임영태. 2008. 『대한민국사 1945~2008』. 들녘.

장지혜. 2018. 「여성 유일 불법연구회 창립발기인 오타원 이청춘」. 제227차 원광대 원불교사상연구원
월례발표연구회.

정병설. 2008. 「조선후기 한글·출판 성행의 매체사적 의미」. ≪진단학보≫, 106호, 145~164쪽.

정용욱. 1989. 「3·1운동에 나타난 노동자·농민의 진출」. ≪역사비평≫, 4호, 74~95쪽.

정진영. 2015. 「사족과 농민」. ≪조선시대사학보≫, 73호, 153~191쪽.

정해구. 2011. 『전두환과 80년대 민주화운동』. 역사비평사.

조대엽. 2010. 「4·18 고대행동과 한국의 민주주의」. ≪사총≫, 71집, 77~102쪽.

조성환. 2018. 『개벽종교의 평화사상』. 한국종교교육학회·서강대생명문화연구소 추계국제학술대회
(2018.11.23).

최미정. 1993. 「1800년대 민란과 국문시가」. ≪성곡논총≫, 24집, 1687~1738쪽.

파커, 데이비드. 2009. 『혁명의 탄생』. 교양인.

한국정치연구회 엮음. 2010. 『다시 보는 한국민주화운동』. 선인.

홍석률. 2017. 『민주주의 잔혹사』. 창비.

황민호. 2006. 「매일신보에 나타난 3·1운동의 전개와 조선총독부의 대응」. ≪한국독립운동사연구≫, 26집.

카치아피카스(George Katsiaficas) 외. 2002. 「역사 속의 광주항쟁」. ≪민주주의와 인권≫, 2권 2호, 227~248쪽.

4장 3·1 운동, 최초의 민주주의 혁명

≪공립신문≫.
≪대한매일신보≫.
≪대한자강회월보≫.
≪대한협회회보≫.
≪독립신문≫.
≪승정원일기≫.
≪신한민보≫.
≪태극학보≫ 제12호. 1907.
≪황성신문≫.
『승정원일기』.

고정휴. 2000. 「대한민국임시정부의 통합정부수립에 대한 재검토」. ≪한국근현대사연구≫, 13집, 34~71쪽.

국회도서관 엮음. 1974. 『한국독립운동사』.

김대희. 1985. 「20세기조선론」. 『근대한국공연예술사 자료집 1 개화기: 1910년』. 단국대학교 출판부.

김도형. 1994. 『대한제국기의 정치사상연구』. 지식산업사.

김도훈. 1999. 「1910년대 초반 미주한인의 임시정부 건설론」. ≪한국근현대사연구≫, 10집, 246~270쪽.

김동택. 2001. 「19세기말 근대국가 건설과정에서 나타난 정치적 균열」. ≪한국정치학회보≫, 34집 4호, 41~55쪽.

_____. 2002. 「근대 국민과 국가 개념의 수용에 관한 연구」. 성균관대학교 대동문화연구원. ≪대동문화연구≫, 41집, 357~388쪽.

_____. 2004. 「독립신문의 근대국가 건설론」. 서강대학교 사회과학연구소. ≪사회과학연구≫, 2호, 68~97쪽.

_____. 2008. 「대한매일신보에 나타난 '민족'개념에 관한 연구」. 대동문화연구원. ≪대동문화연구≫, 61집, 405~434쪽.

김소진. 1998. 『한국독립선언서연구』. 국학자료원.

김삼웅. 1989. 『항일민족선언: 항일운동자료집』. 한겨레.

김용구. 1997. 『세계관 충돌의 국제정치학: 동양 예와 서양 공법』. 나남.

김정인. 2015. 『민주주의를 향한 역사 : 시대의 건널목, 19세기 한국사의 재발견』. 책과 함께

김효전. 2000. 『근대한국의 국가사상』. 철학과 현실.

나진(羅瑨)·김상연(金祥演) 역술. 1986.『국가학』. 민족문화.

민준기 외. 1982.『한국의 학파와 학풍』. 우석.

무어, 베링턴(Barrington Moore). 1990.『독재와 민주주의의 사회적 기원』. 진덕규 옮김. 까치.

반병률. 2004.「해외에서의 대동단 조직과 활동」. ≪한국근현대사연구≫, 28집, 56~79쪽.

서영희. 1997.「광무정권의 형성과 개혁정책 추진」. ≪역사와 현실≫, 26호, 12~55쪽.

서희경. 2006.「대한민국 건국헌법의 역사적 기원(1898~1919): 만민공동회, 3·1 운동, 대한민국임시
　　　정부헌법의 '민주공화' 정체 인식을 중심으로」. ≪한국정치학회보≫, 40권 5호. 139~163쪽.

스카치폴, 테다(Theda Skocpol). 1981.『국가와 사회혁명』. 까치.

신용하. 1988.『한국근대민족운동사연구』. 일조각.

＿＿＿. 2001.『3·1 운동과 독립운동의 사회사』. 서울대학교출판부.

신우철. 2004.「헌정사와 비교헌법(1): 중국의 제헌운동이 상해임시정부 헌법제정에 미친 영향-임시헌
　　　장(1919.4.11)과 임시헌법(1919.9.11)을 중심으로」. 한국법사학회 엮음. ≪법사학연구≫,
　　　Vol.29, 5~57쪽.

신해영. 1908.『윤리학교과서』. 보성중학교.

엔더슨, 페리. 1990.『절대주의 국가의 계보』. 함택영 외 공역. 극동문제연구소.

엔드슨, 베네딕트. 2004,『상상의 공동체』. 김형숙 옮김. 나남.

우남이승만문서편찬위원회 엮음. 1998,『이화장소장 우남이승만문서(동문편)』총18책.

유길준. 1988.『정치학』. 한석태 역주. 경남대 출판부.

＿＿＿. 2004. 1895.『서유견문』. 허경진 옮김. 서해문집.

유성준. 1907,『법학통론』, 국민교육회.

윤진헌 편저. 2008.『한국독립운동사』상 하. 한국학술정보.

이기(李沂). 1908.「정치학 속(續)」. ≪호남학보≫, 3호.

이정은. 2009.『3·1독립운동의 지방시위에 관한 연구』. 국학자료원.

이현주. 1999.「1910년대 국제정세와 정부 수립운동」. 한국근현대사학회 엮음.『대한민국임시정부수
　　　립 80주년 기념논문집(상)』. 국가보훈처.

＿＿＿. 2000.「3·1 운동 직후 국내 임시정부 수립운동의 두 유형. '공화주의' 및 '복벽주의' 운동에 대
　　　한 일고찰」. ≪인하사학≫, 8집.

이현희. 2003.『대한민국임시정부사』. 한국학술정보.

이화여자대학교 한국문화연구원. 2006.『근대계몽기 지식의 발견과 사유 지평의 확대』. 소명출판.

＿＿＿. 2007.『근대계몽기 지식의 굴절과 현실적 심화』. 소명출판.

＿＿＿. 2006.『근대계몽기 지식 개념의 수용과 그 변용』. 소명출판.

정종섭. 2002.『한국헌법사문류(韓國憲法史文類)』. 박영사.

조동걸. 1987.「임시정부 수립을 위한 1917년의 대동단결선언」. ≪한국학논총≫, 9, 123~170쪽.

＿＿＿. 1999.「임시정부의 헌법과 이념」. 한국근현대사학회 엮음.『대한민국임시정부수립 80주년 기
　　　념 논문집(상)』. 국가보훈처.

조항래 편저. 1993.『1900년대의 애국계몽운동 연구』. 아세아문화사.

주정균. 1908.『법학통론』. 광학서포.

진덕규. 1983.「대한제국의 권력구조에 관한 징치사적 인식 Ⅰ」. 이화여자대학교 한국문화연구원.『대한

제국연구』 I.

_____. 1984. 「대한제국의 권력 구조에 관한 정치사적 인식 II」. 梨花女子大學校 韓國文化硏究院. 『대한제국연구』 II.

차선혜. 1996. 「대한제국기 경찰제도의 변화와 성격」. ≪역사와 현실≫, 16호. 73~99쪽.

채백. 1992. 「≪독립신문≫의 성격에 관한 일 연구: 한국 최초의 민간지라는 평가에 대한 재검토를 중심으로」. 한국언론정보학회. 『한국사회와 언론』. 284~309쪽.

최부순. 1995. 「의암 유인석의 독립운동에 관한 연구. 만주, 노령지역 활동을 중심으로」. ≪율곡사상연구≫, 2집. 557~598쪽.

폿지, 잔프랑코. 1995. 『근대국가의 발전』. 박상섭 옮김. 민음사.

피어슨, 크리스토퍼. 1998. 『근대국가의 이해』. 박형신 옮김. 일신사.

하영선 외. 2009. 『근대 한국의 사회 과학 개념 형성사』. 창비.

한국근현대사연구회. 2007. 『한국독립운동사강의』(개정판). 한울아카데미.

한국역사연구회. 1989. 『3·1민족해방운동연구』. 창조사.

홉스봄, 에릭. 1994. 『1780년 이후의 민족과 민족주의』. 강명세 옮김. 창작과 비평.

히로시, 미야지마. 2009. 「민족주의와 문명주의: 3·1 운동에 대한 새로운 이해를 위하여」. 3·1 운동 기념 국제학술대회 발표문. 성균관대학교 동아시아학술원.

『한국독립운동사』 제1권.

The Independent.

Wallerstein, Immanuel. 1974. *The Modern World-System.* Academic Press.

5장 4월 혁명, 주권재민의 첫 승리

≪경향신문≫. 1960.8.27. "4월혁명 부상자들, 국회의사당 앞에서 국회 규탄 시위".

≪경향신문≫. 1960.9.6. "4월혁명 유족회, 국회 변호사회관 앞에서 시위".

≪경향신문≫. 1960.10.11. "곽상훈 민의원 의장, 시위대의 국회의사당 점거는 국회의원의 책임".

≪경향신문≫. 1961.4.6. "여적".

≪동아일보≫. 1960.4.17. "최루탄 ICA자금으로 도입".

≪동아일보≫. 1960.4.21. "이승만 대통령 4.19사태 관련 담화".

≪동아일보≫. 1960.4.22. "4.19사태 사망자 명단".

≪마산일보≫. 1960.4.17. "국회마산사건조사위원회 현장검증 증인심문 계속".

≪국제신보≫. 1960.4.15. "적색분자 검거 열풍".

≪사상계≫. 1960.9. 「국내의 움직임: 7.29총선 난동」, 59~64쪽.

≪사상계≫. 1962.4. 「(좌담)주도세력 없는 혁명은 정변에 불과: 4·19 2주년을 회고하며」, 154~166쪽.

≪조선일보≫. 1960.4.20. "매카나기 대사, 이승만 대통령과 요담".

≪조선일보≫. 1960.9.15. "민의원, 4월혁명유족회 안 토대로 혁명입법안 제안".

≪조선일보≫. 1960.12.12. "사설".

강인철. 1999. 「한국전쟁과 사회의식 및 문화의 변화」. 한국정신문화연구원 엮음. 『한국전쟁과 사회
　　　구조의 변화』. 백산서당.

강준만. 2004. 『한국현대사 산책: 1960년대 편』 1권. 인물과사상사.

국회 사무처. 1960. 『제35회 국회임시회의 속기록』, 19.

권보드래. 2010. 「4·19와 5·16 자유와 빵의 토포스」. ≪상허학보≫,85-130쪽.

권찬주 여사 부산 문화방송 인터뷰. 1999.10. 사단법인3·15의거기념사업회. ≪3·15 의거≫, 7호,
　　　37~38쪽.

김미란. 2005a. 「'젊은사자'들의 혁명과 중발해버린 '그/녀들'」. 『혁명과 여성』. 선인.

_____. 2005b. 「4.19혁명의 정치적 상상력과 개인서사」. ≪겨레어문학≫,35, 162-188쪽.

김승옥. 2004. 『내가 만난 하나님: 김승옥 산문집』. 작가.

김정원. 1985. 『한국분단사』. 동녘.

김주완 기자의 마창역사공부방. https://cafe.naver.com/tohocafe.

김주완. 2006.12. 「마산은 과연 민주 성지일까? 적과의 동침, 마산 정신의 혼란」. 3·15의거기념사업
　　　회. ≪3·15 의거≫, 8호, 123~130쪽.

김태룡. 1962. 「3·15 마산의거의 역사적 고찰」. 마산시사편찬위원회 엮음. 『마산시사: 사료집』.

김헌식. 2003. 『색깔논쟁』. 새로운 사람들.

남욱. 1960. 「2.28대구학생데모사건의 진상」. ≪새벽≫, 47~53쪽.

대한변호사협회. 2002. 「마산사건진상보고서」. 『대한변협 오십년사』.

동아일보사. 1975. 「특집 해방30년」. 『동아연감』.

마산일보사 엮음. 1960. 『민주혁명 승리의 기록』. 마산일보사.

민주화운동기념사업회. 2012. 『4월혁명 이후 민주화운동 사료집』.

민주화운동기념사업회 4월혁명사료총집발간위원회. 2010. 『4월혁명 총집』.

박완서. 1991. 「1950년대: '미제문화'와 '비로도'가 판치던 거리」. ≪역사비평≫, 15호, 106~112쪽.

박찬. 1993. 「가짜 이강석 사건」. ≪월간조선≫, 11월 호, 653~672쪽.

박찬세. 1960. 「학우들의 영령은 감시하고 있다」. ≪사상계≫, 9월 호, 158~163쪽.

백윤선. 1997. 「4월혁명의 희망과 좌절, 바로 그녀의 의거담을 듣는다」. 사단법인 3·15의거기념사업
　　　회. ≪3·15의거≫, 5호, 94~111쪽.

서중석. 1999a. 『조봉암과 1950년대(상)』. 역사비평사.

_____. 1999b. 『조봉암과 1950년대(하)』. 역사비평사.

_____. 2015. 『서중석의 현대사 이야기 2: 한국전쟁과 민간인 집단학살 편』. 오월의 봄.

안동일·홍기범 공저. 1960. 『기적과 환상』. 영신문화사.

오제연. 2010. 「4월혁명 직후 학생운동의 '후진성' 극복 지향과 동요」. 『4월혁명과 한국 민주주의』.
　　　선인.

이강수. 2008. 「1960년 양민학살사건진상조사위원회의 조직과 활동: 조사보고서 분석을 중심으로」.
　　　≪한국근현대사 연구≫, 45, 169-200쪽.

이상록. 2010. 「4.19 민주항쟁 직후 한국 지식인들의 민주주의 인식: 자유민주주의와 민주적 사회주의
　　　를 중심으로」. 『사총』, 71, 103-133쪽.

이상은. 1960. 「대학교수단 의거에 이르기까지」. 이강현 엮음. 『민주혁명의 발자취: 전국 각급학교 학

생대표의 수기』. 정음사.

이승만. 1948.8.15. 「대한민국 정부 수립과 우리의 각오」. 대통령기록연구실 연설문 목록. http://me2.do/FuyuJ4Sj.

이용원. 1999.4.3. 「제2공화국과 장면: 분출하는 욕구」. ≪서울신문≫.

이은진. 2010. 「3·15 마산의거의 지역적 기원과 전개」. 정근식·이호룡 엮음. 『4월혁명과 한국민주주의』. 선인.

장준하. 1960. 「또다시 우리의 향방을 천명하면서」. ≪사상계≫, 6월 호, 36~37쪽.

정남규. 1960.5.1. 「젊은 피의 명복을 빈다, 정남규 선생의 수기」. ≪부산일보≫.

정병조. 1960. 「학생 지방계몽가의 성과 보고」. ≪사상계≫, 10월 호, 138~143쪽.

조일문. 1960. 「교원노조의 문제점」. ≪사상계≫, 9월 호, 224~231쪽.

진실과화해를위한과거사정리위원회. 2010. 「국민보도연맹사건」. 『2009년 하반기 조사보고서』 제7권.

홍승직. 1962. 「대학생은 무엇을 생각하고 있나?: 가치관 예비조사에 의거하여」. ≪사상계≫, 4월 호, 118-128쪽.

홍영유 엮음. 2010. 『4월혁명통사』, 제4권. 도서출판 천지창조.

_____. 2010. 『4월혁명통사』, 제9권. 도서출판 천지창조.

홍중희. 1995. 「3·15 의거 배경과 봉기를 중심으로」. 3·15의거기념사업회. ≪3.15 의거≫, 1호, 27~39쪽.

Department of State. 1994. *Foreign Relation of United States 1958~1960*. Vol. XVIII.

6장 6월 항쟁, 5월 광주를 모태로 한 촛불 혁명의 서막

≪경향신문≫. 1980.1.4. "한국, 가장 전망 밝아 英紙 여론조사 결과".

≪동아일보≫. 1980.1.1. "인권·자유신장 가장 중요".

≪동아일보≫. 1980.1.4. "대통령 중심제 직선으로, 한국공법학회 대상 본사 여론조사".

곽준혁. 2005. 「민주주의와 공화주의: 헌정체제의 두 가지 원칙」. ≪한국정치학회보≫, 39집 3호. 33~57쪽.

권영숙. 2018. 「촛불의 운동정치와 87년 체제의 '이중 전환'」. ≪경제와 사회≫, 117권. 62~103쪽.

김동춘. 1997. 『분단과 한국사회』. 역사비평사.

_____. 2017. 「촛불시위, 대통령 탄핵과 한국 정치의 새 국면」. ≪황해문화≫, 94호. 202~220쪽.

김명인. 2007. 「1987, 그리고 그 이후」. ≪황해문화≫, 통권54호. 10~35쪽.

김상준. 2017. 「2016~2017년 촛불혁명의 역사적 위상과 목표」. ≪사회와이론≫, 31집. 63~90쪽.

김성일. 2017. 「광장정치의 동학」. ≪문화과학≫, 89호, 146~168쪽.

김정주. 2016. 「촛불의 저항에서 대항 헤게모니로」. ≪진보평론≫, 70호, 83~101쪽.

김종엽. 2005. 「분단체제와 87년 체제」. ≪창작과비평≫, 33권 4호, 12~33쪽.

_____. 2017. 「촛불혁명의 새로운 단계를 향하여」. ≪창작과 비평≫, 45권 2호, 2~9쪽.

김태운. 2005. 「신현실주의와 신자유주의의 국제정치관: 인식의 공유와 차이」. ≪정치·정보연구≫, 8권 2호, 190~211쪽.

김학준. 2017. 「빅데이터를 통해 바라본 촛불 민의」. ≪황해문화≫, 94호, 60~75쪽.

뤼시마이어 외. 1997. 『자본주의 발전과 민주주의』. 박명림 외 옮김. 나남.

럭터, 멜빈. 2010. 『정치·사회적 개념의 역사』. 송승철·김용수 옮김. 소화.

민족민주운동연구소 엮음. 1989. 『국민운동본부:민주쟁취국민운동본부평가서(1)』.

민주화추진협의회. 1988. 『민추사』.

박근갑 외. 2009. 『개념사의 지평과 전망』. 소화.

박은홍 외. 2008. 『평화를 향한 아시아의 도전: 아시아 민주화운동사』. 나남.

박준성. 2016. 「1987년 6월항쟁은 무엇이었나?」. ≪내일을 여는 역사≫, 6호, 176~190쪽.

백낙청. 2007. 「6월항쟁 이후 20년, 어디까지 왔으며 어디로 갈 것인가」. ≪황해문화≫, 55호, 177~188쪽.

서영표. 2017. 「변화를 향한 열망, 하지만 여전히 규율되고 있는 의식: 2016년 촛불시위에 대한 하나의 해석」. ≪마르크스주의 연구≫, 14권 1호, 65~90쪽.

서중석. 2011. 『6월항쟁』. 돌베개.

_____. 2017. 「6월항쟁의 전개와 의의」. 민주화운동기념사업회. 『6월항쟁과 한국민주주의』.

선학태. 2010. 「한국민주주의 공고화 관점에서 본 헌정체제 디자인 : 합의제형」. ≪민주주의와 인권≫, 10권 1호, 69~130쪽.

성경륭. 1995. 『체제변동의 정치사회학』. 한울.

손호철. 2009.6.9. 「'한국체제'논쟁을 다시 생각한다: 87년 체제, 97년 체제, 08년 체제론을 중심으로」. 민주화운동기념사업회. "6월항쟁 22주년 기념 학술대토론회: 한국민주주의와 87년 체제"(2009. 6.9).

_____. 2017. 『촛불혁명과 2017체제』. 서강대학교출판부.

오제연. 2004. 「한국 근현대사 속의 6월항쟁: 3·1운동·4월혁명과 비교를 중심으로」. 민주화운동기념사업회. 『6월항쟁과 한국민주주의』.

6월민주항쟁 10주년사업 범국민추진위원회 엮음. 1997. 『6월항쟁 10주년 기념자료집』. 사계절.

유팔무. 2003. 「시민사회의 개념과 내부 구성: 유물론적 형성론의 관점에서」. ≪동향과 전망≫, 통권 제56호, 112~139쪽.

이광일. 2017. 「그들이 대중을 다루는 아주 오래된 방식: 촛불은 보수 자유주의 정치세력을 넘을 수 있을까」. ≪문화과학≫, 89, 169~188쪽.

이영제. 2010. 「6월항쟁과 민주주의 이행」. 한국정치연구회 엮음. 『다시 보는 한국 민주화운동: 기원, 과정, 그리고 제도』. 선인.

이정은. 2015. 「3·1운동 연구 100년: 인식 재확대를 위하여」. ≪유관순 연구≫, 20호, 111~135쪽.

임지현. 2004. 『대중독재』. 책세상.

임혜란. 2005. 「미국 부시행정부의 통상정책: 이념과 이해의 역할」. ≪한국과 국제정치≫, 21권 2호, 93~123쪽.

잉글하트. 로널드·크리스찬 웰젤. 2011. 『민주주의는 어떻게 오는가』. 지은주 옮김. 김영사.

정근식. 2007. 「광주민중항쟁에서의 저항의 상징 다시 읽기」. ≪기억과 전망≫, 통권 제16호. 148~172쪽.

_____. 2017. 「6월항쟁 연구의 흐름과 재해석: 시각과 지평의 조정」. 민주화운동기념사업회. 『6월항

쟁과 한국민주주의』.

정대화. 1995. 「한국의 정치변동 1987-1992: 국가-정치사회-시민사회의 관계를 중심으로」. 서울대학
　교 정치학과 박사학위논문.

정병기. 2017. 「68혁명운동과 비교한 2016/2017 촛불 집회의 비판 대상과 참가자 의식」. ≪동향과 전
　망≫, 통권22권, 261~291쪽.

정상호. 2016. 『시민의 탄생과 진화』. 한림대학교 출판부.

_____. 2017. 『한국 시민사회사: 1961~1986』. 학민사.

정일준. 2010. 「(한미관계, 엇갈린 60년Ⅲ) 전두환·노태우 정권과 한미관계: 광주항쟁에서 6월항쟁을
　거쳐 6공화국 등장까지」. ≪역사비평≫, 통권90호, 296~332쪽.

정진상. 1997. 「6월항쟁 10주년특별기획: 갑오농민전쟁, 3·1운동, 4월혁명, 6월항쟁의 비교분석: 6월
　항쟁과 한국의 변혁운동」. ≪역사비평≫, 통권38호, 26~79쪽.

정태석. 2018. 「87년 체제와 시민사회 이데올로기-가치들의 변화: 촛불혁명과 사회체제 전환의 전망」.
　≪경제와 사회≫, 117권. 18~61쪽.

정해구. 2008.7.9. "대한민국은 민주공화국이다". ≪미디어 오늘≫.

_____. 2017. 「1980년대 재야세력의 성장과 역할: 민통련을 중심으로」. 민주화운동기념사업회. 『6월
　항쟁과 한국민주주의』.

정해구·김혜진·정상호. 2004. 『6월항쟁과 한국의 민주주의』. 민주화운동기념사업회.

조기숙·박혜윤. 2008. 「2008 촛불집회에 대한 경험적 분석」. ≪한국정치학회보≫, 42집 4호, 243~
　268쪽.

조대엽. 2003. 「광주항쟁과 80년대의 사회운동문화: 이념 및 가치를 중심으로」. ≪민주주의와 인권≫,
　3권 1호, 175~210쪽.

조현연. 2017. 「민주화추진협의회의 구성과 '저항·선명 야당'의 성장」. 민주화운동기념사업회. 『6월
　항쟁과 한국민주주의』.

최장집. 2002. 『민주화이후의 민주주의』. 후마니타스.

_____. 2009. 『민중에서 시민으로: 한국 민주주의를 이해하는 하나의 방법』. 돌베개.

최정운. 1999. 『오월의 사회과학』. 풀빛.

한홍구. 2010. 『지금 이 순간의 역사』. 한겨레출판.

_____. 2017. 「촛불과 광장의 한국현대사」. ≪창작과 비평≫, 45권 1호, 301~328쪽.

허은. 2017. 「1987년 민주화투쟁과 6월항쟁」. 민주화운동기념사업회. 『6월항쟁과 한국민주주의』.

헤이우드, 앤드류. 2009. 『정치학: 현대정치의 이론과 실제』. 성균관대학교 출판부.

홍윤기. 2004. 「시민적 실존의 철학적 소묘」. 홍성태 엮음. 『참여와 연대로 본 민주주의의 새 지평』.
　아르케.

Berry, Jeffrey M. 1977. *Lobbying for the People*. Princeton University Press.

Campbell, John L. 2001. "Institutional Analysis and the Role of Ideas in Political Economy."
　Campbell J. L. & Pederson O. K. *The Rise of Neoliberalism and Institutional Analysis*.
　Princeton University Press. pp.111~139.

Edwards, Michael & David Hulme. 1996. *Beyond the Magic Bullet: NGO Performance and*

Accountability in the Post-Cold War World. Kumarian Press.

Fotopoulos, Takis. 1997. *Towards an Inclusive Democracy*. Cassell. London and New York.

Krasner, Stephen. 1983. "Structural Causes and Regime Consequences: Regimes as Intervening Variables." in Stephen Krasner(ed). *International Regimes*. Ithaca: Cornell Univ. Press.

Pempel. T. J. 1998. *Regime Shift*. Cornell University Press.

7장 1987년 이후 30년, 한국 민주주의의 궤적과 시민정치의 변화

강원택. 2008. 「지역주의는 변화했을까」. 이현우·권혁용 엮음. 『변화하는 한국유권자 2: 2007 한국대선 패널조사 연구』. EAI 동아시아연구원. 67~93쪽.

권영숙. 2018. 「촛불의 운동정치와 87년 체제의 '이중 전환'」. ≪경제와 사회≫, 117호, 62~103쪽.

권혁용. 2008. 「2007년 대통령선거에 나타난 경제투표」. 이현우·권혁용 엮음. 『변화하는 한국유권자 2: 2007 한국대선 패널조사 연구』. EAI 동아시아연구원. 151~177쪽.

김동춘. 2006. 『1997년 이후 한국사회의 성찰: 기업사회로의 변환과 과제』. 도서출판 길.

김윤철 2018. 「2016~2017년 촛불집회의 역사적 맥락과 '마지노선 민주주의'」. ≪21세기 정치학회보≫, 8집 1호. 1~19쪽.

김종엽 엮음. 2009. 『87년 체제론』. 창비.

김종엽. 2017. 『분단체제와 87년 체제』. 창비.

김주호. 2017. 「독일 대안당의 시장급진적 정책과 비수혜집단의 지지: 정책과 지지집단의 불일치, 그리고 그 원인」. ≪유럽연구≫, 35권 4호. 119~161쪽.

김한식. 2017. 「프랑스 극우의 신화와 이데올로기: 마린 르펜의 정치담론을 중심으로」. ≪한국프랑스학논집≫, 80집, 169~204쪽.

류재성·송병권·홍지연. 2008. 「누가 경제투표를 하는가? 사회경제적 변인 분석」. 박찬욱 엮음. 『제17대 대통령 선거를 분석한다』. 생각의 나무. 249~288쪽.

박영신. 2018. 「'역동 민주주의'의 길: 체제와 공공 참여」. ≪현상과 인식≫, 42권 1호, 17~42쪽.

브루이, 존. 2009. 「1848년의 혁명들: 급진주의·자유주의·보수주의의 혼전」. 데이비드 파커 외 엮음. 『혁명의 탄생』. 239~280쪽. 박윤덕 옮김. 교양인.

브린튼, 크레인. 1983. 『革命의 解剖』. 차기벽 옮김. 학민사.

손호철. 1997. 『현대 한국정치: 이론과 역사』. 사회평론.

_____. 2006. 『해방 60년의 한국정치, 1945~2005』. 이매진.

신광영. 2016. 「왜 스웨덴에서 극우정당이 급성장하는가?」. ≪스칸디나비아연구≫, 18호, 1~30쪽.

신진욱 2015. 「불평등과 한국 민주주의의 질: 2000년대 여론의 추이와 선거정치」. ≪한국사회정책≫, 22집 3호, 9~39쪽.

_____. 2011. 「2000년대 한국 시민사회의 분절과 분산」. 강원택·장덕진 엮음. 『노무현 정부의 실험』. 한울.

_____. 2016. 「한국에서 결손민주주의의 심화와 '촛불'의 시민정치」. ≪시민과 세계≫, 29호, 1~26쪽.

오창헌. 2009. 「혼합체제 확산의 정치체제 분류 및 분석상의 의의」. ≪한국정치학회보≫, 43집 1호,

229~254쪽.

이병천. 2002. 「민주주의 이행과 시장의 시대」. ≪시민과 세계≫, 2호, 73~92쪽.

장진호. 2013. 「금융 지구화와 한국 민주주의」. ≪기억과 전망≫, 28호, 183~223쪽.

전병유 엮음. 2016. 『한국의 불평등 2016』. 페이퍼로드.

정병기. 2018. 「2016~2017년 촛불 집회의 성격: 1987년 6월 항쟁 및 2008년 촛불 집회와의 비교」. ≪동향
과 전망≫, 104호, 374~399쪽.

조대엽. 2007. 『한국의 사회운동과 NGO: 새로운 운동주기의 도래』. 아르케.

조희연. 1999. 「'종합적 시민운동'의 구조적 성격과 그 변화의 전망에 대하여: '참여연대'를 중심으로」.
≪당대비평≫, 9호, 320~346쪽.

조희연·김동춘·오유석 엮음. 2009. 『한국 민주화와 사회경제적 불평등의 동학』. 한울.

천정환. 2018. 「'1987년형 민주주의'의 종언과 촛불항쟁 이후의 한국 민주주의」. ≪문화과학≫, 94호,
22~44쪽.

최장집. 2002. 『민주화 이후의 민주주의』. 후마니타스.

_____. 2006. 『민주주의의 민주화』. 후마니타스.

_____. 2008. 『한국 민주주의 무엇이 문제인가』. 생각의 나무.

한귀영. 2011. 『진보대통령 vs 보수대통령』. 폴리테이아.

홉스봄, 에릭(Eric Hobsbawm). 1984. 『혁명의 시대』. 박현채·차명수 옮김. 한길사.

Bosch, Agusti, and Durán, Iván M. 2017. "How Does Economic Crisis Impel Emerging Parties on
the Road to Elections? The Case of the Spanish Podemos and Ciudadanos." in: Party Politics,
DOI: https://doi.org/10.1177/1354068817710223.

Bugarič, Bojan. 2015. "A Crisis of Constitutional Democracy in Post-Communist Europe: "Lands
in-between" democracy and authoritarianism." International Journal of Constitutional Law,
13(1), pp.219~245.

Calhoun, Craig. 2013. "Occupy Wall Street in perspective." British Journal of Sociology, 64(1),
pp.26~38.

Carothers, Thomas. 2002. "The End of the Transition Paradigm." Journal of Democracy, 13(1),
pp.5~21.

Castels, Manuel. 2012. Networks of Outrage and Hope. Cambridge, UK, and Malden, MA: Polity.

Croissant, Aurel. 2010. "Analyse defekter Demokratien." K. H. Schrenk and M. Soldner(ed.). Analyse
demokratischer Regierungssysteme. Wiesbaden: VS Verlag für Sozialwissenschaften.
pp.93~114.

Croissant, Aural and T. Schächter. 2009. "Demokratiestrukturen in Asien: Befunde, Determinanten
und Konsequenzen." Zeitschrift für Politikwissenschaft, 19(3), pp.387~419.

Crouch, Colin. 2004. Post-Democracy. Cambridge, UK, and Malden, MA: Polity.

Dahl, Robert A. 1998. On Democracy. New Haven: Yale University Press.

Della Porta, Donatella. 2011. Democrazie. Bologna: Il Mulino.

Diamond, Larry. 2002. "Thinking about Hybrid Regimes." Journal of Democracy, 13(2), pp.21~35.

Diamond, Larry. 2003. "Can the Whole World Become Democratic? Democracy, Development, and International Policies." UC Irvine Center for the Study of Democracy. http://escholarship.org/uc/item/7bv4b2w1.

Diamond, Larry·Juan J. Linz and Seymour Martin Lipset(ed.). 1988. *Democracy in Developing Countries: Asia, Africa, and Latin America*. Boulder: Lynne Rienner.

Fukuyama, Francis. 1992. *The End of History and the Last Man*. New York: Free Press.

Gabriel, Oscar W. 1987. "Demokratiezufriedenheit und demokratische Einstellungen in der Bundesrepublik Deutschland." *Aus Politik und Zeitgeschichte*, 22/87, pp.32~45.

Greskovits, Béla. 2015. "The Hollowing and Backsliding of Democracy in East Central Europe." *Global Policy*, 6(1), pp.28~37.

Gunther, Richard, P.·Nikiforos Diamandouros and Hans-Jürgen Puhle(ed.). 1995. *The Politics of Democratic Consolidation. Southern Europe in Comparative Perspective*. Baltimore and London: Johns Hopkins University Press.

Haggard, Stepan and Robert Kaufman. 2008. *Development, Democracy and Welfare Wtate*. Latin America, East Asia and Eastern Europe. Princeton University Press.

Joas, Hans. 2017. *Die Macht des Heiligen. Eine Alternative zur Geschichte von der Entzauberung*. Frankfurt/M.: Suhrkamp.

Keane, John. 2009. *The Life and Death of Democracy*. New York and London: W. W. Norton & Company.

Levitsky, Steven and Lucan A. Way(ed.). 2010. *Competitive Authoritarianism. Hybrid Regimes after the Cold War*. New York: Cambridge University Press.

López, Javier. 2018. "Electoral Authoritarianism, Elective Dictatorship." *Social Europe*, December 11.

Manz, Thomas. 2018.11.1. "Bolsonaro: the end of Brazilian democracy?" *International Politics and Society*.

Merkel, Wolfgang. 2004. "Embedded and Defective Democracies." *Democratization*, 11(5), pp.33~58.

_____. 2014. "Is capitalism compatible with democracy?" *Zeitschrift für vergleichende Politikwissenschaft*, 8(2), pp.209~128.

O'Donnel, Guillermo. 1994. "Delegative Democracy." *Journal of Democracy*, 5(1), pp.55~69.

_____. 1996. "Illusions about Consolidation." *Journal of Democracy*, 7(2), pp.34~51.

Offe, Claus(ed.). 2003. *Demokratisierung der Demokratie. Diagnosen und Reformvorschläge*. Frankfurt/M. and New York: Campus Verlag.

Quiroga, Alejandro. 2018.4.23. "A New Political Bandwagon? The Rise of Ciudadanos in Spain." LSE European Politics and Policy (EUROPP) Blog.

Schedler, Andreas(ed.). 2006. *Electoral Authoritarianism*. Boulder and London: Lynne Rienner.

Schmidt, Manfred G. 1998. *Sozialpolitik in Deutschland. Historische Entwicklung und internationaler Vergleich*. Opladen: Leske+Budrich.

Skocpol, Theda. 1979. *States and Social Revolutions. A Comparative Analysis of France, Russia, and China*. Cambridge et al.: Cambridge University Press.

Tarrow, Sidney. 2011. "Why Occupy Wall Street is Not the Tea Party of the Left." *Foreign Affairs*, October 10.

Tilly, Charles. 1999. *Die Europäische Revolutionen*. München: C. H. Beck.

Zakaria, Fareed. 1997. "The Rise of Illiberal Democracy." *Foreign Affairs*, Nov./Dec, pp. 22~43.

8장 2016~2017년 촛불 항쟁에서 돌아본 30년의 민주정치

강명세. 2017. 「'촛불 혁명'의 희망은 무엇이었으며 그것은 어떻게 실현할 수 있는가?」. ≪의정연구≫, 23권 2호, 6~36쪽.

강우진. 2017. 「87년 체제와 촛불시민혁명: 한국 민주주의의 전환」. ≪정치비평≫, 10권 1호, 47~86쪽.

강원택. 2004. 「인터넷 정치집단의 형성과 참여: 노사모를 중심으로」. ≪한국과 국제정치≫, 20권 3호, 161~184쪽.

_____. 2015. 「제1장 '87년 체제'와 민주화추진협의회」. 강원택 외. 『한국의 민주화와 민주화추진협의회』. 오름.

고원. 2017. 『촛불 이후: 새로운 정치 문명의 탄생』. 한울

권영숙. 2018. 「촛불의 운동정치와 87년 체제의 '이중전환'」. ≪경제와사회≫, 117호, 62~103쪽.

김병섭·김정인. 2014. 「관료 (무)책임성의 재해석: 세월호 사고를 중심으로」. ≪한국행정학보≫, 48권 3호, 99~120쪽.

김상준. 2017. 「2016~2017년 촛불혁명의 역사적 위상과 목표: '독재의 순환고리 끊기'와 한반도 양국 체제 정립」. ≪사회와이론≫, 31집, 63~90쪽.

김성일. 2017. 「광장정치의 동학: 6월항쟁에서 박근혜 탄핵 촛불집회까지」. ≪문화과학≫, 89호, 146~168쪽.

김예슬. 2017. 『촛불혁명 2016 겨울 그리고 2017 봄, 빛으로 쓴 역사』. 느린걸음.

도묘연. 2017. 「2016년~2017년 박근혜 퇴진 촛불집회 참여의 결정요인」. ≪의정연구≫, 23권 2호, 111~146쪽.

박수형. 2014. 「대통령 후보선출제도 변화 연구: 한국 정당은 왜 그리고 어떻게 '국민경선제'를 도입하게 되었나?」. ≪한국정치학회보≫, 48집 4호, 197~223쪽.

박원순. 2004. 『국가보안법 연구2: 국가보안법 적용사』. 역사비평사.

박찬표. 2017. 「촛불과 민주주의: 촛불 시위에서 드러난 한국 시민사회의 장점과 한계」. 최장집 외 『양손 잡이 민주주의: 한 손에는 촛불, 다른 손에는 정치를 들다』. 후마니타스.

서복경·황아란. 2015. 「'비판적 시민'과 정부신뢰: 2014년 한국 유권자 사례」. ≪한국사회정책≫, 22집 3호, 73~102쪽.

손호철. 2017. 『촛불혁명과 2017년 체제 박정희, 87년, 97년 체제를 넘어서』. 서강대학교 출판부.

신진욱. 2016. 「한국에서 결손민주주의의 심화와 '촛불'의 시민정치」. ≪시민과세계≫, 29호, 1~26쪽.

원영복. 2018. 『촛불민중혁명사』. 말

유성진. 2017. 「촛불의 정치적 효과: 정치적 불만과 참여의 활성화」. ≪한국과 국제정치≫, 33권 4호,

1~25쪽.

윤평중·이진우·전상인·임지현·김석호. 2018. 『촛불 너머의 시민사회와 민주주의』. 아시아.

이지호. 2017. 「'박근혜 촛불', 누가 왜 참여했나: 참여행동 모형과 참여태도 모형의 비교」. ≪한국정치
연구≫, 26집 2호, 75~103쪽.

이지호·이현우·서복경. 2017. 『탄핵광장의 안과 밖: 촛불민심 경험분석』. 책담.

이현출·장우영. 2017. 「촛불집회와 좋은 거버넌스: 대의정치 개혁 과제를 중심으로」. ≪의정논총≫,
12권 2호, 89~116쪽.

이호영. 2017. 「세월호 특조위 활동과 박근혜 정부의 방해」. ≪민주법학≫, 63호, 205~246쪽.

임혁백. 2014. 『비동시성의 동시성』. 고려대학교 출판부.

장훈. 2008. 「2007 대선의 의미와 18대 총선 전망」. 한국정치포럼. 『한국정치의 선진화 방안』 세미나
자료집(2008.2.24).

장우영. 2018. 「촛불집회의 지속과 변화: 역사적 제도주의의 시각에서」. ≪한국정치연구≫, 27집 3호,
109~144쪽.

장윤선. 2018. 『우리가 촛불이다: 광장에서 함께한 1700만의 목소리』. 창비

정병기. 2018. 「2016~2017년 촛불 집회의 성격: 1987년 6월 항쟁 및 2008년 촛불 집회와의 비교」. ≪동향
과 전망≫, 104호, 374~399쪽.

조영철. 2007. 『금융세계화와 한국 경제의 진로』. 후마니타스.

조진만. 2017. 「투표와 촛불집회: 참여 요인 비교와 관계 분석」. ≪의정논총≫, 12권 2호, 117~136쪽.

주성수. 2017. 「한국 시민사회 30년(1987~2017)의 시민참여와 민주주의」. ≪시민사회와 NGO≫, 15권
1호, 5~38쪽.

차종천. 1989. 「지역주의적 선거와 유권자: 제13대 대통령선거 후보지지에 대한 로짓분석」. ≪한국사
회학≫, 22집 2호, 143~159쪽.

촛불혁명출판시민위원회. 2018. 『촛불혁명 시민의 함성: 촛불시민들의 기억과 표현』. 밥북.

최장집. 2010. 『민주화 이후의 민주주의(개정2판)』. 후마니타스.

_____. 2017. 「박정희 패러다임의 붕괴」. 최장집 외. 『양손잡이 민주주의: 한 손에는 촛불 다른 손에
는 정치를 들다』. 후마니타스.

형은화. 2013. 「열린우리당의 생성과 소멸에 관한 연구」. ≪현대사회과학연구≫, 17권, 147~173쪽.

홍성민. 2017. 「감정구조와 촛불혁명: 2008년과 2016년」. ≪시민사회와 NGO≫, 15권 1호, 80~110쪽.

황진태·박배균. 2018. 「2016년 촛불집회시위의 공간성에 관한 고찰」. ≪공간과사회≫, 28권 3호,
166~200쪽.

Sundquist, James L. 1973. *The Dynamics of the Party System: Alignment and Realignment of
Political Parties in the United States.* Washington, D.C.: The Brookings Institution.

Przeworski, A. 1991. *Democracy and the Market: Political and Economic Reforms in Eastern
Europe and Latin America.* Cambridge University Press.

Dahrendorf, R. 1990. *Reflections on the Revolution in Europe.* Random House.

Hirshman, A. 1981. *Essays in Trespassing: Economics to Politics and Beyond.* Cambridge
University Press.

Diamond, Larry. 1999. *Developing Democracy*. Johns Hopkins University.

Pridham, Geoffrey. 2000. *The Dynamics of Democratization: A Comparative Approach*. Continuum.

9장 촛불 항쟁, 21세기 시민정치의 함의

김지석. 2016.12.14. "촛불혁명은 '세계사의 등불'이다』. ≪한겨레≫.
    http://www.hani.co.kr/arti/opinion/column/774640.html.
라클라우, 에르네스토·샹탈 무페. 2012. 『헤게모니와 사회주의 전략』. 이승원 옮김. 후마니타스.
르포르, 클로드. 2015. 『19~20세기 정치적인 것에 대한 시론』. 홍태영 옮김. 그린비.
바겐크네히트, 자라. 2018. 『풍요의 조건: 자본주의로부터 우리를 구하는 법』. 장수한 옮김. 제르미날.
알리, 타리크. 2017. 『극단적 중도파: 세계 정치에 내린 경계경보』. 장석준 옮김. 오월의봄.
왕후이. 2014. 『탈정치 시대의 정치: 현대 중국의 사상과 이론』. 성근제·김진공·이현정 옮김. 돌베개.
이지호·이현우·서복경. 2017. 『탄핵 광장의 안과 밖: 촛불민심 경험분석』. 책담.
주디스, 존. 2017. 『포퓰리즘의 세계화: 왜 전 세계적으로 엘리트에 대한 공격이 확산되고 있는가』. 오
    공훈 옮김. 메디치미디어.
크라우치, 콜린. 2008. 『포스트 민주주의: 민주주의 시대의 종말』. 이한 옮김. 미지북스.
태가트, 폴. 2017. 『포퓰리즘: 기원과 사례, 그리고 대의민주주의와의 관계』. 백영민 옮김. 한울.

Castells, Manuel. 2012. *Networks of Outrage and Hope: Social Movements in the Internet Age*. London: Polity Press.

Kuttner, Robert. 2018. *Can Democracy Survive Global Capitalism?*. New York: W. W. Norton & Company.

Laclau, Ernesto. 1977[2011]. *Politics and Ideology in Marxist Theory*. London: Verso.

_____. 2005. *On Populist Reason*. London: Verso.

Mason, Paul. 2012. *Why It's Kicking Off Everywhere: The Global Revolutions*. New York: W. W. Norton & Company.

Miliband, Ralph. 1994. *Socialism for a Sceptical Age*. London: Verso.

Mouffe, Chantal. 2018. *For a Left Populism*. London: Verso.

Panizza, Francisco(ed.). 2005. *Populism and the Mirror of Democracy*. London: Verso.

Standing, Guy. 2011. *The Precariat: The New Dangerous Class*. London: Bloomsbury Academic.

_____. 2017. *The Corruption of Capitalism: Why Rentiers Thrive and Work Does Not Pay*. London: Biteback Publishing.

Streeck, Wolfgang. 2011. "The Crises of Democratic Capitalism." *New Left Review*, 71.
    http://www.newleftreview.org/issues/II71/articles/wolfgang-streeck-the-crises-of-democratic-
    capitalism

집필(가나다순)

김동택 ǀ 서강대학교 국제한국학과

김정인 ǀ 춘천교육대학교 사회과교육과

서복경 ǀ 서강대학교 현대정치연구소

신진욱 ǀ 중앙대학교 사회학과

이관후 ǀ 전 서강대학교 사회과학연구소

이나미 ǀ 한서대학교 동양고전연구소

장석준 ǀ 글로벌정치경제연구소

장숙경 ǀ 전 고려대학교 한국사연구소

정상호 ǀ 서원대학교 사회교육과

민주화운동기념사업회

민주화운동기념사업회는 '민주화운동을 기념하고 그 정신을 계승하기 위한 사업을 수행함으로써 민주주의 발전에 이바지'하기 위해 설립된 행정안전부 산하의 공공기관이다. 주요 사업으로는 민주인권기념관 조성, 민주화운동 기념행사 및 추모행사 개최 및 지원, 민주시민교육 프로그램 진행, 국내외 민주화운동과 민주주의에 대한 조사 및 연구, 민주화운동 관련 사료의 수집 및 서비스, 국내외 유관 기관과의 협력사업 등이 있다. 이를 통해 민주주의 가치를 실현하는 시민의 동반자로서 민주화운동 정신을 계승하여 민주주의 발전에 이바지하고자 한다.

http://www.kdemo.or.kr

한국민주주의연구소

한국 민주주의의 과거를 기억하고, 현재를 성찰하며 미래를 전망하는 민주화운동기념사업회 소속 연구소이다. 민주화운동과 민주주의에 관한 학술연구 및 교류·협력 활동을 수행하고 있다. 이를 통해 민주화운동의 정신을 계승·발전시키고, 민주주의의 현재적 과제를 개발·확산하여 한국 민주주의 100년을 담아 연구 지평을 확대하고자 한다.

http://ikd.kdemo.or.kr

기획

김정인·신진욱·이나미(이상 집필자), 신형식·이영제·현종철(이상 한국민주주의연구소)

한울아카데미 2166
한국 민주주의 토대연구 총서 1

한국 민주주의,
100년의 혁명 1919~2019

ⓒ 민주화운동기념사업회 한국민주주의연구소, 2019

엮은곳 | 민주화운동기념사업회 한국민주주의연구소
지은이 | 김동택·김정인·서복경·신진욱·이관후·이나미·장석준·장숙경·정상호
펴낸이 | 김종수
펴낸곳 | 한울엠플러스(주)
편집책임 | 최진희

초판 1쇄 발행 | 2019년 6월 30일
초판 3쇄 발행 | 2021년 5월 5일

주소 | 10881 경기도 파주시 광인사길 153 한울시소빌딩 3층
전화 | 031-955-0655
팩스 | 031-955-0656
홈페이지 | www.hanulmplus.kr
등록 | 제406-2015-000143호

Printed in Korea.
ISBN 978-89-460-8069-0 93300

* 책값은 겉표지에 표시되어 있습니다.